Collection Japon

Série non fiction

dirigée
par
Christian Galan
et
Emmanuel Lozerand

La Révolution industrielle des régions du Japon

Nakamura Naofumi

La Révolution industrielle des régions du Japon

Traduit par Claude Michel-Lesne
et Alexandre Roy,
coordinateur scientifique

PARIS
LES BELLES LETTRES
2021

www.lesbelleslettres.com
Retrouvez Les Belles Lettres sur Facebook et Twitter.

Titre original : Chiho kara no sangyo kakumei

L'ouvrage a bénéficié du soutien de l'INALCO et de l'Université Paris-Diderot, dans le cadre du programme Social Science Research and Education on Contemporary Japan de la Fondation du Japon

ISBN : 978-2-251-45126-8

Un mot de présentation de la traduction de l'ouvrage

La joie de pouvoir enfin proposer au lectorat francophone cet ouvrage de Nakamura Naofumi, professeur à l'Institut des sciences sociales de l'Université de Tôkyô, n'a d'égale que l'appréhension qui nous saisit à l'idée d'avoir arraché cet écrit à sa « chair japonaise » pour lui donner cette nouvelle enveloppe, cette forme française de laquelle le texte original est *a priori* tant éloigné… Nous avons choisi d'opter pour la francisation maximale des expressions (tout en ayant soin de mentionner aussi l'expression japonaise lorsque cela nous a semblé pouvoir présenter un intérêt particulier), notamment dans les noms des entreprises, afin de rapprocher le plus possible le lecteur à la fois de la réalité des activités concernées et de la manière de les évoquer. Pour rendre en français les noms de ces entreprises japonaises, nous avons tenté de les rapprocher de certains noms de compagnies françaises contemporaines (ainsi des « Transporteurs réunis » ou des « Messageries maritimes »), ce qui donne à saisir la similitude, sinon la simultanéité, de l'industrialisation en France et au Japon… Nous avons par ailleurs créé un index de ces noms d'entreprises, afin notamment de souligner la diversité et la multitude des entreprises créées dans ce Japon des années 1880 à 1900 ; nous espérons aussi pouvoir ainsi piquer la curiosité de quelques lecteurs afin qu'ils s'engagent à creuser plus encore l'histoire de ces entreprises, si nombreuses et diverses.

Non loin de ces eaux « socio-entrepreneuriales », de premiers écueils affleurent, nous forçant à louvoyer entre « maison » et « famille » pour rendre le *ke* des Hiromi (chapitre 5), ou plus encore celui des Yasukawa-Matsumoto (chapitre 6). Dans le cas de ces derniers, nous touchons du doigt la souplesse particulière des structures familiales japonaises dans le cadre des stratégies de puissance par le placement des fils cadets en position d'héritiers au sein d'autres familles usant des procédés du mariage (*mukoiri*) ou de l'adoption (*yôshi*). Comme nous pouvons aussi le trouver en France, l'expression de « maison » a eu notre faveur sur le plan de l'entreprise, mais nous avons souvent utilisé aussi le terme de « famille » afin de ne pas faire oublier qu'en japonais l'expression reste la même (*ke*). Ce premier problème d'importance est toutefois peu de chose face au problème central de l'ouvrage qu'est la question des rapports « *chûô-chihô* ». On pourrait vouloir rendre rapidement en français le diptyque « *chûô-chihô* » selon l'opposition entre « centre » et « périphérie », ou entre « capitale » et « province », mais cela cacherait ce qui échappe quelque peu aux références françaises : la souplesse de la langue japonaise n'impose pas de singulier, si bien qu'il faut s'ouvrir à la possibilité – si originale – de centres multiples… ce qui est même tout simplement obligatoire dans le cas japonais, comme nous le voyons si bien ici avec Nakamura Naofumi, car « le centre » japonais repose sur une réalité plurielle.

Au plan politique, la concentration des pouvoirs avança à un pas rapide à partir de 1868 (l'empereur quitte Kyôto pour Tôkyô, où le gouvernement l'y rejoint dès 1869 ; les principautés sont remplacées par des préfectures dès 1871), mais économiquement la « révolution industrielle » (*sangyô kakumei*) s'est d'abord faite « à partir des provinces » (*chihô kara*), comme le clame le titre japonais du présent ouvrage (*chihô kara no sangyô kakumei*). L'auteur ne se livre pas à un travail de définition absolue de « *chihô* » ou « *chûô* », ce qui rend notre traduction délicate… mais permet aussi une certaine latitude d'adaptation au cas par cas (parfois nous parlerons ainsi des « sphères centrales » ou des « métropoles », ou de « la capitale », pour *chûô*). Il ne faut pas tant y voir un manque de rigueur de l'auteur que la conséquence de sa démonstration rigoureuse soulignant la nature « régionale » et diverse de l'élan industriel japonais – une nature régionale qui n'est d'ailleurs pas forcément « non centrale », ou plutôt qui n'est pas nécessairement « anti-centrale » (le chapitre 7 étudie la région tokyoïte). Entre « région » et « province » se trouvent la tension centrale – si je puis dire – de l'ouvrage et son mot-clé, *chihô*.

Cette thèse est forte et se confronte à celle voulant expliquer le développement japonais comme une réalisation « par le haut », par l'État central et les grands groupes capitalistes (*zaibatsu*). Cette dernière est si prégnante en France que l'expression « zaibatsu » figure même dans les dictionnaires français. Voilà un point sur lequel le lecteur est donc déjà préparé, mais avec Nakamura Naofumi il faudra encore s'efforcer de redécouvrir la chose en apprenant la réalité de « zaibatsus de province » (*chihô zaibatsu*) : de grands groupes familiaux d'entreprises régionales dont l'existence est presque un défi lancé aux véritables zaibatsus, les « zaibatsus du centre » (*chûô zaibatsu*), métropolitains, ces énormes conglomérats familiaux étroitement associés au pouvoir central et sis à Tôkyô (comme Mitsui, Mitsubishi) ou plus rarement à Ôsaka (comme Sumitomo). Le terme de *zaibatsu* comporte une certaine connotation péjorative que traduit bien l'expression de « clique capitaliste », qui serait parfaite si elle ne prenait en français une teinte socialiste que nous ne lui connaissons pas en japonais. Ainsi, pour parler d'eux, nous avons jonglé entre zaibatsu, grand groupe capitaliste, groupe familial ou encore conglomérat d'entreprises, selon les cas et les situations (voir en particulier le chapitre 6).

La révolution industrielle que Nakamura Naofumi analyse ici se déroule le long d'un triple « essor des entreprises » (*kigyô bokkô* – une expression évoquant l'éclosion, l'avènement d'une prospérité soudaine, une sorte de « printemps des entreprises »). Triple, avec une première vague fondatrice entre 1886-1889 (c'est surtout elle dont l'historiographie traite), puis deux dans chaque « après-guerre » des conflits victorieux contre la Chine (1894-1895) et la Russie (1904-1905). En liant la révolution industrielle à ce déploiement en trois temps d'entreprises dans tout le pays, Nakamura Naofumi montre avec force un essor industriel s'appuyant, se fondant sur les différents territoires régionaux de l'archipel. Au fil du livre, nous voyageons ainsi depuis les terres du Nord-Est (chapitre 3), à la région d'Izumi au sud d'Ôsaka (chapitre 5), en passant par le nord de la grande île méridonale de Kyûshû (chapitres 4 et 6) et sans oublier la région du « Keihin », cette nouvelle agglomération urbaine se développant autour de Tôkyô et Yokohama (chapitres 7 et 8).

L'une des idées-forces démontrées ici est que la révolution industrielle japonaise s'est fondée en régions sur les capacités sociales spécifiques des acteurs locaux à fonder et développer leurs réseaux d'affaires *via* des relations de proximité, de « face-à-face » (*kao no mieru kankei* ; littéralement, des relations dans lesquelles « on voit le visage » du partenaire), idéalement propices à la confiance mutuelle et la réussite d'entreprises innovantes pour lesquelles il faut pouvoir réduire les prises de risques. Cette sociologie des pionniers de la production industrielle au Japon est fascinante et constitue un champ d'études à développer et à rapprocher des études comparables réalisées sur le cas français.

Ne voulant pas retarder le lecteur avec des considérations trop longues, nous passerons sur les problèmes de traduction des termes plus strictement « techniques », pour lesquels nous avons tenté de faire au mieux, sans être certain d'avoir toujours fait assez. Évoquons seulement ici, car il nous paraît particulièrement intéressant, le problème de l'émergence de nouvelles catégories professionnelles caractéristiques de l'âge industriel : les corps de métier des techniciens et des ingénieurs ou encore les différents postes de l'administration des entreprises. Nous avons eu quelques difficultés à naviguer entre les vocables japonais et français, tous deux en pleine évolution à la fin du xixe siècle. Il ne nous a ainsi pas semblé évident de réserver le titre d'ingénieur aux *gishi*, aussi pour les *gishu* nous parlons tantôt de techniciens supérieurs, tantôt d'ingénieurs auxiliaires.

Plus prosaïquement, vous apercevrez parfois un astérisque (*) après un nom ou un prénom japonais, ce qui signifie que la transcription proposée est hypothétique, dans la mesure où il reste parfois impossible de connaître la prononciation exacte de noms ou prénoms n'ayant jamais été transcrits phonétiquement. Dans la transcription des références d'archives, nous avons le plus possible tenté de proposer des traductions afin que le lecteur non nippophone puisse suivre jusque-là le travail de Nakamura Naofumi, dans les profondeurs de l'histoire japonaise (nous avons parfois privilégié la seule transcription phonétique, dans les cas les plus délicats ou ceux dans lesquels cela nous a paru plus pertinent que la traduction, tout simplement). Au titre de nos renoncements, nous devons préciser que nous avons fait le choix de ne pas reproduire tous les tableaux présents dans la version japonaise (nous en avons aussi parfois fusionné certains), afin d'alléger le contenu et de favoriser au mieux la fluidité de lecture, ces données détaillées étant surtout utiles aux spécialistes qui ont la capacité de consulter directement l'édition japonaise.

Un dernier mot pour saluer chaleureusement le travail acharné de Claude Michel-Lesne, qui a eu la tâche difficile de produire rapidement un premier jet pour la traduction du plus gros de l'ouvrage, travail que nous avons repris dans le détail pour lui donner la forme présentée ici. Remercions enfin la Fondation du Japon, grâce à laquelle la publication de cet ouvrage a été financièrement possible, Jean-Marc Olivier pour avoir accepté de présenter l'ouvrage avec une préface d'envergure, et Bernard Thomann, qui nous a discrètement laissé imaginer, il y a quelques années, que la traduction du présent ouvrage, bien qu'audacieuse, n'était pas irréalisable. Puisse le lecteur en être d'accord.

Alexandre Roy
Maître de conférences (histoire du Japon)
Institut national des langues et civilisation orientales
IFRAE, Inalco / Université de Paris / CNRS

Notes sur les transcriptions bibliographiques :

Les nom et prénom japonais et chinois sont cités dans l'ordre « nom prénom ». Pour les références bibliographiqeus, lorsque les ouvrages cités sont édités par des individus les nom et prénom de ces derniers sont suivis de « (éd.) », mais dans le cas d'institutions nous laissons le japonais « hen » (et en n'appliquant la majuscule qu'au premier mot du nom de l'institution afin d'éviter au lecteur toute confusion avec les nom et prénom d'une personne physique).

Nous avons limité l'affichage de mots en langue japonaise à de très rares endroits (l'index surtout) afin que les lecteurs non japonophones ne soient pas troublés par l'irruption dans leur champ de vision de signes d'écriture si inhabituels.

Pour les sources primaires, nous avons conservé un système de référencement proche du japonais. Il nous semble par ailleurs utile de produire ci-dessous la liste des fonds mobilisés ainsi que leur localisation, chapitre par chapitre.

Chapitre 1 :

Yanagawa-han seishiryô : documents politiques du domaine de Yanagawa, conservés aux Archives de Yanagawa (*yanagawa komonjo-kan*), ville de Yanagawa, département de Fukuoka.

「柳川藩政資料」柳川古文書館所蔵

Chapitre 3 :

Iwate kenchô monjo : archives de la préfecture d'Iwate. Conservées à la préfecture d'Iwate, ville de Morioka, département d'Iwate.

「岩手県庁文書」岩手県所蔵

Kôbun ruijû et *kôbun zassan* : séries de fonds d'archives gouvernementales conservées au Centre des archives nationales, à Tôkyô.

「公文類聚」・「公文雑纂」国立公文書館所蔵

Chapitre 4 :

Nagae monjo : le fonds Nagae était conservé au Centre pour l'histoire régionale du département de Fukuoka (*fukuokaken chiikishi kenkyûjo*), ville de Fukuoka, le centre a fermé en 2012 et ses fonds documentaires sont depuis conservés au Musée et centre documentaire d'histoire de Kyûshû (*kyûshû rekishi shiryôkan*), ville d'Ogori, département de Fukuoka.

「永江文書」九州歴史資料館所蔵

Kumatani monjo : le fonds Kumatani était conservé au Centre d'histoire régionale du département de Fukuoka (*Fukuokaken chiikishi kenkyûjo*). Le centre a fermé en 2012 et ses fonds documentaires sont depuis conservés au Musée et centre documentaire d'histoire de Kyûshû (*kyûshû rekishi shiryôkan*), ville d'Ogori, département de Fukuoka.

「熊谷文書」九州歴史資料館所蔵

Chapitre 5 :

Hiromi-ke monjo : fonds d'archives de la famille Hiromi. Conservé à la Commission de l'éducation de la villle de Kaizuka (*kaizuka-shi kyôiku iinkai*), département d'Ôsaka.

「廣海家文書」貝塚市教育委員会所蔵

Noda monjo : fonds documentaire Noda. Conservé au Centre d'histoire régionale du département de Fukuoka (*fukuoka-ken chiikishi kenkyûjo*), ville de Fukuoka. Le centre a fermé en 2012 et ses fonds documentaires sont depuis conservés au Musée et centre documentaire d'histoire de Kyûshû (*kyûshû rekishi shiryôkan*), ville d'Ogori, département de Fukuoka.

「野田文書」九州歴史資料館所蔵

Chapitre 6 :

Matsumoto-ke shiryô : documents de la famille Matsumoto, conservé au Musée d'histoire et d'histoire naturelle de la ville de Kitakyûshû (*kitakyûshû-shiritsu shizenshi rekishi hakubutsukan*), département de Fukuoka.

「松本家文書」北九州市立自然史・歴史博物館所蔵

Yasukawa-ke monjo : fonds de la famille Yasukawa, conservé au Musée d'histoire et d'histoire naturelle de la ville de Kitakyûshû (*kitakyûshû-shiritsu shizenshi rekishi hakubutsukan*), département de Fukuoka.

「安川家文書」北九州市立自然史・歴史博物館所蔵

Chapitre 7 :

Gazette de l'entreprise (*shahô*) et documents relatifs à la centrale de Komahashi : conservés au sein de la Compagnie de l'énergie électrique de Tôkyô (*tôkyô denryoku kabushikigaisha*).

「社報」・「駒橋発電所関係文書」東京電力株式会社所蔵

Kôshu gakkô dôsôkaishi : la revue des anciens élèves de l'École polytechnique, conservée à l'université Kôgakuin, Association des anciens élèves.
「工手学校同窓会誌」工学院大学同窓会所蔵

Tôkyô-to kômonjo : documents conservés au Centre d'archives de la préfecture de Tôkyô.
「東京都公文書」東京都公文書館所蔵

Chapitre 8 :

Fuji no homare (La gloire de Fuji). Périodique édité par la Compagnie des filatures et du gaz de Fuji, copie consultée au Musée de l'ouverture du port de Yokohama (*yokohama kaikô shiryôkan*), ville de Yokohama, département de Kanagawa.
「富士のほまれ」横浜開港資料館所蔵複写版

• Préface de Jean-Marc Olivier

Avec ce volumineux ouvrage de Nakamura Naofumi brillamment traduit en français par Alexandre Roy, l'auteur et son traducteur participent à la réécriture mondiale de la « révolution industrielle », ou plus exactement à celle de l'industrialisation du monde dans la seconde moitié du XIXe siècle. Ils interrogent les dynamiques profondes du phénomène dans le Japon des régions, prolongeant ainsi la réflexion qu'Alexandre Roy avait amorcée dans sa thèse intitulée *Le développement industriel japonais au cours de la seconde moitié du XIXe siècle, analysé à partir du port de Moji (Kyûshû Nord)* et soutenue en 2013. Ce doctorat avait déjà révélé les talents de chercheur d'Alexandre Roy, sa quête permanente de sources multiples et sa volonté d'approcher l'exhaustivité à partir de l'exemple précis de Moji. Avec cette traduction, Alexandre Roy nous montre d'autres compétences et complète ainsi notre bibliothèque francophone sur l'histoire économique du Japon.

En effet, Nakamura Naofumi mène une enquête large sur le thème de l'industrialisation des régions en relation avec le centre du pays, toujours dans le Japon de Meiji, période cruciale. Il recherche les causes du décollage de la nouvelle économie japonaise en s'interrogeant de manière quasiment micro-historique sur ses différents acteurs. Son texte parcourt de multiples espaces qui vont du sud au nord de l'archipel, intégrant des « petites provinces » périphériques comme celles de Miike et d'Iwate, sans oublier les grands foyers centraux de Tôkyô et d'Ôsaka. Nakamura Naofumi s'appuie aussi sur l'analyse de larges secteurs clés comme les filatures, le rail ou l'électricité. Il réfléchit sur l'organisation profonde du capitalisme japonais en repérant tous les réseaux mobilisés, y compris les plus traditionnels, pour donner naissance à des sociétés commerciales aux formes juridiques de plus en plus élaborées. Des exemples très concrets illustrent efficacement la naissance des conglomérats de province, puis leur ascension vers le statut de zaibatsu. Nakamura Naofumi repère alors un basculement de l'ère des régions vers l'ère des villes ; pour cela, il utilise sa connaissance très fouillée de l'environnement économique et social japonais, sans oublier de mentionner sa maîtrise des mécanismes financiers complexes qui sont alors mis en œuvre.

Cette volonté d'histoire totale, sans *a priori* historiographique, s'inscrit clairement dans les nouveaux courants de l'histoire économique. Elle rejoint les grandes réflexions conduites par les historiens sur le devenir de cette discipline en France et dans le monde[1]. Mieux encore, l'ouvrage de Nakamura Naofumi participe aussi au renouveau historiographique général qui s'épanouit autour des concepts d'histoire mondiale et d'histoire globale[2], ces derniers puisant une partie de leur argumentation dans les phénomènes d'industrialisation et de mondialisation. Ainsi, l'auteur de cette étude apporte de nouveaux arguments nuançant les théories classiques, ou marxistes, centrées sur le modèle anglais de révolution industrielle. En effet, il existe bien d'autres voies que celles suivies par Londres, Manchester ou Liverpool, pour s'industrialiser. Les acteurs diffèrent sensiblement et l'implication des pouvoirs publics aussi. Les phénomènes d'industrialisation « douce », ou « invisible », repérés dans de nombreuses régions d'Europe et d'Amérique du Nord l'indiquaient déjà. Exemple emblématique, la Suisse constitue le premier pays producteur d'objets manufacturés, par habitant, bien avant le Royaume-Uni.

Enfin, l'autre grand apport de cet ouvrage concerne notre vision de la révolution industrielle japonaise. Nakamura Naofumi, tout en nuances, nous incite à prendre davantage en considération les acteurs des régions, depuis les administrateurs jusqu'aux travailleurs en passant par les entrepreneurs. Ces derniers n'appliquent pas forcément un programme national préétabli, ils possèdent une forte autonomie et sont intrinsèquement convaincus de la nécessité de développer l'industrie pour enrichir leur province. Ils s'inscrivent dans des réseaux multiscalaires, et anciens, afin d'acquérir des compétences et des capitaux, tout en s'appuyant sur les fonctionnaires locaux. Même dans les départements les plus archaïques, comme celui d'Iwate, il existe une volonté de modernisation qui entre parfois en rivalité avec les départements voisins. La première industrialisation du Japon passe donc aussi par les régions, y compris les plus périphériques. De plus, au-delà de ce régionalisme, il existe des comportements rationnels privilégiant la logique économique et l'enrichissement. Cette attitude s'enracine parfois dans la période précédente où les petites industries dispersées s'avèrent nombreuses et prêtes à changer d'échelle, y compris dans le monde rural[3].

Nakamura Naofumi nous invite, avec rigueur et talent, à découvrir cette complexité de l'industrialisation japonaise, parfois très éloignée du grand mythe fondateur d'une modernisation totalement décidée d'en haut par l'empereur et son administration. Il argumente sa démonstration en convoquant les nombreux acteurs de cette modernisation, sans se laisser enfermer dans les taxinomies traditionnelles. Il explore donc sans limite les méandres de la diversité entrepreneuriale japonaise au tournant du XXe siècle, diversité qui confine parfois au foisonnement, d'où le caractère novateur de cette recherche. Nous ne pouvons que remercier Alexandre Roy d'avoir accompli la traduction de cette œuvre majeure.

Jean-Marc Olivier
Professeur d'histoire contemporaine
Université Toulouse-Jean-Jaurès
Laboratoire Framespa et LabEx SMS

• Avant-propos
Pourquoi parler aujourd'hui des « fondations régionales de la révolution industrielle » ?

Ces dernières années, nous assistons à la résurgence d'un déséquilibre économique entre les différentes régions du Japon. Depuis les années 1950 pourtant, la concentration démographique dans les plus grandes villes et les écarts régionaux de richesse *per capita* tendaient à diminuer[1], sous l'effet de politiques publiques accordant la priorité aux régions et des transferts de richesses depuis les régions prospères vers les régions plus pauvres (subventions et allocations fiscales)[2]. Cette tendance commença à s'inverser à partir du début des années 2000. Le coefficient de variation interdépartementale du revenu par habitant[3] a ainsi évolué de 0,139 en 2001 à 0,164 en 2005, pour s'établir à 0,153 en 2006 et 2007. De même, les écarts interdépartementaux se creusèrent brusquement : la différence entre le premier et le dernier des départements en matière de produit brut par actif passa de 1,70 en l'an 2000 à 1,87 en 2005 (le département de Tôkyô contre celui, septentrional, d'Aomori), pour se stabiliser à 1,80 en 2006 et 2007 (Aomori étant alors remplacé par le département, limitrophe, d'Iwate)[4].

Derrière ces chiffres, plusieurs problèmes se dévoilent. D'abord, le problème politique de la réduction des allocations fiscales aux régions (c'est-à-dire le recul de l'initiative publique et l'insuffisance des transferts de recettes fiscales)[5]. D'autre part, différentes complications d'ordre économique comme les difficultés des industries régionales face à l'intensification de la concurrence internationale ou encore la délocalisation des usines à l'étranger du fait des mutations à l'échelle mondiale de la division du travail[6]. Dans ce contexte de crise, les régions ont désormais besoin de relancer leur économie de manière autonome, en toute indépendance vis-à-vis du centre. Le mouvement de décentralisation engagé par l'administration dans les années 1980 sous le nom d'« ère des régions » s'effondra, en dépit de slogans audacieux, sans tenir ses promesses. La profonde transformation des administrations régionales qui suivit (lois sur la décentralisation d'avril 2000, réforme trinitaire de 2004) ne fit que contribuer à l'affaiblissement de l'autonomie des régions et à la réapparition d'écarts économiques importants[7]. Bien que les régions se soient accoutumées à une certaine dépendance à l'égard du centre au cours des soixante années qui ont suivi la fin de la Seconde Guerre mondiale, il reste pour elles toujours crucial de savoir comment relancer leurs économies de manière autonome.

L'ère de Meiji (1868-1912), cadre temporel de notre étude, se caractérise par la réussite d'une industrialisation des régions par elles-mêmes, un succès essentiel à la réalisation de la révolution industrielle au Japon[8]. L'étude réalisée par Ishii Kanji sur l'évolution structurelle des économies régionales avant-guerre selon l'indice de répartition des travailleurs entre départements a mis en évidence une forte disparité entre les structures économiques régionales au début du XXe siècle, dans un Japon ayant déjà accompli sa révolution industrielle[9]. Après avoir mesuré la part de l'industrie dans la production de chaque département à partir des tables statistiques de 1874, Ishii souligne le fait que seuls cinq des soixante-trois départements du pays – Hokkaidô excepté – faisaient encore figure de régions agricoles (avec un secteur industriel pesant moins de 20 % de la production en valeur). Pour Ishii, « c'est précisément à cette époque que se constitua un marché intérieur à faible disparité interrégionale, différent du marché propre au système shogounal jusqu'au début du XVIIIe siècle – très fragmenté – et du marché intérieur unifié du début du XXe siècle (post-révolution industrielle) et bipolarisé autour des régions d'Ôsaka-Kôbe (région dite "Hanshin") et de Tôkyô-Yokohama (région dite "Keihin"). L'expression "ère des régions" me semble appropriée pour désigner dans l'histoire du Japon ce phénomène circonscrit dans le temps[10]. »

À compter de la période de troubles qui marqua la fin du régime shogounal et durant toute l'ère de Meiji, le Japon vit ainsi émerger un modèle de structure économique effaçant presque entièrement les écarts entre les régions grâce à un développement de la production industrielle dans tout le pays, une « ère des régions » unique à l'échelle de l'histoire économique du Japon.

Du point de vue de l'histoire internationale, la période comprise entre la seconde moitié du XIXe siècle et le début du XXe siècle fut en outre le théâtre d'une première vague de mondialisation fondée sur la libre concurrence au sein d'un ordre mondial marqué par l'impérialisme[11]. Ayant perdu son autonomie douanière à la suite de la signature de traités inégaux, le Japon fut jeté dans l'arène d'une concurrence internationale féroce exposant *de facto* ses régions à un environnement économique agressif. Quant à l'assise financière des collectivités locales, la question de l'autonomie des ressources régionales et de la fragilité des structures administratives et fiscales de type centralisé constitua des problèmes récurrents au cours de l'ère de Meiji[12], d'autant plus qu'il n'existait pas encore de système d'équilibrage fiscal entre le centre et la province.

La période s'étendant de la fin du XIXe jusqu'au début du XXe siècle présente ainsi un environnement similaire à celui d'aujourd'hui – du moins si l'on s'en tient à la progression de la mondialisation et aux limites pesant sur les sources de revenus propres aux régions, car ces dernières ont à l'époque dû assumer l'aménagement des infrastructures indispensables à la révolution industrielle[13]. Les agents économiques régionaux, véritables forces motrices de l'essor des entreprises dans le pays, ont à cet égard joué un rôle considérable (voir les première et deuxième parties). Il sera par conséquent bénéfique d'identifier à l'aide d'études de cas concrets quels furent les mécanismes de la dynamisation économique régionale à l'époque de la révolution industrielle afin de structurer des modèles de reprise économique autonome pour les régions d'aujourd'hui. En ce sens, cette révolution industrielle « venue des régions » il y a plus d'un siècle mérite de faire l'objet d'une nouvelle réflexion, tout particulièrement à l'heure actuelle.

Entre 2005 et 2008, l'Institut des sciences sociales de l'Université de Tôkyô (auquel nous appartenons) a mené un programme d'études intitulé « Recherches en sciences sociales sur l'espoir », plus communément nommé « Étude de l'espoir » (***kibôgaku***). Dans le cadre de ce projet (dont Genda Yûji a été le coordinateur), nous avons effectué durant trois années une enquête de terrain dans la ville de Kamaishi, localité du département d'Iwate [*N.d.T.* : dans le nord du pays][14]. Tandis que nous observions les efforts sincères des habitants de Kamaishi pour relancer l'économie de leur région, trois éléments nous ont paru avoir une importance capitale pour cette reprise tant espérée : la restructuration des identités locales ; le partage d'une même vision de l'avenir ; la formation de réseaux intra- et extra-régionaux. Afin de parvenir à une pleine relance de l'économie locale, il s'avère indispensable de relier ces trois points et d'instaurer un véritable dialogue entre les différents agents économiques des communautés locales. Or, ce dialogue est encore insuffisant à l'heure actuelle ; à cet égard, les contacts physiques auxquels on se livre de moins en moins sont autant d'opportunités manquées pour aller de l'avant[15]. Conscients de ce problème, nous souhaiterions donc confronter dans cet ouvrage les hypothèses formulées lors de cette enquête à une analyse historique de la grande prospérité régionale à son apogée au Japon, en espérant profondément que le dynamisme déployé cent ans plus tôt puisse fournir un exemple stimulant à celles et ceux luttant au quotidien pour la reprise économique de leurs régions.

• Introduction
Les fondations régionales de la révolution industrielle japonaise

Reconsidérer la révolution industrielle

En explicitant les mécanismes de stimulation des économies régionales et l'évolution de ces structures économiques, nous voulons ici apporter un éclairage sur la place et le rôle économique des espaces régionaux *a priori* périphériques dans le développement de la révolution industrielle à l'échelle du Japon.

Par le terme de révolution industrielle, nous désignons ici le phénomène au cours duquel les principes de l'économie capitaliste moderne (une économie de marché fondée sur la production de biens industriels réalisée selon un rapport capital-salariat) se propagent à toutes les couches sociales d'un pays dans son ensemble[1]. On observe durant ce processus un développement intensif des industries modernes portées par le progrès technique, tandis que les différents rapports sociaux productifs amorcent un brusque virage en direction du capitalisme. Les études menées jusqu'à présent se sont essentiellement attachées à démontrer comment la révolution industrielle, apparue sous sa forme la plus typique au Royaume-Uni entre la seconde moitié du XVIIIe et la première moitié du XIXe siècle, avait connu un essor particulier dans d'autres pays capitalistes moins développés selon des modalités propres à chaque nation[2].

Depuis les années 1980, la perception du phénomène a néanmoins évolué dans son « pays natal », le Royaume-Uni[3], du fait notamment des travaux macroéconomiques menés par Nick F. R. Crafts à propos de l'estimation du taux de croissance du produit intérieur brut (PIB). Celui-ci esquissa une nouvelle image de la révolution industrielle entre faible croissance macroéconomique et évolution rapide des structures de production[4]. Sous l'influence de ces travaux britanniques, une nouvelle image de la révolution industrielle a émergé en Allemagne à partir du début des années 1990. De moins en moins considéré dans sa dimension révolutionnaire, le phénomène est alors envisagé comme l'aboutissement d'une croissance économique de long terme le précédant et comme un phénomène d'échelle locale et non étatique dans lequel l'importance de l'accumulation des capitaux comme signe caractéristique de sa première phase de développement est remise en question[5]. Cette défiance à l'égard de la nature révolutionnaire de la « révolution industrielle » (*sangyô kakumei*) a favorisé l'emploi de l'expression plus commune d'« industrialisation » (*kôgyôka*) à partir des années 1990, surtout parmi les historiens quantitativistes. Nombreux sont toutefois les spécialistes japonais à n'avoir jamais contesté le caractère sans précédent de cette période en raison de la nette augmentation du taux de croissance économique observée entre 1886 et aux alentours de 1900, cadre temporel de référence pour le phénomène au Japon[6]. C'est davantage pour des divergences idéologiques et politiques au sein du milieu académique qu'en raison de désaccords sur les faits historiques eux-mêmes que l'expression « industrialisation véritable » a détrôné celle de « révolution industrielle » au cours des années 1990.

Le vocable de la « révolution » demeure principalement usité par les défenseurs d'un point de vue marxiste alors que celui de l'« industrialisation véritable » l'est surtout par les cliométriciens influencés par l'école économique moderne (*kindai keizaigaku*) [*N.d.T.* : appellation recouvrant au Japon les courants néoclassiques et néokeynésiens depuis la fin de la guerre]. Dans ce livre, nous ferons indifféremment appel à ces deux notions, adoptant à l'égard de cette question la position du spécialiste de l'histoire économique allemande Hubert Kieserwetter[7] :

> *Entre « révolution industrielle » et « industrialisation », il n'y a aucune différence si nette qu'elle puisse permettre une confrontation politique ou idéologique... qu'il s'agisse d'une révolution ou d'une industrialisation, il n'est en l'occurrence point question d'une notion se limitant à quelques phénomènes considérés isolément comme l'invention ou l'innovation technique, la production industrielle de concentration capitaliste ou autres, mais d'un concept désignant les mutations d'une société ou d'une nation tout entière portée par les changements économiques, politiques, sociaux et agraires au cours de son développement en direction d'un modèle industriel moderne.*

Nous faisons ce choix car nous pensons effectivement que ce que l'école marxiste nomme « révolution industrielle » et ce que l'école économique moderne appelle « industrialisation véritable » couvrent une même période et recouvrent les mêmes phénomènes socio-économiques – dans le cas japonais du moins.

Depuis l'entre-deux-guerres, l'historiographie marxiste japonaise se divise sur la question théorique de savoir si la révolution industrielle s'est fondée au Japon sur deux secteurs (*nibumon teichi-setsu* [*N.d.T.* : un secteur textile privé associé à une industrie lourde étatique]) ou d'abord sur le développement des filatures de coton (*menkôgyô chûshin-setsu*). Pour autant, notre objectif dans le présent ouvrage n'est pas de relancer cette controverse au sujet de l'avènement du capital industriel au Japon : nous voulons ici reconsidérer d'un point de vue régional la question de l'origine et du développement de la révolution industrielle. Nous définissons ici chronologiquement la révolution industrielle comme débutant avec le premier « boom des entreprises » (1886-1889) et s'achevant autour de la guerre russo-japonaise (1904-1905). Il s'agit de la période pendant laquelle les secteurs modernes se développèrent véritablement, d'abord à partir d'une première formation du rapport capital-salariat et, surtout, de celle d'une société économique dominée par la production marchande, phase correspondant particulièrement au premier essor des entreprises.

Il convient de souligner que le terme japonais ici traduit par « région » (*chihô*) recouvre deux acceptions : d'une part le sens de « province » par opposition à l'idée de « centre » lorsqu'il renvoie aux campagnes, aux territoires situés en dehors des centres de décision ; d'autre part le sens de « régional » ou « local » lorsqu'il désigne par effet de proximité des espaces délimités sur le territoire national[8]. Nous l'emploierons principalement dans ce livre dans ce dernier sens, caractérisant ces régions les unes par rapport aux autres et les sortant d'une certaine indifférenciation[9]. Les « fondations régionales de la révolution industrielle » reposent sur les liens de proximité immédiate, les « relations de face-à-face » (*kao no mieru kankei*) au sein d'une même région, liens à partir desquels l'industrie moderne a pu éclore au Japon et la révolution industrielle être réalisée. Notre vision des choses n'est donc pas celle d'une « révolution industrielle régionale » dédaignant l'échelle nationale. Elle est davantage proche de celle de Banzawa Ayumu qui, considérant l'espace germanique, se veut une restructuration de l'histoire économique nationale à partir de l'échelle régionale. Selon lui, il est probable que ce fût la disposition de plus en plus favorable des agents économiques régionaux au sujet de l'élargissement des marchés qui ouvrit la voie à une intégration économique supra-régionale, ce qui constituerait la clé expliquant la concomitance d'une industrialisation régionale et de la constitution d'une économie nationale liée à l'État-nation. C'est là une analyse stimulante pour repenser la révolution industrielle au Japon d'un point de vue régional[10]. Comme nous le démontrerons concrètement dans les première et deuxième parties de cet ouvrage, ce sont les forces économiques régionales des provinces du pays – et non seulement celles des régions centrales de Tôkyô et Ôsaka[11] – qui ont été la force motrice de l'essor des entreprises modernes à la fin de l'ère de Meiji, permettant à la révolution industrielle de se déployer à l'échelle nationale.

Comment expliquer que les régions devinrent les forces motrices du boom entrepreneurial, élément central de la révolution industrielle au Japon, alors qu'elles étaient moins bien loties que les grandes villes concentrant tant d'avantages en termes de concentration des ressources opérationnelles, d'informations, etc. ? Cette interrogation constitue le cœur de notre problématique.

Parmi les travaux pertinents déjà réalisés avec une telle approche, ceux de Nakabayashi Masaki examinent le rôle des régions dans la révolution industrielle et mettent en avant les avantages économiques des organisations et systèmes sociaux structurés au niveau régional[12]. D'après Nakabayashi, « il est important pour le développement industriel d'une région que se forme et se pérennise un système dominé par des transactions entre partenaires commerciaux spécifiques, identifiables, à l'intérieur du cadre géographique de cette même région ». C'est à cette condition, affirme-t-il, que l'existence de communautés locales peut stimuler le développement de l'industrie. On attache dans ce cas de l'importance au rapport « de proximité immédiate » sur lequel se construisent les réseaux humains de ces communautés, puisqu'il permet de prévenir tout acte frauduleux pouvant survenir dans le cadre des transactions commerciales, tout en réduisant les coûts de transaction. L'importance du rapport commercial direct entre les parties (par opposition aux transactions marchandes anonymes) apparaît également dans les recherches de Pat Hudson, qui souligne l'intérêt de la perspective régionale dans l'étude de la révolution industrielle en Angleterre[13]. Dans le cas de l'industrie lainière de la région de West Riding entre la fin du XVIIIe et le début du XIXe siècle, Hudson montre comment les capitaux apportés par les propriétaires terriens et les marchands locaux furent efficacement confiés aux industriels par l'intermédiaire de réseaux relationnels (commerciaux, familiaux, etc.) basés sur une confiance mutuelle et des relations de proximité. Ce furent d'ailleurs de réputés avocats du cru, jouissant de toute la confiance des deux parties, qui mirent en relation les bailleurs de fonds et leurs emprunteurs potentiels, preuve supplémentaire du fort lien social existant au niveau local[14].

Le schéma décrit par Nakabayashi et Hudson peut aussi s'étendre aux échanges d'informations économiques ou à l'approvisionnement en capitaux dans le cadre d'un marché encore peu structuré, et il s'avère même d'une grande utilité pour examiner le rôle des communautés locales dans le déclenchement de la révolution industrielle. Comme nous le démontrerons ici pour le Japon de l'ère de Meiji, c'est en réalité davantage au moyen de réseaux relationnels tissés à l'intérieur et autour des communautés locales que par le biais du marché que les agents économiques (investisseurs, entrepreneurs, administrateurs publics, politiciens, etc.) ont accédé aux infrastructures, ressources humaines et capitaux, dont l'agencement a permis le développement florissant des activités économiques régionales. Ce dynamisme de l'économie régionale fut rendu possible par le mode de fonctionnement des sociétés locales qui purent constituer une sorte de marché interne limitant les coûts transactionnels et ainsi permettre le développement des affaires malgré le stade embryonnaire des marchés et les multiples limites des ressources locales. Les forces économiques régionales purent internaliser les marchés nécessaires de la même manière que les grands groupes capitalistes familiaux (*zaibatsu*) développèrent des marchés internes de capitaux et de main-d'œuvre. De fait, si les rapports commerciaux directs purent renforcer la compétitivité des agents régionaux durant la révolution industrielle, période d'essor de l'économie de marché, cela renforça aussi les réseaux régionaux forgés par les liens du sang (*ketsuen*) et ceux du terroir (*chien*). Les régions développèrent alors un avantage comparatif par rapport aux grandes villes où l'anonymat régnait en maître.

Les deux aspects caractéristiques de cette révolution résident, comme nous l'avons déjà précisé, dans le développement de l'économie de marché, ainsi que dans la rapide croissance de la force productive causée par l'essor conjoint de l'industrie moderne et la multiplication des innovations techniques. Si le processus conduisant à ce dernier phénomène peut se répéter[15], le premier ne se produit par définition qu'une seule fois. Les économies locales directes furent donc doublement avantagées durant la révolution industrielle pour répondre au développement d'une économie de marché en pleine formation, comme à l'essor de nouvelles industries encore inconnues. À l'aide d'études de cas concrets, nous tâcherons donc de réexaminer sous cet angle la situation des régions et le rôle joué par ces dernières dans l'avènement de la révolution industrielle au Japon.

Agents économiques et économies locales : thématiques et méthodologie

Dès lors, il s'agit pour nous d'expliquer les mécanismes de stimulation des économies locales durant la période en question, tout en réévaluant le rôle des régions dans la révolution industrielle japonaise à la lumière des initiatives des différents agents économiques dans les régions instigatrices du boom des entreprises. Les recherches ayant déjà traité de l'action de ces agents en région nous seront des plus précieuses. Deux courants coexistaient jusqu'alors dans ces travaux : ceux s'attachant à l'étude des activités économiques gérées dans le cadre familial ou liées à des statuts héréditaires (marchands, propriétaires terriens), ceux s'attachant à l'étude des possédants locaux, des entrepreneurs et des administrateurs territoriaux. Le premier courant[16] produisait des études de cas détaillées, voulant mettre au jour la structure de reproduction de l'économie japonaise, adoptant de ce fait une perspective « centraliste » très marquée[17]. Le second se livre à une étude des grandes fortunes « régionales » dans le cadre d'une analyse plus générale de l'histoire des grands conglomérats japonais (*zaibatsu*)[18]. Dans les deux cas, les économies régionales ne constituent pas en elles-mêmes le principal centre d'intérêt[19].

Les recherches conduites ces dernières années présentent en revanche la particularité de reconsidérer l'activité des agents économiques régionaux (investisseurs, entrepreneurs et administrateurs publics) en lien étroit avec l'industrialisation, tout en prêtant une grande attention à leur rôle dans les économies locales. Catégorisant les investisseurs régionaux selon leur mode de participation au boom des entreprises déclencheur de la révolution industrielle au Japon, les historiens économistes Tanimoto Masayuki et Abe Takeshi démontrèrent en premier lieu que la multiplicité des profils de ces personnalités fortunées constitua l'une des conditions préalables à l'essor des entreprises régionales. Ces deux spécialistes dégagèrent plus concrètement trois grands types d'investisseurs régionaux d'après leur degré de participation à la gestion des entreprises et de prise de risques dans leurs placements financiers : le type entrepreneur, le type notable et le type rentier. Le plus investi dans la gestion de l'entreprise et les placements à risques relève de la première catégorie, là où la deuxième – bien qu'elle assume les risques financiers – demeure en retrait sur le plan de la gestion (quoique son existence revête, affirment les deux chercheurs, une grande importance pour l'essor des entreprises en province)[20]. Tanimoto soulève à cet égard l'hypothèse que les motivations présidant aux placements financiers des investisseurs-notables dans les entreprises régionales relèveraient moins de la perspective de bénéfices directs que d'une volonté de maintenir leur réputation au sein des sociétés locales et d'assurer leur position personnelle à l'intérieur de ces communautés[21].

Bien qu'il convienne de garder à l'esprit que ces trois catégories ne sont pas nécessairement rigides (les mêmes agents économiques ayant pu évoluer d'un modèle vers un autre selon les mutations qui s'opérèrent au cours des périodes étudiées : de notable vers entrepreneur, de rentier vers notable, d'entrepreneur vers rentier, etc.), la typologie des profils d'investisseurs de province proposée par Tanimoto et Abe se révèle néanmoins d'une extrême utilité. Nous souhaiterions d'ailleurs réévaluer dans ce livre le troisième type évoqué, l'investisseur-rentier, auquel les deux chercheurs précités concèdent une importance moindre. En marge des investissements relevant de la catégorie des notables, les investisseurs de type rentier n'ont-ils pas, en plaçant leur fortune dans les entreprises locales selon un processus de sélection (*screening*) et d'observation (*monitoring*) rigoureux, contribué à la stimulation de l'économie des provinces par le caractère judicieux de leurs apports en fonds de croissance ? Telle est concrètement la question que nous nous proposons de soulever.

Quant aux investisseurs de type entrepreneur, les travaux conjoints de Suzuki Tsuneo, Kobayakawa Yôichi et Wada Kazuo nous révèlent des faits essentiels pour l'étude des réseaux relationnels de ces entrepreneurs locaux. Compilant les données disponibles chaque année entre 1898 et 1907 dans le Registre national des dirigeants des sociétés japonaises (*Nihon zenkoku shokaisha yakuin-roku*), ils ont pu établir le statut des entreprises de tout le pays ainsi que le profil de leurs administrateurs, dressant un large inventaire des acteurs majeurs de la révolution industrielle japonaise[22]. Pour l'année 1907, que nous donnons ici à titre d'exemple, ils entreprirent d'établir une typologie du milieu des affaires du pays en fonction du cumul de postes à responsabilités par le traitement informatique d'une gigantesque base de données recensant 7 200 établissements et 47 370 personnes. Ils découvrirent à cette occasion l'existence de nombreux réseaux de petites et moyennes entreprises familiales en région, liées par des liens relevant « du sang » (*ketsuen*) ou « du terroir » (*chien*). Ils se rendirent compte que les sociétés dont les capitaux ne permettaient pas une gestion autonome se nourrissaient là encore d'un capital de nature sociale (gestion à fonds communs, système de société par actions) afin de poursuivre leurs ambitions[23]. Dans la plupart des cas, ces groupes d'affaires associaient à leur tête un entrepreneur chargé de la gestion pratique et du développement des projets à un investisseur principalement dévolu au financement de l'entreprise, ce qui montre que les entrepreneurs n'avaient pas nécessairement besoin d'être eux-mêmes des investisseurs tant qu'ils pouvaient user à bon escient de leurs réseaux locaux internes. Yasukawa Keiichirô, fondateur du zaibatsu Yasukawa (voir le chapitre 6), n'était d'ailleurs guère aisé financièrement lorsqu'il se lança dans les affaires ; ce n'est qu'en développant sa société qu'il accumula la fortune qui lui permit de devenir un investisseur-entrepreneur. Ajoutons que ces entrepreneurs de province, tout comme les investisseurs de type notable et rentier mentionnés plus haut, ne comptaient pas uniquement développer l'économie régionale mais analysaient finement les avantages et les inconvénients proposés par cette dernière afin d'y développer ou non leurs affaires. C'est ainsi que leur degré d'implication et de contribution à l'essor des économies locales put varier. Dans tous les cas, le dynamisme professionnel des entrepreneurs et investisseurs régionaux constituera l'un des sous-thèmes majeurs de notre étude.

Venons-en maintenant au rôle joué par les politiciens et administrateurs publics régionaux dans la révolution industrielle – sujet que nous avons déjà abordé dans le cadre de notre étude consacrée aux débuts du secteur ferroviaire au Japon[24]. Durant la première moitié de l'ère de Meiji, les administrateurs territoriaux – à commencer par les préfets [*N.d.T.* : les préfets étaient considérés comme tels au Japon] – qui se qualifiaient eux-mêmes d'« administrateurs pastoraux » (*bokumin-kan*) agirent de manière relativement autonome vis-à-vis du pouvoir central afin d'assurer la bonne administration et le dynamisme économique de leurs régions. Dans notre étude de la création de la Compagnie des chemins de fer de Kyûshû, nous avons d'ailleurs observé entre le peuple et les pouvoirs publics une communauté d'action afin de stimuler les activités économiques locales[25]. Les bureaucrates travaillèrent de concert avec les hommes politiques pour pallier les hésitations des investisseurs devant les territoires inconnus de l'industrie moderne, et il convient de noter que dans certains cas, ce sont les administrations qui, en assumant elles-mêmes les risques initiaux, firent avancer d'un grand bond les affaires des entreprises[26]. Nous voudrions à nouveau souligner l'importance caractéristique des fonctions de coordination exercées par les administrateurs et hommes politiques de province pour dynamiser les économies régionales[27].

Si les différents types d'agents économiques que nous mentionnons ici (investisseurs, entrepreneurs, administrateurs et hommes politiques régionaux) nouèrent entre eux des liens étroits, chacun d'entre eux sut également faire un usage habile de ses relations publiques (partenaires d'affaires, partis politiques, administrations) et personnelles (liens du pays natal, du sang, de camaraderies diverses, ou d'amitié) pour bâtir des réseaux intra- et extra-régionaux à niveaux multiples. À ce stade précoce du développement des marchés et des moyens de transport, ces réseaux humains leur permirent de réduire les coûts transactionnels et s'avérèrent indispensables à l'expansion durable de leurs affaires en leur apportant pleinement les ressources et les informations nécessaires. Ces réseaux relationnels formés dans et hors les régions constituèrent une condition essentielle à la bonne exploitation des ressources régionales.

Pour comprendre la manière dont le Japon de l'ère de Meiji, pays retardataire, a amorcé sa révolution industrielle, il nous faut d'abord discuter des liens entre les agents économiques régionaux et l'idéologie de l'industrialisation, puisque cette dernière a jusqu'à présent été présentée comme un préalable nécessaire dans le cadre du modèle de l'industrialisation de rattrapage[28]. À l'époque, cette idéologie n'a pas été diffusée au Japon de manière unilatérale depuis le centre vers les provinces, ou depuis le gouvernement vers la population, mais de manière partagée, profondément bilatérale. Les fortes identités locales et régionales ont constitué un arrière-plan favorable à la constitution d'une telle idéologie favorable à l'industrie, fournissant aux différents agents économiques une vision commune de l'avenir politique et économique de leurs régions, à même de stimuler leur dynamisation. L'émergence d'une telle conscience positive, d'une telle idéologie, de l'industrialisation régionale au sein de ces structures communautaires permit aux capitalistes de légitimer leur propre existence et le développement de leurs affaires, contribuant à leur développement… et à la mise à bas des structures communautaires locales. Nous aborderons à ce sujet la grande question qui fut tant débattue sur la place publique, tant par le pouvoir que par toute la population : celle d'« un pays riche » (*fukoku*), que nous réexaminerons en la ramenant à l'échelle régionale[29].

En somme, nous pouvons dégager trois conditions essentielles pour que s'opère sous l'égide des divers agents économiques une dynamisation des économies locales exploitant judicieusement leurs ressources : la préexistence des agents économiques majeurs en devenir ; la construction de nombreux réseaux relationnels intra- et extra-régionaux ; une idéologie commune de l'industrialisation régionale. C'est en tenant compte de ces trois conditions que nous expliquerons ici, au fil de nos différentes études de cas, le processus concret d'industrialisation des régions durant la révolution industrielle au Japon.

En sus des thématiques principales déjà présentées, nous traiterons comme thème secondaire de la place occupée par les économies locales au cours des différentes phases de développement de la révolution industrielle. Pour ce faire, nous mettrons en lumière les évolutions structurelles de ces économies à l'échelle nationale[30], en analysant la répartition territoriale des nouveaux corps que constituaient les entreprises érigées en sociétés (*kaisha-kigyô*), elles qui furent les vecteurs de l'essor des industries modernes en permettant la collecte de capitaux sociaux sous forme financière.

Le présent ouvrage est le fruit d'une réflexion menée à partir du constat du fait que les entreprises japonaises se développèrent durant la révolution industrielle non seulement dans les grandes villes de Tôkyô et Ôsaka, mais aussi et surtout dans les régions (voir la première partie). Or, à partir du tournant du siècle, leur large répartition géographique dans tout le pays commença à rapidement se résorber, entamant une phase de concentration accrue. Ainsi, pendant la guerre russo-japonaise (1904-1905), le phénomène de concentration des entreprises dans les grandes villes[31] s'accéléra, mais nous verrons surtout que certaines régions continuèrent aussi à se développer durablement et que d'autres, « retardataires », entamèrent alors leur industrialisation. Tout cela nous laisse penser que le mouvement de concentration économique en direction des plus grandes villes à la fin de la révolution industrielle n'était pas dû au déclin des économies régionales mais plutôt à l'émergence d'une économie urbaine de plus en plus autonome.

L'industrialisation des métropoles de Tôkyô et d'Ôsaka, facteur parmi d'autres de cette brusque mutation des structures économiques régionales après 1900, sera ici étudiée à travers le problème de l'électrification de la région de Tôkyô et ses effets sur le développement industriel (voir les chapitres 7 et 8). L'essor du secteur de l'électricité, en faisant émerger dans les villes de nouveaux mécanismes de marché, fut d'une importance fondamentale pour le développement de l'économie urbaine. Tout d'abord en donnant naissance aux premières très grandes entreprises fondées *via* les marchés de capitaux urbains[32]. Cette utilisation par les compagnies d'électricité des marchés anonymes de capitaux contraste fortement avec le mode de financement des entreprises régionales du milieu de l'ère de Meiji, utilisant leurs relations avec des partenaires identifiés pour constituer leur capital (voir la deuxième partie). Cela montre que les progrès de la révolution industrielle ont stimulé le développement des marchés de capitaux au sein des grandes villes. D'autre part, la distribution stable d'énergie à bon marché permit l'électrification des usines en milieu urbain et le secteur électrique devint ainsi le pilier fondateur, avec les marchés de capitaux, de l'industrialisation des villes[33]. Nous insisterons sur ce rôle doublement important du secteur de l'énergie électrique lorsque nous discuterons dans notre troisième partie de l'avènement de l'« ère des villes », postérieur à la guerre russo-japonaise.

Objets d'étude et plan de l'ouvrage

Afin de clarifier le traitement des questions soulevées par l'exploration de ces sujets, il nous faut définir nos objets d'étude ainsi que leur cadre temporel. Le cadre chronologique de la révolution industrielle japonaise étudiée ici couvre quelque vingt années. Il est jalonné des trois premiers « booms des entreprises » que connut le Japon : le premier entre 1886 et 1889, le deuxième entre 1895 et 1899 et le troisième suivant la guerre russo-japonaise dans les années 1906-1907. Ces « booms » de grande échelle, phases de créations massives d'entreprises, furent loin d'être circonscrits aux métropoles de Tôkyô et d'Ôsaka, partout en région les activités économiques furent dynamisées, donnant corps à ce que l'on peut appeler une véritable « ère des régions ». Avec les débuts de l'électrification des usines et la formation de zones industrielles dans les métropoles, s'est ensuite ouverte l'« ère des villes »... qui se poursuit jusqu'à notre époque. Cette période d'essor des régions nous fournit ainsi nombre d'exemples pertinents pour notre réflexion.

Quant à la question de l'échelle géographique des économies locales, nous pouvons dans le cas du Japon moderne concevoir l'économie locale comme la superposition d'une triple strate : le niveau du village ou du bourg (*chô-son*), celui englobant une ville (*shi*), un ou plusieurs districts (*gun*), et enfin un niveau départemental (*to-dô-fu-ken*)[34]. De ces trois strates, l'unité illustrant le mieux les particularités des sociétés locales marquées par la proximité relationnelle est sans nul doute celle du village ou du bourg, système communautaire circonscrit aux limites naturelles du village. L'échelle de ce premier niveau est cependant trop réduite pour le considérer comme un cadre crédible à l'essor des entreprises au cours de la révolution industrielle. D'ailleurs, les agents économiques régionaux (investisseurs et entrepreneurs) cherchant à développer leurs affaires dans les nouveaux secteurs industriels furent actifs dans des zones appartenant au moins au deuxième niveau. Les fonds placés en commun avec les investisseurs de la strate des villes et districts jouèrent un rôle des plus décisifs dans le processus de création et de gestion des entreprises en province (voir les chapitres 4 et 5). Par le biais des différents réseaux familiaux, territoriaux et politiques, les espaces relevant à l'époque du niveau villes-districts parvinrent alors à créer en leur sein un tissu social local fait de relations individuelles directes. Dans le cas des industries nécessitant de mobiliser d'immenses fonds et d'aménager des infrastructures gigantesques, comme le secteur du rail, le niveau départemental s'impose comme un minimum. La dynamisation de l'économie au niveau d'un département supposait une communauté d'intérêts réunissant l'ensemble des petites régions le composant, ou bien l'ensemble de ses agents économiques privés. Pour structurer cette communauté, le rôle de coordination assuré par les administrateurs territoriaux et les hommes politiques s'avéra dans de nombreux cas d'une importance capitale (voir les chapitres 3 et 4).

Selon ce principe liminaire de stratification du territoire, nous étudierons les activités entrepreneuriales des différents agents économiques au niveau départemental dans les régions de Fukuoka et d'Iwate, ainsi que le cas, au niveau ville/district(s), de celles de Miike et du Chikuhô (département de Fukuoka), des districts de Sen'nan (département d'Ôsaka) et Tachibana (département de Kanagawa), et des villes de Tôkyô et Yokohama. Parmi ces objets d'étude, le département de Fukuoka, fort de ses deux fameux gisements houillers de Miike et du Chikuhô, offre un éminent exemple de l'essor des entreprises dans des régions certes excentrées mais favorisées par l'abondance de leurs ressources opérationnelles – humaines, matérielles et financières. Le département de Fukuoka, un des cœurs des deux premières vagues de multiplication des entreprises au Japon, est un cas emblématique de la dynamisation économique régionale que connut le pays à l'ère de Meiji. Il nous faudra comprendre qui utilisa ces ressources abondantes, de quelle manière et dans quelle mesure on le fit. Pour cela, nous utiliserons différents cas à fin de comparaison : celui du district de Sen'nan et celui du département d'Iwate. Sen'nan, zone rurale proche de la ville d'Ôsaka (centre économique national à l'époque, comme Tôkyô), possédait alors de multiples ressources opérationnelles. Nous tenterons de savoir ce que firent les gens possédant ces ressources en faveur de l'industrialisation de leur région, quels agents économiques ils ont été. Dans le cas du département d'Iwate, nous avons affaire à une région aux ressources très limitées. Il fut le département le moins actif du Japon en termes de création de sociétés durant les deux premiers booms des entreprises et ce n'est qu'après la guerre russo-japonaise que les sociétés finirent par y prendre leur essor[35]. Dans une région retardataire comme celle-là, nous verrons que la fonction coordinatrice des pouvoirs publics régionaux s'avéra essentielle pour stimuler l'activité des agents économiques du secteur privé. Enfin, nous tâcherons de comprendre ce qui peut expliquer la soudaine expansion des aires urbaines après la guerre russo-japonaise, point de bascule entre l'ère des régions et celle des villes. Pour cela, nous nous pencherons sur le cas de Tôkyô et de sa périphérie directe.

Nous nous efforcerons d'expliciter les tentatives de dynamisation économique de ces différentes provinces en nous appuyant sur des études de cas concrets, selon le plan suivant. Notre première partie proposera d'abord un aperçu général des prémices de la révolution industrielle au Japon et de son développement à l'échelle des régions. Nous commencerons par examiner dans le premier chapitre le rôle des provinces dans le déclenchement de la révolution industrielle en nous intéressant principalement aux secteurs du rail et des filatures de coton, emblématiques de l'industrie moderne de l'époque. Il s'agira en l'occurrence de déterminer le rôle des régions dans l'introduction au Japon de ces industries modernes et dans la mise à disposition des ressources nécessaires à l'émergence d'une révolution industrielle. Nous analyserons par ailleurs les structures théoriques du débat d'idées portant sur ce que devait être un « pays riche » (*fukoku-ron*), du double point de vue des régions et du pouvoir central, et nous réfléchirons aux caractéristiques et fonctions d'une certaine « idéologie » de l'industrialisation régionale au cours de la révolution industrielle.

Dans le chapitre 2, nous analyserons la structure géographique des trois vagues d'essor des entreprises, ce qui nous préparera à aborder nos études de cas consacrées à l'« ère des régions » (deuxième partie) et à la transition vers l'« ère des villes » (troisième partie). Nous porterons à cette occasion une attention particulière à la distribution géographique des entreprises, originellement dispersées sur tout le territoire entre le premier boom entrepreneurial et l'après-guerre sino-japonaise, puis se concentrant dans les centres après la guerre russo-japonaise. Nous réfléchirons particulièrement à ce qui a constitué l'environnement, notamment en arrière-plan, de cette évolution de la géographie des entreprises japonaises.

Dans la deuxième partie de cet ouvrage, nous nous intéresserons à la question de la place et du rôle des agents économiques locaux (fonctionnaires, entrepreneurs, investisseurs et zaibatsus de province) dans le développement de la révolution industrielle japonaise, éclairant par différentes études de cas les mécanismes de dynamisation porteurs de l'« ère des régions ». Le chapitre 3 s'attachera précisément au rôle des administrateurs locaux dans les prémices du mouvement industriel.

L'analyse du problème de l'aménagement du chemin de fer dans le département d'Iwate sera l'occasion de réfléchir à la place des régions les moins développées au tout début de la révolution industrielle et de prêter attention aux mesures prises par les pouvoirs publics locaux. Nous discuterons de la manière dont les membres de l'administration locale ont appréhendé la question de la dynamisation économique de leur région, de la mise en pratique de la chose et de la réponse des investisseurs de province et des communautés locales à cet ensemble.

Ensuite, dans le chapitre 4, nous nous intéresserons à l'essor des entreprises en province et au devenir de celles-ci, prêtant attention aux orientations prises par les entrepreneurs locaux en la matière. Pour ce faire, nous étudierons le cas de la région de Miike, partie intégrante de la ceinture charbonnière du département de Fukuoka. Les personnages principaux de ce chapitre, Nagae Jun'ichi (1853-1917) et Noda Utarô (1853-1927), sont des figures bien connues de la fin de l'ère de Meiji (1868-1912) à l'ère de Taishô (1912-1926) comme députés du Parti des sympathisants du Gouvernement constitutionnel (*Rikken seiyûkai*) [*N.d.T.* : fondé en 1900, plus grand parti de l'époque]. Ils furent aussi des entrepreneurs contribuant activement à la création et à la gestion de nombreuses entreprises régionales durant la période qui nous intéresse ici. Comment utilisèrent-ils les ressources de production de la province de Miike pour conduire leurs affaires, et avec quels résultats ? Telles sont les questions auxquelles nous tâcherons de répondre.

Dans le chapitre 5, nous examinerons les modalités d'action des investisseurs durant l'ère de Meiji sous les trois angles de leur lien personnel à l'essor régional des entreprises, du rapport entre accumulation des capitaux marchands et investissement dans l'industrie, ainsi que les circuits régionaux de distribution des actions et de communication des informations financières. Nous apprécierons alors toute l'importance de l'influence exercée par les réseaux humains intra- et extra-locaux sur les comportements d'investissement des fortunes régionales, tout comme celle du rôle des investisseurs épris de rationalité économique dans le développement d'une croissance durable pour l'économie régionale. Pour cela, nous nous appuierons sur l'exemple de la maison Hiromi, du bourg de Kaizuka dans le district de Sen'nan (département d'Ôsaka), dirigée par Hiromi Sôtarô et spécialisée dans la vente en gros d'engrais agricoles.

Dans le chapitre 6, nous réfléchirons à l'une des conséquences directes de l'industrialisation des provinces qu'est la naissance, au cours de la révolution industrielle, des conglomérats de province (*chihô zaibatsu*), gigantesques structures capitalistiques régionales.

En analysant comment un simple exploitant minier du bassin houiller du Chikuhô (département de Fukuoka), Yasukawa Keiichirô, parvint à bâtir un grand groupe d'entreprises, un zaibatsu, en suivant l'évolution précise de ses affaires et la constitution du capital du groupe familial Yasukawa-Matsumoto qu'il fonda, nous porterons un peu de lumière sur le processus de formation des conglomérats de province (*chihô zaibatsu*), identifiant quelques avantages comparatifs dont jouissaient alors les entrepreneurs régionaux. Nous serons à ce titre particulièrement attentifs au fonctionnement des réseaux d'entrepreneurs gravitant autour de Yasukawa Keiichirô, ainsi qu'au rôle des marchés de capitaux internes.

Dans notre troisième partie, nous interrogerons les causes de la fulgurante croissance économique que connurent les grands espaces urbains après la guerre russo-japonaise. Nous répondrons en étudiant les liens entre l'essor du secteur électrique et l'industrialisation au sein de l'aire urbaine de Tôkyô afin d'identifier les facteurs ayant porté la dynamisation économique des milieux urbains (voir le chapitre 7). Nous étudierons le processus d'élaboration du système de distribution électrique de la Compagnie de l'éclairage électrique de Tôkyô (*Tôkyô dentô*, pionnière du secteur dans la capitale), avec une attention pour le mode de mobilisation des capitaux (formation d'un marché capitaliste), les conséquences de l'innovation technique et de l'électrification du tissu urbain (émergence d'un marché de l'énergie électrique).

Nous poursuivrons dans le chapitre 8 cette étude de la croissance économique des grandes métropoles en analysant les premiers temps de la formation de la « ceinture industrielle de Tôkyô-Yokohama » (*keihin kôgyô chitai*). Nous y observerons les effets de l'aménagement de lignes électriques de transport longue distance à haute tension sur le développement industriel de la capitale et son aire urbaine, les lignes partant des montagnes de l'arrière-pays pour desservir le littoral urbanisé. Nous verrons comment le système de distribution électrique de la Compagnie d'électricité de Yokohama (*Yokohama denki*) et celle des filatures et du gaz Fuji (*Fuji gasu bôseki*) fut élaboré et comment la distribution d'énergie ainsi assurée dans les zones proches de ces lignes modifia l'économie de ces dernières, nous prenons ici l'exemple de la ville de Yokohama et du district voisin de Tachibana (département de Kanagawa). Nous chercherons à comprendre, en considérant l'état des ressources opérationnelles que ces deux localités proposaient alors, comment et pourquoi l'utilisation de l'électricité s'y est aussi rapidement généralisée.

Enfin, dans notre conclusion, nous résumerons les arguments avancés dans la deuxième partie en rappelant les trois conditions nécessaires déjà évoquées (l'existence de corps économiques autour desquels les nouvelles industries se seront développées, la formation de réseaux relationnels intra- et extra-régionaux, une communauté idéologique concernant l'industrialisation en région) pour mieux discuter des mécanismes qui ont rendu possible le développement durable des économies régionales. Puis, nous reviendrons sur les première et troisième parties de l'ouvrage pour livrer les conclusions de notre réflexion au sujet des facteurs expliquant l'évolution des structures économiques régionales au cours de la révolution industrielle.

Première partie

L'économie régionale, au cœur de la révolution industrielle

Chapitre 1

Les conditions préalables à l'avènement de la révolution industrielle au Japon

– des ressources opérationnelles aux aspects idéologiques de l'industrialisation –

Pour appréhender ce qui a pu conditionner favorablement la révolution industrielle au Japon, il faut comprendre ce qui s'est passé au cours des premières années de l'ère de Meiji au niveau de la répartition des ressources opérationnelles sur le territoire national et en termes idéologiques au sujet de l'« industrialisation ». Sur ces deux points, nous aurons à cœur d'interroger les relations entre centre(s) et périphérie(s).

L'historiographie a jusqu'à présent souvent souligné l'importance du gouvernement central pour expliquer la révolution industrielle au Japon[1]. Le gouvernement de Meiji s'orienta effectivement dès ses débuts, au cours de la première moitié des années 1870, vers une industrialisation de type centralisé. Néanmoins, le manque d'investissements (causé par les difficultés financières du nouvel État et sa politique d'exclusion des capitaux étrangers) et la rapide impasse des projets industriels publics contraignirent le pouvoir à changer de cap dès le début des années 1880. Dès lors, hormis les mesures financières accompagnant la politique déflationniste des années 1880 (assainissement monétaire et création d'une banque centrale – la Banque du Japon), aucune politique économique gouvernementale n'exista plus[2]. Cet effacement du gouvernement n'empêcha toutefois pas l'avènement au cours de la seconde moitié de la décennie d'un véritable boom entrepreneurial qui jeta les bases de l'industrie moderne dans les régions centrales mais aussi périphériques du pays. Ainsi, le Japon entra de plain-pied dans l'âge de la révolution industrielle non seulement grâce à l'action du gouvernement et des régions centrales, mais aussi par celle du peuple et des provinces. Afin de comprendre cette dynamique d'ensemble, il nous faut examiner très concrètement la situation initiale à la lumière de ces rapports entre gouvernement et population, et entre centre(s) et périphérie(s).

Pour ce faire, nous esquisserons d'abord un aperçu général de la répartition des ressources opérationnelles entre la fin du shogunat et la première moitié de l'ère de Meiji, en tenant compte des rapports centre-périphérie, avant de nous intéresser au rôle de ces deux polarités dans l'introduction des industries modernes au Japon. Nous observerons précisément les secteurs du rail et du filage, alors au cœur des industries modernes, identifiant la provenance de leurs capitaux et la manière dont ceux-ci furent levés, sujet ô combien crucial. Pour finir, nous montrerons comment le régime juridico-légal des sociétés par actions s'est répandu, pour mieux comprendre comment le système des entreprises modernes s'est développé.

Dans la seconde partie de ce chapitre, nous dresserons un état des lieux des orientations de la politique économique au cours de la première moitié de l'ère de Meiji et déterminerons la place ainsi que le rôle du pouvoir central dans la révolution industrielle à ses débuts. Au sujet du lien entre idéologie de l'industrialisation et nationalisme étatiste (*kokkashugi*) – jusqu'ici considéré comme étant au cœur du modèle de l'industrialisation de rattrapage[3] –, nous nous livrerons à un réexamen des débats d'idées portant sur la « question du pays riche » (*fukokuron*), tant au sein du gouvernement qu'au sein de la population dans les régions[4]. Nous prêterons particulièrement attention à la structuration théorique de la question et à ses effets dans la réalité.

1. Les conditions aux débuts de la révolution industrielle

(1) La répartition des ressources opérationnelles de la fin du shogunat au début de l'ère de Meiji

Si l'on observe la distribution des ressources opérationnelles sur le territoire japonais de la fin du shogunat aux premières années de l'ère de Meiji, deux tendances se dégagent : un enrichissement des régions lié au développement de l'industrie rurale et une réorganisation des capitaux disponibles dans les espaces urbains.

Analysant les tables départementales de la production (*fuken bussan-hyô*) publiées en 1874, Furushima Toshio a démontré l'extension à l'ensemble du pays de la dynamique industrielle des zones rurales (calculant la proportion de travailleurs du secteur industriel au sein de la population active, et celle des produits manufacturés au sein de la production totale)[5]. Cette croissance de l'industrie rurale fut soutenue par les riches propriétaires terriens et, plus encore, par les marchands des régions rurales. Artisans majeurs de la libre circulation des nouvelles marchandises produites par le développement de l'industrie rurale et l'ouverture des ports, ces derniers accrurent leurs richesses en mettant un terme au monopole des anciennes corporations de grossistes commissionnaires (*ton'ya nakama*)[6]. Il nous semble pertinent d'appeler cette période l'« ère des régions » du fait de cette accumulation des capitaux dans les provinces et de la faiblesse des écarts économiques interrégionaux qui lui est propre[7].

Parallèlement à cette évolution du système de circulation des marchandises, une réorganisation du milieu marchand se poursuivit au sein des trois grandes villes d'alors (Edo, Kyôto et Ôsaka). Durant les bouleversements de la restauration de Meiji, la plupart des marchands (en particulier les membres des corporations commerciales) ayant amassé des fortunes considérables grâce à leur lien privilégié avec les autorités seigneuriales (on parle alors de « marchands du prince », *goyô shônin*) ne surent s'adapter aux nouvelles modalités de circulation des marchandises et virent de fait leurs affaires stagner, sinon s'effondrer. En revanche, les nouvelles maisons marchandes et les négociants parvinrent à accéder aux nouveaux circuits de distribution en nouant des relations commerciales avec les marchands des campagnes. Leur activité connut une croissance fulgurante. Parmi ceux-là, citons les maisons Chôgin de Kobayashi Gin'emon (nouvellement créée) et Ômiya de Tanaka Ichibei (un négociant)[8]. Les négociants ayant prospéré grâce à leurs transactions avec les régions devinrent tout naturellement les garants de la circulation des informations entre les villes et les campagnes. En facilitant l'échange d'informations, notamment au sujet des questions financières (investissements divers, transactions de titres, etc.), leurs réseaux jouèrent un rôle prééminent dans l'essor entrepreneurial de la seconde moitié des années 1880[9].

À la suite de l'abolition des domaines féodaux et de la création des départements (juillet 1871), les familles seigneuriales reçurent de l'État le versement d'indemnités importantes sous forme de bons d'État (*chitsuroku shobun*, mai 1876). Sur cette base, une nouvelle classe aisée apparut dans les villes, celle des aristocrates, composée des anciens seigneurs et membres de la Cour impériale. La présence en 1887 de treize membres de cette noblesse parmi les vingt-quatre plus grosses fortunes du Japon témoigne de l'importance de leur patrimoine[10]. Nombre de ces aristocrates installés à Tôkyô conservèrent dans leurs anciennes terres un point d'attache (une résidence, sinon des bureaux), ou une personne chargée de la gestion de leurs biens sur place (intendant, administrateur), devenant de fait des passerelles entre la ville et les campagnes. Lors du boom des entreprises, tout en menant leur vie de rentiers en ville, ils opéraient comme de parfaits agents capitalistes, se concertant avec leurs intendants pour décider des investissements à réaliser, sur la base des informations collectées sur place[11].

Ainsi, de nouvelles classes fortunées se formèrent au début de l'ère de Meiji dans les grandes villes comme en région, aidées dans les deux cas par de nouveaux corps intermédiaires. De fait, les fonds d'investissement qui permirent le lancement de la révolution industrielle existaient potentiellement à la fois dans les villes et dans les campagnes.

Au sujet de la répartition territoriale des ressources humaines, nous examinerons plus loin en détail le cas des gestionnaires et du personnel compétent en matière technique. Pour ce qui est de la démographie, problème conditionnant alors la distribution territoriale des travailleurs, retenons simplement pour l'instant qu'avec respectivement 3,3 % et 3 % du total de la population, les villes de Tôkyô et Ôsaka étaient en 1881 moins peuplées que les départements de Niigata (4,1 %), Aichi (3,6 %), Hyôgo (3,9 %) ou Hiroshima (3,4 %)[12] – des chiffres qui nous révèlent l'avantage comparatif des régions à moyen et long terme sur le plan de la réserve de main-d'œuvre nécessaire au processus d'industrialisation[13].

(2) L'introduction des industries modernes

Les industries modernes au Japon commencèrent à être introduites doucement à la fin du régime féodal sous l'action conjointe du shogunat (gouvernement central) et des principautés (gouvernements régionaux), après l'ouverture du pays en 1854 ; mais ce n'est qu'après la restauration de Meiji (1868) qu'elles se développèrent véritablement. En examinant le cas du chemin de fer et du filage du coton – secteurs majeurs de ces nouvelles industries, nous tenterons de comprendre comment les ressources opérationnelles étaient distribuées au début de l'ère de Meiji et comment elles furent mobilisées.

Il est bien connu que le secteur ferroviaire s'est initialement développé au Japon sous l'égide directe des autorités, à la suite de l'importation du système ferroviaire britannique, *via* des capitaux eux aussi britanniques [*N.d.T.* : pour la ligne reliant sur 30 kilomètres Yokohama à Tôkyô ouverte en 1872]. De fait, au moment de son introduction au Japon, l'industrie du rail dépendait à la fois des conseillers étrangers sur le plan humain et, au niveau financier, des deniers publics et des emprunts extérieurs. Le gouvernement de Meiji comptait toutefois bien se libérer au plus tôt de cette dépendance et se consacra dès le début à la formation d'une main-d'œuvre compétente et à la mobilisation d'importants capitaux, deux éléments nécessaires à l'aménagement pérenne d'un grand réseau ferré.

La constitution de ce capital humain présentait plusieurs particularités, dont la première peut être illustrée par les équipes d'ingénieurs des chemins de fer publics. Face aux critiques dénonçant le coût élevé des travaux de construction et le manque permanent de fonds causé par les difficultés financières de l'État, les administrateurs gouvernementaux des chemins de fer cherchèrent rapidement à remplacer les conseillers étrangers par des Japonais. Des équipes d'ingénieurs civils furent ainsi montées en intégrant, d'une part, des diplômés des institutions nationales de formation et, d'autre part, des ingénieurs envoyés en formation à l'étranger entre la fin des années 1870 et le début des années 1880. Ces groupes fonctionnant selon le rapport maître-disciple des centres de formation technique et industrielle (les personnes formées à l'étranger lors des premières vagues d'envoi en Europe supervisant les techniciens issus des institutions japonaises) permirent d'élever considérablement le niveau général des spécialistes japonais, particulièrement en matière d'aménagement ferroviaire[14].

Quels circuits les autorités administratrices des chemins de fer employèrent-elles pour constituer leurs équipes de spécialistes en ingénierie? La quasi-totalité des spécialistes de bas et moyen niveau (les techniciens, *gishu*) du Bureau des chemins de fer (*tetsudô-kyoku*) fut formée en interne, mais la plupart des spécialistes de haut niveau (les ingénieurs, *gishi*, et ingénieurs en chef, *gichô*) étaient issus des administrations régionales (les principautés jusqu'en 1871, puis les préfectures ; voir Tableau 1-1). Nombre des brillants spécialistes partis étudier à l'étranger relevaient de ces dernières. Soulignons ici le poids significatif des pouvoirs régionaux dans les envois d'étudiants à l'étranger au début de l'ère de Meiji. Le tableau 1-2 propose une classification des apprentis ingénieurs envoyés à l'étranger selon l'origine du financement de leurs études, ainsi que l'année de leur départ. Trois faits se distinguent. Tout d'abord, le pic des envois à l'étranger se situe en 1870-1871. Ensuite, le nombre d'étudiants envoyés grâce à des fonds publics régionaux (aux frais des autorités seigneuriales puis des départements) s'accroît à partir de 1869, mais reste inférieur au nombre de boursiers du gouvernement. Enfin, le nombre des boursiers régionaux et d'État progresse chaque année jusqu'en 1871. De fait, au début de l'ère de Meiji, notamment grâce à la relative autonomie du pouvoir régional, les régions jouèrent un rôle d'importance dans l'acquisition des connaissances et des techniques modernes.

D'autre part, le fonctionnement du chemin de fer nécessitait de réunir une force de travail aux champs de compétence très diversifiés (cantonniers, machinistes, conducteurs de locomotives, etc.). Si dans les premiers temps des étrangers furent également employés à ce niveau de compétence, les artisans japonais formés dans chaque corps de métier avec l'aide du shogunat et des principautés se révélèrent d'une importance capitale pour leur remplacement. Aussi des artisans rompus depuis l'époque shogounale au travail du fer et du bois œuvrèrent-ils dans les ateliers de fabrication des wagons. Sous les ordres des maîtres d'œuvre de l'ancien régime, des ouvriers spécialisés dans les ouvrages en hauteur (les « artisans voltigeurs », *tobishokunin*) furent mobilisés sur les chantiers pour la construction de ponts, ainsi que des charpentiers pour le levage et des mineurs des exploitations métallifères pour le percement des tunnels ; des équipes de bâtisseurs spécialisés (les « bêches noires », *kurokuwamono*, chargés à l'époque prémoderne des travaux publics du shogunat) œuvrèrent également sur ces sites[15]. Si un apprentissage spécifique s'avérait nécessaire aux « artisans » prémodernes afin d'acquérir les bases des techniques occidentales qui leur permettraient d'évoluer vers un statut d'« ouvrier » moderne, ce rôle formateur fut accompli dans le cas du secteur ferroviaire par les conseillers étrangers, qui supervisèrent de manière directe les travailleurs japonais au cours des premières années des chemins de fer publics. Par la suite, ces équipes de travailleurs qualifés formés lors des tout premiers travaux de construction se developpèrent en entreprises spécialisées dans le domaine du rail, œuvrant dans tout le pays comme soustraitantes sur les chantiers ferroviaires à partir du boom entrepreneurial.

Avec les difficultés financières – devenues permanentes – du gouvernement, et dans la mesure où introduire des capitaux étrangers était exclu, il devint indispensable de parvenir à mobiliser des fonds privés pour financer l'aménagement du chemin de fer. Le capital marchand des villes fut le premier à être considéré comme un possible agent d'investissement pour le secteur du rail. Ainsi, lors de la campagne de création de la Compagnie des chemins de fer du Kansai (*Kansai tetsudô-gaisha*) [*N.d.T.* : le Kansai est la région d'Ôsaka], qui s'étendit sur plusieurs années à compter de 1871, la préfecture de Kyôto voulut solliciter les maisons marchandes historiquement liées aux autorités seigneuriales (*goyô shônin*) comme les maisons Mitsui, Ono et Shimada, en créant une taxe spécifique leur faisant supporter le coût des travaux[16]. Le projet avorta, à la suite de divergences entre les marchands et les autorités, et ce fut cette fois-ci au tour de la noblesse d'être courtisée à des fins d'investissement. Cette campagne de financement coordonnée par le conseiller de l'empereur Iwakura Tomomi (1825-1883), lui-même noble, avança avec l'aide de familles de l'ancienne classe guerrière fédérées au sein de groupes comme la Société de la montagne de l'Est (*Tôzansha*), de grandes maisons d'affaires liées au nouveau pouvoir (les « marchands politiques »)[17] comme Mitsubishi, et surtout avec l'aide des populations des départements que les lignes devaient traverser. Cela porta finalement ses fruits et en 1881 fut créée la Compagnie des chemins de fer du Japon (*Nihon tetsudô-gaisha*). La part apportée par les régions traversées dépassait le quart du capital total de la compagnie (29 387 actions sur 116 330 actions au total en juin 1882, les départements de Saitama, Gunma, Fukushima et Miyagi se distinguant particulièrement)[18]. En réduisant la perception des risques liés à l'investissement, le prestige social des aristocrates et des milieux d'affaires proches du pouvoir (les « marchands du prince ») ainsi que la garantie gouvernementale de dividendes annuels à hauteur de 8 %, permirent – aidés aussi par les campagnes de souscription méthodiquement menées par les préfectures – de mobiliser les capitaux des régions au service des industries modernes.

À la différence du secteur ferroviaire, introduit sous l'impulsion du gouvernement central, les régions et le secteur privé jouèrent dès l'origine un rôle majeur dans le développement de l'industrie du filage. Deux des trois plus grandes filatures de la fin du shogunat, celles de Kagoshima [*N.d.T.* : pointe sud de Kyûshû] et de Sakai [*N.d.T.* : près d'Ôsaka], furent fondées par la principauté de Satsuma et la troisième, la Filature de Kashima, ne compta pas davantage sur l'aide du shogunat, puisqu'elle fut directement financée par l'entrepreneur Kashima Manpei. Le mouvement d'expansion des filatures s'accéléra (sur un modèle type de 10 métiers activant 2 000 broches) pour s'étendre en 1885 à douze départements et aux villes de Tôkyô et Ôsaka (voir Tableau 1-3). Toutefois, à ce stade de son introduction au Japon, le filage moderne se heurta à de grandes difficultés en raison du manque de connaissances techniques et de capitaux.

La plupart des filatures mécaniques d'une capacité de 2 000 broches ne parvinrent plus à mener efficacement leurs opérations en raison de l'isolement technique auquel elles étaient confrontées : le manque de techniciens ou ingénieurs en nombre suffisant et l'absence d'industrie parente à proximité menaçaient leur avenir. En outre, les difficultés financières furent nombreuses : neuf des entreprises financées individuellement ou en association peinèrent à se procurer des capitaux extérieurs, tandis que les six compagnies érigées proprement en société, ne parvenant pas à mobiliser les grands investisseurs potentiels qu'étaient les marchands des villes ou les aristocrates, se retrouvèrent elles aussi dans l'impasse[19].

Ces problèmes rencontrés par ces premières filatures limitées à 2 000 broches furent résolus par la Compagnie des filatures d'Ôsaka, créée en 1880. Bénéficiant de la supervision technique des ingénieurs formés en Occident et des conseillers étrangers qu'elle embaucha, elle profita aussi de la proximité immédiate dans ses environs d'industries parentes ; un ensemble de facteurs qui facilitèrent grandement l'opération et la maintenance des machines. L'entreprise put aussi compter sur l'abondante main-d'œuvre bon marché disponible à Ôsaka et, sur le plan financier, elle sortit de l'ornière en obtenant des capitaux extérieurs grâce à l'action de Shibusawa Eiichi (1840-1931), qui parvint à gagner à sa cause les grands marchands des villes et les fortunes de la noblesse.

Ainsi, le secteur du filage amorça son développement depuis les régions en captant les ressources humaines et financières émanant des sphères centrales. L'association de l'aristocratie, en tant qu'investisseur, au couple des hauts fonctionnaires et des hommes d'affaires proches du pouvoir, en tant qu'organisateurs, contribua grandement au succès des industries du rail et du filage sous leur forme d'entreprises privées. Le prestige et la fortune de ces agents eurent pour principal effet de soulager les investisseurs « ordinaires » du poids de leur appréhension à la perspective d'investir leurs propres capitaux en terre inconnue.

(3) La diffusion du régime de la « société » (kaisha)

On admet généralement que l'acte fondateur des sociétés par actions au Japon fut la création entre 1872 et 1879 d'un réseau de « banques nationales[20] » à travers tout le pays, pour un total de cent cinquante-trois établissements. Ces banques, à commencer par la Première Banque nationale (*Daiichi kokuritsu ginkô*), furent fondées avec l'accord du ministère des Finances après avoir satisfait à toutes les exigences définies par l'« arrêté sur les banques nationales » (novembre 1872)[21] réglementant pour la première fois sous forme complète le statut des sociétés par actions au Japon[22]. Par la suite, les compagnies créées sur autorisation gouvernementale entre la fin des années 1870 et le début des années 1880 l'auront toutes été sous le régime des sociétés par actions, à commencer par la Bourse de Tôkyô établie en 1878 d'après l'« arrêté sur les places boursières », la Compagnie des chemins de fer du Japon (1881) ou encore la Compagnie des transporteurs réunis (*Kyôdô un'yu-gaisha*, 1882)[23].

Pour autant, nombre des entreprises qui proliférèrent dans tout le pays durant l'inflation consécutive à la guerre civile du Sud-Ouest

(1877) n'étaient pas des sociétés par actions, et souvent pas même non plus des « sociétés » à part entière[24]. Du fait de l'absence d'une législation réglementant les sociétés ordinaires, les administrations locales avaient dû autoriser ou non la création de sociétés qui ne répondaient pas au statut des sociétés spéciales (banques, compagnies ferroviaires, etc.), et ce, en vertu du régime administratif territorial tel qu'il existait en 1878. Il en résulta notamment la promulgation par la préfecture de Tôkyô de l'ordonnance n° 21 autorisant en 1880 la création d'une société sur simple dépôt des statuts auprès de l'administration locale (district ou arrondissement), à l'exclusion des secteurs touchant les ponts et les digues, les transports, les assurances et la banque privée (et entreprises assimilées)[25]. La procédure de création variait selon les départements, dépendant exclusivement de l'autorisation délivrée par la préfecture ou d'une requête adressée au ministère compétent… Mais dès la fin de l'année 1881, la déflation de Matsukata [*N.d.T.* : mouvement déflatoire associé à la politique de Matsukata Masayoshi, ministre du Trésor entre 1881 et 1892] vint s'ajouter à ces incohérences administratives, poussant de nombreuses sociétés à la faillite[26] et multipliant les contentieux à leur sujet[27].

L'uniformisation des aménagements législatifs s'avérait nécessaire pour dissiper ces troubles, mais aussi pour restaurer la confiance générale envers les sociétés. L'élaboration de cette loi sur les sociétés, qui devait standardiser la procédure de leur création, s'éternisa toutefois sans réelle avancée majeure. En avril 1881, le gouvernement confia la rédaction d'un avant-projet de Code du commerce à son conseiller juridique Hermann Roesler (1834-1894). Celui-ci acheva en janvier 1884 son œuvre, dont la loi sur les sociétés formait le sixième volume, intitulé « Compagnies commerciales (Lois générales, sociétés en nom collectif, sociétés en commandite à responsabilité limitée, sociétés par actions) ». La proposition de loi Roesler, riche de ses mille cent trente-trois articles, tenait principalement des codes du commerce européens (français et allemand), qu'il fallut toutefois adapter aux pratiques commerciales propres au Japon, nécessitant de fait un certain temps de réflexion[28]. Or, depuis 1882, année où s'aggrava – rappelons-le – la déflation de Matsukata, le renforcement de la réglementation portant sur les sociétés était devenu un énorme problème, y compris au niveau gouvernemental. Les autorités tentèrent donc à deux reprises de faire promulguer la loi sur les sociétés de l'avant-projet Roesler comme un texte indépendant, la première fois en 1882 sur proposition de la Commission de rédaction du Code de commerce, la seconde entre 1884 et 1886 par la Chambre des Anciens (*Genrô-in*) et sa proposition de loi sur les compagnies commerciales. Fût-ce pour des problèmes de contenu dans le premier cas, ou des complications liées à la révision des traités inégaux [*N.d.T.* : traités commerciaux signés avec les puissances occidentales dans les années 1850 et 1860] dans le second, ces deux initiatives se conclurent par un même échec[29]. En raison du retard accumulé au niveau central dans l'élaboration des aménagements législatifs, chaque département avait entrepris dès fin 1882 de durcir selon ses propres modalités la réglementation encadrant les sociétés. L'ordonnance nº 23 promulguée en février 1886 par les autorités d'Ôsaka (le « règlement d'encadrement des compagnies en commandite », *gôshi kessha torishimari kisoku*), en constitue peut-être l'exemple le plus typique. Ce texte obligeait chaque société nouvellement fondée ou préexistante à présenter un document officiel spécifiant la liste des fondateurs, le délai de paiement des actions, la durée d'existence ainsi que la nature limitée ou illimitée de la responsabilité de l'entreprise. Cela conditionnait la délivrance de l'autorisation d'activité. De même, à Tôkyô, toutes les sociétés au capital supérieur à 10 000 yens se virent dès mars 1887 dans l'obligation de déposer une demande d'autorisation d'activité auprès de la préfecture[30]. Ce durcissement de la législation permit de prévenir la création d'entreprises éphémères et ainsi de rétablir la confiance des investisseurs ordinaires à l'égard des sociétés, et cela conditionna institutionnellement la première vague d'essor des entreprises, comme le souligne Takamura Naosuke[31].

2. Les structures théoriques de l'idéologie de l'industrialisation *La question du « pays riche », considérée depuis les centres et les provinces*

(1) Penser un « pays riche », penser les politiques à mener

Afin qu'un pays économiquement moins développé puisse accomplir sa révolution industrielle, il est nécessaire que se dégage au sujet de l'industrialisation un consensus suffisamment large au sein du gouvernement et des différentes couches sociales du pays. Dans le cas du Japon de l'ère de Meiji, il nous faut considérer la place et la fonction idéologique d'une question très débattue à l'époque, celle dite du « pays riche » (*fukoku-ron*). Dans cette sous-partie, nous donnerons à cet égard un aperçu général des orientations de la politique économique du gouvernement ainsi que de la place qu'y tenait cette pensée du « pays riche » en tant qu'élément préparateur de la révolution industrielle, pour ensuite élargir à l'échelle du peuple le cadre de notre réflexion quant au processus d'émergence de cette idéologie, notamment dans les régions.

S'il est un événement qui permit au gouvernement de Meiji de reconsidérer l'importance de la prospérité matérielle pour une nation, ce fut la mission d'inspection menée en Occident par ses principaux représentants de 1871 à 1873, au sein de la délégation Iwakura. Dans une correspondance datée du 10 novembre 1872, le ministre des Finances Ôkubo Toshimichi (1830-1878), qui participait alors à la mission diplomatique, décrivit en ces termes son expérience anglaise à son protégé, Ôyama Iwao (1842-1916), demeuré au Japon :

> *Où que nous allions, nous ne voyons rien qui ne soit tiré de la terre, sinon du charbon et du fer. Les produits manufacturés, eux, sont tous importés avant d'être exportés. La prospérité des manufactures croît sans cesse, plus encore que ce que nous l'avons entendu dire par le passé : il n'est nulle part où le ciel ne s'obscurcisse de fumée et où ne soit installée une manufacture, grande ou petite. Voilà qui fait comprendre à quoi tiennent la force et la richesse du Royaume-Uni.* [...] *Que ce soit le commerce interétatique ou l'industrie manufacturière, leur prospérité remonte à cinquante ans en arrière. Cela a chronologiquement suivi l'invention de la machine à vapeur et on peut considérer que l'avancement de la civilisation et le développement du commerce reposent en grande partie sur les véhicules à vapeur*[32].

Ôkubo fut vivement impressionné par le degré de développement du commerce et des manufactures exportant leurs produits finis réalisés à partir de matières premières importées. Pour lui, il s'agissait là de « la force et la richesse » du pays. Il remarquait aussi comment les infrastructures de transport conditionnaient cette prospérité. Cela explique que ceux qui, comme Ôkubo, firent cette expérience du voyage en Occident eurent à cœur, une fois au pouvoir, de faire prévaloir la politique du « pays riche » sur d'autres orientations, comme le militarisme promouvant une « armée forte » (*kyôhei*) ou les thèses agrariennes réclamant l'allégement du fardeau fiscal pesant sur la paysannerie (*minryoku kyûyô*)[33].

Bien que conscients du rôle central que devait jouer à l'avenir la population dans le développement de l'industrialisation, les partisans du « pays riche » comme Ôkubo Toshimichi ou Ôkuma Shigenobu (1838-1922) savaient les moyens économiques du peuple encore limités et optèrent pour une politique d'industrialisation menée par le gouvernement central. Ce dernier lança de grands projets industriels sous l'égide du ministère des Travaux publics afin d'implanter des industries modernes dont la production pourrait se substituer aux importations.

C'est ce qu'on appelle souvent « la première politique d'implantation et de promotion de l'industrie » (*shoki shokusan kôgyô seisaku*). Les difficultés économiques et le déficit du commerce extérieur conduisirent cependant cette politique dans une impasse financière au cours de la seconde moitié des années 1870. Le gouvernement lança alors de larges enquêtes à l'échelle nationale pour identifier des avantages comparatifs au niveau des productions locales et promouvoir leur exportation[34]. Cela aboutit à de grandes campagnes d'aide aux régions pour la production de thé et de soie grège. À ce stade, en lieu et place du ministère des Travaux publics, ce furent les administrateurs territoriaux qui devinrent le moteur de « l'implantation et l'encouragement à l'industrie » (*shokusan kôgyô*) grâce à leur politique d'encouragement et d'accompagnement. Observateur de la chose, l'économiste Taguchi Ukichi (1855-1905)[35] s'exclamait : « Que les administrateurs de province soient en charge des affaires manufacturières et commerciales, c'est une situation entièrement nouvelle et tout à fait renversante[36] ! »

La plupart des entreprises publiques dans lesquelles le gouvernement avait investi d'énormes sommes connurent des difficultés financières croissantes et, à partir de 1880, elles furent tour à tour cédées à des acteurs privés. Avec le limogeage en 1881 d'Ôkuma Shigenobu, qui avait été le fer de lance du mouvement en faveur du « pays riche » à la tête du ministère des Travaux publics, la politique d'industrialisation par le pouvoir central se trouva désavouée. Néanmoins, ces grands projets publics constituèrent les bases de l'industrialisation japonaise : d'abord en faisant endosser à l'État la prise de risque liée aux transferts technologiques en question, mais aussi en formant de précieuses ressources humaines (gestionnaires, techniciens, experts) et enfin en confiant ces infrastructures et sites de production au secteur privé au moment de leur revente.

Après cette première phase, une nouvelle politique économique fut pensée au cours de la première moitié des années 1880. Elle fut principalement portée par un haut fonctionnaire du ministère de l'Agriculture et du Commerce, Maeda Masana (1850-1921), d'après la grande enquête qu'il mena dans ces années partout dans le pays. Traitant des conditions réelles de la production, elle fut achevée en 1884 et intitulée *Considérations sur l'encouragement à l'industrie* (*kôgyô iken*). Il s'agissait d'un plan général de croissance économique visant à promouvoir les productions régionales spécialisées préexistantes (notamment par des prêts à faible taux d'intérêt réalisés par une banque publique dédiée qui serait présente dans tout le pays) et une politique de substitution aux importations, en particulier pour les filés de coton. Soda Osamu, spécialiste de Maeda Masana, souligne dans la pensée de ce dernier[37] un souci particulier de la qualité de vie des masses (« il n'y a pas d'autre moyen pour enrichir le pays que d'améliorer la qualité de vie matérielle du peuple[38] ») ; une vision historiciste prônant le nationalisme, le protectionnisme et un développement coordonné de l'agriculture, de l'industrie et du commerce ; un regard critique sur l'introduction trop directe des techniques étrangères ; enfin, la promotion d'une modernisation économique privilégiant les productions régionales. Très clairement, sa vision d'un « pays riche » était de type ascendant (*bottom-up*), prônant un développement « par le bas ».

Cependant, l'opposition du ministère des Finances fit avorter ce grand projet et le groupe d'études dirigé par Maeda au ministère de l'Agriculture et du Commerce fut dissous dès 1885. Par la suite, le projet disparut totalement de l'agenda du gouvernement central en raison des dépenses importantes qu'il impliquait et de son caractère interventionniste. L'approche économique suggérée par Maeda et ses confrères fut toutefois en partie récupérée par les autorités au niveau régional, notamment dans le cadre des initiatives menées par certains préfets, lesdits « administrateurs pastoraux », considérant le développement de leur département comme leur mission la plus importante[39].

(2) La question du « pays riche » au sein des régions

Nous avons jusqu'ici surtout approché la question du « pays riche » du point de vue de la haute administration, mais comment le peuple, notamment en province, voyait-il les choses ? Nous prendrons ici pour exemple principal la région septentrionale de l'île de Kyûshû.

Notons bien d'abord que le nationalisme était un sentiment assez partagé au cours de la première moitié de l'ère de Meiji. Okada Koroku (1834-1906), ancien samouraï du domaine de Yanagawa, vice-président du conseil départemental de Fukuoka et militant au sein des mouvements pour la liberté et les droits du peuple (*jiyûminken undô*), rédigea en janvier 1882 un avis sur la question économique à l'attention de son ancien seigneur, Tachibana Tomoharu (1857-1929) :

> *Il n'est rien de plus urgent et crucial aujourd'hui que de faire avancer l'esprit des gens ordinaires et la production des biens matériels. Le pays, la nation, se renforcera grâce aux progrès de la sagesse de tous et de la production des biens, mais cela ne pourra se faire que si nous sommes en mesure de le vouloir, de l'exiger nous-mêmes. Comment ceux qui s'inquiètent de l'avenir du pays pourraient-ils faire autrement que s'épuiser à faire triompher cette cause ?* [...] *Si l'on souhaite rendre son indépendance pleine et entière à notre empire, il faut faire progresser l'esprit de chacun et multiplier les biens matériels*[40].

Okada déclarait que pour « l'indépendance pleine et entière de l'empire », il fallait dans un sentiment patriotique « ouvrir les cœurs et accroître la production des biens » (*kaichi kôsan*), et il pensait ici clairement aux acteurs régionaux. L'ensemble de son postulat théorique reposait sur l'accroissement des savoirs et de la production dans les régions qui « renforcera le pays » et conduirait à « l'indépendance pleine et entière de l'empire ». Une pensée similaire apparaît dans le discours prononcé à l'occasion de la création de la « Société patriotique du Chikuzen » (*Chikuzen kyôaikai*), une alliance des organisations démocratiques de la province de Chikuzen, toujours dans le département de Fukuoka :

> *Nous nous réunissons pour la première fois au sein de cette association. Nos objectifs sont d'obtenir la création d'un parlement et la révision des traités. Or, la voie de la réussite sera difficile. Et quelle sera cette voie ?* [...] *Promouvoir l'idée de l'ouverture d'un parlement, c'est faire réfléchir la population. Réviser les traités, c'est accroître ses richesses. C'est-à-dire que pour promouvoir l'ouverture d'un parlement, il faut trouver une méthode afin de stimuler la réflexion au sein du peuple. Et si nous voulons obtenir la révision des traités, il faut trouver les moyens matériels d'améliorer la situation financière du peuple. Cette méthode en question, c'est l'éducation que l'on donne à la population. Ce moyen matériel, c'est le développement de nouvelles productions. Cela renvoie à notre capacité à nous réformer de l'intérieur, et ce sont là les points essentiels qui occuperont notre Société à l'avenir*[41].

La participation des citoyens à la vie politique (par la création d'un parlement) et la sauvegarde de l'indépendance totale du Japon (par la révision des traités inégaux) sont ici fixées comme un double objectif qu'il serait impensable d'atteindre sans accroître par l'éducation la capacité réelle (*jitsuryoku*) de chacun de développer de nouvelles productions (*shokusan*). Cette vision des choses rejoint celle d'Okada à plusieurs égards : d'abord par son intérêt marqué pour l'autonomie du pays sur le plan diplomatique ; mais aussi par son affirmation du lien de causalité entre efforts soutenus pour le développement des compétences régionales et la prospérité nationale (*fukoku*) ; enfin par son insistance sur la formation des ressources humaines et le développement industriel comme facteurs d'accroissement des forces régionales. Cette ligne de pensée était commune aux défenseurs des droits du peuple (*minken-ha*) et à ceux des droits de l'État (*kokken-ha*) tels que la Société de Shimei (*Shimei-kai*) à Kumamoto (au centre de Kyûshû) [*N.d.T.* : du nom d'un grand penseur du courant des « études nationales », Takamoto Shimei (1738-1814), originaire de Kumamoto][42].

Un si large consensus n'a pu que favoriser grandement en région le développement de la pensée du « pays riche ».

Dans un contexte international dominé par l'impérialisme, maintenir sa position d'État indépendant sur l'échiquier diplomatique constituait à la fin du XIXe siècle un objectif fédérateur au sein du peuple japonais, dépassant les querelles partisanes. L'annulation et la révision des traités défavorisant le Japon au sein de l'économie mondiale représentaient un enjeu politique et diplomatique majeur pour l'ensemble de la classe dirigeante, réunissant dans un même mouvement les courants démocrate (*minken-ha*) et souverainiste (*kokken-ha*). Ce nationalisme partagé entre tous au nom de « l'indépendance de l'empire » offrit aux entrepreneurs et investisseurs prêts à s'aventurer sur les marchés concurrentiels de type capitaliste un prétexte destiné à légitimer leur poursuite du profit. Le développement de leurs propres affaires et l'accumulation de capitaux ainsi permis stimulaient les économies régionales, ce qui en retour contribuait à l'enrichissement du pays, renforçant sa puissance nationale et, donc, concourait à soutenir « l'indépendance de l'empire ». Telle était la structuration théorique de la question du « pays riche » au niveau régional.

Le problème qui s'esquisse ici peut être résumé de la manière suivante : pourquoi cette pensée prit-elle en province une forme « intermédiaire » axée sur le développement régional (le régionalisme) sans se rapporter directement au nationalisme étatiste (*kokkashugi*) ? Livrons quelques explications préalables au sujet de la fonction économique des communautés locales durant la révolution industrielle. Ces sociétés fonctionnaient à l'ère de Meiji comme des sortes de marchés internes réduisant les coûts de production afin d'assurer l'essor de l'activité économique en dépit du stade encore embryonnaire des marchés et des limitations de toutes sortes pesant sur les différentes ressources nécessaires. Aussi, si les économies régionales ont joué un rôle si positif dans l'activité économique au niveau national, leur maintien et leur développement ont aussi permis aux agents économiques régionaux de satisfaire leur propre soif de profits. D'autre part, il fallait que les capitalistes puissent persuader les structures sociales traditionnelles locales que leurs activités leur seraient bénéfiques à elles aussi, alors qu'*a priori* elles devaient les miner de l'intérieur en développant l'économie de marché… Ils ont alors associé régionalisme et nationalisme étatiste pour légitimer leurs activités ; et c'est ainsi que les idées et les débats autour de « l'enrichissement national » ont pénétré tous les corps économiques en région.

Si cette association entre nationalisme étatiste et régionalisme se retrouva à peu près partout en région dans le débat d'idées autour du « pays riche », les divergences furent nombreuses quant aux orientations à donner concrètement au développement industriel. Les héritiers de la pensée de « l'intérêt national » (*kokueki*) de la fin de l'époque d'Edo prônaient le développement d'un commerce fondé sur des échanges de produits spécifiques (*tsûshô kôeki*) et à cette fin voulaient promouvoir l'aménagement d'infrastructures publiques et les productions traditionnelles (*zairai sangyô*)[43]. D'autres, comme Sata Kaiseki (1818-1882, moine bouddhiste vivant à Kumamoto), prônèrent des ambitions plus modestes au niveau international (*shôkokuron*) pour mieux bâtir au niveau national une économie autosuffisante fondée sur une plus forte demande intérieure et la limitation à l'extrême des importations[44]. D'autres encore croisèrent ces deux orientations, à l'instar du mouvement des « patriotes du Chikuzen » qui proposa l'aménagement d'infrastructures (chemins de fer, canaux de navigation, terrains gagnés sur la mer, etc.) pour servir de socle au « développement de la production », tout en prônant la limitation des importations pour « protéger l'intérieur » du pays[45].

Les quotidiens régionaux, autres meneurs d'opinion dans les provinces de l'ère de Meiji, publièrent dans leurs colonnes nombre d'éditoriaux relatifs à la politique d'implantation des industries émergentes en réaction au débat opposant protectionnisme et libéralisme dans les sphères intellectuelles et journalistiques à Tôkyô – deux positions respectivement défendues par Inukai Tsuyoshi et Taguchi Ukichi, pour ne citer qu'eux. Ainsi *Le Journal de Kumamoto* (*Kumamoto shinbun*) commenta-t-il la politique gouvernementale d'encouragement à l'industrie dans une série d'éditoriaux parus du 18 au 21 décembre 1883 sous le titre « Rejeter l'hérésie » (*jasetsu wo bakusu*) :

> *Lorsque le gouvernement investit pour stimuler le développement des affaires du secteur privé, il ne peut éviter d'alimenter des affaires stériles, d'évincer les capitaux utiles et de gêner grandement l'évolution naturelle des choses.* [...] *D'autre part, il écrase la concurrence, détruisant le mécanisme de la concurrence naturelle, ce qui a des conséquences néfastes évidentes.* [...] *Enfin, même lorsque* [l'État] *ne mène pas une politique protectionniste, il continue d'interférer au niveau de la vie des individus, c'est sa raison d'être, et finit par s'immiscer dans les affaires professionnelles de tout un chacun. C'est-à-dire que même si les caisses du Trésor sont pleines et que la population n'est pas en grande souffrance, les investissements publics ne jouent pas en faveur des activités économiques du secteur privé.*

Dans ce papier, la politique interventionniste et protectionniste de l'État subit le feu d'une critique l'estimant non seulement nuisible au développement équilibré de l'économie, mais aussi attentatoire à la libre concurrence et aux droits fondamentaux de l'individu. Cette position s'inscrivait en droite ligne du plan de développement libéral de l'économie porté à l'époque par Taguchi Ukichi. De nombreuses études ayant déjà été menées au sujet de la pensée économique de Taguchi[46], nous nous contenterons ici de souligner sa conscience des avantages dont bénéficiait un démarrage tardif dans la course à « la civilisation », propos qui alimentait son projet :

> *Dans un sens, notre pays tire de son retard sur le plan civilisationnel un immense avantage. Je dois dire que c'est même pour lui le plus grand des bonheurs que de n'avoir pas bénéficié plus tôt des inventions en matière de construction et de transport et des progrès scientifiques et techniques plus généraux réalisés ces dernières années*[47].

Les libéraux d'alors, Taguchi en tête, considéraient que le secteur privé pouvait se développer sans protection gouvernementale en internalisant les avantages du retard accumulé[48]. Ainsi, la question du « pays riche » fut abondamment débattue et discutée au début de la décennie 1880, par le pouvoir comme par la population, dans les grandes villes comme en région. Si les protagonistes s'accordaient généralement sur la nécessité d'enrichir le pays afin de maintenir son indépendance politique, ils divergeaient quant à la manière d'atteindre ce but. Il faut garder en tête cette particularité idéologique pour comprendre comment la révolution industrielle a été possible au Japon.

* * *

À l'issue de ce premier chapitre, que pouvons-nous considérer comme ayant été les conditions préalables à la révolution industrielle au Japon au niveau des relations entre centre(s) et périphérie(s) ? Tout d'abord, l'accumulation des richesses dans les régions en conséquence du développement des industries rurales et de la formation d'un nouveau capital urbain (autour de la noblesse et des marchands proches du pouvoir) à la suite des bouleversements suivant la restauration. Ensuite, l'importance toute particulière de l'action volontaire du gouvernement central et des autorités régionales pour l'introduction des techniques occidentales modernes. Et cela, surtout en province pour les questions financières et les ressources humaines en raison du rôle éminent des administrateurs territoriaux (notamment les « administrateurs pastoraux » déjà évoqués et que nous retrouverons plus loin) et des hommes politiques locaux. Les premiers développèrent des politiques originales d'encouragement à l'industrie et les seconds s'engagèrent dans le lancement de ces nouvelles industries. Dans un contexte où le pouvoir central ne parvenait pas à mettre en place une véritable politique économique, l'administration régionale, jouissant d'une relative indépendance vis-à-vis du centre et aidée par les élus locaux, réussit à coordonner la future expansion des entreprises et à mener une politique active de développement. Cela nous montre que l'industrialisation, généralement admise comme ayant été conduite au Japon par le gouvernement, ne se déploya pas dans les faits selon un modèle centralisé.

Sur le plan des idées, nous avons souligné le large écho du débat autour de « l'enrichissement national » tant auprès des autorités qu'auprès du peuple, dans les centres comme dans les régions, ainsi que la coexistence du nationalisme et du régionalisme en son sein au niveau régional. Le nationalisme (étatiste) constitua pour les agents directs de la révolution industrielle (entrepreneurs et investisseurs) un dispositif idéologique légitimant leurs actions capitalistes. Afin de mener efficacement leurs affaires dans des tissus sociaux profondément empreints de morale confucéenne et régulés par des principes communautaires menacés par la poursuite du profit personnel typique du développement capitaliste, les entrepreneurs voulurent inscrire leurs activités dans le cadre de la défense de « l'indépendance de l'empire », objectif commun des classes dirigeantes d'alors. Par ailleurs, il faut souligner que les différents agents économiques du début de l'ère de Meiji (entrepreneurs, fonctionnaires et hommes politiques locaux) partageaient une même idée de ce que devait être l'industrialisation dans les territoires régionaux, la considérant comme la base même de l'enrichissement du pays. Une meilleure éducation et des efforts en faveur du développement de l'industrie, voilà ce qui allait selon eux renforcer les régions, augmenter la prospérité nationale et ainsi contribuer à « l'indépendance de l'empire ». Cette pensée de l'industrialisation, marquée par le nationalisme étatiste, légitima la stimulation des économies régionales et contribua grandement, au moins durant l'ère de Meiji, au rapide développement de l'industrie en région. Sous l'effet de ce mot d'ordre, les partis politiques eux-mêmes, pourtant d'abord fondés en vue d'actions strictement politiques, devinrent progressivement des acteurs à part entière de la vie économique.

Ainsi, l'accumulation des capitaux et des ressources humaines dans les provinces à partir de la fin du shogunat se conjugua à une évolution des mentalités notamment propice au nationalisme et à une pensée de l'industrialisation régionale. Cet ensemble rendit possible la révolution industrielle à l'échelle de tout le pays.

Tableau 1-1 : Corps d'origine des techniciens et ingénieurs du Bureau des Chemins de fer

	1881 (oct.)		1883 (nov.)		1886 (nov.)	
	ingénieurs	techniciens	ingénieurs	techniciens	ingénieurs	techniciens
Bureau des Che.	1	24	2	29	9	34
Autres ministères	–	–	–	–	2**	–
Admi. régionales	1*	–	2*	–	6*	–
Secteur privé	–	–	1	–	1	–
TOTAL	3	27	7	32	21	56

* un ingénieur parmi eux avait exercé dans un autre ministère puis dans une administration régionale avant d'être muté au Bureau des Chemins de fer.
** un des deux ingénieurs avait exercé dans une administration régionale puis dans un autre ministère, d'où il fut muté au Bureau des Chemins de fer.

Source : Nakamura Naofumi, *Nihon tetsudô-gyô no keisei* (La formation du secteur ferroviaire au Japon), Tôkyô, Nihon Keizai Hyôronsha, 1998, tables 1-15, 2-11, 3-11.

Tableau 1-2 : Les financements des élèves-ingénieurs envoyés à l'étranger

	1868	1869	1870	1871	1872	1873	1874	indéterminé	Total
Gouvernement	5	5	83	82	38	14	2	5	**234**
Administr. régionales	4	8	45	61	2	1	0	10	**131**
Privé	–	–	13	40	16	4	6	3	**82**
Indéterminé	2	–	19	19	29	5	2	10	**86**
Total	**11**	**13**	**160**	**202**	**85**	**24**	**10**	**28**	**533**

Source : Ishizuki Minoru, *Kindai nihon no kaigai ryûgaku-shi* (Les séjours d'études à l'étranger et le Japon moderne. Une histoire), Tôkyô, Chûô Kôronsha, 1992, tables en fin d'ouvrage.

Tableau 1-3 : La répartition géographique des filatures au Japon

unité : millier de yens

	1885		1891		1899		1906	
	société	**capital**	**société**	**capital**	**société**	**capital**	**société**	**capital**
Tôkyô	1	–	2	1 287	5	7 250	5	12 453
Ôsaka	4	365	9	4 090	14	8 438	11	10 891
Hyôgo	1	25	2	352	4	1 852	2	1 153
Kyôto	–	–	2	105	4	1 172	1	800
Tochigi	1	30	1	150	1	400	1	400
Mie	1	69	1	595	3	2 080	2	3 608
Aichi	1	–	3	586	5	2 630	3	1 490
Okayama	3	112	4	707	8	1 899	5	2 220
Fukuoka	–	–	2	397	2	1 288	–	–
Autres	8	377	10	512	18	4 701	12	3 022
Total	**20**	**–**	**36**	**8 781**	**64**	**31 710**	**42**	**36 037**

Source : Yamaguchi Kazuo, *Nihon sangyô kin'yû-shi kenkyû bôseki kin'yû hen* (Études en histoire financière de l'industrie japonaise. Le financement des filatures), Tôkyô, Tôkyô Daigaku Shuppankai, p. 6-29.

Chapitre 2

La structure géographique du « boom des entreprises »

– Entre expansion et concentration –

Dans le Japon de l'ère de Meiji, trois vagues de créations massives d'entreprises se sont succédé en deux décennies, avec un premier « boom des entreprises » [*N.d.T. : kigyô bokkô*, expression consacrée par l'historiographie] entre 1886 et 1889, un deuxième après la guerre sino-japonaise (1895-1899) et un dernier suivant la guerre russo-japonaise (1906-1907). En analysant l'évolution de la répartition territoriale des entreprises au cours de cette période, nous allons pouvoir observer de manière générale le déploiement de la révolution industrielle à travers tout le pays, ce qui nous permettra de mieux appréhender les problèmes étudiés plus en détail dans les chapitres suivants.

La première poussée de fièvre entrepreneuriale que connut le pays en 1886 est généralement considérée comme le point de départ de la révolution industrielle japonaise. Cette association logique montre à quel point ce sont les entreprises qui furent les acteurs prééminents de cette révolution industrielle, et parmi elles, tout particulièrement les sociétés par actions. Ces dernières, particulièrement propices à la concentration de capitaux sociaux et bénéficiant d'aménagements législatifs de la part du gouvernement, ont vu leur nombre se multiplier très tôt. Afin qu'un pays retardataire dans la course au développement puisse profiter des « avantages du développement tardif », il lui faut pouvoir investir une masse colossale de capitaux pour financer l'introduction des nouvelles technologies. Au Japon, toutes les industries pionnières de la révolution industrielle adoptèrent la forme de la société par actions, que ce fût dans le chemin de fer, l'industrie textile – du coton comme de la soie – ou encore dans le secteur bancaire qui soutint tout l'ensemble… Étudier la répartition géographique des sociétés par actions revient dès lors à suivre à la trace l'expansion, la progression spatiale de la révolution industrielle sur le territoire japonais.

De nombreuses recherches ont été consacrées à la question du développement des entreprises sous leur forme de « sociétés » (*kaisha*) durant l'ère de Meiji. Citons les travaux précurseurs d'Imuta Toshimitsu, qui exploita finement les données statistiques de l'époque[1], ou encore ceux de Takamura Naosuke à propos de l'émergence durable des entreprises dans le paysage économique d'alors[2]. Toutefois, les études structurelles de l'implantation des sociétés à l'ère de Meiji considérant le boom des entreprises dans sa dimension régionale n'en sont encore qu'à leur début. Takamura Naosuke a été le premier à souligner l'importance de l'essor des entreprises en province[3], suivi par Tanimoto Masayuki et Abe Takeshi, qui ont mis en évidence la présence des entreprises sur tout le territoire japonais, à la lumière des statistiques de l'année 1896[4]. Nous avons nous-mêmes retracé ensuite l'évolution de cette distribution géographique dans un article consacré au premier boom des entreprises[5]. Dans le prolongement de cette étude, Takashima Masaaki examina pour sa part la répartition territoriale des sociétés en 1901 et 1919 afin de mesurer les conséquences du conflit sino-japonais (1894-1895) et les effets de l'essor entrepreneurial qui suivit[6]. Or, cela ne correspond chronologiquement ni au deuxième boom entrepreneurial (1896-1898), ni au troisième (1906-1907) ; ce cadre temporel ne semble donc pas pertinent pour analyser le développement régional des sociétés suivant les différents booms en question. En outre, la division du territoire proposée par Takashima nous semble retenir des unités géographiques bien trop vastes (avec quatorze grands blocs régionaux), d'autant plus que l'enjeu pour nous est précisément d'étudier l'industrialisation des régions en affinant l'échelle d'analyse jusqu'au niveau des villes et des districts.

Nous allons donc d'abord présenter la situation économique du Japon durant la révolution industrielle, entre 1886 et les années 1900, avant d'examiner l'évolution par département du nombre de sociétés et du montant de capitaux versés (avec pour repères les années 1886, 1890, 1894, 1900, 1904 et 1910). Nous mettrons alors en évidence les mutations structurelles et les spécificités de chacune des trois phases du boom des entreprises et observerons plus précisément la structuration géographique des secteurs alors dominants : chemin de fer, textile et banques.

1. L'économie japonaise pendant la révolution industrielle

Commençons par quelques indicateurs statistiques nous donnant une vue d'ensemble de la situation économique japonaise durant la révolution industrielle. L'analyse comparée des taux de croissance du pays en 1886 et 1913 – c'est-à-dire au milieu puis à la fin de l'ère de Meiji – nous montre une multiplication du PIB par 6,3 en valeur nominale et un doublement en valeur réelle, pour une croissance annuelle moyenne nominale de 6,2 % et réelle de 2,5 % (voir Tableau/graphique 2-1). Si nous calculons le taux de croissance moyen sur les périodes précédant et suivant immédiatement l'année 1900 (date de la deuxième crise financière de l'après-guerre sino-japonaise, séparant pour nous « le milieu » et « la fin » de l'ère de Meiji), nous constatons une croissance en valeur réelle sensiblement supérieure au cours de la période 1886-1899, avec une moyenne annuelle de 3,4 % contre 1,6 % pour l'intervalle 1900-1913. Le taux de croissance moyen de cette dernière tranche s'effondre cependant à 0,4 % en reprenant notre calcul en PIB *per capita*, tenant compte de l'accroissement démographique observé lors de la seconde moitié de l'ère de Meiji. D'un point de vue purement statistique, ces indicateurs de croissance situent donc la phase principale de la révolution industrielle japonaise entre 1886 et 1899[7].

Le taux de croissance économique annuelle durant la révolution industrielle présente d'importantes variations (voir Graphique 2-1). Certaines années affichent un taux de près de 10 % de croissance, mais plusieurs autres font état de reculs : le développement de l'économie japonaise connut une répétition cyclique de phases d'expansion rapide suivies de légères contractions – un phénomène déjà relevé par Nishikawa Shunsaku et Abe Takeshi[8]. Enfin, la comparaison des taux de croissance du PIB en valeur réelle lors des trois vagues de créations d'entreprises met en évidence une croissance supérieure durant le boom initial de 1886-1889, avec une moyenne annuelle de 5 %, devant la deuxième vague de 1895-1899 (2,1 %) et la troisième (2 % entre 1905 et 1906, voir Tableau 2-1)[9]. La première vague eut donc une importance toute particulière sur le mouvement général de la croissance économique japonaise.

La répartition de l'activité économique japonaise durant la révolution industrielle selon les différents secteurs a d'abord été marquée par le déclin progressif de l'agriculture (sylviculture et pisciculture incluses). Sa part au sein de la production nationale, qui s'élevait encore à 43 % dans les années 1885-1886, recula à 40 % après la guerre sino-japonaise (moyenne des années 1898 à 1900), puis à 35 % après la guerre russo-japonaise (moyenne des années 1907 à 1909). La branche manufacturière connut en revanche une forte croissance sur la même période (de 11 % en 1885-1886 à 16 % en 1898-1900, puis 19 % en 1907-1909) et le secteur des transports, communications et travaux publics progressa également de manière constante (de 2 % en 1885-1886 à 3 % en 1898-1900, atteignant 6 % en 1907-1909)[10]. L'industrie de fabrication était alors dominée par le secteur textile (filage et tissage), employant en 1910 près de la moitié (42 %) des ouvriers (660 000 sur 1 580 000 au total), loin devant le secteur minier (14 %, 220 000 personnes) et ceux de l'alimentation (13 %, 200 000 employés) et de la fabrication de machines et ustensiles (10 %, 150 000 employés)[11]. Le travail du coton et de la soie, l'extraction du cuivre et du charbon ainsi que le chemin de fer, voilà les secteurs qui auront été au cœur de l'essor des entreprises qui nous intéressent ici.

Venons-en maintenant à l'évolution de la valeur de la production industrielle par département (voir Tableau 2-2). Si les trois plus grands départements du pays dans cette catégorie se situaient tous en 1899 dans la région du Kinki (Ôsaka, Hyôgo et Kyôto), Tôkyô se hissait déjà en 1909 presque au niveau de Hyôgo (7,2 % contre 7,7 %), toujours nettement derrière Ôsaka (10,7 %). En dix ans, la région de Tôkyô s'était ainsi transformée en un centre industriel capable de s'approcher de ces départements à la pointe du secteur du filage. Le phénomène de l'industrialisation des villes ne fut pas étranger à ce développement rapide, ce sur quoi nous reviendrons (voir la troisième partie)[12]. Concernant la valeur de la production industrielle, nous devons souligner l'accroissement progressif des écarts interrégionaux au cours de la période. En 1889, le total cumulé des trois premiers départements en termes de valeur de la production était 13 fois supérieur à celui des trois derniers, mais ce rapport atteignait 21 contre 1 vingt ans plus tard. Malgré l'ouverture de ce gouffre, la production industrielle se développa de manière assez considérable jusque dans les départements les plus à la traîne : au cours des dix années qui suivirent, la croissance en valeur réelle dans le département d'Aomori approcha le triplement (+ 270 % entre 1899 et 1909), bien qu'il restât dernier du classement sur toute la période. Ainsi, de manière générale, l'accroissement des écarts interrégionaux s'explique par la vitesse supérieure de croissance de la production industrielle dans les espaces centraux, particulièrement après la guerre russo-japonaise (voir *infra*).

Enfin, en ce qui concerne la situation des marchés financiers et de capitaux, l'analyse du coefficient de variation des taux d'intérêt des prêts et dépôts pour chaque département menée par Teranishi Jûrô montre un mouvement d'uniformisation au niveau des grandes banques (celles couvrant tout le pays) autour de l'année 1900, chaque province conservant néanmoins ses propres spécificités jusqu'au début de la guerre russo-japonaise[13]. Ainsi, même dans le cas des marchés financiers, à vitesse d'arbitrage pourtant plus rapide que les marchés de biens, un marché d'envergure nationale restait en cours de formation durant la révolution industrielle. Ce point démontre pour les provinces l'importance des « transactions de proximité » (les relations transactionnelles directes entre partenaires identifiés – « en face-à-face ») dans leur mode d'approvisionnement en capitaux, puisque leur activité économique ne reposait pas entièrement sur les transactions de marché anonymes. Nous reviendrons au cours de la deuxième partie sur l'importance cruciale pour l'essor des entreprises en région de ces réseaux basés sur la confiance et le contact direct.

Dans son étude approfondie des marchés de capitaux au cours de la révolution industrielle japonaise, Noda Masaho relève que les sociétés adoptèrent jusqu'à la fin de l'ère de Meiji un mode de souscription direct (relations personnelles, publicité dans la presse, etc.) sur les marchés primaires, limitant le rôle des courtiers aux seuls marchés secondaires[14]. De même, les obligations furent initialement émises sur un mode direct jusqu'en 1899, date des premières souscriptions de titres obligataires auprès des banques[15]. Noda souligne par ailleurs trois caractéristiques du marché secondaire[16] : d'abord, la prédominance écrasante des actions ferroviaires dans les transactions boursières ordinaires de 1884 jusqu'en 1906, quand débuta la nationalisation des chemins de fer ; ensuite, la faiblesse quantitative des transactions réalisées à la Bourse de Tôkyô et celle d'Ôsaka, et l'existence de marchés de gré à gré (hors cote) ; enfin, le ratio de rotation (volume d'échange des actions/nombre total d'actions émises) très élevé des titres ferroviaires échangés à la Bourse de Tôkyô et celle d'Ôsaka.

Tout en admettant le rôle limité des places boursières dans la circulation des actions, Kataoka Yutaka souligne l'influence mécanique des cours boursiers sur les fluctuations hors cote – et donc l'importance primordiale de la bourse dans la fixation des valeurs (voir le point 2 *infra*)[17]. Les places de Tôkyô et d'Ôsaka ont bel et bien joué un rôle de marché secondaire et le volume de leurs transactions est resté faible. Toutefois, ce manque de maturité concernait l'ensemble des marchés de capitaux au Japon : même dans les villes les émissions de nouveaux titres se faisaient via des souscriptions directes échappant au marché. Ce fut le cas du moins jusqu'à la nationalisation des chemins de fer, ce qui révèle l'avantage comparatif des transactions de capitaux axées sur les relations de proximité par rapport aux opérations conclues via des marchés anonymes.

2. La structure géographique du premier boom des entreprises

La seconde moitié de l'année 1886 vit le nombre de créations d'entreprises se multiplier à un rythme sans précédent : « la fièvre entrepreneuriale qui s'était déclarée dans l'industrie ferroviaire se propagea au secteur du filage, et redoubla d'intensité pour gagner l'industrie minière, donnant le jour à de nouvelles sociétés dans toutes les branches de l'industrie et du commerce[18] ». Au cours des trois années durant lesquelles cette première vague d'essor des entreprises se déroula, le nombre d'entreprises doubla tout comme le total du capital nominal – dont 22,8 % et 8,3 % de la plus-value furent respectivement apportés par les secteurs du rail et du filage[19]. Dans le même temps, la valeur de la production industrielle fit également un bond spectaculaire (près de + 50 %), grâce au secteur du textile et plus particulièrement au filage du coton[20]. Le décollage de ces « industries modernes » du chemin de fer et des filatures faisait entrer le Japon dans l'âge de la révolution industrielle.

Takamura Naosuke a relevé une série de facteurs dont l'influence se cumula à différents degrés pour aboutir au déclenchement de ce premier boom[21]. D'abord, la chute générale des prix et la résorption progressive de la monnaie non convertible dues à la politique d'austérité de Matsukata. Ensuite, l'affaissement des marchés financiers, dû à la fois à la politique des bas taux d'intérêt menée par la Banque du Japon [*N.d.T.* : créée en 1882] et à la brusque croissance des dépôts et de l'épargne dans le contexte déflatoire du moment. Troisièmement, l'émergence d'une nouvelle classe d'investisseurs (aristocrates, marchands sous patronage de l'État, négociants, propriétaires terriens) et le développement de la classe prolétaire (fermiers, couches inférieures de la population urbaine). Quatrièmement, une balance commerciale excédentaire portée par la vigueur des exportations (surtout de soie grège, riz et charbon). Cinquièmement, l'augmentation du pouvoir d'achat due à la croissance des exportations et l'abondance des récoltes, ainsi que l'expansion du marché intérieur liée au développement des industries de substitution aux importations. Enfin, dernier point, la diffusion d'une meilleure connaissance du régime juridique des sociétés.

Dans leurs récents travaux, Tanimoto Masayuki et Abe Takeshi ont attiré pour leur part l'attention sur l'existence d'un phénomène de booms à l'échelle régionale, de petite à moyenne ampleur, largement répartis sur le territoire, y soulignant le rôle considérable des investisseurs de province, porteurs de cet essor[22]. Il nous semble cependant difficile d'affirmer que leurs recherches aient mis pleinement en évidence le processus global de développement du boom des entreprises en province, tant elles se sont attachées à l'étude des modèles d'action de ces investisseurs locaux. Notre ouvrage se proposera donc de réévaluer la place et le rôle des régions tout au long du déroulement de la révolution industrielle. Pour ce faire, nous commencerons dans ce chapitre par expliquer la structure géographique de la première vague de créations d'entreprises à partir de données statistiques[23], avant d'explorer plus concrètement la question de son développement en région à travers l'étude de différents cas d'entreprises (en deuxième partie de notre ouvrage).

Concernant la répartition départementale des entreprises et de leurs capitaux fin 1886 (voir Tableau 2-3), il convient tout d'abord de relever l'écrasante suprématie de Tôkyô sur le plan du capital nominal, concentrant seule 46,4 % des capitaux du pays, loin devant Ôsaka et ses 8,8 %[24]. En nombre d'entreprises, derrière bien sûr Tôkyô (10,4 %) et Ôsaka (7,2 %), nous retrouvons essentiellement des départements riches en coopératives de fileurs de soie (*seishi kessha*), tels ceux de Gifu (9,3 %) et Nagano (8,4 %) [*N.d.T.* : région des Alpes japonaises au centre de Honshû]. Fin 1890, le montant nominal des capitaux se répartissait principalement entre Tôkyô (34,7 %), Hyôgo (8,9 %), Fukuoka (8,8 %)[25], tandis qu'en nombre de compagnies Ôsaka arrivait en tête (8,1 %), suivie de Tôkyô (8,1 %) et Hyôgo (5,8 %). La domination de Tôkyô restait forte mais accusait partout en l'espace de quelques années un léger recul, alors que les départements de Hyôgo et de Fukuoka progressaient fortement. La valeur du capital investi à Hokkaidô s'accrut par ailleurs, démontrant combien l'essor des entreprises reposa non seulement sur les centres qu'étaient Tôkyô et Ôsaka que sur des régions périphériques, même les plus éloignées.

Parmi les départements dont le montant des capitaux augmenta le plus significativement entre 1886 et 1890, nous trouvons Aomori (77 fois sa valeur de 1886), suivi d'Ibaraki (54 fois), Hyôgo (36 fois) et Fukuoka (30 fois), avec par ailleurs une nette progression des départements de Yamanashi (27 fois) et Tochigi (25 fois). Dans le même temps, les créations d'entreprises furent particulièrement fortes à Aomori (38 fois plus d'établissements en 1890 qu'en 1886), Tottori (13 fois plus) et Chiba (11 fois plus). De manière générale, le développement des entreprises fut particulièrement remarquable dans des régions restées peu développées sur ce plan, comme le nord-est de

Honshû (*Tôhoku*), la partie septentrionale du Kantô [*N.d.T.* : au nord de Tôkyô], ou le San'in [*N.d.T.* : partie ouest du littoral de la mer du Japon]. Initialement concentrées dans les plus grandes villes jusqu'en 1886, les sociétés se multiplièrent donc rapidement dans les provinces au cours de ce premier boom des entreprises.

Le secteur ferroviaire fut l'artisan majeur de cette expansion. Près de la moitié des quinze compagnies de chemins de fer créées entre 1886 et 1890 se répartissaient entre les départements de Fukuoka (trois sociétés), Tôkyô et Mie (deux sociétés chacun), les huit compagnies restantes étant basées chacune dans un département différent. Cela est dû à la communauté de lieu entre fondation et implantation du siège social, mais dans la mesure où les campagnes de création des grandes sociétés destinées à gérer les axes ferroviaires principaux du pays étaient conjointement menées dans plusieurs départements, le nombre de régions impliquées dans la formation des compagnies ferroviaires s'avère en réalité plus important. Comme nous le verrons plus en détail dans le chapitre 4, la plupart des sociétés ferroviaires étaient alors financièrement tributaires des régions que leurs lignes devaient traverser ; cette large distribution des compagnies de chemins de fer sur le territoire confirme donc aussi le soutien financier des régions à l'essor des entreprises.

Quant au développement régional des filatures cotonnières, autre secteur clé, ce ne sont pas moins de vingt nouvelles compagnies qui furent créées de 1886 à 1890. Entre-temps, les capitaux engagés dans le cœur géographique de cette nouvelle industrie, Ôsaka, firent plus que décupler… une situation bien différente de l'époque dite des « filatures à 2 000 broches » (1885), lorsque les entreprises étaient bien plus dispersées sur le territoire. Ce mouvement de concentration semble confirmé par la somme colossale des capitaux enregistrée à Tokyô et Ôsaka, mais nous relevons aussi que de nombreuses compagnies furent créées dans des départements comme Fukuoka ou Kyôto… où l'industrie du filage était jusqu'alors inexistante. Le secteur connut en somme une double évolution, avec l'essor des grandes filatures dans les centres et le développement de petites et moyennes compagnies en région. Comme dans le secteur ferroviaire, le caractère fortement régional des investisseurs de l'industrie du filage[26] nous montre que la poussée entrepreneuriale dans les provinces fut bel et bien financée localement. Le premier boom des entreprises en province fut ainsi porté activement par les acteurs régionaux, et non seulement par ceux des centres.

3. L'ENCHAÎNEMENT DES DEUXIÈME ET TROISIÈME VAGUES D'ESSOR DES ENTREPRISES

(1) LE DÉVELOPPEMENT DES ENTREPRISES AU MILIEU ET À LA FIN DE L'ÈRE DE MEIJI

L'évolution générale entre 1894 et 1910 (voir Tableau 2-4) est marquée par le quadruplement du nombre des entreprises et une multiplication par 6 de leur capital versé en valeur nominale (par 3,8 en valeur réelle). Cette croissance battit son plein dans l'après-guerre sino-japonaise : sur les six années 1895-1900, le nombre total d'entreprises tripla et leurs capitaux versés doublèrent en valeur réelle. La moyenne du capital versé par entreprise, elle, accusa un net recul (de 80 000 yens à 60 000 yens en valeur réelle). En somme, la multiplication des entreprises à cette époque s'explique par l'essor non seulement des grandes compagnies mais aussi celui des petites et moyennes entreprises.

En ce qui concerne la structure du paysage industriel d'alors, le textile (soie et coton), les mines et les transports (surtout le chemin de fer) constituaient les trois secteurs dominants, concentrant près de la moitié des capitaux investis (44 %) en 1894 et près du tiers encore par la suite (voir Tableau 2-4). Seul le secteur financier – les banques surtout – possédait une envergure comparable (41 % du capital versé dans le pays en 1894 comme en 1900).

Durant les années 1900-1910, période incluant le rapide boom de l'après-guerre russo-japonaise (1906-1907), ce sont en revanche les industries de fabrication (légère, lourde, minière) qui décollèrent : leur part initiale de 19 % au sein du capital versé dans le pays fin 1900 s'envola, jusqu'à atteindre 31,5 % en 1910. À noter que la part du secteur minier progressa particulièrement durant ces dix années (de 3 % à 11,1 %). Ce mouvement fut par ailleurs suivi par les industries lourdes (mécanique, métallurgie, chimie) dont l'importance doubla au cours de la décennie (de 3,5 % des capitaux en 1900 à 6,6 % en 1910). Le secteur de l'électricité et du gaz connut une progression encore plus spectaculaire : leurs capitaux qui ne pesaient qu'à peine 1 % du tout en 1900 avaient atteint les 7,2 % dix ans plus tard.

L'électricité s'imposa après la Première Guerre mondiale comme une activité industrielle majeure, jouant le premier rôle dans la révolution énergétique. De 95 sociétés en 1905, le nombre d'opérateurs électriques commença à croître dès 1908 pour atteindre le chiffre de 158 compagnies en 1910, puis 310 en 1912[27]. Après que le montant de leurs capitaux versés bondit entre 1906 et 1907 (de 27 820 000 yens à 79 260 000 yens), la croissance du secteur ralentit momentanément sous l'effet de la crise financière de l'après-guerre russo-japonaise, reprenant sa vitesse de croisière à partir de 1910 avec une progression annuelle moyenne de 50 millions de yens. La puissance électrique produite augmenta de même à partir de 1907 grâce au développement massif de l'hydroélectricité, atteignant le seuil des 10 000 kilowatts en 1908 et le dépassant en 1912 et 1913 (pour un traitement plus approfondi de la question du secteur de l'électricité, voir la troisième partie).

À la suite de la nationalisation des dix-sept principales compagnies ferroviaires du pays entre 1906 et 1907, le secteur des transports qui avait été jusqu'alors l'une des branches majeures de l'industrie japonaise, vit sa part s'effondrer brutalement. Les neufs compagnies ferroviaires présentes en 1902 dans le classement des vingt plus grandes entreprises du pays en termes d'actifs (voir Tableau 2-5) n'y figuraient ainsi plus en 1911, quand les acteurs du secteur de l'énergie faisaient leur entrée en tête du classement[28]. L'essor des entreprises suivant le conflit russo-japonais se caractérisa ainsi par le boom du secteur de l'énergie et des industries lourdes. Nombre de ces sociétés furent d'ailleurs dès l'origine de très grandes compagnies, en raison des investissements considérables nécessaires à leur équipement et de la forte composition organique du capital requis dans ces activités. C'est pourquoi à cette époque la taille des entreprises changea d'échelle, ce qui est perceptible dans la hausse importante de la valeur réelle du capital versé en moyenne par compagnie (augmentant de 61 000 yens en 1900 à 78 000 yens en 1910). Cette augmentation fut aussi, et surtout, le fait d'une série de fusions d'entreprises de différents secteurs, comme le rail, la finance et la filature. Le nombre total d'entreprises, lui, continua d'augmenter, mais son rythme de croissance diminua de moitié entre 1900 et 1910 par rapport à la période 1894-1900 (de + 280 % à + 140 %).

(2) La structure géographique du deuxième boom des entreprises

Après trois années de plein essor, le premier boom des entreprises s'essouffla sous l'effet de la crise financière de 1890. Les créations d'entreprises repartirent toutefois à la hausse dès 1892, principalement dans l'industrie du filage. En dépit du coup d'arrêt donné par la guerre sino-japonaise, une deuxième vague d'essor se déclencha durant la seconde moitié de l'année 1895, alors que le Japon percevait une considérable indemnité de guerre de la part de la Chine. Ce « boom de l'après-guerre sino-japonaise » (*nisshin sengo bûmu*) bénéficia du soutien financier actif de la Banque du Japon (usant des indemnités de guerre)[29] et se poursuivit de manière intermittente durant cinq années, jusqu'à la crise financière de 1900. Le chemin de fer et la banque en furent les acteurs principaux, se partageant à eux deux près des deux tiers du capital versé aux entreprises sur la période 1895-1900 (voir Tableau 2-4).

Les compagnies ferroviaires et les banques à la pointe de ce deuxième boom étaient pour la plupart d'entre elles implantées en province. La distribution territoriale des entreprises nouvellement créées dans le secteur du rail (voir Tableau 2-6) montre que seules quatorze des soixante-trois de celles ayant obtenu leur autorisation d'activité durant ces années avaient établi leur siège social à Tôkyô et Ôsaka (22 %). Les quarante-neuf autres étaient réparties au sein de vingt-quatre autres départements. De ce fait, le nombre de départements comptant au moins une compagnie ferroviaire implantée sur son territoire tripla pratiquement en dix ans : de onze en 1890 à trente en 1900. Certains départements accueillirent plusieurs nouvelles compagnies (huit à Tôkyô ; six à Ôsaka ; six à Fukuoka ; cinq à Okayama), de sorte qu'en 1900 ceux de Tôkyô, Ôsaka et Fukuoka en concentraient chacun près de dix. Ces deux derniers départements, que nous avons choisis comme objets d'étude ici, devinrent alors des régions représentatives de ce phénomène de densité ferroviaire, mais dans deux cadres bien différents : celui d'une aire métropolitaine pour Ôsaka et celui d'un bassin houiller pour la région de Fukuoka. Ce sont deux dynamiques tout à fait distinctes qui émergèrent ainsi en parallèle dans l'industrie ferroviaire de l'époque : un mouvement de diffusion-division dans les provinces et une tendance à la concentration dans les grandes villes, leurs banlieues, ainsi que les régions minières.

En ce qui concerne le secteur bancaire lors de la deuxième vague d'essor des entreprises, sa dispersion géographique excède nettement ce que nous avons observé dans le cas du rail (voir Tableau 2-7). Au terme de l'année 1895, les banques étaient d'ores et déjà implantées dans tous les départements du Japon, exception faite d'Okinawa[30]. Vingt-neuf départements sur ces quarante-sept comptaient sur leur territoire plus de dix banques de taille variable, certains en comptabilisaient même plus d'une centaine, à l'instar du département de Shizuoka et ses cent-neuf banques, soit près du double de celles des départements centraux de Tôkyô (cinquante-quatre banques) et Ôsaka (cinquante-deux banques). Fin 1895, les établissements de la capitale dominaient toutefois de manière écrasante le secteur en termes de capitaux versés, avec 37,6 % du total national – cette part se réduisant néanmoins rapidement pour atteindre le quart en 1899, malgré une croissance du nombre des établissements et de la masse de leurs capitaux (+ 90 % et + 180 %). C'est que durant ces quelques années la poussée fut plus forte encore dans les régions périphériques, comme celle du Kinki [*N.d.T.* : région d'Ôsaka], les départements de Shizuoka, Niigata ou encore Fukuoka. Le département de Hyôgo, exemple particulièrement fort, accueillit à lui seul plus du cinquième (21,1 %) des créations d'établissements et 6,3 % des capitaux nouvellement versés…

Quant à l'assise financière de ces banques, la moyenne nationale des capitaux versés par établissement s'élevait en 1899 à 140 000 yens, avec une pointe à 652 000 yens pour le département de Tôkyô. En comparaison, aucun département, pas même ceux de Shizuoka, Hyôgo, Fukuoka, ou Nagano, regroupant pourtant de puissantes banques, n'atteignait la barre des 100 000 yens de capital moyen cette même année[31]. En somme, le boom du secteur bancaire en province a été le fait principalement d'établissements de petite et moyenne envergure. De manière générale, l'essor des banques dans le pays s'est nourri autant des centres que des provinces.

La part du secteur industriel fut quant à elle relativement faible durant la deuxième vague d'essor des entreprises, quoique la branche du filage constituât l'un des piliers essentiels de ce nouveau boom (concentrant 27 % de la croissance des capitaux versés)[32]. Grâce à l'expansion des entreprises déjà formées et à la création en province de nouvelles filatures de petite et moyenne envergure entre 1891 et 1899 (leur nombre double), les capitaux versés dans le secteur du filage augmentèrent de 350 % (voir Tableau 1-3). Le nombre de départements comptant au moins une filature sur son territoire progressa ainsi de dix-sept à vingt. À ce stade, l'organisation géographique du secteur connut quelques mutations : jusqu'ici fer de lance de cette industrie, le département d'Ôsaka accusa un net recul entre ces mêmes années 1891 et 1899 avec un effondrement de 46,6 % à 26,6 % de sa part des capitaux, quand celle de Tôkyô connut une solide progression (de 14,7 % à 22,9 %), à laquelle il faut ajouter la croissance des départements d'Aichi (de 6,7 % à 8,3 %) et Hyôgo (de 4 % à 5,8 %). L'industrie du filage atteignit à cette époque son degré maximal d'extension territoriale au Japon.

La deuxième vague d'essor des entreprises amplifia cette tendance à l'éclatement dans la distribution territoriale des sociétés, non seulement du fait de l'implantation régionale caractéristique des secteurs dominants de ce boom (le rail et la banque), mais aussi en raison du phénomène de dispersion géographique en marche dans le secteur du filage, pilier de l'industrie. Comparons à présent la répartition des capitaux et des entreprises sur le territoire japonais au terme des années 1894 et 1900 (voir Tableau 2-8). Fin 1894, la part du département de Tôkyô demeurait, comme de coutume, d'une importance considérable sur le plan des capitaux versés (40,4 % du total national), devançant largement Ôsaka (10,1 %), Fukuoka (6,8 %) et Hyôgo (6,1 %). En nombre d'entreprises, c'est en revanche Ôsaka qui dominait (8,8 %), surpassant Tôkyô (7,7 %) talonné par Hyôgo (7,1 %). Les départements de Shizuoka et de Niigata où prospéraient respectivement le secteur bancaire et l'industrie pétrolière complétaient le classement avec 6,5 % et 5,2 % des sociétés du pays. Le mouvement d'expansion géographique des entreprises initialement esquissé lors de la première vague d'essor de 1886-1889 se poursuivait donc toujours lors du deuxième boom.

Si nous réexaminons toutefois la situation nationale fin 1900, nous constatons que la part des capitaux versés dans le département de Tôkyô recula de dix points (à 30,7 %), devançant toujours Ôsaka (9,2 %), Hyôgo (7,2 %) et Fukuoka (7,1 %). D'autre part, les départements concentrant le plus grand nombre d'entreprises étaient toujours Tôkyô (8,9 %), Ôsaka (6,5 %), Hyôgo (6,4 %), suivis désormais d'Aichi (6,1 %). Le département d'Aichi est celui de la ville de Nagoya, autour de laquelle se constitua le bassin industriel dit de « Chûkyô ». Avec un capital moyen de 44 000 yens par société, Aichi se caractérisait alors par la petite taille de ses entreprises, contrastant avec celles des départements axés sur l'industrie ferroviaire comme Fukuoka, au capital moyen de 232 000 yens par entreprise, ou des régions centrales, comme Tôkyô où les grandes compagnies tiraient la moyenne à 314 000 yens de capital versé…

La fragmentation des sociétés qui étaient nées lors de la première vague d'essor des entreprises atteignit ainsi son paroxysme avec le deuxième boom entrepreneurial dominé par les secteurs ferroviaire, bancaire et textile. Sur la période 1895-1900, la croissance de la capitalisation des entreprises fut particulièrement forte dans les départements de Fukuoka – l'un des foyers majeurs de l'industrialisation des provinces –, Hyôgo et Ôsaka (respectivement 7,2 %, 7,8 % et 8,8 % de la croissance totale), mais le département de Tôkyô demeurait toujours hors de portée, réalisant seul plus d'un quart de la progression nationale (26,6 %).

Le poids des régions dans la distribution territoriale des sociétés ne cessa donc de croître tout au long de la révolution industrielle, indiquant combien l'essor des entreprises puisa ses forces vives dans les économies régionales pendant au moins toute la période de consolidation du capital industriel, jusqu'à environ 1900. Comment cette dispersion spatiale des entreprises évolua-t-elle au cours de l'industrialisation ? Telle est la question à laquelle nous allons maintenant réfléchir en nous intéressant à la troisième vague d'essor des entreprises, celle qui suivit la fin du conflit russo-japonais.

(3) *Le boom des entreprises de l'après-guerre russo-japonaise*

La signature conjointe du traité de Portsmouth le 5 septembre 1905 mit un terme à la guerre qui avait éclaté en février 1904 entre le Japon et la Russie. Bien que victorieux, le Japon ne parvint pas à obtenir des indemnités de guerre comme il en avait obtenu en 1895 à l'issue de sa victoire contre la Chine des Qing. Dans l'immédiat après-guerre, l'avenir était assombri par la masse colossale des emprunts contractés à l'étranger durant le conflit afin de régler les dépenses militaires et peu de choses semblaient favorables à une poussée de fièvre entrepreneuriale. Toutefois, au cours de la seconde moitié de l'année 1906, la perspective de pouvoir lancer de nouveaux grands emprunts à l'étranger nourrit un regain des cours boursiers et ce fut une nouvelle vague d'essor des entreprises qui se déclencha à partir d'octobre, tandis que la campagne de souscription de la Compagnie du chemin de fer de Mandchourie méridionale (*Minami manshû tetsudô gaisha*) s'achevait sur un franc succès[33]. Ce boom de créations d'entreprises allait néanmoins rapidement s'essouffler sous le coup de la crise financière de 1907-1908, conséquence de la crise financière mondiale de 1907. La conjoncture resta dès lors négative jusqu'à la Première Guerre mondiale, malgré une courte période de reprise intermédiaire en 1910-1911[34]. Comme nous l'avons précédemment noté, le secteur industriel connut dans l'intervalle plusieurs grandes évolutions structurelles, même si d'importantes disparités existaient d'une région à l'autre en ce qui concerne les industries lourdes et chimiques. En termes de valeur, la production dans la région du Kantô était marquée par les branches de l'industrie lourde (machines/métallurgie et chimie/céramique), qui totalisaient déjà plus du tiers de la production du département de Tôkyô en 1909, devant la branche de la teinture et du tissage (31,8 %)[35]. Tôkyô bénéficiait en effet depuis l'année précédente d'un système de distribution stable d'électricité avec la mise en service de la station génératrice de Komabashi par la Compagnie de l'éclairage électrique de Tôkyô. La baisse du coût de l'énergie électrique engendrée entraîna une électrification rapide des ateliers et usines dans les branches mécanique, métallurgique et céramique, précipitant le phénomène de l'industrialisation urbaine – que nous examinerons plus en détail dans le chapitre 7. Nous ne pouvons pour autant pas généraliser ces mutations structurelles à toute la région du Kantô : la part de l'industrie alimentaire, notamment la brasserie d'alcool, demeurait majoritaire dans le département de Chiba et la teinture et le tissage conservaient à Saitama ou Gunma une valeur de production considérable. En somme, l'industrie lourde et chimique commença après la guerre russo-japonaise à percer dans la région de Tôkyô-Yokohama (région dite « Keihin ») et la branche textile poursuivit son développement dans le reste du Kantô.

Observons maintenant le développement de ce troisième boom des entreprises du point de vue géographique (voir Tableau 2-8). À la fin 1905, c'est-à-dire dans les premiers mois suivant la fin du conflit russo-japonais, les départements abritant le plus de sociétés étaient ceux de Tôkyô (9,5 % du total), Ôsaka (6,9 %), Nagano (5,8 %) et Hyôgo (5,6 %). Pour ce qui est des capitaux versés, ils se concentraient surtout à Tôkyô (33 %), Ôsaka (8,1 %), Hyôgo (7,6 %) et Fukuoka (7 %). Peu de changements structurels donc par rapport à 1900, sinon l'apparition de Nagano, où la teinture et le tissage faisaient florès, et la part croissante de Tôkyô dans les deux catégories. Cinq ans plus tard, à la fin de 1910, les capitaux se concentraient toujours plus à Tôkyô (41 %) et Ôsaka (11 %), suivis de Hyôgo (5 %)[36] et Kanagawa (4,8 %), et 13 % des établissements étaient désormais implantés à Tôkyô, 6,8 % à Hyôgo et 6,3 % à Ôsaka. Certains départements du Japon enregistrèrent alors une contraction, sinon un recul, de la capitalisation de leurs entreprises, comme à Fukuoka (– 35 322 000 yens), mais aussi Mie (– 16 694 000 yens), Nara (– 2 197 000 yens) ou Tottori (– 1 056 000 yens). Quant au nombre d'entreprises, les départements de Kôchi, Yamaguchi et Saga enregistrèrent de même des résultats négatifs, accusant respectivement la perte de vingt-sept, vingt-six et onze compagnies.

Ces mouvements de régression dans les provinces et de concentration vers les centres s'expliquent par les nombreuses fusions opérées alors dans les secteurs d'activité des plus grandes entreprises régionales : le chemin de fer, la banque et les filatures. Ce phénomène débuta dans la branche du rail aux alentours de 1897 sous l'impulsion de compagnies tenant de grandes lignes porteuses (les compagnies des chemins de fer de Shikoku et de Kyûshû) pour battre son plein à compter de 1900[37]. La nationalisation du réseau ferré (1906-1907) fit disparaître dix-sept grandes compagnies ferroviaires privées qui avaient jusqu'alors été le cœur battant de la vie entrepreneuriale de leurs régions.

Après la panique financière qui suivit la fin de la guerre sino-japonaise, la liquidation de la Neuvième Banque de Kumamoto (*Kumamoto daikyû ginkô*) déclencha une vague de faillites au sein des établissements de province, sur lesquels les banques urbaines, à commencer par la banque Yasuda, pratiquèrent des fusions de sauvetage. D'un pic de 1 867 établissements en 1901, le nombre des banques ordinaires du pays se mit à diminuer graduellement pour atteindre le chiffre de 1 601 établissements fin 1910[38]. La situation géographique et financière de ces banques après la guerre russo-japonaise se traduisit plus précisément par une baisse de leur nombre dans vingt-sept départements sur la période 1905-1910, ainsi que par un net recul du montant total des capitaux versés dans les établissements de Nagano (– 2 279 000 yens), Chiba (– 719 000 yens) et Fukuoka (– 1 013 000 yens, voir Tableau 2-7). Le montant moyen des capitaux des banques tokyoïtes avait en revanche dépassé le million de yens en 1910, doublant presque son volume de 1905 (589 000 yens). La croissance des banques urbaines était allée de pair avec l'élimination des banques régionales.

Le secteur du filage connut de même une vague de fusions et de rachats de petites et moyennes sociétés par des compagnies affiliées aux trois grandes filatures de Kagoshima, Sakai et Kashima[39]. Dans le département de Fukuoka, pour reprendre notre exemple, les Filatures de Kyûshû (nées en 1899 de la fusion avec celles de Miike, Kurume et Kumamoto) comme les Filatures de soie et coton de Hakata (fondées en 1896) se virent toutes deux absorbées par les Filatures de Kanegafuchi, compagnie financée par des capitaux de la sphère centrale. L'assouplissement des modalités de fusion entre compagnies (loi sur les sociétés de 1899), permis sur la base du nouveau Code du commerce, accéléra cette concentration des entreprises dans le giron central. Parmi la multitude de structures régionales ayant proliféré au cours du boom des entreprises, les sociétés plus fragiles qui, faute de ressources opérationnelles suffisantes, éprouvaient de grandes difficultés à pérenniser leur développement, finirent *de facto* par être absorbées par le capital central à la faveur des nouvelles dispositions légales.

Ce phénomène de regroupement des sociétés aggrava la pénurie de ressources humaines dans les régions peu avant la Première Guerre mondiale. Les notables de province, investisseurs majeurs des premiers temps de l'industrialisation, s'étaient retirés de l'administration des entreprises une fois leurs capitaux épuisés[40]. Quant aux ingénieurs et gestionnaires spécialisés, actifs dans de toujours plus nombreuses contrées à mesure que grossissait le nombre des entreprises régionales, ils retournaient vers les centres pour rejoindre les sièges des compagnies ayant absorbé les leurs[41]. Les provinces se trouvaient par conséquent réduites au rôle de simples pourvoyeuses de main-d'œuvre, comme le montre le choix des filatures d'implanter leurs sites de production en région au cours des années 1910, afin de bénéficier d'une main-d'œuvre bon marché[42].

Des évolutions de taille refaçonnèrent également les grandes villes, à commencer par la capitale, Tôkyô. L'introduction des techniques de transport longue distance du courant à haute tension couplée à la mise en service de centrales hydroélectriques à grande capacité permit dès 1908 une baisse drastique des coûts de l'énergie électrique, favorisant ainsi l'émergence d'un véritable marché de l'électricité. Stable et peu onéreux, le système de distribution électrique ainsi formé déclencha une véritable révolution en ouvrant la voie à l'électrification des usines en ville et dans leurs périphéries, ce qui y entraîna une brusque accélération du développement de l'industrie lourde et de la chimie. Dans le même temps, les aires métropolitaines amorcèrent leur expansion géographique grâce à la diffusion des chemins de fer électriques. Dans la mesure où les compagnies des secteurs électriques et ferroviaires réunirent des capitaux toujours plus importants pour la construction de lignes électrifiées ou de grandes centrales hydroélectriques, elles contribuèrent à la formation d'un véritable marché urbain de capitaux, un marché de capitaux renforcé et sécurisé par la nationalisation des chemins de fer (1906-1907) [*N.d.T.* : l'État racheta les actions au prix fort]. En somme, ce sont les bases mêmes de l'économie urbaine qui furent consolidées après la guerre russo-japonaise grâce au développement du secteur de l'énergie électrique, développant les nouveaux marchés de l'électricité et des capitaux.

Cette croissance rapide des métropoles se combina à l'élimination des sociétés de province par fusion/absorption, intensifiant la concentration des sociétés dans les zones centrales. La contribution de Tôkyô à la croissance des capitaux versés doubla d'importance, passant d'un gros quart (26 %) durant le deuxième boom des entreprises à plus de la moitié (54 %) après la guerre russo-japonaise. Il en fut de même pour Ôsaka, mais à une échelle différente (de 9 % à 17 % ; voir Tableau 2-8). Au cours des années 1900, les trois hauts lieux de concentration des entreprises que furent Tôkyô, Ôsaka et Hyôgo augmentèrent ainsi sensiblement leur part dans le nombre des entreprises du pays (de 22 % à 26 %) et surtout leurs capitaux (de 47 % à 57 % – voir Tableau 2-8). Durant cette période, le développement des entreprises fut donc porté à bout de bras par les structures implantées dans les métropoles. L'« âge des villes » avait commencé.

* * *

La distribution géographique des entreprises a beaucoup évolué entre le premier et le deuxième boom et à la fin de la guerre russo-japonaise.

Le premier boom des entreprises consista en un essor des secteurs ferroviaires, textiles et miniers dans l'ensemble des provinces du pays. L'analyse de l'évolution du nombre d'entreprises et de la valeur du capital nominal entre 1886 et 1890 nous révèle le désavantage comparatif de Tôkyô par rapport aux régions et les progrès accomplis par les départements de Hyôgo, Fukuoka et Hokkaidô. Cette large dispersion des entreprises sur le territoire s'explique par l'intensité avec laquelle le boom des entreprises, loin d'avoir été circonscrit aux centres de Tôkyô et Ôsaka, progressa dans les provinces.

Après la guerre sino-japonaise, une nouvelle fièvre entrepreneuriale se déclencha en province dans les secteurs ferroviaire, textile et bancaire, qui accentua encore l'amplitude de la répartition des sociétés au cours des années 1895-1899. Nous observons de ce fait un très grand éclatement dans la distribution territoriale des entreprises aux environs de 1900, durant la phase de consolidation du capital industriel. Ce fut là l'âge d'or de l'« ère des régions », aboutissement d'une succession de développements accumulés depuis les dernières années du shogunat au milieu du XIXe siècle.

La distribution géographique des entreprises présentait cependant au terme de la guerre russo-japonaise un aspect fort différent de la situation antérieure à 1900. La deuxième crise financière après la guerre sino-japonaise amorça cette même année le déclin de ces sociétés de province par trop nombreuses. Le boom des entreprises de 1906-1907 se caractérisa ainsi par la forte croissance de l'industrie lourde et de la chimie ainsi que des activités liées au secteur de l'énergie électrique, qui contribuèrent tous de manière complémentaire à la concentration des entreprises dans les grandes villes. L'essor du secteur énergétique solidifia notamment les assises de l'économie urbaine en accélérant la formation de deux nouveaux marchés (électricité/marché urbain de capitaux). Dans les branches ferroviaire, bancaire et textile jusqu'alors vecteurs de la dissémination géographique des entreprises, les établissements régionaux furent en revanche captés par les centres, gouvernement compris. Entre fusions-acquisitions, nationalisations et regroupements de petites sociétés de province autour de puissantes compagnies centrales, les régions virent se tarir leurs ressources opérationnelles. La distribution territoriale des sociétés fin 1910 révèle une brusque accélération du mouvement de concentration des sociétés en direction de Tôkyô, centre pourtant désavantagé durant une grande partie de la révolution industrielle. Dans les faits, il convient néanmoins de noter la stagnation, sinon l'infime amélioration du capital total et du nombre de sociétés de tous les départements du pays, exception faite de Nara, Tottori, Fukuoka et Mie (ces deux derniers départements ayant subi de plein fouet la nationalisation de leurs compagnies ferroviaires). Le recul des régions sous le coup de la brutale expansion des métropoles présente donc un caractère tout à fait relatif.

Si nous devions considérer la période comprise entre les deux premières vagues d'essor des entreprises comme le zénith de l'« âge des régions », le boom de l'après-guerre russo-japonaise marqua quant à lui le début de l'« âge des villes » avec le secteur de l'énergie électrique pour fer de lance. De l'éclatement régional à la concentration dans les centres… pourquoi ce basculement dans la répartition territoriale des sociétés ? Comment les agents des booms entrepreneuriaux développèrent-ils leurs affaires durant ce processus ? Quelle trajectoire suivirent les villes au cours de leur décollage économique après la guerre russo-japonaise ? Telles sont les principales questions sur lesquelles nous tenterons de faire la lumière le plus concrètement possible dans les chapitres suivants.

Tableau/graphique 2-1 : Les taux de croissance du produit intérieur brut (PIB) pendant la Révolution industrielle

	Croissance sur la période (%)		Croissance annuelle (%)		Croissance annuelle par habitant (%)		Taux annuel de croissance démographique
	en valeur nominale	en valeur réelle	taux nominal	taux réel	taux nominal	taux réel	
1886-1913	6,27 %	1,96 %	6,22 %	2,51 %	5,24 %	1,49 %	1,0 %
1886-99	2,89 %	1,55 %	7,14 %	3,41 %	6,32 %	2,54 %	0,9 %
1900-13	2,08	1,28 %	5,29 %	1,61 %	4,16 %	0,43 %	1,2 %
1er boom	1,19 %	1,16 %	4,08 %	4,95 %	3,37 %	4,24 %	0,7 %
2nd boom	1,39 %	1,09 %	9,43 %	2,07 %	8,43 %	1,01 %	1,1 %
3e boom	1,14 %	1,09 %	4,84 %	2,05 %	3,86 %	1,05 %	1,0 %

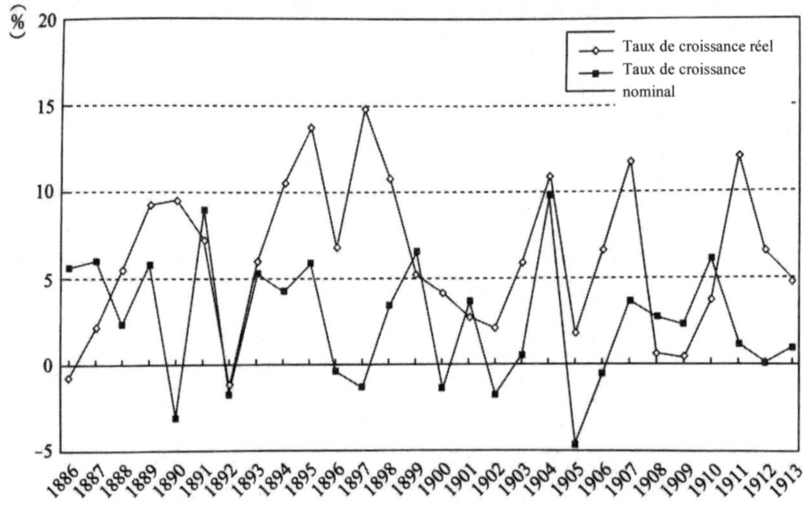

Sources : Ôkawa Kazushi (dir.), *Chôki keizai tôkei 1 kokumin shotoku* (Statistiques économiques de longue durée 1. Revenu national), table 8, Tôkyô, Tôyô Keizai Shinpôsha, 1974 ; Miwa Ryôichi et Hara Akira (dir.), *Kingendai nihon keizai-shi yôran* (Manuel d'histoire économique du Japon), Tôkyô, Tôkyô Daigaku Shuppankai, 2007, p. 2-6.

Tableau 2-2 : La valeur de la production manufacturière et industrielle par départements

Unité : millier de yens
NB : les départements figurent dans l'ordre de leur position géographique, du Nord au Sud.

	1889		1909		Taux de croissance annuelle nominale	Taux de croissance annuelle réelle*
Hokkaidô	7 734	2,9 %	22 651	1,5 %	1,2 %	1,8 %
Aomori	1 328	0,5 %	5 803	0,4 %	0,4 %	2,7 %
Iwate	3 149	1,2 %	11 045	0,7 %	0,6 %	2,2 %
Miyagi	3 569	1,4 %	11 959	0,8 %	0,7 %	2,1 %
Akita	3 193	1,2 %	16 871	1,1 %	1,1 %	3,3 %
Yamagata	6 050	2,3 %	19 738	1,3 %	1,1 %	2,1 %
Fukushima	7 667	2,9 %	22 276	1,5 %	1,2 %	1,8 %
Ibaraki	4 819	1,8 %	20 207	1,3 %	1,2 %	2,6 %
Tochigi	6 759	2,6 %	29 841	2,0 %	1,8 %	2,8 %
Gunma	11 861	4,5 %	35 396	2,3 %	1,9 %	1,9 %
Saitama	5 331	2,0 %	36 547	2,4 %	2,5 %	4,3 %
Chiba	4 954	1,9 %	19 394	1,3 %	1,2 %	2,5 %
Tôkyô	8 714	3,3 %	110 087	7,2 %	8,1 %	7,9 %
Kanagawa	6 937	2,6 %	40 875	2,7 %	2,7 %	3,7 %
Niigata	5 419	2,1 %	50 591	3,3 %	3,6 %	5,9 %
Toyama	4 127	1,6 %	18 992	1,3 %	1,2 %	2,9 %
Ishikawa	3 663	1,4 %	25 168	1,7 %	1,7 %	4,3 %
Fukui	4 131	1,6 %	30 453	2,0 %	2,1 %	4,6 %
Yamanashi	4 100	1,6 %	17 235	1,1 %	1,0 %	2,6 %
Nagano	10 050	3,8 %	53 562	3,5 %	3,5 %	3,4 %
Gifu	5 953	2,3 %	27 998	1,8 %	1,8 %	3,0 %
Shizuoka	4 550	1,7 %	34 571	2,3 %	2,4 %	4,8 %
Aichi	9 054	3,4 %	97 716	6,4 %	7,1 %	6,8 %
Mie	5 788	2,2 %	37 838	2,5 %	2,6 %	4,1 %
Shiga	5 285	2,0 %	13 769	0,9 %	0,7 %	1,6 %

	1889		1909		Taux de croissance annuelle nominale	Taux de croissance annuelle réelle*
Kyôto	13 353	5,1 %	91 693	6,0 %	6,2 %	4,3 %
Nara	4 184	1,6 %	13 614	0,9 %	0,8 %	2,0 %
Ôsaka	29 394	11,1 %	161 976	10,7 %	10,6 %	3,5 %
Hyôgo	14 087	5,3 %	116 406	7,7 %	8,2 %	5,2 %
Wakayama	4 019	1,5 %	6 572	0,4 %	0,2 %	1,0 %
Tottori	1 512	0,6 %	7 869	0,5 %	0,5 %	3,3 %
Shimane	2 829	1,1 %	9 898	0,7 %	0,6 %	2,2 %
Okayama	6 594	2,5 %	39 080	2,6 %	2,6 %	3,7 %
Hiroshima	4 144	1,6 %	35 626	2,3 %	2,5 %	5,4 %
Yamaguchi	3 256	1,2 %	16 841	1,1 %	1,1 %	3,3 %
Tokushima	3 273	1,2 %	6 642	0,4 %	0,3 %	1,3 %
Kagawa	1 881	0,7 %	11 577	0,8 %	0,8 %	3,9 %
Ehime	3 016	1,1 %	31 914	2,1 %	2,3 %	6,7 %
Kôchi	2 281	0,9 %	14 730	1,0 %	1,0 %	4,1 %
Fukuoka	5 911	2,2 %	53 636	3,5 %	3,8 %	5,7 %
Saga	2 679	1,0 %	11 736	0,8 %	0,7 %	2,8 %
Nagasaki	3 337	1,3 %	23 574	1,6 %	1,6 %	4,4 %
Kumamoto	3 852	1,5 %	16 368	1,1 %	1,0 %	2,7 %
Ôita	3 389	1,3 %	8 564	0,6 %	0,4 %	1,6 %
Miyazaki	1 517	0,6 %	8 813	0,6 %	0,6 %	3,7 %
Kagoshima	3 183	1,2 %	15 684	1,0 %	1,0 %	3,1 %
Okinawa	2 323	0,9 %	5 952	0,4 %	0,3 %	1,6 %
TOTAL	264 199	100 %	1 519 348	100 %	100 %	3,6 %
Trio de tête	56 834	21,5 %	388 469	25,6 %	26,8 %	
Trio de queue	4 357	1,6 %	18 327	1,20 %		
Ratio tête/queue	13		21			

* taux de croissance réelle prenant pour base les prix de la période 1934-36.

Source : Fuji Nobuyuki, *Chiiiki kaihatsu no raireki* (Aux origines du développement régional), Tôkyô, Nihon Keizai Hyôronsha, 2004, p. 35.

Tableau 2-3 : La géographie du premier boom des entreprises

unité des capitaux : millier de yens

	Décembre 1886		Décembre 1890		Part dans la croissance nominale du capital	Croissance annuelle (millier de yens)
	sociétés	capitaux	sociétés	capitaux		
Hokkaidô	29	1 193	88	12 915	7,0 %	10,8 %
Aomori	1	3	38	231	0,1 %	77,0 %
Iwate	4	23	16	63	0,0 %	2,7 %
Miyagi	17	276	43	672	0,2 %	2,4 %
Akita	31	1 753	49	2 843	0,7 %	1,6 %
Yamagata	17	163	75	2 570	1,4 %	15,8 %
Fukushima	13	664	81	1 541	0,5 %	2,3 %
Ibaraki	9	35	59	1 856	1,1 %	53,8 %
Tochigi	7	115	53	2 851	1,6 %	24,8 %
Gunma	52	238	141	2 168	1,2 %	9,1 %
Saitama	19	131	84	1 228	0,7 %	9,4 %
Chiba	5	65	61	1 340	0,8 %	20,6 %
Tôkyô	163	27 288	347	84 214	34,2 %	3,1 %
Kanagawa	17	11 511	101	2 613	– 5,3 %	0,2 %
Niigata	96	687	158	2 953	1,4 %	4,3 %
Toyama	22	313	64	891	0,3 %	2,8 %
Ishikawa	26	272	80	4 716	2,7 %	17,4 %
Fukui	25	247	88	538	0,2 %	2,2 %
Yamanashi	78	237	133	6 454	3,7 %	27,2 %
Nagano	132	962	236	2 394	0,9 %	2,5 %
Gifu	146	721	188	1 330	0,4 %	1,8 %
Shizuoka	29	512	125	1 372	0,5 %	2,7 %
Aichi	82	680	149	3 189	1,5 %	4,7 %
Mie	18	396	56	5 638	3,1 %	14,3 %
Shiga	27	932	55	1 814	0,5 %	1,9 %
Kyôto	76	322	115	2 930	1,6 %	9,1 %

	Décembre 1886		Décembre 1890		Part dans la croissance nominale du capital	Croissance annuelle (millier de yens)
	sociétés	capitaux	sociétés	capitaux		
Ôsaka-Nara	112	5159	375	21 319	9,7 %	4,1 %
Wakayama	10	136	53	453	0,2 %	3,3 %
Hyôgo	42	558	249	19 980	11,7 %	35,8 %
Tottori	4	19	52	282	0,2 %	14,5 %
Shimane	31	231	93	827	0,4 %	3,6 %
Okayama	15	298	91	1 799	0,9 %	6,0 %
Hiroshima	9	253	29	770	0,3 %	3,0 %
Yamaguchi	15	196	42	1 197	0,6 %	6,1 %
Tokushima	7	50	71	435	0,2 %	8,7 %
Ehime-Kagawa	14	248	85	2 053	1,10 %	8,3 %
Kôchi	10	54	15	215	0,10 %	4,0 %
Fukuoka	54	652	169	19 938	11,6 %	30,6 %
Saga	18	395	55	834	0,3 %	2,1 %
Nagasaki	36	210	76	1 737	0,9 %	8,3 %
Kumamoto	15	162	45	373	0,1 %	2,3 %
Ôita	17	98	62	589	0,3 %	6,0 %
Miyazaki	5	61	20	161	0,1 %	2,6 %
Kagoshima	9	272	31	1 190	0,6 %	4,4 %
Okinawa	ND	ND	ND	ND	ND	ND
TOTAL	**1 564**	**58 791**	**4 296**	**225 476**	**100 %**	**3,80 %**

NB : Les banques ne sont pas comptabilisées. Les sociétés ici comptabilisées recouvrent les corps d'affaires enregistrés comme sociétés ou syndicats d'entreprise, ou enregistrant des capitaux supérieurs à mille yens. Certains départements sont assemblés en raison de fusion/séparation entre les deux dates utilisées ici. Le département de Kanagawa accueillait en 1886 le siège de la Compagnie des Messageries maritimes du Japon (*Nihon yûsen gaisha*) mais le perdit l'année suivante. Les capitaux affichés sont nominaux.

Source : Nihon teikoku tôkei nenkan (Annuaire statistique de l'Empire du Japon), chaque année.

Tableau 2-4 : Le développement des entreprises par secteur entre 1894 et 1910

unité des capitaux : millier de yens

	1894		1900		1910	
	sociétés	**capital versé**	**sociétés**	**capital versé**	**sociétés**	**capital versé**
Agriculture	118	1 188	220	2 615	386	16 895
Mines et industries	756	42 211	2 490	147 842	3 460	466 676
Textile	265	20 450	735	57 942	890	103 417
Mines	113	8 930	175	23 136	175	172 263
Machines	16	652	124	11 754	168	36 607
Métallurgie	14	960	31	958	112	8 782
Chimie	87	4 993	238	14 732	439	52 546
Électricité, gaz	22	2 379	64	11 010	212	113 442
Électricité	22	2 379	60	8 707	167	79 087
Transports	210	82 560	627	228 734	856	196 597
Chemin de fer	39	66 865	81	189 423	80	121 566
Navigation	81	13 887	217	36 300	292	66 792
Commerce, finance	1 960	127 013	5 197	389 052	7 394	687 792
Commerce	12	715	55	4 572	61	6 294
Assurances	56	3 759	74	10 400	43	14 611
Banques	1 095	105 259	2 466	320 692	2 879	496 277
TOTAL	3 066	255 351	8 598	779 251	12 308	1 481 401
Capital en valeur réelle (valeur 1894)	255 351		526 521		968 236	

NB : les sociétés sont ici celles définies par la loi du 1er janvier 1894 (sociétés par actions, en commandite, en nom collectif).

Source : Teikoku tôkei nenkan, chaque année. Pour le calcul de la valeur réelle des capitaux sur la base de l'année 1894 : Ôkawa Kazushi (dir.), *Chôki keizai tôkei 8 bukka* (Statistiques économiques de longue durée 8. Prix et coût de la vie), Tôkyô, Tôyô Keizai Shinpôsha, 1967, table 1.

Tableau 2-5 : Les plus grandes sociétés par le capital au Japon en 1902 et 1911

Unité : million de yens

	1902			1911		
rang	**nom**	**siège**	**capital**	**nom**	**siège**	**capital**
1	Chemins de fer du Japon	Tôkyô	48,5	Produits Mitsui	Tôkyô	102,2
2	Chemins de fer de Kyûshû	Fukuoka	46,4	Messageries maritimes du Japon	Tôkyô	57,9
3	Messageries maritimes du Japon	Tôkyô	41,5	Mitsubishi	Tôkyô	39,7
4	Frères Murai	Tôkyô	28,2	Charbonnages et navigation à vapeur de Hokkaidô	Hokkaidô	36,1
5	Chemins de fer du San'yô	Hyôgo	26,3	Éclairage électrique de Tôkyô	Tôkyô	34,6
6	Mitsubishi	Tôkyô	23,9	Filatures Kanegafuchi	Tôkyô	34
7	Chemins de fer du Kansai	Mie	22,4	Cargos d'Ôsaka	Ôsaka	28,4
8	Chemins de fer et charbonnages de Hokkaidô	Hokkaidô	20,1	Aciéries du Japon	Hokkaidô	26,9
9	Produits Mitsui	Tôkyô	13	Gaz de Tôkyô	Tôkyô	25,6
10	Filatures Kanegafuchi	Tôkyô	11,5	Navires à vapeur d'Orient	Tôkyô	21,4
11	Mines Mitsui*	Tôkyô	11,3	Filatures et gaz Fuji	Tôkyô	21,1
12	Cargos d'Ôsaka	Ôsaka	10,5	Mines Mitsui	Tôkyô	18,2
13	Chemins de fer de Hokuetsu	Niigata	6,8	Pétroles Hôden	Niigata	17,5
14	Chemins de fer de Hankaku	Ôsaka	6,1	Filatures de Mie	Mie	15,6
15	Chemins de fer des Mers du Sud	Ôsaka	4,8	Mines Furukawa	Tôkyô	13,5
16	Gaz de Tôkyô	Tôkyô	4,4	Éclairage électrique d'Ôsaka	Ôsaka	12,9
17	Chemins de fer de Sôbu	Tôkyô	4,3	Pétroles du Japon	Niigata	12,9
18	Filatures de Mie	Mie	3,9	Papeterie d'Ôji	Tôkyô	12

	1902			1911		
rang	**nom**	**siège**	**capital**	**nom**	**siège**	**capital**
19	Éclairage électrique de Tôkyô	Tôkyô	3,7	Éclairage électrique de Nagoya	Aichi	12
20	Filatures d'Ôsaka	Ôsaka	3,7	Engrais du Grand Japon	Tôkyô	11,4
	Pour indication, les principales banques					
	Banque de Yokohama shôkin	Kanagawa	306,9	Banque de Yokohama Shôkin	Kanagawa	265,4
	Mitsui	Tôkyô	90,7	Banque hypothécaire du Japon	Tôkyô	147,9
	La Première Banque	Tôkyô	69,8	Banque Mitsui*	Tôkyô	112,4
	La Quinzième Banque	Tôkyô	68,1	Crédit industriel du Japon	Tôkyô	92,2
	Banque d'Hypothèque du Japon	Tôkyô	37,1	La Première Banque	Tôkyô	80,5

* Chiffres des années 1904 (pour les Mines Mitsui en 1902) et 1910 (pour la banque Mitsui en 1911).

Sources : Abe Takeshi, « Nijûseiki no nihon niokeru jûgyôsha sûjun jôi 200 kigyô ni kansuru shiryô (1) » (Les deux cents plus grandes entreprises du Japon au 20e siècle), *Ôsaka daigaku keizaigaku*, vol. 48, n° 1, année 1998 ; idem, « Sangyô kôzô no henka to dokusen » (Monopoles et changements structurels de l'industrie), dans Ishii Kanji, Hara Akira, Takeda Haruhito (dir.), *Nihon keizaishi 3 ryôtaisen kanki* (L'histoire économique 3. L'Entre-deux-guerres), Tôkyô, Tôkyô Daigaku Shuppankai, 2002 ; Sangyôseisakushi kenkyûsho hen, *Waga kuni daikigyô no keisei hatten katei* (Le processus de formation des grandes entreprises de notre pays), Sangyô Seisakushi Kenkyûsho, 1976 ; Tôkyô kôshinsho hen, *Ginkô kaisha yôran dainana han* (Les entreprises bancaires. 7e édition), 1903, *Tetsudôkyoku nenpô* (Annuaire du Bureau des Chemins de fer), chaque année ; tous les rapports d'activités des entreprises en question ; Matsumoto Hiroshi, *Mitsui zaibatsu no kenkyû* (Une étude du groupe Mitsui), Tôkyô, Yoshikawa Kôbunkan, 1979 ; Mitsubishi gôshi kaisha hen, *Shashi fuhyô* (L'histoire de notre entreprise. Annexes), 1927 ; Nihon keieishi kenkyûjo hen, *Sôgyô hyakunen furukawa kôgyô kabushiki gaisha* (Les Cents ans de la Compagnie minière Furukawa), Tôkyô, Furukawa Kôgyô, 1976 ; idem, *Kôhon mitsui bussan kabushiki gaisha 100 nenshi jô* (Les Cent ans de la Compagnie des Produits Mitsui. vol. 1), Tôkyô, 1978 ; Takeda Haruhito, « Nichiro sengo, no furukawa zaibatsu » (Le groupe Furukawa dans l'après-Guerre russo-japonaise), *Keizaigaku kenkyû*, Tôkyô Daigaku, vol. 21, année 1978 ; Mitsui bunko hen, *Mitsui jigyôshi honpen daisankan jô* (Histoire de Mitsui. vol. 3-1), Tôkyô, 1980 ; Hatakeyama Hideki, *Sumitomo zaibatsu seiritsu-shi no kenkyû fukyûban* (Une histoire des débuts du groupe Sumitomo), Tôkyô, Dôbunkan, 1996 ; Hatate Isao, *Nihon no zaibatsu to mitsubishi* (Les zaibatsus japonais et Mitsubishi), Tôkyô, Rakuyû Shobô, 1978 ; Nomura shôten chôsabu hen, *Kabushiki nenkan* (L'almanach des actions boursières), Ôsaka, 1912.

Tableau 2-6 : La géographie des compagnies ferroviaires autorisées entre 1881 et 1900

Département	1881	1886-89	1890	1900
Tôkyô	1	2	3	8
Ôsaka	–	1	1	6
Fukuoka	–	2	3	6
Okayama	–	–	–	5
Kyôto	–	–	–	4
autres	–	8	10	34

NB : la localisation est celle du siège de la compagnie.

Source : Tetsudô-kyoku nenpô (Annuaire du Bureau des Chemins de fer), chaque année.

Tableau 2-7 : La répartition départementale des banques

Unité : capital en million de yens.

	1895		1899		1905		1910	
	banques	capitaux	banques	capitaux	banques	capitaux	banques	capitaux
Hokkaidô	6	556	9	2 694	9	3 685	12	3 554
Aomori	10	560	19	1 673	22	2 057	20	2 195
Iwate	3	175	6	935	7	1 370	9	1 937
Miyagi	1	500	3	1 313	4	1 450	5	1 320
Akita	2	125	6	935	15	1 670	14	1 985
Yamagata	7	846	18	2 233	24	2 924	22	2 866
Fukushima	12	595	19	1 362	23	1 473	25	2 189
Ibaraki	19	856	38	2 304	50	4 072	47	3 916
Tochigi	12	962	29	3 203	38	4 388	41	6 833
Gunma	14	1 807	21	2 909	32	3 249	29	3 470
Saitama	11	687	29	2 364	34	3 912	32	4 208
Chiba	9	345	36	1 948	54	3 459	44	2 740
Tôkyô	54	35 755	79	51 506	110	64 837	91	92 471
Kanagawa	13	2 817	32	7 943	28	8 031	27	8 106
Niigata	38	2 992	62	7 643	68	12 352	68	16 249
Toyama	17	1 357	29	4 034	31	6 489	29	8 271
Ishikawa	20	574	28	1 263	41	2 596	41	3 084

	1895		1899		1905		1910	
	banques	**capitaux**	**banques**	**capitaux**	**banques**	**capitaux**	**banques**	**capitaux**
Fukui	11	649	16	1 562	19	2 465	19	2 306
Yamanashi	26	939	39	2 383	52	3 492	51	3 693
Nagano	48	2 206	76	5 563	105	8 816	93	6 537
Gifu	23	1 363	23	2 240	25	3 553	24	3 508
Shizuoka	109	5 842	127	11 410	154	15 020	141	15 467
Aichi	26	3 220	42	6 837	49	8 610	45	11 872
Mie	12	595	21	1 852	27	3 149	25	4 120
Shiga	24	1 997	44	4 336	45	3 666	37	3 785
Kyôto	52	7 318	67	17 590	56	21 768	51	29 510
Nara	77	4 395	140	11 002	153	14 800	147	19 328
Ôsaka	9	878	20	1 806	20	2 261	14	1 871
Hyôgo	7	445	20	2 066	18	2 450	17	2 184
Wakayama	10	653	24	1 986	30	2 696	27	2 948
Tottori	4	130	5	204	9	530	8	515
Shimane	7	495	16	1 193	22	1 816	23	2 289
Okayama	15	986	32	3 019	40	3 345	41	3 470
Hiroshima	8	474	15	1 460	24	2 027	33	3 270
Yamaguchi	5	717	17	1 415	19	1 798	19	1 888
Tokushima	3	447	2	318	2	399	2	415
Kagawa	7	485	15	1 561	13	1 263	13	1 418
Ehime	18	1221	44	4 221	45	4 637	41	6 429
Kôchi	4	700	3	1 135	3	1 125	3	1 325
Fukuoka	35	1991	62	5 321	73	7 153	67	6 140
Saga	16	1322	15	1 612	18	1 976	24	3 061
Nagasaki	16	1260	22	2 857	23	2 880	23	4 766
Kumamoto	15	971	16	3 191	14	1 007	14	2 230
Ôita	23	1215	34	3 568	34	4 587	32	5 168
Miyazaki	2	100	4	320	7	794	4	1 594
Kagoshima	1	500	3	940	3	1 090	3	1 440
Okinawa	0	0	1	38	2	63	4	600
TOTAL	861	95 023	1 428	199 268	1 694	257 350	1 601	318 541

NB : banque de statut national (*kokuritsu*) et de statut privé (*shiritsu*) confondues. La localisation retenue est celle du siège de la banque.

Source : Teikoku tôkei nenkan, *op. cit.*, chaque année.

Tableau 2-8 : La répartition départementale des entreprises au Japon

	1894 (déc.)		1899 (déc.)		1904 (déc.)		1910 (déc.)	
	sociétés	Capitaux	sociétés	Capitaux	sociétés	Capitaux	sociétés	Capitaux
Hokkaidô	44	10 946	148	23 124	223	30 053	399	67 021
Aomori	26	633	77	3 473	103	4 688	138	7 073
Iwate	13	250	25	1 337	48	2 372	122	4 289
Miyagi	23	1 171	73	2 945	54	3 171	125	8 030
Akita	27	628	52	2 350	90	3 469	1501	5 783
Yamagata	25	1 160	83	4 286	107	5 381	41	6 990
Fukushima	63	1 139	181	3 274	177	4 721	224	7 685
Ibaraki	41	1 063	141	5 186	147	6 777	197	7 064
Tochigi	25	1 145	189	6 505	180	7 880	205	12 628
Gunma	71	2 495	171	5 931	157	6 167	178	9 204
Saitama	23	782	115	4 761	116	6 623	167	8 992
Chiba	38	1 286	139	8 235	133	9 900	161	9 486
Tôkyô	236	102 264	763	239 438	843	307 009	1 606	606 046
Kanagawa	60	9 482	173	34 452	220	45 620	344	71 007
Niigata	158	4 430	411	22 942	344	33 349	365	57 817
Toyama	45	1652	181	8 319	232	10 485	309	15 388
Ishikawa	68	1 506	239	4 560	225	6 149	296	8 167
Fukui	36	1 185	100	3 814	103	4 695	117	4 388
Yamanashi	47	1 774	78	4 327	124	5 527	154	6 828
Nagano	131	2 631	392	12 650	520	16 873	623	18 354
Gifu	64	1 690	151	4 491	166	7 825	289	11 417
Shizuoka	199	6 990	491	17 608	492	21 790	494	26 272
Aichi	122	5 411	523	22 728	408	22 757	763	45 226
Mie	36	7 555	217	31 158	175	36 544	186	19 850
Kyôto	89	3 971	366	31 942	349	22 646	376	35 344
Ôsaka	270	25 713	556	71 583	612	75 110	776	168 324
Hyôgo	221	15 342	546	56 136	498	71 048	841	74 455
Shiga	43	1 767	108	4 563	108	5 905	157	5 923
Nara	31	1 816	94	7 816	65	6 284	70	4 087
Wakayama	30	1 209	104	7 256	115	5 929	121	9 084

	1894 (déc.)		1899 (déc.)		1904 (déc.)		1910 (déc.)	
	sociétés	**Capitaux**	**sociétés**	**Capitaux**	**sociétés**	**Capitaux**	**sociétés**	**Capitaux**
Tottori	24	339	57	913	86	3047	94	1 991
Shimane	34	749	106	2 436	63	1 108	135	4 201
Okayama	100	2 505	226	11 571	189	11 157	256	15 396
Hiroshima	64	1 384	143	4 939	148	5 209	316	12 852
Yamaguchi	30	1 388	89	4 271	150	5 388	124	7 432
Tokushima	16	582	55	1 899	74	2 692	93	2 597
Kagawa	29	1 101	114	4 860	116	3 880	145	6 556
Ehime	79	2 526	173	8 539	160	8 199	195	13 285
Kôchi	26	917	80	2 336	111	3 494	84	5 210
Fukuoka	98	17 206	238	55 126	235	64 848	279	29 526
Saga	63	2 066	75	4 983	106	4 378	95	7 467
Nagasaki	63	1 608	79	4 249	85	5 311	97	8 828
Kumamoto	15	1 508	85	6 230	77	4 058	81	5 595
Ôita	63	1 555	112	5 978	97	6 088	99	7 599
Miyazaki	15	185	33	1 095	36	1 595	54	3 037
Kagoshima	16	646	42	2 379	37	3 679	46	5 486
Okinawa	–	–	4	253	9	415	21	2 122
TOTAL	3 066	255 351	8 598	779 251	8 913	931 292	12 308	1 481 401

NB : les capitaux sont les capitaux versés.

Source : Teikoku tôkei nenkan, op. cit., chaque année.

Deuxième partie

Les agents du boom des entreprises – L'« ère des régions » et ses principaux acteurs –

Chapitre 3

Les débuts de l'industrialisation en région et l'action de l'administration locale

– Le cas de l'extension de la ligne nord-est de la Compagnie des chemins de fer du Japon –

En étudiant le processus d'aménagement du chemin de fer dans le département d'Iwate à partir des années 1880, nous voudrions dans ce chapitre mieux comprendre le rôle des pouvoirs publics régionaux dans l'essor des entreprises à l'aube de la révolution industrielle au Japon. Par le passé, nous avons déjà esquissé quelques réflexions à ce sujet dans le cadre de notre étude de la Compagnie des chemins de fer de Kyûshû[1], dont nous avions tiré les conclusions suivantes. D'abord, le rail, perçu comme une clé du développement régional, commença peu avant le premier boom des entreprises à attirer l'attention générale. D'autre part, les pouvoirs publics et les hommes politiques locaux s'investirent sans réserve en faveur de la création de nouvelles compagnies ferroviaires, mobilisant l'administration locale sur tous les fronts. Troisième point, une stratégie de répartition des risques par placements collectifs et par incitation à l'achat collectif des titres (socialisation du capital) fut alors adoptée dans le cadre de la campagne de souscription destinée à financer ces entreprises. Enfin, ce système permit aux compagnies ferroviaires de collecter les capitaux nécessaires dans les régions qu'elles devaient desservir. Cela correspond au cas de la création de la Compagnie des chemins de fer de Kyûshû. Pour compléter notre travail, nous voudrions ici étudier un autre cas[2], celui de l'extension de la ligne nord-est de la Compagnie des chemins de fer du Japon dans le département d'Iwate.

La Compagnie des chemins de fer du Japon fut la première société ferroviaire privée au Japon et l'aménagement de sa grande ligne nord-est (partant de Tôkyô en direction de la pointe nord de l'île de Honshû, à Aomori) fut la première de ses tâches. Le tracé de cette ligne de 800 kilomètres n'a été décidé dans ses détails que progressivement, en fonction des levées de capitaux accomplies préalablement région par région et de l'avancée des travaux ainsi financés. Le département d'Iwate est un des sept que la ligne traverse, mais au début du projet il n'était pas au cœur des discussions soulevées et la population locale restait elle-même peu mobilisée. Cette position périphérique d'Iwate est comparable à celle du département de Saga dans le cadre du lancement de la Compagnie des chemins de fer de Kyûshû. Or, de toutes les régions concernées, c'est celle de Saga où les fonctionnaires territoriaux et l'administration locale jouèrent le rôle le plus déterminant[3]. La comparaison entre ces deux départements sera ainsi particulièrement intéressante pour nous ici.

La première chose qu'il convient de noter concernant le financement des travaux de la Compagnie des chemins de fer du Japon, c'est que la compagnie ferroviaire se vit initialement délivrer son autorisation d'activité après avoir elle-même souscrit à une partie de son capital. Comme l'a montré Noda Masaho, le capital total de la Compagnie des chemins de fer du Japon (20 millions de yens ; 400 000 titres) ne fut pas mobilisé intégralement au moment de la création de la société, mais progressivement par une succession d'émissions de titres réalisées au fur et à mesure de l'avancée des travaux, région par région, pour financer leur réalisation[4]. Pour cette raison, son capital de départ s'élevait à 5 960 000 yens, une somme recouvrée en douze versements sur six années et destinée à l'aménagement des tronçons Tôkyô-Takasaki et Ômiya-Utsunomiya[5]. La compagnie émit par la suite à nouveau 5 960 000 yens de titres lors du premier semestre 1885 afin de financer les travaux du tronçon Utsunomiya-Sendai (deuxième campagne de souscription), puis 4 170 000 yens début 1888 pour le prolongement de la ligne au nord de Sendai (troisième campagne), réunissant l'intégralité du capital prévu – 20 millions de yens – en 1892, année de l'inauguration de la ligne nord-est[6]. Ce mode opératoire avait quelques défauts. Repoussant à plus tard le choix précis du tracé, il laissait dans l'expectative les populations riveraines jusqu'au dernier moment. Par ailleurs, tant que le tracé n'était pas décidé précisément, il était impossible de connaître le montant précis des capitaux à mobiliser ici ou là, ce qui empêchait les régions traversées de préparer en amont la levée de fonds. Ainsi, ce ne fut qu'avec la campagne de souscription du premier semestre 1885 destinée à financer la poursuite des travaux de la ligne au nord d'Utsunomiya que la question de la construction d'une voie ferrée fut, pour la première fois, posée directement dans la région, région dont fait partie le département d'Iwate.

Nous disposons déjà d'une étude générale de la question des débats et discussions publiques au sujet de la construction ferroviaire dans les départements du Nord-Est, et plus particulièrement celui de Yamagata[7]. Son auteur s'appuie largement sur un compte rendu d'inspection administrative relatif au prolongement de la ligne nord-est[8]. Ce document de novembre 1885, d'un grand intérêt pour comprendre la manière dont la région en question appréhendait alors la question ferroviaire, n'explique cependant pas la posture adoptée au sein du département d'Iwate. Nous nous baserons pour notre part sur les articles de presse de l'époque afin d'examiner dans un premier temps l'évolution de la perception du rail à Iwate au début des années 1880. Les documents officiels de la préfecture du département d'Iwate nous permettront ensuite de retracer la campagne menée dans le département pour hâter la construction de l'extension de la ligne nord-est, après quoi nous nous livrerons à une réflexion d'ensemble au sujet de cette bataille du rail qui précéda directement le début du boom des entreprises[9].

Cette campagne menée à Iwate afin d'accélérer l'extension de la ligne nord-est dut s'inscrire dans la politique de la Compagnie des chemins de fer du Japon d'augmentation du capital en fonction de l'avancée des travaux. Elle permit la souscription de suffisamment de titres pour financer les travaux à réaliser dans le département (2 millions de yens) et pour assurer par la suite les augmentations décidées par la compagnie. Ces modalités diffèrent du cas de la Compagnie des chemins de fer de Kyûshû, qui recouvrit ses fonds de manière plus globale et directe, mais ces deux cas se rejoignent dans leur recours à la souscription publique, un fait particulièrement remarquable dans la mesure où le chemin de fer comme le régime de la société par actions étaient de grandes inconnues dans les provinces japonaises du milieu des années 1880. C'est donc par la comparaison avec la campagne de la Compagnie des chemins de fer de Kyûshû, d'une part, et en poussant jusqu'au niveau des districts et des villages notre analyse du financement des travaux ferroviaires à Iwate, d'autre part, que nous examinerons dans ce chapitre les mécanismes de mobilisation des capitaux d'investissement à ce stade initial de la révolution industrielle.

1. Le département d'Iwate et l'extension de la ligne nord-est de la Compagnie des chemins de fer du Japon

(1) La Compagnie des chemins de fer du Japon et la région nord-est du Japon

Le 12 décembre 1880, deux ingénieurs conseillers auprès de la Mission au développement des territoires du Nord, Joseph Crawford (1842-1924) et Matsumoto Sôichirô (1848-1903), quittèrent Aomori pour une enquête préliminaire de parcours destinée à évaluer le coût des travaux que représenterait la construction d'une ligne de train entre Tôkyô et Aomori [*N.d.T.* : à la pointe nord de l'île de Honshû]. Crawford et son confrère parvinrent à Tôkyô le 29 décembre, étudiant la disposition des terrains tout au long de leur trajet *via* Morioka, Sendai, Shirakawa et Utsunomiya, avant de poursuivre leur enquête en direction de Takasaki, où leur mission s'acheva le 16 janvier 1881[10]. Selon le rapport rendu par l'ingénieur américain le 17 janvier, le tronçon Aomori-Morioka, « d'une longueur approximative de 125 miles britanniques, présente sur son parcours 25 miles de secteurs montagneux, en dehors desquels [il] ne traverse que des plaines », et le tronçon Sendai-Morioka, « d'une longueur approximative de 300 miles, présente sur le tiers de son parcours des secteurs montagneux, en dehors desquels [il] ne traverse que des plaines ». Ces obstacles ne furent pas jugés suffisamment rédhibitoires pour la réalisation d'une voie ferrée.

La Compagnie des chemins de fer du Japon s'appuya par la suite sur ce rapport Crawford pour procéder à la rédaction de ses statuts, qui prévoyaient la construction de deux lignes au départ de Tôkyô – l'une vers Takasaki, l'autre vers Aomori. Sa fondation fut actée sur la base de ce projet en novembre 1881. Toutefois, à ce stade de son existence, la quasi-totalité de son projet n'était encore qu'une page vierge : seul le parcours de la ligne Tôkyô-Takasaki avait été réellement fixé et de nombreux problèmes matériels tels que celui du point d'embranchement avec la ligne nord-est demeuraient encore sans réponse. Le projet soumis lors du dépôt des statuts définissait le schéma d'action voulu par la compagnie mais restait vierge de tout plan détaillé concernant le tracé à suivre. Le schéma d'action en question consistait en un enchaînement cyclique des opérations suivantes : arpentage du terrain, validation du parcours, financement par augmentation du capital des travaux et, enfin, mise en chantier. Mais comme le tracé précis de la ligne n'était pas encore fixé, les hauts fonctionnaires tels Yasuba Yasukazu (1835-1899) et les premiers entrepreneurs intéressés demandèrent aux préfets de tous les départements potentiellement concernés par la ligne de concourir à la campagne de souscription portant création de la Compagnie des chemins de fer du Japon[11]. C'est ainsi que le département de Yamagata, pourtant exclu de l'étude préparatoire réalisée par Crawford, fut tout de même sollicité pour la levée de fonds.

Les départements de Yamagata et d'Iwate restèrent cependant sourds à la question ferroviaire lors de cette période de mobilisation du capital de la compagnie. En juin 1882, seuls 1,7 % et 0,8 % des actions émises avaient été souscrits à Iwate et Yamagata (voir Tableau 3-1). Bien que la compagnie s'attelât entre avril et juillet 1882 à prospecter de nouveaux actionnaires dans les départements du Nord-Est en y dépêchant directement ses administrateurs, « en ce qui concerne les régions comme celles d'Iwate ou Yamagata, certains déclinèrent même l'offre d'une souscription gratuite par seule crainte des versements qu'ils seraient tenus d'effectuer aux prochaines levées de fonds[12] ».

La situation évolua toutefois dès juillet 1882, alors que la mise en chantier de la ligne se précisait, lorsque le directeur du Conseil des chemins de fer, Inoue Masaru (1843-1910), se rendit en personne dans la région du Tôhoku pour une tournée d'inspection qui devait valider le tracé du tronçon Utsunomiya-Sendai (troisième tronçon). À cette occasion, Inoue visita les départements de Saitama, Ibaraki, Fukushima et Miyagi, escorté par l'un des fondateurs de la compagnie, Ôtaguro Korenobu (1827-1901), auquel il suggéra de lancer les travaux du troisième tronçon, du côté de Sendai – la portion Utsunomiya-Shirakawa ne lui paraissant pas rentable –, et d'établir pour ce faire une voie ferrée entre Sendai et Shiogama afin de faciliter l'acheminement des matériaux de construction[13]. La réalisation d'une voie ferrée dans la région nord-est commença de fait à prendre enfin une tournure plus concrète, qui se traduisit par une hausse immédiate du nombre d'actionnaires de la compagnie au sein du département d'Iwate (+ 0,4 % entre juin et décembre 1882, voir Tableau 3-1). À la lumière de ces faits, examinons à présent comment la question ferroviaire fut soulevée et abordée à Iwate.

(2) La perception du rail dans le département d'Iwate entre 1880 et 1885

La première mention du problème ferroviaire dans les journaux d'Iwate remonte précisément au moment de la création de la Compagnie des chemins de fer du Japon. Depuis le 2 avril 1881, le quotidien local *Nisshin* (« Le Progrès quotidien ») rapportait sporadiquement les nouvelles au sujet de la création de cette société à la rubrique des « faits divers »[14], lorsqu'il dénonça dans son édition du 30 avril l'indifférence qui régnait dans la région au sujet de la voie ferrée par contraste avec l'intérêt manifesté dans les départements de Gunma et Yamagata : « Que se passe-t-il donc dans notre département d'Iwate[15] ? » Bien que les souscriptions, comme nous l'avons vu, aient été fortement relancées à Iwate par l'officialisation des travaux de construction entre Sendai et Shiogama, la fièvre ferroviaire devait par la suite retomber en 1884 sous l'influence défavorable de la conjoncture économique (voir Tableau 3-1). C'est alors qu'un curieux « Avis aux grandes fortunes » parut le 1er août 1884 dans le quotidien *Iwate shinbun* (« Les Nouvelles d'Iwate »), interpellant le lectorat pour critiquer « le faible nombre d'actionnaires de la Compagnie des chemins de fer du Japon parmi vous, grandes fortunes, en comparaison avec les autres départements », et poussant en ces termes à répondre à la souscription :

> *Voilà que les travaux du premier tronçon ont déjà débuté, et il ne faudra que quelques années pour voir ici le dragon noir tourbillonner dans le ciel bleu. Notre contrée n'est-elle pas celle dont les terres et les mers regorgent le plus de richesses, après celle des mers du Nord* [N.d.T. : Hokkaidô] *? Vivant sur une terre si riche, qui ne redouterait pas de s'appauvrir en tendant vainement la main à ses voisins démunis ? Il est évident que dès que le chemin de fer sera là, les gens d'ailleurs ne manqueront pas de venir se masser ici. Il ne faut donc pas hésiter à saisir cette chance : ceux qui attendront le chemin de fer pour soudainement se précipiter sur l'affaire sont comme ceux qui, comme le veut l'adage, attendent le chrysanthème en fleur à la saison des lis des marais*[16].

Pour autant, cette vision d'un développement économique régional axé sur les chemins de fer ne prévalait toujours pas à Iwate. L'ancien directeur du Bureau du génie civil du ministère de l'Intérieur et préfet du département depuis mars 1884, Ishii Shôichirô (1842-1930), prônait pour sa part l'élaboration d'un système de transports qui aurait exploité le réseau fluvial du département sur le modèle hollandais[17] : le préfet accordait à ce titre la priorité au transport naval sur le fleuve Kitakami, dont Iwate pouvait espérer obtenir des retombées bien plus rapides que celles offertes par une voie ferrée. Dans son éditorial du 26 novembre 1884 intitulé « La rumeur de l'aménagement d'un canal latéral sur le Kitakami », le quotidien d'Iwate formula comme suit ses attentes :

> *Nos autorités préfectorales projettent un plan d'amélioration des transports consistant en l'ouverture d'un canal de navigation à vapeur suivant le fleuve Kitakami depuis Ishinomaki jusqu'au pont de Meiji* [*N.d.T.* : ville de Morioka] *et les premières mesures de terrain devraient débuter d'ici peu.* [...] *Si l'on en croit cette rumeur, il ne sera pas difficile de faire naître à l'intérieur du Nord-Est un petit Tôkyô. Certaines personnes pensent toutefois que c'est un projet délicat, car il existe déjà dans notre pays une compagnie ferroviaire attelée à l'aménagement de voies ferrées et qu'il faut tout simplement attendre son œuvre, dès lors le canal du Nord serait un projet inutile, semblable à une attelle d'herbes devant soigner un membre fracturé. Néanmoins, l'aménagement du chemin de fer et son avenir restent un horizon bien lointain... comment pourrions-nous rester là à attendre tranquillement ?* [...] *Nous sommes*

certains que chacun d'entre vous saura aider à l'application de ce remède, s'emparer de ses bienfaits, accroître la production matérielle, ouvrir les esprits à la connaissance et la sagesse, redoubler de persévérance et non seulement éviter d'être mis en difficulté dans le débat, mais aussi y triompher d'éloquence.

Pour l'éditorialiste, la voie ferrée restait à Iwate « un horizon bien lointain », si bien que l'aménagement d'un canal reliant le fleuve Kitakami au port maritime de Nobiru *via* Ishinomaki devait demeurer prioritaire[18]. Si la préfecture plaçait ses espoirs dans le développement d'infrastructures de transport fluvial plutôt que ferroviaire, cette opinion trouva également écho parmi la population d'Iwate. Ainsi, c'est dans ce contexte que la Compagnie de batellerie du Kitakami (*Kitakami kaisô gaisha*) reliant Morioka à Ishinomaki par un service de bateaux à vapeur fut fondée en mai 1885, sous la présidence d'Ôya Seisuke (1843-1888). Cette société par actions au capital de 12 000 yens comptait parmi ses actionnaires toutes les principales fortunes de Morioka et rassembla pour la cérémonie donnée au moment de sa fondation les personnages les plus importants du département, à commencer par le préfet Ishii Shôichirô[19]. Ces éléments nous invitent donc à penser qu'un large consensus se dégageait jusqu'au début de 1885 entre la population et les autorités d'Iwate au sujet de la nécessité d'axer en priorité le développement des transports sur le fleuve Kitakami, repoussant momentanément les problèmes posés par la construction d'une voie ferrée.

(3) Un nouvel intérêt pour le chemin de fer

Les circonstances changèrent cependant du tout au tout avec la confirmation en juillet 1885 de l'abandon du projet d'aménagement du port de Nobiru[20], lequel occupait pourtant une position essentielle dans le projet du canal. En sus de cela, s'ajouta en octobre l'annonce de la création d'une compagnie ferroviaire à Yamagata. Cette initiative remontait à un projet collectif élaboré au printemps 1885 par le vice-président du conseil départemental de Yamagata, Satô Satoji (1850-1913), et ses confrères, consistant à aménager une voie ferrée entre les villes de Fukushima, Yamagata et Sakata [*N.d.T.* : port sur la mer du Japon] par une entreprise privée au capital de 4 millions de yens[21]. Si à première vue le plan consistait à construire une ligne annexe à la ligne porteuse de la Compagnie des chemins de fer du Japon, le groupe de Satô comptait en réalité aménager une grande ligne parallèle à cette dernière, remontant à partir de Sakata le littoral de la mer du Japon vers le nord jusqu'à Aomori en passant par Akita. C'est ce que nous pouvons par ailleurs comprendre de la lettre du 8 octobre 1885 jointe à la requête déposée par la Compagnie des chemins de fer de Yamagata, dans laquelle le préfet Orita Heinai (1847-1905) réclamait au Bureau des chemins de fer une modification du tracé de la future ligne porteuse de la Compagnie des chemins de fer du Japon afin que celle-ci suive un trajet Yamagata-Akita-Aomori[22]. Le Bureau[23] rejeta toutefois cette demande au motif que « le parcours que suivra la ligne principale au nord d'Utsunomiya n'ayant toujours pas été fixé, nous ignorons encore si celle-ci traversera la région de Morioka [*N.d.T.* : Iwate] ou bien celles de Yamagata-Akita[24] ». En d'autres termes, il était toujours possible que la ligne principale suive l'axe de Yamagata, ce qui porta de fait un rude coup au département d'Iwate, qui attendait jusqu'alors passivement le prolongement de la ligne.

Le quotidien des *Nouvelles d'Iwate* (*Iwate shinbun*) publia dans son édition du 30 octobre un article intitulé « Un grand enjeu pour la population d'Iwate ». Après avoir retracé dans le détail l'affaire de la Compagnie des chemins de fer de Yamagata, l'éditorial proclamait la nécessité d'entrer en concurrence avec ce projet en entamant sans plus attendre une collecte de fonds destinés à financer la construction hâtive de la voie ferrée prévue par la Compagnie des chemins de fer du Japon : « Il nous faut dès à présent consacrer dix fois plus d'énergie que Yamagata et nous engager de toutes nos forces dans la campagne de souscription pour nous rapprocher de la Compagnie des chemins de fer du Japon afin que le tracé original l'emporte. » Le quotidien revint à la charge les 3 et 5 novembre suivants dans un double éditorial intitulé « Ne nous laissons pas avoir par les habitants de Yamagata ! » (*yamagata kenmin ni makure nakare*), déplorant que le département d'Iwate ne se fût pas plus tôt intéressé à la question ferroviaire (« serait-ce car les gens d'Iwate n'ont jusqu'ici jamais pensé sérieusement au rail que le nombre d'actionnaires de la Compagnie des chemins de fer du Japon est si faible en comparaison de l'importance de notre département ? ») et appelant son lectorat à signer des promesses d'achat d'actions auprès de la Compagnie des chemins de fer du Japon : « Redoutez-vous une modification du parcours de la voie ferrée en faveur de Yamagata ? Dorénavant, il n'y a plus un instant à perdre : chaque minute vaut de l'or[25] ! »

Face à la tournure qu'avait soudain prise cette bataille du rail, et afin de reprendre la main sur la situation, la préfecture d'Iwate décida d'envoyer l'un de ses fonctionnaires enquêter dans les autres départements du Nord-Est, à commencer par celui de Yamagata. Ce fut la « mission Saitô Saichi », du nom du responsable qui effectua du 28 octobre au 7 novembre 1885 une tournée d'inspection dans les départements de Miyagi, Yamagata, Akita et Aomori. Il en tira un minutieux rapport[26], adressé au préfet Ishii, dans lequel il remarquait que le chemin de fer ne suscitait guère l'engouement en dehors de Yamagata, mais il soulignait aussi et surtout le problème de la faisabilité de la ligne passant par cette région, qui ne pouvait être faite que *via* une bifurcation à partir de Sendai :

> *Par ailleurs, et en étant plus naïf encore, on pourrait songer au fait que l'Amérique a construit par ses propres moyens le chemin de fer traversant les montagnes Rocheuses. Mais les moyens de l'Amérique sont les siens, et même si les gens fortunés sont nombreux dans ce département* [de Yamagata], *l'aménagement d'une voie ferrée à travers les nombreuses montagnes le séparant de Sendai sera des plus difficiles et le coût colossal des travaux, que l'on connaîtra si le ministère des Travaux publics veut bien réaliser les mesures nécessaires, rebutera sans aucun doute la Compagnie des chemins de fer* [du Japon][27].

Saitô en conclut que le tracé proposé par Yamagata était non rentable, nécessitant d'exorbitants investissements pour franchir la zone montagneuse, et qu'il n'avait pratiquement aucune chance d'être adopté pour peu qu'une mission d'arpentage fût réellement menée sur les lieux.

L'avis du fonctionnaire départemental, froid et pragmatique, prenait en compte les exigences de rentabilité de la société ferroviaire, et en cela il était loin de la position de la presse prêchant le localisme en exhortant à « ne pas se faire avoir par les habitants de Yamagata ». Cela montre aussi que l'administration comme la société civile partageait une même conscience du fait que « chacun sait que la population de Yamagata est la plus riche et prospère de tout le Nord-Est[28] » et que l'avenir restait imprévisible, soumis « à la puissance de l'argent[29] ». À partir du moment où l'idée d'un développement du transport naval *via* le fleuve Kitakami[30] tomba dans l'impasse, à la suite de l'échec de l'aménagement du port de Nobiru, la question de l'extension de la ligne de la Compagnie des chemins de fer du Japon devint pour le département d'Iwate un enjeu capital.

2. La campagne de financement des travaux de la Compagnie des chemins de fer du Japon dans le département d'Iwate

(1) Le lancement de la campagne de souscription accélérée

Le département d'Iwate, dès qu'il eut vent des projets de la Compagnie des chemins de fer de Yamagata en octobre 1885, décida de concurrencer son voisin en entamant dans l'ensemble du département une campagne de collecte de fonds destinés à financer les travaux d'extension de la ligne de la Compagnie des chemins de fer du Japon. Pour ce faire, il se livra à une première estimation du montant des frais de construction ferroviaire dans le département, soit 2 millions de yens. Cette charge fut répartie en amont entre chaque district selon les profits que chacun d'entre eux pouvait vraisemblablement tirer de la ligne et en tenant compte de leur pouvoir économique (estimé sur la base des impositions fiscales sur les terrains et les sociétés). Les administrations locales (au niveau des bureaux de district et de village) devaient ensuite recouvrer ces sommes. Si l'on analyse la répartition des charges à la date du 28 octobre 1885 selon la valeur totale des actions à souscrire dans chaque circonscription (voir Tableau 3-2), on constate que les trois districts d'Iwate-Sud, Iwate-Nord et Shiwa furent considérés d'un même bloc dans le calcul du montant des parts. La somme de 500 000 yens qui leur incombait ne représentait qu'un petit quart de la somme totale escomptée, mais cette charge, rapportée à leur niveau d'imposition fiscale, était déraisonnablement lourde. Sans doute la préfecture comptait-elle sur ces districts riverains de Morioka, à qui la ligne nord-est devait offrir vraisemblablement les meilleures retombées, pour réunir rapidement les premiers 500 000 yens, et répartir le million et demi restant entre les autres circonscriptions du département en fonction du total cumulé de leur imposition foncière et de leurs taxes professionnelles. Ce mode de recouvrement fut exactement celui qu'employa le département de Saga lors de sa collecte de capitaux au profit du développement de la Compagnie des chemins de fer de Kyûshû[31]. Si le cas d'Iwate précède chronologiquement celui de Saga d'une année, rien ne prouve toutefois que le département de Saga l'eût directement imité sur ce point, et nous serions plutôt porté à croire que le recours à ce type de répartition des charges était à l'époque relativement courant.

La collecte de capitaux pour l'extension de la ligne nord-est fut donc lancée à la demande expresse de la préfecture dès novembre 1885, sous la conduite des chefs de districts (*gunchô*) et responsables de villages (*kochô*) mobilisés en première ligne dans chaque circonscription du département. Cette campagne s'intensifia rapidement, y compris dans la sphère civile, avec l'adoption d'une « motion pour une demande officielle d'aménagement d'une voie ferrée » (*tetsudô fusetsu seigan no gi nitsuki kengi*) au conseil départemental d'Iwate réuni en séance ordinaire le 12 novembre. Remise au préfet Ishii au nom du président du conseil Ueda Nôfu (1848-1895), cette demande d'intervention nous livre une perception intéressante de la poussée de fièvre ferroviaire dans la région nord-est :

> *Depuis peu, les gens de Yamagata s'enthousiasment à l'idée de l'aménagement d'une ligne annexe et ils procèdent à une souscription à cette fin. Alors, à Akita aussi la population s'est mise à défendre un tel projet partout dans la région. Il est à redouter que ne soit mis un terme aux travaux au nord de Miyagi et que la priorité soit alors donnée à Yamagata. Si ce chemin de fer devait ensuite atteindre Akita puis Aomori, au mépris de la hiérarchie entre ligne annexe et ligne porteuse, cela constituerait une menace imminente de déclin pour notre département, dépouillé des bénéfices d'une ligne porteuse dont il ne conserverait que le nom*[32].

Il était redouté ici que le projet du chemin de fer de Yamagata, renforcé par son succès dans le département d'Akita, parvînt à faire progresser ses travaux jusqu'à Aomori (longeant le littoral de la mer du Japon) plus vite que ceux de la ligne porteuse de la Compagnie des chemins de fer du Japon passant par Morioka. Les travaux de cette dernière auraient alors accusé un retard considérable et le département aurait ainsi été « dépouillé des bénéfices d'une ligne porteuse dont il ne conserverait que le nom ». Le conseil départemental d'Iwate en appela au préfet pour que soient levés avec l'aide des autorités locales 2 millions de yens afin de lancer *simultanément* les travaux sur les trois sections de la ligne traversant le département (tronçons 3, 4 et 5).

À la réception de cette motion, le préfet fit savoir qu'il désirait « que l'on prenne sans plus tarder les dispositions pour accéder à cette demande et procéder à l'organisation d'une campagne de souscription d'actions », s'engageant immédiatement à investir personnellement 10 000 yens (soit un achat de 200 actions)[33]. Un « pacte de souscription départementale des actions de la Compagnie des chemins de fer du Japon » (*Nihon tetsudô-gaisha kabuken kannai boshû ketsuyaku*)[34] fut rendu public le 16 décembre afin d'organiser cette campagne dans la société civile. Ce « pacte » se voulait être une « organisation » destinée à réunir pour le compte de la Compagnie des chemins de fer du Japon les capitaux nécessaires à l'aménagement de la ligne sur le territoire d'Iwate, ce qui était stipulé dans la première clause : « L'objectif présidant à la création [de cette structure] est de financer l'aménagement de la voie ferrée traversant notre circonscription prévue dans les statuts de la Compagnie des chemins de fer du Japon. » Dans les faits, un bureau composé d'un administrateur général, d'un administrateur adjoint, de cinq à sept membres ordinaires ainsi que de trois examinateurs fut nommé lors d'une élection réservée aux détenteurs d'au moins 50 actions de la Compagnie des chemins de fer du Japon[35]. Ce bureau fut chargé « sur ordre du préfet » de régir le pacte et coordonner la procédure d'approvisionnement en fonds[36]. Plusieurs éléments remarquables ressortent des résultats du scrutin du 23 décembre déterminant la composition de ce conseil d'administration. D'abord, le fait que tous les membres élus habitaient la circonscription d'Iwate-Sud (Morioka). Ensuite, la nomination au poste d'administrateur général de Satô Seiemon (1846-1929), influent marchand d'alcool et propriétaire terrien, et celle d'Ôya Seisuke, ancien vassal du domaine de Morioka et président de la Compagnie de batellerie du Kitakami, en tant qu'adjoint. Les membres ordinaires comptaient parmi eux deux anciens samouraïs et trois marchands. Les trois examinateurs descendaient tous d'anciennes familles guerrières. Enfin, quatre de ces dix personnalités étaient également membres du conseil départemental d'Iwate, dont ses président et vice-président. Il importe par ailleurs de noter que la moitié des membres de ce bureau appartenait à un même groupe d'investisseurs fortunés de Morioka, le « groupe du Kitakami » (*kitakami-ha*). Selon les travaux de Mori Kahei, ce cercle formé lors de la création de la Compagnie de batellerie du Kitakami fut également à l'origine, durant le boom des entreprises, d'un groupe de conseil en placements collectifs (« le Club », *kôwa-kai*, fondé en 1888), impliqué à ce titre dans la fondation de plusieurs sociétés par actions, dont la Banque de Morioka[37]. Or, la ligne nord-est, dont le tracé initialement prévu longeait le fleuve Kitakami, menaçait de causer un immense préjudice aux affaires de la Compagnie de batellerie du Kitakami, acteur régional majeur du transport naval. En dépit de leurs statuts de fondateur, actionnaire majoritaire, mais aussi administrateurs de la Compagnie de batellerie du Kitakami, il nous faut donc croire que cette attitude collaborative affichée par les membres du groupe du Kitakami fut motivée par la conscience de la nécessité impérieuse pour le développement de la région que fût construit à brève échéance un chemin de fer, à laquelle se mêla sans doute, pour la compagnie fluviale dont l'abandon du port de Nobiru rendait l'avenir incertain, une gestion pragmatique des risques par la redirection de ses investissements vers une société ferroviaire lui offrant des perspectives sûres de bénéfices, ainsi qu'une garantie gouvernementale du versement de dividendes.

Comme l'indique d'autre part la huitième clause du pacte de souscription plaçant explicitement la campagne « sous l'autorité du préfet du département », ce sont les fonctionnaires locaux sous les ordres du préfet qui devaient bel et bien être les piliers de cette collecte de fonds. Deux fonctionnaires de la préfecture d'Iwate furent ainsi nommés à la commission d'étude du chemin de fer : Tsuda Hisanori* (secrétaire de deuxième classe, responsable du Bureau des affaires générales) et Hirano Masami* (secrétaire de sixième classe), à l'initiative desquels la préfecture s'efforça de réunir avant la fin du mois de janvier 1886 les 2 millions de yens prévus, soit 40 000 actions. Un point intéressant à relever ici concerne la manière dont l'administration dut gérer cette souscription, que les administrateurs ont d'abord pu confondre avec l'édiction d'un impôt… Ainsi, un responsable de district (*gunchô*) demandant à la préfecture s'il devait « imposer les achats sur la base de l'impôt foncier ou selon la stature sociale[38] » à ceux qui rechigneraient se vit répondre ceci :

> *En ce qui concerne ce qu'il faut faire face à un refus de participer à la souscription pour le chemin de fer, cette dernière n'étant pas à imposer sur la base de l'impôt foncier, il faut faire entendre raison* [aux administrés] *afin de les convaincre de participer à la hauteur de leurs moyens. Dans les autres districts aussi nous recommandons de procéder de la sorte et comptons sur la poursuite de vos efforts*[39].

Puisqu'il était impossible de répartir les montants à souscrire à la manière d'un impôt indexé sur la valeur des propriétés foncières, Tsuda estimait qu'il ne restait qu'à « faire entendre raison » aux administrés en les persuadant de souscrire « à la hauteur de leurs moyens ». Pour les administrateurs, cette campagne de souscription fut marquée du sceau de la contradiction puisqu'afin de parvenir à sa réussite, il leur fallait avoir recours aux méthodes utilisées pour le recouvrement des impôts… tout en étant conscients de la nature privée des actions.

(2) Le déroulement de la campagne de souscription dans les différentes circonscriptions

Comme nous l'avons préalablement noté, la campagne de souscription débuta à Iwate en novembre 1885, et ce de manière simultanée dans l'ensemble du département, où elle fut localement pilotée par les responsables de villages et chefs de districts. Les régions situées sur le littoral du département (Kunohe, Hei et Kesen) ne pouvaient toutefois espérer de grandes retombées de la ligne nord-est, puisque le parcours prévu par la préfecture devait longer le fleuve Kitakami à

Carte 3-1 : Le département d'Iwate et ses districts en 1891

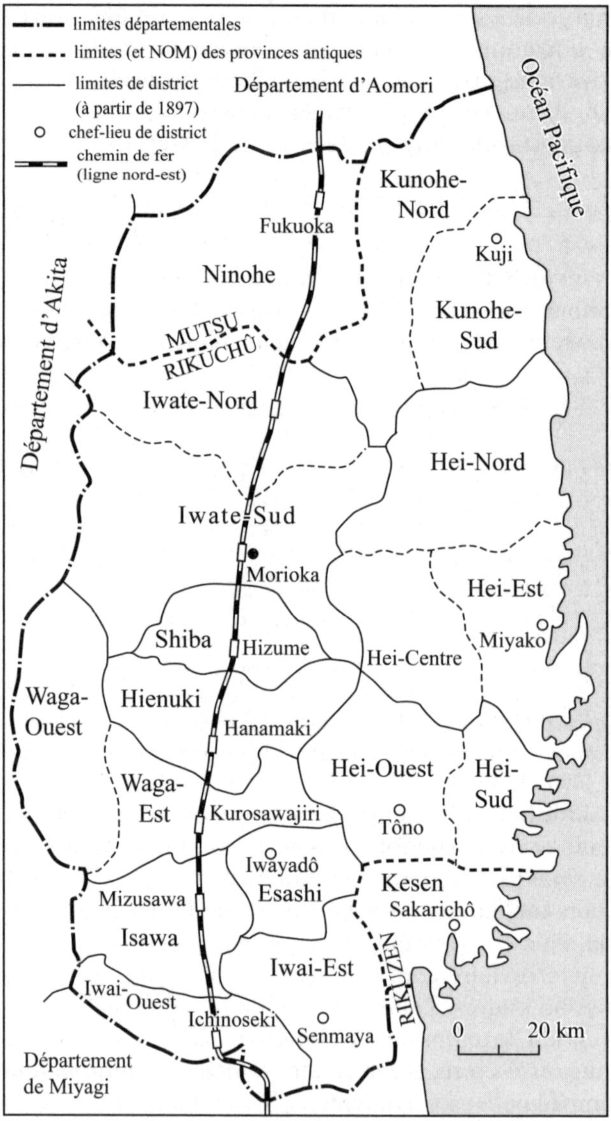

Source : Nagae Yoshimichi *et al.*, *Iwate-ken no hyakunen* (Le centenaire du département d'Iwate), Tôkyô, Yamakawa Shuppansha, 1995.

l'intérieur des terres (voir Carte 3-1). Cette disparité du bénéfice à tirer de l'affaire entre les différentes circonscriptions d'Iwate eut ses conséquences naturelles sur la réaction de chacune. De fait, nous distinguerons dans notre analyse locale du déroulement de la campagne, les districts riverains supposés tirer le meilleur profit de la ligne nord-est (Iwate-Sud, Iwate-Nord et Shiwa), des districts littoraux du Sanriku, « se sentant peu concernés par le chemin de fer[40] »[41].

(a) La campagne de souscription dans les districts d'Iwate-Sud, Iwate-Nord et Shiwa

Le 12 janvier 1886, le responsable des districts d'Iwate-Sud, Iwate-Nord et Shiwa, Miyabe Kenkichi, adressa au commissaire enquêteur aux affaires ferroviaires Tsuda (deuxième classe) la missive suivante :

> *Nous accusons réception de votre demande du 8 courant au sujet de la promotion de la campagne de souscription des actions du chemin de fer. Depuis la mi-novembre, les responsables de bourgs ou villages ont débuté ces opérations avec zèle. Six d'entre eux nous ont adressé à la fin du mois dernier un rapport sur les résultats obtenus auprès des villages visités, complété d'un registre nominal. Pour les autres bourgs et villages, les responsables nous annoncent 70 à 80 % de déclarations d'intention favorables, ou encore des accords signés pour moitié. En conséquence, après avoir effectué une dernière tournée et bien discuté du tout, nous devrions pouvoir vous adresser dans le courant du mois notre rapport général. En raison de cela, nous souhaiterions vous demander de bien vouloir dépêcher un membre de la commission pour accompagner un de mes adjoints lors de cette tournée finale*[42].

Selon cette lettre, la campagne – commencée à la mi-novembre – fut un rapide et franc succès puisque de nombreux villages avaient en quelques semaines seulement atteint leur quota. Le responsable des trois districts tablait sur un achèvement de la campagne au cours du mois de janvier et sollicitait la venue sur place d'un membre de la commission ferroviaire pour la tournée finale auprès des souscripteurs. La commission s'adressa alors au préfet pour présenter cette « réussite totale en un rien de temps qui ne manquera pas de constituer un modèle pour les autres » et suggérer d'« en avertir l'administrateur général [de la Compagnie] ». Le lendemain, 13 janvier, un ancien samouraï du domaine de Morioka devenu administrateur de la Compagnie des chemins de fer du Japon, Kuji Senji, fut dépêché[43]. Cet échange nous montre d'abord que la préfecture considéra elle-même la campagne menée dans les districts de Iwate-Sud, Iwate-Nord et Shiwa comme un modèle à suivre. D'autre part, nous voyons que le degré d'engagement des villages différa d'un endroit à l'autre, puisque certains d'entre eux ne parvinrent pas à rassembler la somme prévue même après deux mois de campagne. Enfin, ce n'est qu'en dernier lieu qu'un administrateur de la compagnie à la renommée régionale fut dépêché dans les villages pour user de son pouvoir d'influence et achever la souscription.

La quasi-totalité du montant assigné à ces trois districts fut par conséquent atteinte avant la fin du mois de janvier 1886 et le dernier rapport détaillant l'avancée de la campagne dans les circonscriptions fut remis à la préfecture le 8 février. Le bilan de la collecte s'élevait selon ce document à 561 100 yens, pour un objectif initial de 500 000 yens (voir Tableau 3-3). Ces circonscriptions, qui passaient pour les principales bénéficiaires de la ligne, durent supporter une très lourde charge, puisqu'il leur fallut d'emblée réunir un quart de l'ensemble du budget des travaux, comme nous l'avons déjà fait remarquer. Ce résultat excédant de plus de 60 000 yens la part à recouvrir tendrait donc à indiquer que, pour certains souscripteurs, il s'agissait d'une stratégie dynamique d'investissement. Le profil des actionnaires détenant plus de 50 titres est frappant à trois égards : tout d'abord, ils résidaient presque tous (trente-deux sur trente-huit) dans le district d'Iwate-Sud où se trouvait la ville de Morioka ; d'autre part, nous savons qu'au moins dix-huit d'entre eux étaient des marchands ou des négociants-propriétaires terriens proches de la préfecture de Morioka ; enfin, quatorze des trente-deux actionnaires établis à Iwate-Sud appartenaient audit groupe du Kitakami (devenu par la suite « le Club », *kôwa-kai*).

Selon ces données, ce furent donc les négociants de Morioka, parmi lesquels figuraient en bonne place les membres du groupe d'investisseurs du Kitakami, qui participèrent le plus activement à la souscription lancée dans ces trois circonscriptions. Le groupe pouvait se prévaloir d'une expérience de l'investissement actionnaire par ses placements collectifs dans la Compagnie de batellerie du Kitakami. Sans doute cette expérience améliora-t-elle sa compréhension du régime des sociétés par actions, tout comme elle motiva son choix d'investir dans l'achat des titres de la Compagnie des chemins de fer du Japon, d'une plus grande stabilité que la petite société fluviale. Le signal de confiance envoyé par les placements du groupe du Kitakami concernant l'avenir de l'investissement entraîna une souscription massive des titres par les marchands de Morioka. Ces informations devaient par ailleurs être relayées dans toute la région par l'administrateur de la compagnie lors de sa tournée de promotion, permettant aux collectes de fonds des circonscriptions riveraines de progresser à leur tour de manière optimale.

Comme nous allons le voir, très rapidement, dès le début de l'année 1886, les titres furent l'objet de transactions dont le contrôle s'avéra extrêmement problématique pour la préfecture. Ainsi le groupe du Kitakami, initialement créé dans le cadre de la politique départementale d'encouragement aux nouvelles industries, contribua par le développement continu de ses investissements collectifs à la formation d'un marché local de capitaux.

(b) La campagne de prospection d'actionnaires dans les districts de Hei-Est, Hei-Centre et Hei-Nord

Le 28 janvier 1886, Tsuda, le membre de la commission d'étude du chemin de fer et responsable du Bureau des affaires générales à la préfecture, soumit au préfet Ishii un rapport relatif à l'état d'avancement de la campagne de souscription dans les différentes circonscriptions du département[44]. Tandis que la campagne touchait bien à sa fin dans les circonscriptions d'Iwate-Sud et Nord et celle de Shiwa, dans toutes les autres – à l'exception de Hei (Sud et Ouest) – « rien n'est clair car [la question des montants souscrits] reste figée, soit que les maires de villages n'en laissent rien filtrer, soit que les chefs de districts en restent à leurs déclarations d'intention ». Si l'on excepte les environs de Morioka (haut et moyen bassin du fleuve Kitakami) où les informations avaient bien circulé et où la perspective d'une voie ferrée revêtait une grande importance, la campagne ne se déroulait pas aussi bien qu'attendu. Les membres de la commission d'étude décidèrent alors d'accélérer les opérations en prospectant eux-mêmes ces circonscriptions : Hirano fut ainsi envoyé dans les trois districts de Hei (Nord-Centre-Sud) et Tsuda se rendit dans huit autres districts (Ninohe, Hienuki, Kunohe-Nord et Sud, Iwai-Est et Ouest, Waga-Est et Ouest). Ce dernier démarcha activement les administrés : « installé dans un coin du local administratif de chaque village, je dirigeais jour après jour les opérations, poussant les habitants à apposer leur sceau [sur les contrats de souscription][45] ». De fait, nombre de circonscriptions atteignirent leurs objectifs d'approvisionnement avant le 15 février, ou du moins s'en rapprochèrent grandement (voir Tableau 3-3). En revanche, dans les trois districts de Hei, autour de la ville de Miyako, la campagne de souscription avait tant et si bien stagné qu'à ce stade pourtant tardif, les autorités n'étaient parvenues à couvrir que la moitié du quota imposé. Observons de plus près leur cas afin d'examiner le déroulement de l'appel à souscription dans les territoires plus distants du parcours de la voie ferrée.

La campagne fut probablement lancée dans ces trois districts vers le début du mois du novembre 1885. C'est du moins ce que nous laisse penser une « attestation de consentement[46] » paraphée par le responsable du village d'Iioka et de ses quatre hameaux riverains, remise le 8 de ce mois au responsable du district de Hei-Est. Le document stipulait la somme demandée par la préfecture (13 850 yens) et énonçait la méthode de recouvrement : demander 6 250 yens aux cinq localités sur la base de l'imposition foncière et s'adresser aux marchands locaux pour souscrire aux 7 600 yens restants.

Cette méthode reprenant le système de responsabilité collective des villages (*murauke seido*) [*N.d.T.* : considérant l'ensemble d'un village comme le sujet collectif de l'imposition] devait cependant se révéler infructueuse : le 28 janvier 1886, un rapport officiel émanant des trois districts de Hei signala la « situation difficile » de ces circonscriptions. C'est pourquoi l'envoyé de la préfecture sur place, Hirano, s'attela immédiatement à y relancer la campagne de souscription.

À son arrivée dans la localité de Miyako le 31 janvier suivant, Hirano s'enquit auprès des responsables locaux de l'avancement de la souscription, mais « rien n'avait encore été signé ». Alors, dès le lendemain, 1er février, le fonctionnaire lança une véritable campagne aux côtés des responsables de villages et chefs de districts[47]. Le responsable des trois districts de Hei (Kaminoseki Mitsuoki) décrivit au préfet d'Iwate la situation :

> *Peu de personnes ont répondu à la souscription, bien que les secrétaires de district, délaissant les tâches courantes, fassent des nuits blanches et malgré la mobilisation de tous les fonctionnaires sous mes ordres pour convaincre la population en masse… Nous sommes à bout de forces et il n'y a rien que nous puissions faire de plus*[48].

Malgré la mobilisation générale de l'administration locale, la campagne ne progressa pas davantage. Dans son rapport du 13 février, Hirano exposa en ces termes la situation :

> *Arguant de la mauvaise conjoncture, peu de personnes réagissent à nos sollicitations. Les chefs de districts se dépensent sans compter, consacrant trois jours au lieu de deux, quatre jours au lieu de trois à ces opérations, mais les résultats ne sont pas ceux attendus. Il est des villages où l'on n'obtient qu'une seule action. Dans ces endroits, quand bien même nous discourons et persuadons, une fois, cent fois, la seule réponse qui nous est faite est celle des difficultés matérielles du moment. Et si nous acceptons cet état de faits, cela se répand aussitôt à tous les villages, influençant même ceux qui ont déjà répondu* [favorablement] *à nos sollicitations. Lorsque trois personnes sur quatre agissent dans un sens, la dernière n'a aucune raison de ne pas suivre le mouvement. Même en poursuivant jusqu'à la fin de la campagne nos efforts et en usant de tous les moyens, je pense que nous obtiendrons*

des engagements à hauteur de 1 500 yens, mais il sera impossible de dépasser la moitié de l'objectif fixé aux chefs de district[49].

Face au ferme refus de nombreux administrés, malgré tous les efforts déployés et même « en usant de tous les moyens », seule la moitié du quota pouvait être atteinte. La situation s'avérait particulièrement critique dans le district oriental (Hei-Est), qui présentait les résultats de loin les plus négatifs des trois circonscriptions réfractaires (voir Tableau 3-4), des difficultés expliquées de la manière suivante par le responsable de district :

Parmi les réfractaires à la souscription figurent les démunis – qui n'en sont que plus emportés – mais aussi et surtout souvent ceux qu'on appelle au sein du village les possédants ou encore les nantis. Parfois, à cause d'un ou deux agitateurs c'est tout le village qui refuse de répondre favorablement. Ces agitateurs sont de ces possédants et notables, et personne ne souhaite se les mettre à dos. Une fois qu'ils ont pris position, nous avons beau expliquer et discourir de la meilleure des manières, il n'y a plus grand-chose qu'il nous soit possible de faire. Leur attitude de rejet pose un problème non seulement pour l'affaire présente [*de la souscription*] *mais constitue aussi un risque important de futures entraves à notre travail. Je vous saurais gré de bien vouloir me faire savoir par télégramme si vous souhaitez convoquer ces personnes à la préfecture*[50].

Dans cette circonscription qui ne devait tirer vraisemblablement que peu d'avantages du futur chemin de fer, ce furent les grandes fortunes qui les premières manifestèrent de grandes réticences devant la méthode employée, s'inspirant comme nous l'avons vu du système de responsabilité collective des villages. Leur résistance farouche recelait la crainte que la situation, au-delà de la simple question ferroviaire, puisse potentiellement évoluer vers un problème plus large de désobéissance à l'ordre politico-administratif (les « futures entraves à notre travail »). Le responsable de district suggérait alors au préfet de convoquer en personne les réfractaires afin de leur faire entendre raison. La réponse de la préfecture d'Iwate rappela que la souscription reposait « uniquement sur la bonne volonté de la population » et déclina la demande de convocation, remettant « à plus tard » cette possibilité et recommandant de leur « faire entendre raison »[51].

Quoi que la préfecture en eût pensé de son côté, la campagne de souscription, mobilisant à grande échelle l'administration régionale, recourut sur le terrain dans certains cas à l'ancien système de responsabilité collective des villages. Le fossé entre les discours de la préfecture et la réalité brouilla quelque peu la compréhension de la nature des titres ferroviaires et fut la source d'une certaine confusion au sujet de la campagne de souscription.

3. Bilan et enseignements de la campagne expresse menée à Iwate

(1) Le bilan de la collecte des capitaux et la demande de mise en chantier

Au 15 février 1886, le montant total des actions souscrites s'élevait comme le montre le tableau 3-3 à 1 977 704 yens, soit 22 296 yens de moins que l'objectif fixé[52]. Ce total incluait les 98 000 yens apportés par les « fonctionnaires du département et chefs de districts et responsables de villages », une part non prévue dans la distribution initiale des sommes à recouvrir par chaque district : les fonds manquants se montaient donc à 120 296 yens. La préfecture décida alors de mettre une « part supplémentaire » d'une valeur totale de 100 000 yens en recouvrement dans les « circonscriptions considérées comme aisées[53] », à commencer par la région de Morioka (Iwate-Sud), ainsi que dans les provinces n'ayant pas rempli leur objectif initial, comme ce fut le cas à Miyako (Hei-Est)[54]. Ainsi, au 1er mars, de nombreux districts avaient accru leur volume de souscriptions (+ 13 600 yens à Iwate-Sud, Iwate-Nord et Shiwa ; + 41 360 yens à Hei-Est, Hei-Centre et Hei-Nord), ce qui permit au département de dépasser de 72 200 yens la somme escomptée (2 millions).

Le tableau 3-5 nous présente la répartition quantitative des titres et des actionnaires en mars 1886. Nous pouvons avant tout noter que près des trois quarts du total des actions détenues se concentraient dans les districts de Iwate-Sud, Iwate-Nord et Shiwa, trois circonscriptions dépassant largement l'objectif de souscription assigné. Le taux de détenteurs de plus de 50 actions y était par ailleurs comparativement plus fort que dans les autres districts, avec un actionnariat essentiellement composé de marchands de Morioka et de négociants-propriétaires terriens. Dans les districts d'Iwai-Ouest et Est, surtout en fait dans la localité d'Ichinoseki, la proportion des détenteurs d'au moins 50 titres était là aussi plus élevée qu'ailleurs : il s'agissait de propriétaires terriens, de marchands et aussi de certains collaborateurs de la Quatre-vingt-huitième Banque nationale (*Daihachijûhachi kokuritsu ginkô*). En revanche, dans les autres circonscriptions, les détenteurs de moins de 50 actions formaient plus de 90 % des actionnaires, dont la majeure partie était fondamentalement constituée de ces souscripteurs que les autorités régionales avaient démarchés directement.

Telle fut ainsi la réalité de la campagne de souscription à Iwate : alors qu'à Morioka et Ichinoseki – deux villes pouvant se prévaloir de l'existence de sociétés par actions, à commencer par des établissements bancaires – il fut possible de rallier des actionnaires d'une envergure assez importante (en particulier des marchands), partout ailleurs dans le département les coups de semonce des fonctionnaires locaux peinèrent à rassembler – sinon à demi extorquer – de bien maigres capitaux. Cette campagne, toute contraignante fût-elle à l'égard des souscripteurs, s'avéra néanmoins extrêmement probante puisqu'elle prouva qu'il était possible de lever plus de 2 millions de yens dans le département d'Iwate afin de financer l'aménagement du chemin de fer.

Le 13 mars 1886, Satô Seiemon (administrateur général du pacte de prospection locale d'actionnaires), Ôya Seisuke (administrateur adjoint) et Ueda Nôfu (membre du conseil d'administration), élus représentants des primo-actionnaires, se rendirent à ce titre à Tôkyô annoncer le succès de la campagne de financement, et déposer auprès du Bureau des chemins de fer et de la Compagnie des chemins de fer du Japon une demande officielle afin que fût aménagée dans les plus brefs délais une voie ferrée traversant Iwate. Le préfet du département, Ishii Shôichirô, qui les accompagnait, remit au Bureau des chemins de fer sa « Recommandation d'une requête en faveur du lancement des travaux[55] » de la section méridionale, au sud du département d'Iwate. Afin de se faire entendre, il mettait en avant « les 2 millions de yens souscrits » et les conclusions de l'étude topographique mettant en évidence la commodité de construction offerte par des terrains « dont la déclivité maximale ne dépasse pas la minute d'arc [*N.d.T.* : 0,016 degré] ». Le préfet priait dans ce document les parties compétentes de bien vouloir lancer le chantier du tronçon d'Iwate en même temps que celui du tronçon méridional. Au cas où une mise en chantier simultanée était impossible, le préfet exprimait son souhait que fût au moins réalisée rapidement une étude de terrain qui validerait le tracé (présenté avantageusement par l'évocation de « dispositions plus favorables qu'ailleurs », en clin d'œil aux difficultés topographiques de la ligne Sendai-Yamagata).

Le Bureau des chemins de fer ne pouvait cependant pas s'empresser d'accéder à cette demande alors qu'il venait de rejeter celle de la Compagnie des chemins de fer de Yamagata en arguant de l'indécision concernant le tracé définitif de la ligne nord-est[56]. De multiples spéculations autour de l'officialisation du parcours fleurirent un temps dans les pages des quotidiens[57] après la mission d'inspection menée aux alentours de Yamagata et Sendai entre fin mars et début avril 1886 par le directeur du Bureau des chemins de fer, Inoue Masaru, et le président de la Compagnie des chemins de fer du Japon, Narahara Shigeru (1834-1918). Mais au final, tout porte à croire que l'annonce définitive du tracé fut volontairement repoussée dans l'attente de l'avancée des travaux du tronçon Utsunomiya-Sendai, dont la construction venait de débuter en mars de la même année.

La Compagnie des chemins de fer du Japon officialisa le passage de la ligne nord-est par Morioka en mai 1887 et se mit aussitôt en affaires avec les succursales de la banque Yasuda à Hachinohe et Morioka. Il s'agissait de finaliser les préparatifs des études de terrain qu'elle s'apprêtait à lancer au nord de Sendai[58]. Le relevé topographique de la section Iwakiri-Sendai (tronçon 4) fut alors entrepris sans attendre : à ce stade, la demande d'Iwate avait donc été formellement acceptée. Après l'achèvement en janvier 1888 de l'arpentage mené par l'ingénieur Masuda Reisaku (1854-1917) entre Iwakiri et Ichinoseki, les travaux débutèrent au mois d'avril 1888 pour s'achever en avril 1890. Quant à la section Ichinoseki-Morioka, les mesures topographiques furent terminées en juin 1888, sous la direction de l'ingénieur Ogawa Shigen (1852-1910), et le chantier débuta en septembre de la même année pour s'achever deux ans plus tard, en novembre 1890.

Afin de financer ces travaux, la Compagnie des chemins de fer du Japon augmenta en mai 1888 son capital de 4,175 millions de yens. Ces nouveaux titres furent à peu près tous réservés aux primo-actionnaires[59] et seule une petite partie fut proposée au grand public[60]. Or, sous l'effet du premier boom ferroviaire en 1888, les actions de la Compagnie des chemins de fer du Japon s'échangeaient alors presque au double de leur valeur initiale (90 yens contre 50 yens), si bien que les primo-actionnaires avaient tout intérêt à accepter l'offre[61]. Par conséquent, l'approvisionnement en capitaux de la compagnie dépendait dorénavant de sa base actionnariale initiale plutôt que des nouveaux actionnaires à gagner dans les régions récemment impliquées dans l'aménagement de la ligne, considérés comme instables à long terme. Ainsi, la si grande importance accordée en mars 1886 à la souscription de 2 millions de yens dans le département d'Iwate, à l'aube du premier boom entrepreneurial, n'était plus d'actualité deux ans plus tard.

(2) Les retombées de la campagne pour l'aménagement du chemin de fer à Iwate

Malgré sa rapide obsolescence devant les brusques mutations de la conjoncture économique sous les coups de la fièvre ferroviaire, cette campagne de souscription pour le compte de la Compagnie des chemins de fer du Japon eut de grandes conséquences sur l'économie régionale du département d'Iwate.

Le premier effet notable fut d'accroître sensiblement l'intérêt de la population d'Iwate pour le rail. Dans son édition du 26 juillet 1887, l'*Iwate shinbun* rappelait que jusqu'en octobre 1886 « personne ne souhaitait précipiter l'aménagement du chemin de fer[62] », mais qu'à partir de novembre et de l'affaire de la Compagnie des chemins de fer de Yamagata, la population du département s'empara passionnément de la question, « ne pensant à plus rien d'autre ». L'espoir était même grand que « le jour où le chemin de fer parviendra[it] par chez nous, il transformera[it] Iwate, rénovant toutes choses, depuis nos pratiques commerciales jusqu'à nos mœurs politiques, apportant l'ouverture et le progrès[63] ». Plus encore, on prit conscience du fait que la région « sombrer[ait] peu à peu inéluctablement dans le déclin[64] » si elle devait tarder à s'emparer du chemin de fer, vecteur d'industrialisation. Ainsi, cette campagne de souscription menée de décembre 1885 à juin 1886 au rythme d'une « course folle et enivrée[65] » reflétait une crainte obsessionnelle : celle de perdre au jeu de la concurrence régionale.

En second lieu, cette campagne de souscription diffusa dans la sphère civile une nouvelle forme d'investissement : l'actionnariat, et ses intermédiaires. Voici ce que précisait à ce sujet la « Présentation » que la commission d'étude du chemin de fer adressa le 4 mars 1886 à tous les chefs de districts du département :

> *Il est possible que certains, à l'issue des explications générales qu'on leur aura fournies dans le cadre de la campagne de souscription, confondent le fait de devenir actionnaire des chemins de fer avec la pratique ancienne du prêt d'argent aux autorités seigneuriales. Dès lors, usant de cette aubaine, certains voudront faire commerce de leurs titres en échange d'une commission, infâme forfait. Nous vous demandons de prendre le soin d'élaborer vos explications de manière à empêcher de telles manœuvres perverses*[66].

Ce document nous indique que des intermédiaires usèrent de la crédulité des uns pour organiser un marché parallèle des actions de la compagnie, assimilée aux anciens bons seigneuriaux. Ces intermédiaires « prétendant agir pour le compte de la Quatre-vingt-dixième Banque nationale, ou comme représentants de Tokusei [Satô Seiemon][67] », usaient de leur qualité de représentants de banques ou de marchands influents de Morioka pour se livrer à des transactions parallèles. C'était là le début des marchés secondaires (hors cote) qui exerceront par la suite une influence majeure sur le marché des capitaux durant la période de Meiji.

Même si les marchands et hommes d'argent locaux commencèrent à acheter des actions en les assimilant aux emprunts lancés par les anciennes seigneuries, ils prirent très tôt conscience des profits à tirer du marché boursier grâce aux informations fiables qu'ils obtenaient de leurs clients implantés dans les grands centres urbains du pays (Tôkyô et Ôsaka) et s'engagèrent dès lors pleinement dans l'achat et la revente d'actions au comptant (cas que nous avons également observé en nombre dans les départements de Fukuoka et Saga dans notre étude de la Compagnie des chemins de fer de Kyûshû)[68]. Les négociants et financiers de Morioka se lancèrent dans ces transactions parallèles après avoir eu très rapidement vent des forts dividendes et de la bonne gestion de la Compagnie des chemins de fer du Japon[69]. Mais dans un contexte où aucune réglementation publique n'encadrait les transactions de titres boursiers et où certains actionnaires ordinaires confondaient l'actionnariat et les pratiques fiscales de l'ancien régime, il est possible que la pratique de l'intermédiation commissionnaire dans ces transactions pût être assimilée et dénoncée comme un « infâme forfait ».

Devant ce nouvel état de fait, les autorités régionales cherchèrent à protéger les actionnaires vulnérables de l'emprise des intermédiaires, ces derniers étant bien mieux informés que les premiers. Tout en appelant les actionnaires ordinaires à la vigilance, les pouvoirs publics « organis[èrent] une surveillance combinant l'action des responsables de villages et des agents de police[70] », mobilisant jusqu'aux forces de l'ordre pour combattre les comportements nuisibles à la confiance dans le système actionnarial. Ce fut la première mesure d'encadrement que l'administration locale prit concernant les transactions de titres au comptant.

* * *

Cette campagne menée dans le département d'Iwate afin d'accélérer la construction de la ligne nord-est de la Compagnie des chemins de fer du Japon nous a permis de comprendre comment la question du chemin de fer put se poser en province au cours de la première moitié des années 1880. Nous avons aussi pu étudier les mécanismes de mobilisation des ressources financières destinées à couvrir le coût du chantier ferroviaire. Nous aimerions reprendre les points ainsi mis en lumière dans une comparaison générale avec le cas de la Compagnie des chemins de fer de Kyûshû.

Dans le département d'Iwate, on projeta d'abord, au début de la décennie 1880, de développer le transport fluvial sur le Kitakami, projet s'insérant dans le cadre plus général du plan de développement de toute la région du Nord-Est autour du port de Nobiru. De ce fait, les autorités d'Iwate comme la population accueillirent froidement la Compagnie des chemins de fer du Japon. Un virage à 180 degrés fut néanmoins réalisé en réaction aux initiatives des départements voisins, tout particulièrement celui de Yamagata. Un tel changement d'attitude en faveur de la construction d'un chemin de fer peut être observé à la même période dans le département de Saga (Kyûshû). En raison des « avantages naturels [de la région] en termes de transport maritime et de routes planes », on considéra dans un premier temps à Saga aussi le rail comme une question « qu'il serait trop hâtif de soulever, même dans dix ans[71] ». Fortement enraciné dans le département jusqu'en décembre 1885, ce discours fut supplanté du jour au lendemain après que le département – voisin – de Fukuoka s'associa à celui de Kumamoto (juin 1886) afin de financer la création de la Compagnie des chemins de fer de Kyûshû. Comme dans le cas d'Iwate, c'est un profond sentiment de crise qui suscita la volte-face : si Saga tardait à s'engager, ses productions locales « tomberaient sous le joug des autres départements[72] » et le déclin de l'agriculture, de l'industrie et du commerce serait imminent. Le fait que deux départements géographiquement aussi éloignés qu'Iwate et Saga aient connu une trajectoire aussi similaire durant ces années 1885 et 1886 nous renseigne plus largement sur la concurrence économique qui commençait alors à s'intensifier entre les régions ; cela nous montre aussi la façon dont le chemin de fer a fini par être unanimement reconnu comme la clé du développement auquel ces régions aspiraient.

Un autre point commun se dessine entre Iwate et Saga dans la réponse pratique qu'ils apportèrent à la question ferroviaire. Les deux départements, loin de rester passifs, entreprirent d'accélérer l'aménagement du chemin de fer sur leur territoire, s'attelant par leurs propres moyens à la collecte des capitaux nécessaires. Ces campagnes menées afin de hâter la venue du rail furent dans les deux cas pilotées par les autorités du département et mobilisèrent l'ensemble des institutions publiques locales, les administrations de districts comme celles des villages. Sur le plan précis de l'approvisionnement en capitaux, à Iwate comme à Saga les préfectures définirent au niveau de chaque district un montant de souscription à atteindre selon la valeur fiscalement reconnue de leurs terres. Ces sommes à recouvrir furent ensuite réparties au sein de chaque district entre les différents bourgs et villages[73]. Cette manière de faire diffère radicalement de l'attitude adoptée plus tard par les administrateurs territoriaux au sujet du chemin de fer, se contentant de s'en remettre au jeu localiste des hommes politiques, comptant sur le triomphe du fameux slogan d'alors exigeant « le rail dans nos rizières ! » (*gaden intetsu*).

L'approvisionnement en capitaux d'une entreprise privée par l'administration régionale selon des méthodes relevant de la contrainte extra-économique ne fut naturellement pas sans poser de nombreux problèmes. Cette contradiction fut d'ailleurs la cause fondamentale, nous semble-t-il, du grave conflit qui éclata entre le chef du district de Hei-Est (département d'Iwate) et ses administrés à la suite de leur refus catégorique de prendre part à la souscription. Néanmoins, il nous faut insister lourdement sur le rôle pionnier des fonctionnaires territoriaux qui, à l'aube de l'essor des entreprises, furent les premiers à mobiliser les capitaux accumulés par les marchands et les propriétaires terriens afin de les investir dans l'industrie moderne. Les titres ferroviaires, bien que dans un premier temps assimilés à « une forme de bons d'emprunts seigneuriaux », furent rapidement reconnus comme des objets d'investissement attractifs sous l'effet conjugué du succès grandissant des actions de la Compagnie des chemins de fer du Japon et, plus généralement, de la fièvre du rail qui suivit. Ces titres commencèrent à circuler plus largement par le biais de cercles d'investisseurs urbains tels que le groupe du Kitakami. Dans le département d'Iwate comme dans toute la région de Kyûshû, dont faisait partie le département de Saga, cette diffusion eut pour principale conséquence la formation de marchés au comptant, certes embryonnaires, mais qui devaient soutenir parallèlement le développement d'entreprises dans de nombreuses industries autres que le rail. Nous ne pouvons enfin omettre les mesures prises à cette occasion par les autorités régionales, qui tentèrent autant que possible de protéger les petits actionnaires lors des transactions de gré à gré. Grâce à leur encadrement de l'intermédiation boursière, elles précipitèrent peut-être bien la naissance des marchés locaux de capitaux.

Les fonctionnaires territoriaux du milieu des années 1880 ont ainsi su percevoir avec clairvoyance les changements en cours et l'avènement imminent de la révolution industrielle. En connaissance de cause, ils entreprirent de préparer le terrain le plus propice à l'essor des entreprises, mobilisant pour cela toutes les ressources régionales disponibles. Si nous admettons le développement à grande échelle de cet essor dans les régions, bien au-delà des seuls grands centres du pays (Tôkyô et Ôsaka), comme l'une des caractéristiques fondamentales de la révolution industrielle japonaise[74], nous devons alors reconnaître que l'administrateur local fut une des figures majeures de ce premier « essor des entreprises ».

Tableau 3-1 : La géographie de l'actionnariat de la Compagnie des Chemins de fer du Japon

	Juin 1882		Décembre 1882		Décembre 1883		Décembre 1884	
	actionnaires	actions	actionnaires	actions	actionnaires	actions	actionnaires	actions
Tôkyô	980	82 391	1 055	83 449	1 084	85 642	1 244	98 085
Saitama	287	4 106	396	3 781	428	3 735	222	3 167
Gunma	1 646	6 578	3 233	7 208	1 919	6 418	592	3 799
Ibaraki	6	30	6	30	10	38	12	173
Tochigi	2	10	3	34	5	134	23	632
Fukushima	1 960	11 022	142	6 281	165	5 956	60	993
Miyagi	101	5 082	239	4 137	952	5 488	120	2 824
Iwate	230	1 959	436	2 453	446	2 507	165	1 734
Aomori	12	63	34	684	48	718	36	404
Yamagata	215	874	1 631	3 303	2 046	4 038	414	1 794
autres	158	4 215	193	4 131	275	4 826	236	5 709
Total	5 597	116 330	7 368	115 491	7 378	119 500	3 124	119 314

Sources : Hoshino Takao, « Nihon tetsudô kaisha to daijûgo kokuritsu ginkô (2) » (La Compagnie des Chemins de fer du Japon et la Quinzième Banque), *Musashi daigaku ronshû*, n° 19-1, 1971, p. 12-5. « Nihon tetsudô kaisha shukkin jinmei » (Les noms des investisseurs dans les compagnies ferroviaires japonaises), reprod. dans *Kôbushô kiroku* (Archives du Ministère des Travaux publics), vol. 22.

Tableau 3-2 : Les montants assignés à souscription dans les districts du Département d'Iwate

Unité : yen

	Sur la base foncière	**Sur la base des activités**	**Total**
Iwate-Nord et Sud, Shiwa	398 000	102 000	500 000
Hienuki	181 000	21 400	202 400
Waga-Est	170 188	16 409	186 597
Waga-Ouest	7 906	1 201	9 107
Hei-Ouest	76 090	13 040	89 130
Hei-Sud	16 660	16 500	33 100
Hei-Est	31 995	55 500	87 495
Hei-Centre	3 750	1 773	5 523
Hei-Nord	7 272	11 102	18 374
Isawa	121 700	23 400	145 100
Esashi	105 400	17 000	122 400
Iwai-Ouest	109 000	37 400	146 400
Iwai-Est	131 000	32 300	163 300
Kesen	31 266	28 734	60 000
Total	1 391 167	377 759	1 768 926

NB : les données pour les districts septentrionaux (Ninohe et Kunohe-Sud et Nord) sont manquantes.

Source : « Meiji jûkyûnen tetsudô kankei kaigi chôsa iin », document d'archives de la Préfecture d'Iwate, cote : *Iwate kenchô monjo* 192.

Tableau 3-3 : La géographie des montants souscrits dans le département d'Iwate en mars 1886

Unité : yen

Districts	Montant initial (a)	au 15 février	mars 1886 (b)	(b – a)
Iwate-Nord et Sud, Shiwa	500 000	547 500	561 100	+ 61 100
Kesen	60 000	60 000	61 250	+ 1 250
Kunohe-Sud et Nord	–	81 550	87 650	–
Hienuki et Waga-Ouest et Est	391 104	391 104	398 700	596
Hei-Ouest et Sud	122 230	128 550	135 800	+ 13 570
Isawa et Esashi	267 500	267 500	267 500	0
Iwai-Est et Ouest	309 700	301 700	301 700	– 8 000
Hei-Est, Nord et Centre	132 200	75 000	116 350	– 15 850
Ninohe	–	26 800	36 500	–
Administrateurs territoriaux	–	98 000	105 650	+ 105 650
TOTAL	2 000 000	1 977 704	2 072 200	+ 72 200

Source : « Meiji jûkyûnen tetsudô kankei kaigi chôsa iin », document d'archives de la Préfecture d'Iwate, cote : *Iwate kenchô monjo* 192.

Tableau 3-4 : État de la souscription des actions ferroviaires dans trois districts au 13 février 1886

Unité : yen

	Nombre de villages	Montant assigné	Montant souscrit	Différence
Hei-Est	38	2 075	1 046	– 1 029
Hei-Centre	12	138	109	– 29
Hei-Nord	31	431	345	– 86
Total	81	2 644	1 500	– 1 144

Source : « Meiji jûkyûnen tetsudô kankei kaigi chôsa iin », document d'archives de la Préfecture d'Iwate : *Iwate kenchô monjo* 192.

Tableau 3-5 : La géographie de l'actionnariat dans le département d'Iwate en mars 1886

Districts	100 et +		50 à 99		moins de 50		Total	
	personnes	actions	personnes	actions	personnes	actions	actions	%
Iwate-Nord et Sud, Shiwa	14	2 060	23	1 375	ND	7 787	11 222	27,1
Kesen	1	100	0	0	ND	1 125	1 225	3
Kunohe-Sud et Nord	1		0	0	ND	1 653	1 753	4,2
Hienuki et Waga-Ouest et Est		200	8	440	ND	7 534	7 974	19,2
Hei-Ouest et Sud	2	250	0	0	ND	2 516	2 716	6,6
Isawa et Esashi	2	550	3	160	ND	4 940	5 350	12,9
Iwai-Est et Ouest	4		4	220	ND	5 264	6 034	14,6
Hei-Est, Nord et Centre	0	0	3	170	ND	2 157	2 327	5,6
Nihohe	0	0	1	50	ND	680	730	1,8
Administrateurs territoriaux	1	200	2	120	ND	1 793	2 113	5,1
TOTAL	25	3 460	44	2 535	ND	35 549	41 444	100

Source : « Meiji jûkyûnen tetsudô kankei kaiği chôsa iin », document d'archives de la Préfecture d'Iwate : *Iwate kenchô monjo* 192.

Chapitre 4

• Les entrepreneurs locaux et le boom des entreprises

– Le cas de la région de Miike (département de Fukuoka) –

Savoir le plus concrètement possible comment les entrepreneurs ont dirigé leurs actions au niveau régional et géré leurs affaires dans la pratique est d'une importance cruciale pour comprendre comment le boom des entreprises a pu atteindre l'échelle qui fut la sienne, tout en appréciant sa place dans la révolution industrielle japonaise. Pour ce faire, nous étudierons la région de Miike, dans le département de Fukuoka.

Nous allons d'abord dresser un aperçu de l'évolution générale du boom des entreprises à Fukuoka, notamment dans les secteurs du chemin de fer et du filage textile[1]. Nous nous intéresserons ensuite plus précisément à la région de Miike, bien connue pour sa mine de charbon, afin d'examiner au plus près la réalité de l'essor des entreprises. Parmi les recherches disponibles sur la question du boom des entreprises régionales, l'étude de cas menée par Abe Takeshi dans la région de Sakai – près d'Ôsaka – nous sera d'une aide précieuse[2]. L'auteur y développe une approche balançant entre histoire économique régionale et histoire des entreprises, lui permettant de mettre en relation le boom avec les tendances propres à l'économie régionale tout en mieux mettant en valeur les activités des entrepreneurs locaux, trop souvent considérées comme un simple arrière-plan. Cette double perspective nous semble particulièrement pertinente pour éclairer les liens entre communautés locales et révolution industrielle.

Il nous faudra aussi nous pencher sur l'histoire politique, puisque de nombreux agents du boom des entreprises à Miike participèrent au Mouvement pour la liberté et les droits du peuple (*jiyû minken undô*). La raison en est que les notables de province étaient tout autant des investisseurs que des hommes politiques ou même des cadres de l'administration, et c'est d'ailleurs pour cette même raison que les controverses à leur sujet ont tant fait florès dans les années 1980 (ainsi en histoire politique ou en histoire sociale du droit)[3]. Dans cette analyse de l'essor régional des entreprises et de ses grands acteurs, nous tâcherons donc de considérer leurs relations (économiques, bureaucratiques et politiques) remontant aux années du Mouvement pour la liberté et les droits du peuple[4].

Nous étudierons ici de près deux compagnies : la Compagnie de travaux publics de Miike (*Miike doboku kaisha*) et la Filature de Miike (*Miike bôseki kaisha*), aux capitaux respectifs de 10 000 et 300 000 yens. La première fut l'une de ces nombreuses sociétés de construction qui proliférèrent dans tout le Japon pendant la période d'essor des entreprises. Si nous connaissons depuis longtemps l'existence de ces compagnies[5], au demeurant assez brève, nous savons en revanche fort peu de choses à propos de leur réalité, du fait de sources documentaires limitées.

Malgré son envergure moyenne pour une compagnie de filage, la Filature de Miike pouvait s'enorgueillir d'un capital sans commune mesure avec celui des autres entreprises régionales du même secteur. Son appartenance au giron du groupe Mitsui a souvent été mise en avant, notamment en raison de ses étroites relations avec Masuda Takashi (1848-1938 ; fondateur et dirigeant de la Compagnie des produits Mitsui, *mitsui bussan*, la branche marchande du groupe Mitsui)[6], mais nous tenterons pour notre part ici d'inscrire l'examen de son cas dans la perspective générale du développement des entreprises en province et d'y souligner le rôle des acteurs régionaux. Enfin, la comparaison de ces deux compagnies nous permettra de repenser l'essor des entreprises en province et les raisons de son essoufflement.

1. L'essor des entreprises en province

(1) Le boom des entreprises dans le département de Fukuoka

Le département de Fukuoka recouvrait le territoire de trois provinces antiques (Chikuzen, Chikugo et Buzen) qui se trouva partagé entre quatre grands domaines à la fin de l'époque prémoderne : celui de Fukuoka (Chikuzen), ceux de Kurume et Yanagawa (Chikugo), et celui de Kokura (Buzen) ; ces domaines donnèrent naissance à d'éphémères départements en 1871 avant de fusionner en 1876 (voir Carte 4-1). Si au cours de la période prémoderne la production était surtout agricole (riz, blé, etc.), chaque domaine avait lancé à partir des années 1840 des politiques de développement de productions spécifiques (*tokusanbutsu*), comme les cires végétales (*hazerô* et *kirô*), la navette (*natane*) et son huile, le coton graine et les étoffes cotonnières, ou encore le charbon, dont l'extraction progressa particulièrement dans la région[7]. Dans l'ensemble, la production agricole présentait alors dans le département de Fukuoka un degré de développement conforme à la moyenne nationale. Les « tables départementales de la production » de 1874 montrent néanmoins que la part de l'industrie était particulièrement forte dans les départements de Kokura et Mizuma (respectivement 28 % et 23,5 % contre une moyenne nationale de 19,3 %), loin devant celle du département de Fukuoka (limitée à 16,6 %)[8].

Carte 4-1 : Le département de Fukuoka

Source : Nakamura Naofumi, « Tetsudô ga tsukutta chiiki » (Les régions qu'a créées le chemin de fer), dans Matsumoto Norio et Yamada Katsuyoshi (dir.), *Idô no chiiki-shi* (Une histoire régionale des déplacements), Tôkyô, Yamakawa Shuppansha, 1998, p. 369.

En ce qui concerne le nombre des sociétés à la veille de la première vague d'essor des entreprises, le département de Fukuoka faisait bonne figure, avec une onzième place au niveau national pour la moyenne des capitaux par entreprise (voir Tableau 2-3). Quant au degré d'implantation des industries modernes dans la région, seule l'avance prise par les mines d'État de Miike sur le reste du pays dans la mécanisation de l'extraction charbonnière et l'exploitation d'une usine attenante au site minier mérite ici d'être signalée.

Fukuoka réalisa toutefois une fulgurante ascension au cours du premier boom entrepreneurial pour se hisser rapidement à la troisième place du classement des capitaux moyens par entreprise derrière Tôkyô et Hyôgo, accroissant son avance sur la moyenne nationale de 8,8 %. Sa croissance entre 1886 et 1890 fut si brutale que le nombre de ses entreprises (hors secteur financier) fut multiplié par 2,5 et la valeur nominale de leurs capitaux, par près de 30 (voir Tableau 2-3). Les secteurs des transports et des mines détenaient seuls la quasi-totalité des capitaux d'entreprises (98 %). En examinant plus finement la contribution de chaque secteur, nous constatons que les trois industries centrales de la première vague d'essor des entreprises (chemins de fer, mines de charbon et filatures) occupaient à peu près le tout. Enfin, la répartition territoriale des compagnies établie par Mukai Yurio nous montre que les territoires des villes actuelles de Fukuoka et Kitakyûshû prédominaient en nombre d'entreprises et en valeur des capitaux par société, alors que les districts méridionaux de Miike et Mii (ville actuelle de Kurume) présentaient des valeurs moyennes de capitaux légèrement supérieures à celles des environs de la ville de Fukuoka[9].

Comment le phénomène d'essor des entreprises se développa-t-il dans ce département, et qui furent les acteurs qui contribuèrent à cette percée ? Afin de répondre à ces questions, nous allons à présent examiner les modalités de mobilisation des ressources opérationnelles nécessaires à la création d'une compagnie dans les deux principaux secteurs du boom des entreprises du département de Fukuoka : les chemins de fer et les filatures[10].

(2) L'approvisionnement en ressources opérationnelles dans le secteur ferroviaire

Deux compagnies ferroviaires virent le jour dans le département de Fukuoka durant la première vague d'essor des entreprises : la Compagnie des chemins de fer de Kyûshû (*Kyûshû tetsudô gaisha*), société opératrice de lignes porteuses (*kansen*), et celle des chemins de fer et du développement industriel du Chikuhô (*Chikuhô kôgyô tetsudô gaisha*), tenant des lignes secondaires (*shisen*)[11]. La première fut créée en juin 1888 avec un capital de 7 500 000 yens pour aménager trois lignes, bénéficiant d'une modeste aide financière du gouvernement. Une de ses lignes devait relier le port de Moji (au nord de l'île) à Yatsushiro (au sud de l'île). La deuxième partait de la première à hauteur de Tashiro (actuelle ville de Tosu, au sud de la ville de Fukuoka) pour desservir au sud-ouest les ports de Nagasaki et Sasebo. La troisième partait de Kokura (à 10 kilomètres au sud de Moji) en direction du sud-est pour atteindre Gyôji (actuelle ville de Yukuhashi), sur la côte orientale de l'île de Kyûshû. La Compagnie des chemins de fer et du développement industriel du Chikuhô fut quant à elle formée en juillet 1888 avec un capital initial d'un million de yens et l'objectif de faciliter le transport du charbon du bassin du Chikuhô jusqu'au port de Wakamatsu (reliant celui-ci aux trois grandes localités de Kanada, Nôgata et Iizuka).

Si ces deux compagnies différaient dans leur échelle comme dans leur fonction, elles présentent certaines similitudes en ce qui concerne leurs agents initiateurs et leurs campagnes de lancement. Ainsi, la Compagnie des chemins de fer de Kyûshû fut soutenue par les préfets des trois départements de Fukuoka, Kumamoto et Saga, ainsi que par les grandes fortunes régionales et les hommes politiques du conseil départemental ; quant à la Compagnie des chemins de fer et du développement industriel du Chikuhô, elle s'appuya sur les têtes administratives des cinq districts (échelon inférieur au département) du Chikuhô[12]. Concernant les modalités de leur création, la Compagnie des chemins de fer de Kyûshû fit tout d'abord appel aux pouvoirs publics locaux, qui se chargèrent de trouver des promoteurs dans les trois départements traversés par ses futures lignes (Fukuoka, Saga, Kumamoto), auxquels s'ajouta par la suite celui de Nagasaki[13]. Un comité de membres fondateurs fut alors élu parmi les hommes politiques de ces quatre départements ; leurs démarches et pourparlers présidèrent au lancement de la compagnie. De même, les promoteurs officiels de la Compagnie des chemins de fer et du développement industriel du Chikuhô (pour la plupart des hommes politiques locaux, mais aussi des responsables administratifs des cinq districts desservis) démarchèrent des membres fondateurs ordinaires avec l'aide des autorités locales et nommèrent dans chaque district les membres du comité qui devait promouvoir la fondation de la société. Ce modèle de campagne, d'une part menée sous l'égide de l'administration et des responsables politiques locaux, d'autre part à l'échelle d'une région tout entière, s'avère caractéristique du processus de formation des sociétés ferroviaires en province. Quoique le rôle fondateur qu'exercèrent ici les autorités régionales recoupe ce que nous avons pu observer à Iwate dans le chapitre précédent, notons que dans le cas du département de

Fukuoka – ou même de toute la partie septentrionale de Kyûshû – les politiciens locaux se joignirent aux propriétaires terriens et aux grands marchands pour seconder les pouvoirs publics dans le lancement de ces compagnies en tant qu'agents initiateurs.

Bien que le lancement d'une compagnie ferroviaire nécessitât d'énormes capitaux, ils furent ici réunis surtout au niveau régional (départements de Fukuoka, Saga et Kumamoto) : plus des trois quarts pour la Compagnie des chemins de fer de Kyûshû (77 %) et la quasi-totalité pour celle du Chikuhô (99 % – et 69 % dans le seul département de Fukuoka)[14].

La question des ressources humaines de ces entreprises est, elle aussi, particulièrement intéressante : d'où vinrent les administrateurs, les ingénieurs, les ouvriers ? Examinons tout d'abord le parcours des dirigeants de ces deux compagnies au moment de leur création. Le conseil permanent de la haute direction de la Compagnie des chemins de fer de Kyûshû était plein de « parachutés » et autres « pantouflards » (*amakudari*), à commencer par son président, Takahashi Shinkichi, ancien directeur du Bureau des affaires commerciales du ministère de l'Agriculture et du Commerce, mais aussi dix des douze administrateurs travaillant à ses côtés, choisis au sein de l'administration territoriale des départements traversés[15]. Plusieurs cadres intermédiaires de la compagnie (chefs de service) provenaient aussi de la haute bureaucratie centrale : du secrétariat auprès du Chef de cabinet (le Premier ministre d'alors) ou du Bureau des affaires commerciales du ministère de l'Agriculture et du Commerce. La Compagnie des chemins de fer et du développement industriel du Chikuhô fut quant à elle initialement dirigée par Hotta Masayasu, ancien seigneur du domaine de Miyagawa [*N.d.T.* : entre Ôsaka et Nagoya] et précédent maire de l'arrondissement de Fukagawa à Tôkyô. Huit des neuf membres de son conseil d'administration résidaient dans le Chikuhô, et le neuvième dans la ville de Fukuoka. Un dernier homme fut appelé depuis Tôkyô pour servir au poste de gestionnaire général (*kanji*), sorte de secrétaire général : il s'agissait d'Adachi Kashirô*. La tête de ces deux compagnies était ainsi composée de personnes issues des centres décisionnaires du pays, tandis que le conseil d'administration était constitué d'acteurs régionaux.

Observons maintenant la question du recrutement des ingénieurs et techniciens spécialisés dans le cas de la Compagnie des chemins de fer de Kyûshû. La compagnie en comptait treize dans ses rangs à sa fondation : trois venaient de l'étranger (Allemagne), trois venaient du Bureau des chemins de fer, deux autres de la Compagnie des travaux publics du Japon et les quatre derniers étaient diplomés de l'Université impériale[16]. Les Allemands s'occupaient principalement du montage et de l'utilisation des machines et des matériaux importés d'outre-Rhin[17]. Pour ce qui est des ingénieurs venant du Bureau des chemins de fer, les trouver dans le privé pourrait surprendre dans la mesure où le Bureau en question refusait de les y envoyer, mais les différences en termes de salaire et d'évolution de carrière firent que de nombreux fonctionnaires formés à l'École des travaux publics (*kôbu daigakkô*) rejoignirent finalement le privé, y constituant même le gros des effectifs[18]. Quant à la Compagnie des travaux publics du Japon, il s'agissait d'une grande entreprise du secteur de la construction, fondée en 1887 par Ôkura Kihachirô et Fujita Densaburô. Elle avait pour politique de dépêcher ses jeunes ingénieurs au sein d'entreprises partenaires afin qu'ils aident aux travaux préparatoires (mesures et plans), après quoi la Compagnie récupérait en soustraitance les contrats d'éxecution. Elle travailla ainsi avec de nombreuses compagnies ferroviaires[19]. Les jeunes diplômés sortant de l'École des travaux publics, eux, présentaient l'inconvénient d'être trop peu expérimentés pour se voir confier la responsablité de travaux d'aménagement, mais ce problème fut réglé en les plaçant judicieusement aux côtés d'ingénieurs vétérans. Ainsi, c'est en attirant à elles par différentes voies les experts techniciens des structures centrales (principalement le Bureau des chemins de fer) que les compagnies ferroviaires de province sont parvenues à se constituer leur propre corps d'ingénieurs compétents.

Enfin, dans la mesure où l'industrie ferroviaire faisait appel à des domaines aussi variés que l'aménagement des rails, l'assemblage des wagons en usine, la mise en service et la conduite des trains, les circuits de recrutement de main-d'œuvre variaient d'un corps de métier à un autre. Dans le cas de la Compagnie des chemins de fer de Kyûshû, les cantonniers mobilisés sur les chantiers d'aménagement du chemin de fer furent essentiellement recrutés localement, mais les postes de chefs de chantier furent, eux, confiés à des spécialistes étrangers venus d'Allemagne [20]. Quant aux équipes de bord et aux télégraphistes, l'entreprise fit appel dans un premier temps à des conseillers étrangers tout en envoyant des apprentis recrutés dans la région se former dans le secteur public (au Bureau des chemins de fer d'État à Kôbe)[21]. Après son lancement, elle créa en interne son propre système de formation.

(3) L'approvisionnement en ressources opérationnelles dans le secteur du filage

Le développement du tissage du coton dans la région remonte à la fin du shogunat, préparant d'une certaine manière la formation du secteur du filage et son marché. Comme nous l'avons précisé *supra*, le territoire de l'actuel département se composait à l'époque prémoderne de différents domaines (Fukuoka, Kurume, Yanagawa et Kokura), pour chacun desquels le textile constituait une spécialité de première importance. Les étoffes tachetées de Kurume (*kurume-gasuri*) et les toiles de Kokura (*kokura-ori*) jouissaient d'une grande renommée dans tout le pays. À partir de l'ère de Meiji, le tissage du coton s'étendit jusque dans le département voisin de Kumamoto, principalement avec la production d'étoffes tachetées (*kasuri*) et rayées (*shima*).

La préexistence de ce marché cotonnier allait conduire lors de la première vague d'essor des entreprises à la fondation de deux compagnies de filage dans les campagnes de Fukuoka : la Filature de Kurume, créée en avril 1889, et celle de Miike, lancée le mois suivant. Fondées dans l'objectif d'approvisionner en matière première l'industrie du tissage du *kasuri* et du *shima* de Kurume, les premières débutèrent avec un parc d'une capacité de 10 000 broches ainsi que 150 000 yens, puis 300 000 yens, de capitaux. Ce capital fut souscrit par des négociants cotonniers de Kurume, des administrateurs de la Soixante et unième Banque nationale (*Dairokujûichi kokuritsu ginkô*) mais aussi des propriétaires terriens et anciens vassaux du domaine de Kurume. La Filature de Miike naquit quant à elle sur la proposition de Masuda Takashi, dirigeant de la Compagnie des produits Mitsui. Équipée elle aussi d'une capacité totale de 10 368 broches (métiers à anneaux) et de 300 000 yens de capitaux, apportés par les anciens vassaux des domaines de Miike et Yanagawa, ainsi que les propriétaires terriens, les marchands et les administrateurs de la Banque de Miike (*miike ginkô*) et de la Quatre-vingt-seizième Banque nationale (*daikyûjûroku kokuritsu ginkô*)[22]. Dans les deux cas, les instigateurs de ces entreprises relevaient de la sphère privée (notables, investisseurs et entrepreneurs locaux, etc.) et nous n'avons observé aucune intervention directe des pouvoirs publics régionaux, à la différence du secteur ferroviaire comme nous l'avons observé. À la différence de ce dernier, l'industrie du filage dépendait toutefois des autorités locales sur le plan de la délivrance des autorisations d'activité des compagnies. Il faut souligner ici que les aménagements légaux opérés par les préfectures pour clarifier le statut des sociétés et les directives administratives visant à empêcher la création d'entreprises éphémères participèrent à la création d'un climat de confiance rassurant pour les investisseurs ordinaires[23].

Quant à la provenance des fonds d'investissement mobilisés pour financer ces entreprises, 78 % des 6 000 titres de la Filature de Kurume avaient été souscrits dans la localité du même nom en décembre 1893 ; seuls onze actionnaires (se partageant 533 titres) résidaient en dehors du département de Fukuoka, à savoir dans celui, voisin, de Saga[24].

Le profil de cet actionnariat correspondait presque parfaitement à celui des créateurs de la compagnie. Cette filature fut donc créée par un capital purement et parfaitement local. Comme nous le verrons plus loin dans ce chapitre, la Filature de Miike disposait elle aussi d'une forte assise locale : les deux tiers de son capital (64 %) émanaient des deux districts de Miike et Yamato. Le capital local a bien joué un rôle essentiel dans la fondation de ces deux compagnies.

Du côté des ressources humaines, tous les postes de cadres secondant la présidence dans la hiérarchie de l'entreprise furent initialement confiés à des gens de la région, et ils avaient d'ailleurs presque tous participé à la création de ces compagnies. Seul Koga Zenbê (administrateur de la Filature de Kurume) et Masuda Takashi (administrateur conseiller de celle de Miike) relevaient de la sphère extra-régionale, venant des centres qu'étaient Ôsaka et Tôkyô. Dans le cas de ces filatures, contrairement au cas des compagnies ferroviaires, les acteurs locaux furent décisifs non seulement en termes de capitaux et en tant qu'administrateurs, mais aussi dans le travail de gestion directe de l'entreprise.

Pour ce qui est du rôle des ingénieurs dans la fondation de ces entreprises, la conception du projet de construction de la Filature de Kurume fut confiée à Tanaka Daikichi, des Ateliers Tanaka (*Tanaka seisakusho*), et la réalisation de l'ouvrage à Tsujimoto Jinkichi, tout cela sous la supervision du spécialiste national de la construction de filatures : Ishikawa Seiryû[25]. Le site de la Filature de Miike fut, lui, conçu et réalisé par Shimoyama Hidehisa (formé au département de mécanique de l'École du génie civil de l'Université impériale – *kôbu daigakkô teikoku daigaku* –, promotion 1886), secondé pour le placement et le réglage des machines par un ingénieur étranger, T. W. Dransfield[26]. Hommes expérimentés, jeunes diplômés ou encore experts étrangers, ces différents ingénieurs furent tous démarchés par les sphères centrales pour être envoyés en province, une dynamique similaire à celle du recrutement des ingénieurs du rail. Quant à la main-d'œuvre spécialisée, les filatures de Kurume et Miike eurent l'opportunité de former leurs ouvriers et ouvrières en amont, deux ans avant que la production ne débute, grâce à un système d'apprentissage original mis en place par la Fédération des filatures cotonnières du Grand Japon (*Dainihon menshi bôseki dôgyô rengôkai*) : la main-d'œuvre des filatures de Kurume et Miike fut envoyée en formation au sein de filatures déjà opérationnelles dans la région d'Ôsaka (dans les quartiers de Hirano, Tenma, Dôjima pour la Filature de Kurume ; au sein de la Compagnie de tissage de percale, *Kanakin seishoku*, près d'Ôsaka pour la Filature de Miike). Les deux entreprises recrutèrent dans un premier temps leurs ouvriers au niveau local, mais la volatilité de ces derniers et la pression de la demande des concurrents sur la main-d'œuvre nécessaire à la fabrication des étoffes tachetées (*kasuri*) de Kurume poussèrent à élargir rapidement l'aire de recrutement aux régions plus éloignées[27].

De notre examen général des ressources opérationnelles des secteurs ferroviaires et textiles à l'origine du boom des entreprises dans le département de Fukuoka, nous pouvons dégager trois caractéristiques majeures de l'essor des entreprises en province : tout d'abord, l'importance des fortunes locales en tant qu'agents investisseurs (marchands des villes, petits et moyens propriétaires terriens, négociants, etc.) ; ensuite, l'action des autorités régionales et hommes politiques locaux lors de la mobilisation des capitaux ; enfin, l'origine des ressources humaines – la région dans le cas des entrepreneurs (fondateurs), des administrateurs et des ouvriers, mais la capitale, le centre, pour les ingénieurs ainsi qu'une partie des responsables opérationnels. Les provinces apportèrent donc au tout début de l'industrialisation du Japon les capitaux, les entrepreneurs, les gestionnaires et la main-d'œuvre, quand les centres fournirent les ingénieurs et le savoir-faire en matière de gestion d'entreprise.

À présent, nous allons nous intéresser de plus près aux dynamiques du boom des entreprises à travers l'exemple de la province de Miike, et explorer, ce faisant, les mécanismes de stimulation des économies locales pendant la révolution industrielle japonaise : qui furent ceux qui, pour parvenir à créer et gérer leurs entreprises, organisèrent dans un même grand ensemble ces diverses ressources opérationnelles ? et comment le firent-ils ?

2. Entrepreneurs régionaux et boom des entreprises : le cas de Miike

(1) La région de Miike : une vue d'ensemble

La région de Miike se situe à l'extrême sud du département de Fukuoka, en lisière du département de Kumamoto. La majeure partie de cette contrée était depuis le début du XIXe siècle sous l'autorité du domaine de Yanagawa, depuis que le shogunat lui en avait confié l'administration (régime dit du « *azukari-chi* »[28]). Il avait divisé la circonscription en deux groupes (*kumi*) de villages, chaque groupe étant administré par un responsable officiel (*ôshôya*) : le groupe de Kusuda, centré autour de l'ancien bourg de Takata (actuellement intégré dans la municipalité de Miyama), et le groupe de Takuma (actuellement dans la ville d'Ômuta, voir Carte 4-2). Lorsque le système féodal fut aboli après la restauration de Meiji, le district de Miike intégra l'éphémère département de Mizuma et en 1876 ce dernier fusionna avec celui de Fukuoka. En raison de cette histoire particulière, le district de Miike entretint tout au long de l'ère de Meiji d'étroits rapports avec son voisin septentrional, le district de Yamato, où se situait la localité de Yanagawa. Par « région de Miike », nous désignerons donc ici l'aire comprenant la totalité du district de Miike ainsi qu'une partie de celui de Yamato.

Carte 4-2 : Le district de Miike

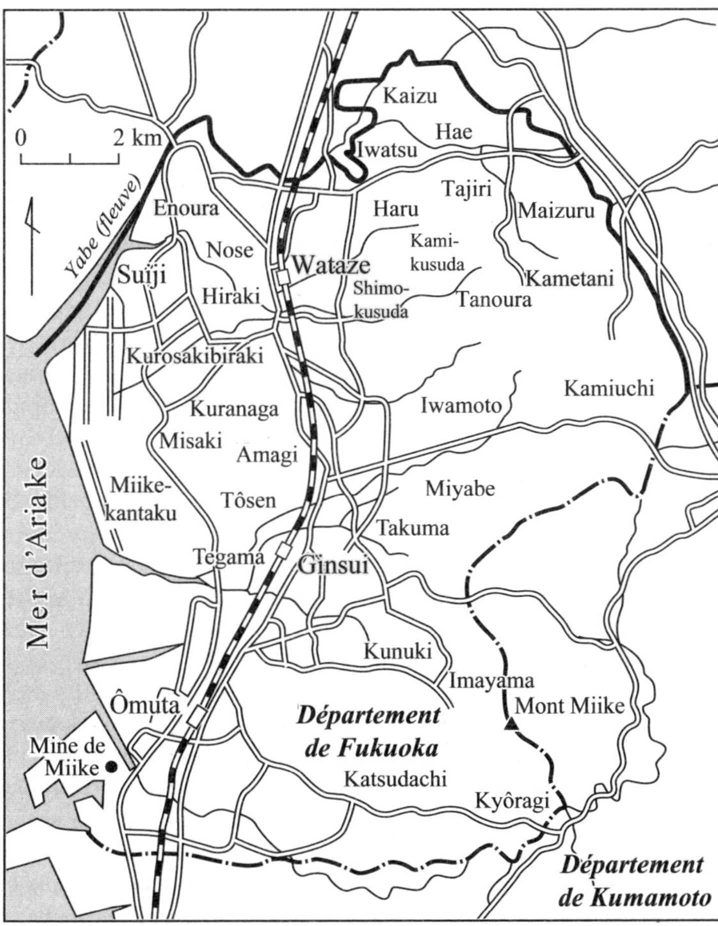

Source : réalisée à partir de *Kadokawa nihon chimei daijiten 40 fukuoka-ken* (Le grand dictionnaire Kadokawa des toponymes du Japon, t. 40. Département de Fukuoka), Tôkyô, Kadokawa Shoten, 1988, p. 1631 et 1912.

Nous ne pourrions réfléchir à la question de l'économie locale de cette province sans prendre en compte l'existence des mines de charbon de Miike. Ces mines furent d'abord exploitées à une petite échelle par les anciens vassaux des domaines de Yanagawa et Miike au cours des premières années de l'ère de Meiji, mais les incessants conflits au sujet du drainage des galeries (les aires minières des deux parties étant extrémement proches) conduisirent finalement à la prise en main du site par l'État en 1873[29]. Sous l'égide de plusieurs conseillers étrangers, dont l'ingénieur britannique Potter, les mines de Miike adoptèrent un modèle d'exploitation occidentale. Leur production crût à un rythme soutenu tout au long de la première moitié de l'ère de Meiji et un atelier attenant au site fut érigé. Miike était devenue la mine la plus mécanisée de tout le Japon et s'assurait une bonne intégration dans le tissu social régional en fournissant du charbon à la population locale. La province de Miike se trouvait donc dans un environnement de pointe au niveau technologique et jouissait de la disponibilité à bon prix d'une précieuse ressource énergétique, le charbon. Ce sont là deux éléments essentiels qui présidèrent aux prémices du boom des entreprises dans la région.

En ce qui concerne les agents d'investissement de ces compagnies régionales, et plus particulièrement les propriétaires terriens, il convient de considérer parmi les plus représentatifs de ces agents le cas des « samouraïs détachés » (*zaitaku zamurai*) de la fin du shogunat et celui des propriétaires de terrains gagnés sur la mer. Les « samouraïs détachés » étaient des samouraïs autorisés pour raisons économiques, ou autres, à quitter le bourg castral pour emménager dans un village, à la campagne (*N.d.T.* : les samouraïs devaient normalement résider dans le bourg castral auprès de leur seigneur)[30]. La pratique devint courante durant les dernières années du shogunat, si bien que l'on pense aujourd'hui qu'une partie de ces samouraïs finit même par constituer, de fait, une classe de propriétaires terriens. Comme nous le vérifierons ci-après, nombre des anciens samouraïs qui deviendraient par la suite les acteurs de l'essor des entreprises dans la province de Miike avaient été de ces « samouraïs détachés ». Dans le même temps, les opérations d'assèchement de terrains côtiers se multiplièrent sur le littoral de la mer d'Ariake, nommées de différentes manières selon qu'elles fussent entreprises par l'autorité domaniale (*han'ei-kai*), l'autorité seigneuriale (*otemoto-kai*), des samouraïs (*samurai-kai*) ou confiées aux gens des bourgs (*chônin ukeoi-kai*) ou des villages (*hyakushô ukeoi-kai*). Dans le cas de la province de Miike, elles semblent en majorité avoir été conduites par le domaine et les seigneurs[31], mais elles bénéficièrent aussi d'une participation financière de la classe marchande et des vassaux, à commencer par les chefs de village (*shôya*) et responsables de secteur (*ôshôya*)[32]. Ainsi, dans le domaine de Yanagawa, les paysans, les marchands et même les samouraïs commencèrent alors à prendre possession de terres en tant qu'« intendants » (*jitô*)[33].

Par ailleurs, la situation politique d'alors fut marquée par la progression rapide du Mouvement pour la liberté et les droits du peuple. Actif dans la province de Miike dès le début de la décennie 1880, le mouvement bénéficia non seulement de l'influence des anciens samouraïs de Yanagawa et celle du département voisin de Kumamoto, mais rencontra aussi un large soutien auprès de la population (propriétaires terriens et marchands). En 1881, l'alliance entre ce mouvement et le milieu de l'ancien pouvoir de Yanagawa donna naissance à la Société de l'Ariake (*ariake-kai*), du nom de la mer baignant les côtes de la région. Bien qu'elle fût dissoute en septembre 1882 en raison des tensions au sujet de son affiliation au Parti progressiste de Kyûshû (*Kyûshû kaishin-tô*) – qui fédérait alors les petits groupes politiques régionaux militant pour les droits du peuple[34] –, la plupart de ses membres intégrèrent le Parti progressiste de Yanagawa (*Yanagawa kaishin-tô*), sous-groupe du premier, avant de rejoindre le Parti de la liberté (*Jiyû-tô*) après la constitution de la Diète impériale[35]. Les figures centrales du présent chapitre, Nagae Jun'ichi et Noda Utarô, militèrent tous deux activement dans ce mouvement à Yanagawa, et bien qu'ils ne fussent pas d'anciens samouraïs (contrairement à la plupart des activistes locaux), ils en devinrent les meneurs à Miike. Et comme nous le verrons, les relations qu'ils cultivèrent dans le cadre de ce mouvement en faveur des droits civiques les aideraient beaucoup – et vite – dans leurs activités d'entrepreneurs.

(2) La fièvre entrepreneuriale dans la région de Miike

En février 1887, un cercle d'échanges fut créé à Miike afin d'« aborder les sujets les plus inhabituels et partager les savoirs sans considération du statut ou de la richesse ou pauvreté [des uns et des autres] ». Son nom : le « Club de Miike » (*miike kurabu*). Dans le pamphlet rédigé à l'occasion de sa création, ses fondateurs s'exprimèrent de la manière suivante sur leur vision du passé et – surtout – de l'avenir de la province :

> *Depuis que le gouvernement de Meiji fait prospérer les charbonnages, les navires et les voyageurs affluent.* [Notre région] *a très récemment changé du tout au tout : gentilshommes et savants s'y rendent en personne, y effectuent de nombreux séjours… cela émerveille tout un chacun, n'est-ce pas formidable ? Avec le projet du chemin de fer de Kyûshû partant de Moji jusqu'à Misumi, nous savons que notre région*

> *sera desservie. D'ici la fin des travaux, il nous faut donc lancer un programme d'amélioration de nos infrastructures navales, aménager un port et faciliter le mouillage des navires. Il faut pouvoir attirer à nous les produits des provinces voisines de Chikugo et de l'ouest du Higo* [*N.d.T.* : régions de Kumamoto] *et projeter des liaisons maritimes au loin, jusqu'à Shanghai et Hong Kong. Il ne fait aucun doute qu'alors cette contrée reculée du Chikugo, située au cœur de l'île de Kyûshû, deviendra l'un des plus grands ports ouverts d'Orient*[36].

Les initiateurs de cette association espéraient que la région puisse désormais, après avoir pris son envol par le développement des mines de charbon et grâce à l'aménagement d'un port et du chemin de fer de Kyûshû[37], occuper une place de choix non seulement dans l'île de Kyûshû, mais aussi dans tout le Japon, et même à l'échelle de l'Asie… Et c'est afin de conduire ce grand projet que fut formé ce « Club de Miike », lieu « de rapprochements interpersonnels et d'échanges de savoirs », où pourraient « se joindre hommes du monde et savants pour débattre de l'actualité » et ainsi se communiquer de nouvelles connaissances.

Si nous examinons à présent la liste des membres fondateurs de ce groupe[38] en termes de représentation géographique et sociale, nous retrouvons des politiciens siégeant au conseil départemental, des maires de village, des notables locaux (anciens responsables et administrateurs domaniaux), des marchands de charbon, etc., issus de tout le district de Miike. Dans le cadre de leur engagement dans le Mouvement pour la liberté et les droits du peuple, nombre d'entre eux avaient appartenu à la société de l'Ariake et pouvaient se prévaloir d'une expérience politique commune[39]. Par ailleurs, et même si cela présente un léger décalage chronologique, les revenus annuels de la plupart des membres du Club de Miike en 1900 étaient compris entre 500 et 2 000 yens, loin du niveau des grandes fortunes[40] (excédant les 10 000 yens). Ces petites et moyennes fortunes de province surent néanmoins s'adapter intelligemment au développement des charbonnages, aux mouvements humains et matériels qui les accompagnèrent, aux changements socio-économiques induits par l'apparition des moyens de transport modernes, pour s'imposer comme les véritables piliers de l'essor des entreprises. Dans les faits, la grande majorité des membres fondateurs de ce Club de Miike (vingt-deux sur vingt-neuf) sont plus tard devenus administrateurs ou primo-actionnaires de la Banque de Miike, de la Filature de Miike et de la Compagnie de travaux publics de Miike. Nous pouvons observer un cas similaire dans le département de Niigata (provinces de Chûetsu et Kaetsu), où une autre amicale fondée dans une perspective d'aide au développement régional (l'Association pour les nouvelles industries, *Shokusan kyôkai*) présida en 1888 à la création d'une entreprise, la Compagnie des pétroles du Japon (*Nihon sekiyu kaisha*)[41]. Peu avant la création de la Diète impériale, ces cercles locaux formés dans tout le Japon (également, d'ailleurs, à des fins politiques) devinrent ainsi parfois les berceaux du boom entrepreneurial dans leurs régions.

Quant au profil des entrepreneurs et à la nature des sociétés qu'ils fondèrent dans la province de Miike durant le premier boom des entreprises, le tableau 4-2 offre au lecteur la liste des compagnies créées entre 1886 et 1890. Les sociétés créées relevaient de nombreux secteurs d'activité et quelques-unes étaient d'envergure notable, aux capitaux excédant les 10 000 yens, comme la Banque de Miike[42], la Compagnie de travaux publics de Miike, la Compagnie commerciale charbonnière (*Sekitan shôsha*) et la Filature de Miike. Nous avons vu précédemment que le boom des entreprises dans le département de Fukuoka se développa essentiellement autour des secteurs du rail, des filatures et du charbon (voir le chapitre 1), nous constatons ici qu'il en fut de même dans la province de Miike.

Concernant les fondateurs de ces entreprises, trois hommes furent impliqués dans la création de pratiquement chacune d'entre elles : Nagae Jun'ichi (1853-1917), Noda Utarô (1853-1927) et Mori Tokisaburô* (1857-1924). Ce trio constitua le fer de lance de l'essor entrepreneurial de la région. Nagae Jun'ichi, un propriétaire terrien de la localité d'Enoura, et Noda Utarô, un marchand du village d'Iwatsu, furent des figures centrales du Mouvement pour la liberté et les droits du peuple dans la région, ils y firent leurs premières armes politiques avant de devenir tous deux conseillers municipaux, puis départementaux, puis de siéger à la Chambre des députés à Tôkyô, sous l'étiquette du « Parti des sympathisants du gouvernement constitutionnel » (*Seiyûkai*). À l'époque nous intéressant ici, ils se consacraient énergiquement au développement industriel de leur province, où ils contribuèrent à la création de nombreuses entreprises dans le sillage de la Banque de Miike. Quant à Mori Tokisaburô, il dirigeait la maison familiale de négoce de charbon, qui fusionna par la suite avec quelques concurrents de la région d'Ômuta pour fonder la Compagnie commerciale charbonnière (*Sekitan shôsha*), dont il prit la présidence. Actif au sein du Club de Miike aux côtés de Nagae et Noda, il fut ultérieurement administrateur au sein de la Filature de Miike et de la Compagnie de travaux publics de Miike.

Le boom des entreprises se caractérise ainsi à Miike par le dynamisme déployé par les politiciens et entrepreneurs locaux qui, à l'instar de Nagae Jun'ichi et Noda Utarô, surent entraîner les propriétaires terriens et marchands de la région dans leurs activités de création d'entreprises. Nous allons à présent examiner plus en détail le cas des deux compagnies les plus représentatives des sociétés alors fondées : la Compagnie de travaux publics de Miike et la Filature de Miike.

(3) La fondation de la Compagnie de travaux publics de Miike

Le 6 juillet 1887, une assemblée préparatoire à la création d'une société de travaux publics se tint à l'initiative de Nagae Jun'ichi et Noda Utarô dans l'enceinte du temple Myôshô à Miike. Selon l'« Avant-projet des statuts de la Compagnie de travaux publics de Miike » (*miike doboku kaisha kisoku sôan*) rédigé le mois précédent[43], l'objectif de cette assemblée était de former une compagnie de construction et d'ingénierie sous la raison sociale d'une société par actions à responsabilité limitée pourvue d'un capital de 10 000 yens (à raison de 10 yens par titre, acquittables en quatre versements). D'après ce document, la quasi-totalité des trente-six participants à cette réunion étaient des primo-actionnaires (dix-huit d'entre eux) et des dirigeants (huit personnes) de la Banque de Miike, à commencer par son président (*tôdori*), Nagae Jun'ichi, et son directeur général (*shihainin*), Noda Utarô. La nouvelle compagnie avait tout l'air d'être une extension de la Banque de Miike. Il convient cependant de noter la présence à cette assemblée de l'une des plus grandes fortunes du district de Miike, Kawano Shûzô, et du responsable de la circonscription, Yufu Koremitsu*, tous deux sans lien avec la Banque de Miike et dont la participation laissait présager d'une prochaine levée de fonds à l'échelle de la région entière. Le projet de ligne ferroviaire formé par la Compagnie des chemins de fer de Kyûshû constituait une autre raison pour laquelle cette campagne, bien qu'essentiellement portée par les collaborateurs de la Banque de Miike, devait toucher tous les districts de la province. Comme l'écrit à ce propos Nagae Jun'ichi dans le document de présentation du lancement de la compagnie :

> *Le chemin de fer projeté en ce moment traversera notre région et la ville d'Ômuta accueillera une gare. Le jour où le rail verra le jour, la prospérité d'Ômuta atteindra un point tel que nous avons peine à l'imaginer aujourd'hui. La réalisation de cet essor nécessite la création de cette Compagnie* [de travaux publics]. *Oui, la réussite de cette compagnie est liée à la marche du progrès de la société tout entière ! Je suis convaincu que tant que la société poursuivra sa marche au progrès, les affaires de la compagnie ne sauront connaître le déclin*[44].

La vision des choses ici exposée était la même que celle du Club de Miike : « convaincu » que l'aménagement d'un chemin de fer porterait la province au faîte de la prospérité, Nagae apportait sa contribution en suggérant un plan visant à tirer profit des opportunités à venir. L'évocation de la « société tout entière » fait ici bel et bien référence à la région de Miike de manière générale et à son épicentre, Ômuta, en particulier, qui devaient se partager les fruits de ce « progrès », selon Nagae. Il recommandait donc de créer une compagnie de travaux publics capable de répondre localement aux besoins du chantier ferroviaire ainsi qu'à ceux du développement futur d'Ômuta.

À cette idée, soudain, l'engouement pour la création d'une telle société gagna toute la région. En sus des collaborateurs de la Banque de Miike présents lors de la première réunion, la deuxième assemblée du 16 juillet 1887 attira vingt-deux nouveaux participants venant de tous les districts[45]. Neuf d'entre eux furent nommés à cette occasion pour constituer un comité de campagne chargé de la prospection des primo-actionnaires et des préparatifs au lancement de l'entreprise. En sus du noyau des initiateurs, à commencer par Nagae et Noda, s'ajoutèrent les maires du village d'Ômuta et des environs (Nagamatsu Kan et d'autres). Cette manière de procéder réussit à mobiliser tous les districts de la province.

La Compagnie de travaux publics de Miike réunit ses actionnaires en assemblée générale le 23 septembre 1887, et vit sa création officiellement actée deux mois plus tard avec l'élection des sept membres de son conseil d'administration (voir Tableau 4-3), dont quatre collaborateurs de la Banque de Miike – ce qui témoigne une fois encore de l'immense influence de cet établissement. Le conseil nomma alors Noda Utarô président de la compagnie et Noguchi Chûtarô (1865-1931) secrétaire général (*kanji*), en charge de la gestion quotidienne de l'entreprise. Si la nomination de Noda à la présidence semble légitime tant il était une figure centrale du lancement de l'entreprise, nous voudrions attirer l'attention sur le cas de Noguchi Chûtarô, qui n'était à l'époque ni membre du comité de création de la compagnie, ni même administrateur au sein de la Banque de Miike : il s'agissait d'un simple marchand originaire du village de Yokosu (localité fusionnant avec d'autres pour créer la ville d'Ômuta [*N.d.T.* : en 1889]). Ce furent Nagae et Noda qui, ayant perçu son sens des affaires, l'auraient proposé à ce poste cumulant les responsabilités de secrétaire général (*kanji*) et d'administrateur (*torishimariyaku*)[46]. Noguchi exerça une grande influence sur le développement de l'entreprise grâce à ses réseaux à Ômuta, ville s'enrichissant progressivement dans l'ombre des mines de charbon de Miike.

Examinons à présent la composition de l'actionnariat de la société lors de sa création. Comme nous l'avons déjà précisé, la Compagnie de travaux publics de Miike commença ses activités avec un capital de 10 000 yens, soit 1 000 actions, dont 8 660 yens (866 titres) furent souscrits par cent seize primo-actionnaires. Ces derniers étaient particulièrement nombreux dans la partie nord de la région, entre les villages de Shimokusuda (où résidait Kawano Shûzô) et d'Enoura (terre natale de Nagae Jun'ichi, abritant le siège de la Banque de Miike). Dans la partie méridionale (l'ancien groupe de Taguma et les terres du domaine de Miike), la mobilisation fut certes moins forte mais tout aussi homogène sur son territoire : toutes les circonscriptions de la région participèrent à la création de l'entreprise. Au niveau quantitatif, 42 % de cet actionnariat était constitué de petits et moyens actionnaires possédant chacun entre 10 et 15 titres – alors que soixante-douze des cent seize contributeurs n'en avaient souscrit que 5, ou moins. En raison de ce ratio élevé de micro-actionnaires, le nombre moyen de titres *per capita* n'atteignait pas les 10 actions (7,5 actions par personne, soit 75 yens). Si nous retrouvons naturellement de grandes fortunes locales au premier rang des plus gros actionnaires (voir Tableau 4-4), comme les propriétaires terriens Kawano Shûzô et Matsuo Sôsaku, ce furent bel et bien les petits et moyens porteurs ruraux qui constituèrent la base actionnariale de l'entreprise à sa création. Étant donné le nombre moyen d'actions détenues par les membres du comité de lancement (qui déjà n'atteignait pas les 10 titres, à l'exception de Kawano), force est de reconnaître que, malgré leurs actifs plutôt limités, ces dynamiques entrepreneurs de province s'imposèrent comme les fers de lance de la création de la compagnie.

Le boom entrepreneurial dans la province de Miike durant la seconde moitié de l'année fiscale 1886 fut ainsi déclenché par certaines figures débordantes d'initiative comme Nagae Jun'ichi et Noda Utarô. Cette fièvre des entreprises gagna dès 1887 toute la région, portée par les attentes grandissantes des notables envers un développement économique rapide. Le fait que la campagne de fondation de la Compagnie de travaux publics de Miike se déroulât et se jouât au niveau de tous les districts environnants s'explique précisément par cette attente de la société locale.

(4) La fondation de la Filature de Miike

Temps fort du boom des entreprises dans la région, la création de la Filature de Miike fut, comme c'est bien connu, soutenue par Masuda Takashi (dirigeant des Produits Mitsui) en signe d'apaisement après l'adjudication de la concession houillère de Miike [*N.d.T.* : au groupe Mitsui][47]. Les sources principales attestant de ce fait ne sont cependant autres que les mémoires[48] de Masuda lui-même, qui sont d'un profond intérêt mais dont la subjectivité est indéniable. Tout en incorporant le point de vue des communautés locales, nous nous proposerons donc dans ce chapitre de réévaluer le processus de création de la Filature de Miike, nous appuyant sur les archives laissées par Nagae Jun'ichi, l'un des fondateurs de cette entreprise. Selon une de ses notes manuscrites, voici comment naquit le projet d'établir une filature dans la région de Miike :

> *MM. Mitsui Yônosuke et Masuda Takashi se rendirent à Ômuta. M. Kobayashi Hidetomo avança l'idée d'implanter une fabrique dans la région et M. Masuda abonda en son sens, évoquant la possibilité d'établir une filature. Ainsi débuta la fondation de la filature. Les personnalités locales s'entretinrent aussi avec MM. Kobayashi et Masuda afin de s'entendre au sujet du lancement d'un projet collectif. M. Masuda promit de nous faire parvenir, une fois revenu à Tôkyô, un projet détaillé*[49].

La date de cette visite de Mitsui Yônosuke et Masuda Takashi à Ômuta, où ils rencontrèrent les acteurs locaux du secteur minier (dont Kobayashi Hidetomo, le directeur de la mine d'État de Miike), correspond probablement à celle de la cession des mines au groupe Mitsui, en janvier 1889. Mitsui donna « pendant plusieurs jours d'affilée à compter du 19 de ce mois » de grands banquets « pour [s'assurer les] meilleurs rapports avec la population locale », conviant à cet effet les maires de village, les personnalités officielles, et plusieurs dizaines des « plus importants noms de la province »[50]. Le projet d'installer une filature dans la région d'Ômuta aurait donc tout d'abord été discuté par Kobayashi Hidetomo et Masuda Takashi lors de ces réceptions. Ômuta parut à plusieurs égards l'endroit le plus approprié pour accueillir un site de production textile : il était possible de s'y procurer du combustible à bas coût grâce au charbon de Miike, d'y importer aisément du coton brut depuis la Chine grâce aux « nombreux navires revenant de Shanghai après y avoir convoyé la houille », sans oublier la « commodité en matière de réparation et maintenance des machines » grâce à la présence d'un atelier métallurgique attenant à la mine de Miike, ou encore la situation avantageuse de la province pour le commerce du fil de coton grâce à sa proximité avec les régions de Kurume et Kumamoto où l'industrie du tissage était développée[51]. Après s'être entretenu par l'entremise de Kobayashi avec les notables locaux, dont Nagae Jun'ichi et Noda Utarô, Masuda décida de lancer une filature en associant Mitsui et les acteurs régionaux. Kobayashi Hidetomo, le directeur de la mine d'État de Miike, remplit alors un rôle important grâce à ses liens privilégiés avec les gens de la région. Sensible à l'inquiétude et au mécontentement de la population à l'annonce de la cession de la mine au groupe Mitsui, Kobayashi sut convaincre Masuda de faire en sorte d'apaiser les tensions locales, ce qui participa à l'initiative de la création de la Filature de Miike[52].

Ainsi fut lancée la campagne de financement de la Filature de Miike, qui par la suite, s'accéléra grâce aux démarches des acteurs locaux – Nagae et Noda en tête. Dans les premiers temps, ainsi que mentionné dans l'extrait précédent, Masuda Takashi était effectivement supposé rédiger et distribuer un projet précis de création d'une compagnie, mais « tandis que le document promis ne nous était toujours pas parvenu, un projet identique vit le jour à Kurume, nécessitant que nous précipitions le nôtre[53] ». Ce « projet identique » était celui de la Filature de Kurume, fondée en avril 1889 (150 000 yens de capitaux) dans l'objectif d'approvisionner en matière première l'industrie du tissage des environs de Kurume, particulièrement reconnue pour ses étoffes tachetées (*kasuri*) et rayées (*shima*)[54]. Piqués au vif par cette concurrence, les entrepreneurs du district de Miike entrèrent alors en contact avec leurs homologues de la circonscription de Yamato et se lancèrent dans la création d'une filature sans même attendre le dossier que Masuda leur avait promis.

Nagae et Noda se rendirent en premier lieu à Yanagawa, où ils rencontrèrent le 2 avril 1889 Ômura Tsutomu, l'ancien responsable du district de Miike, ainsi que d'anciens vassaux du domaine de Yanagawa, avec qui ils discutèrent l'idée de monter une compagnie de filage. Après consultation de Kobayashi Hidetomo et une nouvelle concertation à Yanagawa, une réunion fut tenue le 17 avril à Ômuta, rassemblant vingt-deux personnes des districts de Miike et Yamato ayant manifesté leur intérêt pour le projet. Onze d'entre elles composèrent le comité de fondation de l'entreprise : cinq hommes de Miike, cinq de Yamato et un représentant de Mitsui[55]. La plupart d'entre eux étaient non seulement d'anciens samouraïs du domaine de Yanagawa, mais aussi des acteurs du Mouvement pour la liberté et les droits du peuple (portant création du Parti progressiste de Kyûshû, devenu ensuite Parti de la liberté). Cela montre combien la campagne de financement de la Filature de Miike s'appuya sur des sociabilités anciennes couvrant les deux districts de Miike et Yamato. Les membres du comité issus de la circonscription de Yamato s'avéraient être les administrateurs d'organismes financiers (comme la Quatre-vingt-seizième Banque nationale ou la *Tenteki-sha* [*N.d.T.* : la « Société du goutte-à-goutte »]). Ceux de Miike travaillaient au conseil d'administration de la Compagnie de travaux publics de Miike. Ainsi, nous pouvons deviner que ces anciens samouraïs avaient continué de se fréquenter dans le cadre de leurs activités économiques respectives après la restauration de Meiji.

Grâce aux réseaux politiques et économiques que les membres du comité de campagne avaient tissés dans la région, la fondation de la compagnie put être réalisée rapidement. Deux semaines ne s'étaient pas écoulées depuis la première réunion qu'ils avaient déjà procédé à la rédaction des statuts et réuni les capitaux, pour organiser dès le 5 mai 1889 une assemblée générale des fondateurs où le montant du capital de la compagnie fut officiellement fixé et son conseil d'administration élu. Les membres du comité de campagne avaient initialement prévu de collecter 250 000 yens en tout auprès de la famille Mitsui[56] (50 000 yens), des districts de Yamato et Miike (75 000 yens) et des régions voisines (50 000 yens) et s'efforcèrent de suivre ce plan[57]. Or, dans la continuité de la fièvre des investisseurs pour les titres de la Compagnie des chemins de fer de Kyûshû au cours des deux années précédentes, la souscription dépassa largement les prévisions des fondateurs, atteignant près d'un million de yens d'actions avant même le 28 avril, date limite de réservation des titres[58]. L'assemblée générale du 5 mai en profita pour porter le montant du capital de l'entreprise à 300 000 yens, diminuant le nombre d'actions souscrites par actionnaire en proportion[59]. Les grands actionnaires de l'entreprise, détenteurs d'au moins 100 titres chacun, étaient Mitsui Yônosuke (500 actions), Masuda Takashi (500 actions), Ono Ryûki (120 actions), Kawano Shûzô (120 actions), Bekki Noboru (120 actions), Mori Nobuo (100 actions) et Takamoku Kinjirô (100 actions). Tous relevaient du giron de Mitsui ou travaillaient dans des organismes financiers des districts de Miike et Yamato (Banque de Miike, Quatre-vingt-seizième Banque nationale et sociétés parentes). Si les représentants de Mitsui s'avéraient être les plus grands actionnaires de la compagnie, ils ne détenaient toutefois que 16,7 % du total (1 000 actions sur 6 000)[60]. La population des districts de Miike et Yamato détenait, elle, près des deux tiers des actions en 1892 (63,9 %, 3 834 titres)[61]. L'assise capitalistique de la compagnie était donc, à ses débuts, profondément locale.

Quant à la composition du conseil d'administration nommé durant cette assemblée générale, trois membres étaient issus du district de Yamato, trois du district de Miike – dans la continuité de l'équilibre ayant prévalu entre les deux circonscriptions lors de la campagne de lancement – et un du groupe Mitsui[62]. La plupart de ces cadres avaient été particulièrement actifs durant cette campagne et, si l'on excepte Mori Nobuo (par ailleurs administrateur de la Quatre-vingt-seizième Banque nationale), tous présentaient un profil d'actionnaire de moyenne envergure, avec environ 50 titres chacun. Aucun des plus importants actionnaires de la compagnie ne fut nommé administrateur, comme dans le cas de la Compagnie de travaux publics de Miike. Cela tend à confirmer que l'essor des entreprises fut réalisé en province grâce à la combinaison de grandes fortunes, dans le rôle des principaux investisseurs, et de possédants d'échelle plus réduite, dans celui des véritables entrepreneurs.

Ômura Tsutomu fut ultérieurement élu président de la compagnie par le conseil d'administration, qui nomma également Nagae Jun'ichi, Noda Utarô et Mori Nobuo aux postes de directeurs généraux délégués (*jômu toshimari-yaku*). Cette équipe devait travailler en roulement au sein de l'entreprise à raison d'un jour de présence hebdomadaire du président, et d'une répartition des six jours restants entre ses trois délégués[63]. Dès le 9 juin, Ômura et Noda se rendirent durant deux mois à Tôkyô afin de se livrer aux derniers préparatifs du lancement de la compagnie, procédant notamment à la commande des machines[64] et au recrutement des ingénieurs chargés de la construction de la filature ainsi que des installations mécaniques.

Si Masuda Takashi et Kobayashi Hidetomo avaient initialement lancé la fondation de la Filature de Miike, ce fut l'extrême dynamisme que déployèrent les hommes de la région, dans le sillage de Nagae Jun'ichi et Noda Utarô, qui permit de mener en un temps record la collecte des capitaux et la rédaction des statuts actant officiellement la création de la société. Les artisans de cette campagne de lancement devaient alors prendre la direction de la compagnie en tant que dirigeants – une première, sans doute rendue possible par les divers savoir-faire en matière de création et de gestion d'entreprise qu'ils avaient auparavant accumulés au sein de la Banque de Miike et la Compagnie de travaux publics de Miike. En ce sens, la fondation de la Filature de Miike marqua l'apothéose du boom des entreprises dans la province de Miike.

3. Le développement des entreprises régionales (1) : l'expansion des affaires de la Compagnie de travaux publics de Miike

Selon quelles modalités ces sociétés créées en nombre au cours du boom entrepreneurial, presque par effet de mode, se développèrent-elles ultérieurement ? Dans la province de Miike, comme ailleurs, la crise financière de 1890 écourta la vie de plusieurs compagnies dans le textile ou la manufacture de nattes de paille (notamment la Compagnie industrielle d'Enoura, *Enoura kôgyô*), mais d'autres entreprises de plus grande envergure survécurent et poursuivirent leur expansion. Ce fut le cas de la Compagnie commerciale charbonnière, de la Compagnie de travaux publics de Miike et de la Filature de Miike. Nous allons ici nous concentrer sur ces deux dernières sociétés pour analyser la manière dont elles ont développé leurs affaires.

(1) La gestion de la Compagnie de travaux publics de Miike à ses débuts

La Compagnie de travaux publics de Miike installa ses premiers bureaux dans le village de Sagari le 6 décembre 1887. Elle entreprit de recouvrir un quart du montant des actions souscrites dès le 15 du même mois, mais « la gestion de nos affaires a subi le contrecoup des nouvelles normes qui nous ont été imposées, ce qui a retardé la mise au travail des employés[65] ». Les formalités s'éternisèrent, reportant au 1er février 1888 la création officielle de la compagnie. À peine cette dernière venait-elle de démarrer son activité que la cession des charbonnages de Miike au groupe Mitsui fut rendue publique (avril 1888), ce qui provoqua « l'ajournement provisoire » des travaux projetés par l'administration des mines… travaux que la Compagnie des travaux publics de Miike espérait se voir confier. « Le marasme du secteur de la construction dans notre région-cible[66] » s'aggravait. La gestion de la toute jeune compagnie fut pour ces raisons « rendue momentanément très difficile[67] », une situation qui se poursuivit toute l'année. Pour cette année 1888, le chiffre d'affaires sur les prestations de construction resta inférieur à 1 000 yens et les recettes de la vente de bois de charpente (l'entreprise en avait fait une activité à part entière) atteignirent péniblement la moitié de cette somme (voir Tableau 4-6). Avec les intérêts générés par ses différents placements, la Compagnie de travaux publics de Miike parvint néanmoins à générer des bénéfices équivalents à 7 % de son capital versé, pouvant distribuer 7,2 % de dividendes. Ses affaires étaient pourtant encore loin d'être stabilisées.

La prise de contrôle des mines de charbon de Miike par Mitsui en janvier 1889 changea la donne : les activités de construction générèrent sur le premier semestre 7 218 yens de recettes, auxquels s'ajoutèrent 5 993 yens de recettes produites par la vente de bois de charpente (surtout destiné aux poutres d'étaiement des galeries minières). Bien que l'importance du coût de revient dans la construction limitât l'ampleur des profits générés, ces derniers dépassèrent tout de même les 10 % du capital, permettant de verser des dividendes consistants (9,6 %). Puis, en juillet de la même année, le chantier tant attendu de la Compagnie des chemins de fer de Kyûshû fut enfin lancé entre Kurume et Takase.

L'aménagement d'un chemin de fer nécessite la mobilisation d'une grande variété de compétences afin de réaliser toutes les opérations nécessaires (percement de tunnels, érection de ponts et bâtiments, pose de rails, etc.). Pour les tronçons présentant le plus de difficultés (ponts et tunnels), la Compagnie des chemins de fer de Kyûshû fit appel à des entrepreneurs de grande envergure issus des sphères centrales du pays, notamment ceux de la Compagnie des travaux publics du Japon (*Nihon doboku kaisha*), mais elle sollicita la libre concurrence entre les entreprises locales pour les portions comparativement moins techniques. Outre la Compagnie des travaux publics du Japon, elle employa plusieurs entreprises fondées par d'influentes figures régionales, comme la Compagnie pour la réussite des affaires à Saga (*Saga shingyô-sha*), ou celle des Travaux publics de Kumamoto (*Kumamoto doboku kaisha*)[68]. Leurs présidents respectifs Tagami* Tokujûrô et Arima Gennai ne possédaient eux-mêmes pratiquement aucune compétence technique et déboursèrent d'importantes sommes pour le recrutement d'ingénieurs spécialisés comme Sugahara Tsunemi (diplômé en 1886 de l'École du génie civil de l'Université impériale – *kôbu daigakkô teikoku daigaku* – et ingénieur de sixième classe au Bureau des chemins de fer) ou Itô Ryûzaburô (diplômé de la même école en 1882, ingénieur de cinquième classe au sein du même bureau) afin de leur confier l'élaboration d'un devis pour le projet et la direction technique des travaux[69]. Le salaire de Sugahara aurait dû atteindre les 120 yens mensuels[70], un montant que la Compagnie de travaux publics de Miike ne pouvait se permettre, et faute de n'avoir pu s'attacher la compétence technique nécessaire, elle ne parvint pas à devenir prestataire de la Compagnie des chemins de fer de Kyûshû. Elle dut se contenter de travailler sur le chantier du secteur 4 comme sous-traitante de la Compagnie pour la réussite des affaires – qui avait décroché le contrat pour le tronçon allant de Wataze à Miike[71] [*N.d.T.* : une petite dizaine de kilomètres].

Sous la conduite de son président Noda Utarô, la compagnie réalisa dans un premier temps de larges profits grâce à ce chantier ferroviaire[72]. Au premier semestre 1890, le chiffre d'affaires et les bénéfices générés dans le cadre de la sous-traitance en travaux publics et construction excédèrent nettement ses précédents résultats (voir Tableau 4-5). Le rapport des bénéfices sur le capital versé dépassa les 17 %, permettant de dégager des dividendes record de 12 %, et pour la première fois la compagnie fut en mesure de verser une prime à ses cadres. Après avoir atteint ces résultats, Noda quitta le 26 août la présidence de l'entreprise[73], poste auquel lui succéda son second, Kawano Shûzô[74].

Lors du second semestre 1890, pourtant, ce chantier causa d'importantes pertes financières à la compagnie « en raison de la présence imprévue d'une strate rocheuse sur le tracé bousculant le calendrier défini et le budget alloué », selon une biographie consacrée à Noda[75]. À l'époque, si la Compagnie pour la réussite des affaires recevait environ 70 à 80 centimes par arpent (3,3 mètres carrés) à déblayer, elle n'en reversait que 35 à 40 à son sous-traitant, cherchant en outre « à ce que les éventuelles pertes ne soient en aucun cas répercutées sur son activité, usant pour cela de strictes modalités contractuelles imposées à ses sous-traitants[76] ». De ce fait, ces derniers étaient les plus exposés aux risques inhérents aux travaux : en cas d'imprévu, ils devaient seuls supporter l'intégralité des pertes. Ainsi, le chantier de la Compagnie des chemins de fer de Kyûshû « permit aux prestataires directs de gagner de l'argent, mais ruina pratiquement tous les soutiens financiers des sous-traitants[77] ». Contrairement à ce qui avait été espéré, ce contrat ferroviaire s'avéra une véritable épreuve pour la jeune Compagnie de travaux publics de Miike. Bien que son ancien président et administrateur Noda Utarô multipliât les démarches auprès des ingénieurs de la Compagnie des chemins de fer de Kyûshû pour tenter d'arranger la situation[78], le poids des pertes ne permit de dégager aucun dividende à la fin du semestre (voir Tableau 4-5). Ce passif obéra longtemps encore les comptes de la société.

En raison du faible développement des capacités de transport terrestre, les compagnies ferroviaires se fournissaient généralement près des chantiers pour les traverses dont elles avaient besoin en si grand nombre pour l'aménagement des voies. L'approvisionnement en bois représenta dès lors une autre opportunité pour l'économie locale et la Compagnie de travaux publics de Miike se recentra sur ce secteur, lui permettant d'améliorer sa situation financière. Ainsi, entre 1889 et 1891 (voir Tableau 4-5), le commerce du bois représenta une source de profits supérieure aux activités de construction. Lors du second semestre 1890, la compagnie enregistra notamment plus de 10 000 yens de chiffre d'affaires sur la vente de matériaux, dégageant 218 yens de bénéfice, comblant une partie du déficit enregistré par les activités de construction.

Jusqu'à ce qu'elle rencontre ses difficultés financières causées par le chantier des chemins de fer de Kyûshû, la Compagnie de travaux publics de Miike avait fait des « travaux publics son cœur de métier ». Elle choisit alors, en mars 1891, d'étendre ses ambitions à « la construction de bâtiments, leur location ou leur vente à crédit, ainsi [qu'au] commerce du bois et de la pierre[79] », transformant l'activité commerciale qu'elle menait à titre secondaire en activité principale. Au niveau commercial, justement, elle commença en avril 1891 une activité de sous-traitant en achat de matériaux, percevant une commission de 8 à 10 %[80]. Cette nouvelle activité, plus stable, ne l'exposait que faiblement aux risques opérationnels puisqu'elle ne devait gérer aucun stock et il lui arrivait de dégager des profits plus importants que les chantiers ou la vente de matériaux (voir Tableau 4-5).

Sous l'impulsion de son administrateur et secrétaire général Noda Utarô, la Compagnie de travaux publics de Miike entreprit ainsi dès 1891 une diversification générale de ses affaires visant à parer les risques inhérents au domaine précaire de la construction. Cette stratégie porta ses fruits et le résultat net de la société remonta au point d'atteindre un maximum historique au premier semestre 1892 (610 yens). Le profit dégagé sur ce seul semestre équivalait alors au cinquième des capitaux versés, permettant à la compagnie de distribuer des dividendes à hauteur de 10 % à ses actionnaires et de rétablir les primes accordées à ses administrateurs. Néanmoins, le déficit enregistré à la fin de 1890 continua d'obérer les finances de la société : il lui restait encore 362 yens de dettes au premier semestre 1893 (voir Tableau 4-6).

(2) La reformation de la société en commandite et le développement de ses affaires au cours de la décennie 1890

La Compagnie de travaux publics de Miike connut en 1893 une restructuration d'envergure destinée à la mettre en conformité avec le nouveau Code du commerce, qui devait partiellement entrer en vigueur en juillet de cette année. Ce mois vit sa dissolution et son immédiate reformation sous le statut de société en commandite simple (*Miike doboku gôshi-gaisha*, dorénavant SCS de travaux publics de Miike), au capital nominal de 10 000 yens)[81]. L'entreprise puisa dans ses réserves et ses recettes du premier semestre 1893 pour solder ses pertes reportées et abaissa à 5 000 yens la valeur de son capital versé (jusqu'alors de 7 146 yens, voir Tableau 4-6), réglant tous ses comptes. Les investisseurs poursuivant leur engagement dans la nouvelle entreprise le firent sous la forme d'une « participation » (*mochibun*)[82] après que le remboursement du capital versé fut réalisé[83]. Le nombre des investisseurs passa alors de quatre-vingt-deux à dix-neuf[84]. Il n'y eut toutefois guère de changements au sein de la direction : Kawano Shûzô comme Noda Utarô retrouvèrent leurs postes de « responsables d'exploitation » (*gyômu tantônin*)[85] : le premier fut de nouveau nommé président, le second renouvelé à son double poste d'administrateur et directeur (*torishimariyaku-ken-shihainin* ; voir Tableau 4-3).

Ce changement de forme juridique fut pour la compagnie l'occasion d'effacer toutes ses dettes accumulées et de parvenir à consolider sa base financière. Ses affaires prirent par la suite une excellente tournure à la faveur de la guerre sino-japonaise de 1894-1895 et de la bonne conjoncture qui s'ensuivit. La société vit alors son chiffre d'affaires quadrupler en l'espace d'à peine trois années, les profits de son activité commerciale triplèrent en 1894 et se maintinrent au même niveau jusqu'en 1896 (voir Tableau 4-5). Toutefois, en raison des fortes variations du taux du coût de revient des opérations de construction en sous-traitance, la hausse constante du chiffre d'affaires des contrats de sous-traitance ne généra pas autant de profits qu'on pourrait le croire. Pourtant, comparé à ce qui prévalait jusqu'en 1892, le taux de marge des chantiers de construction avait nettement augmenté. C'est néanmoins plutôt l'activité de vente de matériaux qui assura alors ses bons résultats à la compagnie : le montant des ventes augmenta soudainement à compter de 1894, hausse que suivirent aussi les profits dégagés par l'entreprise. L'expansion des affaires de la mine de Miike due à la demande exceptionnelle en charbon pendant et après la guerre sino-japonaise ne fut pas étrangère à ce nouvel élan commercial de la compagnie : l'approvisionnement des galeries minières en poutres d'étaiement était devenu l'une de ses principales activités.

D'autre part, en réduisant ses coûts de gestion à près de 2 %, la compagnie gagna en productivité dès 1894, générant un taux record de bénéfices rapportés sur le capital versé (23,5 %), permettant d'accorder d'importants dividendes (15 %). Ces bénéfices vinrent par ailleurs gonfler les provisions en fonds que la compagnie prévoyait de conserver à hauteur de 10 % des profits réalisés au cours de la période. Ces derniers furent à raison retenus dans sa comptabilité comme « provisions exceptionnelles », contribuant à consolider les réserves internes de l'entreprise. En conséquence de ces excellents résultats, une prime exceptionnelle fut versée au personnel ainsi qu'aux cadres de direction (président et secrétaire général).

Durant l'année 1894 et celles qui suivirent, la Compagnie de travaux publics de Miike parvint à affermir son assise commerciale grâce à la fois à l'assainissement de ses finances réalisé *via* sa reformation en commandite et à la conjoncture économique favorable due à la guerre sino-japonaise. Ses relations avec la mine de charbon de Miike jouèrent clairement un rôle central dans ce processus.

Avec l'interruption en 1891 des travaux des chemins de fer de Kyûshû, la plupart des compagnies de génie civil de la partie septentrionale de l'île de Kyûshû pendant la première vague d'essor des entreprises furent confrontées au chômage technique et à la liquidation forcée[86]. Or, notre SCS, elle, conserva ses activités de prestataire en ingénierie et fournisseur de matériaux auprès du charbonnage de Miike, ce qui lui permit de subsister jusqu'à la fin de la guerre sino-japonaise. Il semble évident que les liens privilégiés qu'avaient noués Noda Utarô et Noguchi Chûtarô avec les gens de Mitsui et la mine de Miike contribuèrent grandement à la survie de la compagnie.

(3) De la SCS à la SA, l'ouverture du capital de la société et sa nouvelle expansion

La SCS de travaux publics de Miike comptait initialement rembourser ses emprunts en réunissant pour le mois de décembre 1894 les 5 000 yens qui n'avaient pas encore été versés à son capital. Néanmoins, l'opération ayant échoué, elle dut se résoudre, en janvier 1895, à repousser d'un an la date limite de versement des fonds[87]. Six mois plus tard, elle n'avait réuni que 2 230 yens et en janvier 1896, lors d'une assemblée générale extraordinaire, les dirigeants décidèrent de repousser encore la période de recouvrement d'un an[88]. Comme nous l'avons déjà vu, les affaires de la compagnie connurent à ce moment un soudain développement… accroissant encore les besoins en capitaux. Les intérêts qu'elle devait régler à ses créanciers s'accumulaient dangereusement et ses emprunts[89] atteignirent la somme de 4 000 yens au cours de l'année 1896 (voir Tableau 4-6). Handicapée par le manque d'ouverture propre au régime de la commandite, la société sombrait dans de graves difficultés financières.

Devant cet état de fait, la direction de la compagnie se mit à envisager l'éventualité de l'adoption d'un régime de société par actions, ce qui fut réalisé en avril 1897. Selon les statuts de l'entreprise, le capital nominal de la SA de travaux publics de Miike se montait dorénavant à 100 000 yens, en 2 000 actions d'une valeur unitaire de 50 yens, dont un premier quart fut mobilisé entre avril 1897 et septembre 1898. Trente-six personnes[90] répondirent à la souscription, dix-sept investisseurs s'ajoutant aux dix-neuf commanditaires originels. S'il nous a été impossible de retrouver la liste de ces primo-actionnaires, nous pouvons en revanche examiner la composition de l'actionnariat de la compagnie pour l'année 1908 (voir Tableau 4-4). Nous remarquons la présence du grand propriétaire terrien Ono Ryûki, premier actionnaire de l'entreprise avec 250 titres détenus. Sans doute les excellents résultats de la société après la guerre sino-japonaise l'avaient-ils convaincu, lui l'ancien propriétaire des mines de Miike et plus grande fortune régionale. Selon cette liste des actionnaires, la plupart des nouveaux porteurs de titres fin 1908 étaient originaires du district de Miike ou de celui, voisin, de Yamato[91], preuve du caractère toujours foncièrement local du financement de la société.

La compagnie conclut sans difficultés sa collecte de fonds avec le concours des plus puissants et fortunés investisseurs du district, puis profita de son changement de statut pour procéder à un renouvellement de son équipe de direction. Kawano Shûzô quitta la présidence de l'entreprise pour en devenir l'un des administrateurs, tandis que Noguchi Chûtarô, jusqu'alors administrateur (*torishimariyaku*) et directeur (*shihainin*), fut promu directeur général principal – pouvant engager seul la responsabilité de l'entreprise (*senmu torishimariyaku*, voir Tableau 4-3). L'ancien secrétaire général du district (*gunyakusho shoki*) de Miike, Sano Otozô*, intégra la société comme gérant (*shihainin*) afin de seconder Noguchi. Enfin, le plus grand actionnaire de la compagnie, Ono Ryûki, fut nommé au poste d'auditeur (*kansayaku*), avant de le devenir aussi au sein de la Banque de Miike (avec Noguchi Chûtarô). Kawano vint, lui, à cumuler ses fonctions d'administrateur (*torishimariyaku*) au sein de ces deux établissements, renforçant encore davantage les liens de proximité qui unissaient ces sociétés.

Délivrée de son fardeau financier, l'entreprise connut dès lors une rapide expansion, qui atteignit son paroxysme au milieu de la décennie 1900 lors de la guerre russo-japonaise. Malgré ses relations de longue date avec les mines de Miike, elle se lança alors dans l'exécution de travaux pour le compte de la marine et de l'armée de terre, et ouvrit des succursales près des ports militaires et des postes de stationnement de Kurume, Saga, Miyakonojo, Sasebo, ne limitant désormais plus ses affaires à la seule contrée de Miike, ni même au département de Fukuoka, mais les ouvrant à toute l'île de Kyûshû. Ses principaux domaines d'activité, qui depuis la guerre sino-japonaise se divisaient à peu près équitablement entre construction et commerce de matériaux de construction, virent leurs proportions bouleversées après le conflit russo-japonais : les travaux de construction générèrent alors jusqu'à plus de 90 % des profits de la compagnie[92]. La Compagnie de travaux publics de Miike, pierre angulaire des entreprises de construction de la région de Kyûshû, allait par la suite poursuivre ses affaires jusqu'à l'ère de Shôwa [*N.d.T.* : 1926-1989].

4. Le développement des entreprises régionales (2) : la Filature de Miike et les entrepreneurs de province

(1) La ligne initiale de gestion de la Filature de Miike

Comparées à la Compagnie de travaux publics de Miike, qui enregistra une croissance régulière sous l'action de ses entrepreneurs dirigeants, quelles stratégies de gestion une entreprise de plus grande taille comme la Filature de Miike adopta-t-elle ? Si Okamoto Yukio a précédemment exploré cette question de manière détaillée[93], travaux auxquels nous nous reporterons dûment dans cette partie, nous tâcherons pour notre part de retracer l'action des entrepreneurs locaux (Nagae Jun'ichi, Noda Utarô, etc.) lors des premiers temps d'exploitation de l'entreprise.

À peine son usine achevée, en juillet 1891, la Filature de Miike « en vint à devoir effectuer des essais de production et lancer son activité au plus tôt, et pour cela nommer un directeur commercial [*shômu shihainin*][94] ». À l'issue de nombreux débats, le conseil d'administration prit la décision de nommer d'une part Nagae Jun'ichi directeur commercial et administrateur, et de promouvoir d'autre part son ingénieur en chef Shimoyama Hidehisa comme directeur technique (*kômu shihainin*). Peu à l'aise dans ses nouvelles fonctions, Shimoyama quitta toutefois son poste le 25 août, remplacé au pied levé par Nagae (comme « superviseur technique », *kômu no kantoku*)[95]. La Filature de Miike commença officiellement sa production le 19 octobre 1891, avec un parc mécanique de 5 000 broches.

La question la plus urgente à régler était celle de l'approvisionnement en matière première, la fleur de coton. Selon les notes de Nagae, alors en charge de la gestion de la compagnie, cette opération fut initialement confiée à la Compagnie des produits Mitsui, la branche commerciale du groupe Mitsui et partie prenante dans la création de l'entreprise. Mais les problèmes ne tardèrent pas à surgir : « la succursale de Mitsui à Shanghai [se permit] rapidement de modifier à sa convenance » le type de fleur de coton envoyé, quand elle n'« envoyait [pas] le stock mensuel en une seule fois alors qu'il était prévu plusieurs plus petites livraisons ». Constatant que « non seulement [notre] toute jeune compagnie souffre du fait que ses entrepôts ne sont pas encore achevés, [mais qu']il nous faut en outre entreposer des quantités de fleur de coton inutiles et payer régulièrement pour cela des frais supplémentaires pour rien », Nagae décida de réviser sa politique d'achat[96] :

Pour le coton de Bombay, il nous faut acheter au meilleur prix en prenant connaissance par télégramme des prix pratiqués par le siège de Mitsui ou son bureau à Shanghai, mais aussi par toutes les compagnies cotonnières japonaises et étrangères, la Compagnie cotonnière du Japon et d'autres. Et pour le coton chinois, en dehors du bureau de Mitsui à Shanghai, il y a aussi la Compagnie de consignation de Nagasaki, les maisons marchandes de Matsumoto Takesuke, Ôzu Reihachirô, etc. chez qui nous aurions intérêt à nous approvisionner en gros en nous tenant informés régulièrement des prix. En agissant ainsi, la concurrence sera poussée à son faîte parmi les vendeurs de fleurs de coton et ils s'efforceront de s'attirer nos faveurs. Cela profitera donc grandement à notre compagnie de modifier ses méthodes d'achat, de passer d'approvisionnements en consignation [*N.d.T.* : auprès de Mitsui] *à des achats opportuns réalisés au fil du marché. Grâce à ces commandes au meilleur prix, nos achats auprès de Mitsui diminueront*[97].

La direction de la compagnie chercha alors à faire jouer la concurrence afin de diminuer sa dépendance envers Mitsui, non seulement sur le marché du coton indien où il était possible de compter sur d'autres grandes compagnies rivales de Mitsui, mais à Shanghai aussi grâce à de plus petits concurrents japonais présents sur place.

Quant à la vente de son fil de coton, la compagnie, toujours sous l'impulsion de son directeur commercial Nagae Jun'ichi, chercha à prendre le contrôle du marché sur toute l'île de Kyûshû, très dominé jusqu'alors par les productions de Kumamoto et de Kurume. Il décida de se servir d'agences sous contrat spécial pour jouer les intermédiaires[98]. Sa part de marché progressa tout particulièrement à Kumamoto, « terre jusqu'ici alimentée par les filatures chinoises », si bien qu'au cours de l'année 1893 « notre société [avait] ouvert depuis le début de son activité près de dix points de vente, qui étendirent progressivement leur action jusqu'à imposer notre fil de coton dans la région – c'est d'ailleurs vers Kumamoto qu'est à ce jour expédié 40 % de notre production[99] ». À cette occasion, la Filature de Miike forma en janvier 1893 une « coopérative des filés de coton » (*menshi dômeiten*) regroupant les plus puissants « marchands de filés de la région ». Elle se dédiait ainsi à des activités commerciales valorisant le rapport de proximité et la confiance mutuelle, ce qui permit notamment de freiner les avancées de la concurrence[100].

Grâce à l'action de Nagae et de ses collaborateurs, la compagnie récolta d'excellents résultats du second semestre 1892 (où elle entra pleinement en activité) au premier semestre 1894 : durant ces quatre semestres, son pourcentage de bénéfices plafonna en moyenne à 25,7 % de son capital, permettant de larges dividendes (15,5 % en moyenne).

Ses réserves internes (proportion des fonds de réserve sur la valeur du capital versé) avaient de ce fait doublé entre le second semestre 1893 et le premier semestre 1894 (de 4,6 % à 9,1 %)[101].

(2) L'éviction de Nagae Jun'ichi et la Compagnie des produits Mitsui

En mars 1894, Nagae Jun'ichi fut soudain démis de ses fonctions de directeur commercial et réintégra les rangs des administrateurs ordinaires des filatures. Pour le remplacer, Masuda Takashi recommanda Terashima Noboru, qui travaillait au bureau de la Compagnie des produits Mitsui à Nagasaki mais céda à la faveur d'un confortable salaire (70 yens par mois)[102]. Ce changement au plus haut niveau est de prime abord surprenant compte tenu des résultats encourageants de l'entreprise à ce moment, mais il peut s'expliquer par différentes raisons plus profondes.

Tout d'abord, cette nomination de Terashima résultait d'une demande de Mitsui. Lors du conseil d'administration de janvier 1894, Masuda Takashi relaya le souhait exprimé depuis Tôkyô par les « pontes de Mitsui » (*jûritsu taru mitsui-ren*) qu'« une personne rompue aux affaires commerciales » (*shôbai jukuren no mono*) soit recrutée au sein du département des ventes et achats de la compagnie de filage, Masuda proposant Terashima[103]. Nagae Jun'ichi expliquait ainsi cette démarche entreprise par Mitsui :

> [Notre nouvelle politique d'achat] *contraria beaucoup les intérêts de la Compagnie des produits Mitsui. Ressentant une grande injustice, cette dernière se décida à tout faire pour obérer nos affaires, jouant des factures, augmentant les intérêts journaliers, écourtant les échéances. En cas de retard de paiement, ils critiquaient la santé fragile de l'entreprise… Néanmoins, la compagnie a résisté à toutes ces difficultés.* […] *Semestre après semestre, les profits ont augmenté, et à notre neuvième exercice, nous avons même dégagé 56 000 yens de bénéfices net. Du coup, Mitsui se rendit compte qu'elle ne parviendrait pas à s'emparer de notre compagnie en la maltraitant et la malmenant de la sorte. Ils ont alors par toutes sortes de manœuvres voulu imposer un de leurs subalternes au poste de directeur* [*N.d.T.* : commercial]. *C'est là une méthode similaire à celles du gouvernement du Royaume-Uni imposant un Britannique au sein du gouvernement égyptien. Alors, la compagnie, après concertation, a fini par céder et Terashima Noburu obtint un poste au sein de la direction*[104].

L'éviction de Nagae avait donc pour origine la politique des « achats opportuns » (*zuiji kô'nyû*) que la compagnie avait commencé à appliquer dans l'optique de réduire ses coûts. Perdant l'« exclusivité » (*itte itaku*), la Compagnie des produits Mitsui chercha alors à renforcer son pouvoir d'influence en plaçant un de ses hommes à la tête de l'entreprise, ce que Nagae comparait à « une méthode similaire à celles du gouvernement du Royaume-Uni imposant un Britannique au sein du gouvernement égyptien[105] ». La Filature de Miike venait toutefois de réaliser en juillet 1893 le doublement de son capital (le portant à 300 000 yens) afin de développer son outillage et, dans la mesure où elle n'avait pas encore reçu l'intégralité des nouveaux fonds, la compagnie ne pouvait se permettre d'aller à l'encontre des volontés de son plus gros actionnaire, le groupe Mitsui détenant près de 20 % des actions (voir Tableau 4-7).

En outre, le doublement du capital impliquait un accroissement à court terme très important de l'échelle de la production, ce qui a pu faire douter de la pertinence de la politique commerciale (des achats opportuns et de la vente *via* un réseau de bureaux spéciaux) qui avait fait ses preuves lorsque la capacité productive était de 10 000 broches... Derrière la requête de Masuda Takashi d'employer au sein du service commercial « une personne rompue aux affaires », il ne s'agissait pas simplement de servir les intérêts de la compagnie Mitsui, il y avait aussi la conscience de l'absolue nécessité, pour poursuivre le développement de la Filature de Miike, d'intégrer des talents capables de conduire des transactions sur les grands marchés de Tôkyô, Ôsaka ou de l'étranger, où les liens interpersonnels sont minimisés. Les entrepreneurs de province tels que Nagae, qui avaient jusqu'ici bâti leur stratégie commerciale sur la proximité directe et la confiance mutuelle avec les petites sociétés régionales dont ils s'étaient rapprochés, ne possédaient aucun savoir-faire pour conclure des transactions sur ces grands marchés anonymes, un désavantage qui aboutit finalement au recrutement d'un membre de Mitsui. Voilà donc un cas où le brusque essor insufflé par des entrepreneurs de province à leur compagnie régionale révéla leurs propres limites.

En conséquence, la Filature de Miike finit par céder en 1894, « choisissant de confier aux Produits Mitsui la gestion exclusive des achats de fleurs de coton et de la vente de la production, évinçant les marchands de fil régionaux[106] ». Alors que sa ligne de gestion était jusqu'alors fondée sur les « relations de face-à-face », de proximité immédiate avec son réseau d'agences, tant pour l'approvisionnement en manières premières que pour l'écoulement de la production, la compagnie choisit d'accroître sa dépendance envers Mitsui, une compagnie développant une méthode de vente expansive sur des marchés dépourvus de tels contacts humains directs, où règne l'anonymat.

(3) La Filature de Miike : une compagnie désormais affiliée à Mitsui

À partir de 1894, la Filature de Miike poursuivit sa croissance sous la conduite de Masuda Takashi, représentant direct de Mitsui au conseil d'administration[107]. Elle augmenta une première fois son capital de 50 000 yens en mars 1895, puis de 350 000 yens en novembre, pour devenir une grande compagnie dépassant le million de yens de capitaux (voir Tableau 4-7). Si le pourcentage de titres détenus par Mitsui progressa légèrement durant cette période (de 18,5 % à 25 %), celle-ci n'exerça pas nécessairement un très grand contrôle financier. Ce fut plutôt l'immense influence de Masuda sur l'équipe dirigeante qui garantit l'autorité de Mitsui sur la filature.

Évincé de son poste de directeur commercial en mars 1894, Nagae Jun'ichi n'en continua pas moins par la suite de s'impliquer dans les prises de décision de la compagnie en tant qu'administrateur ordinaire. Lors de la refonte de l'équipe dirigeante initiée par Masuda en janvier 1895, Noda Utarô fut nommé directeur général principal (*senmu torishimariyaku*), mais tous les autres membres du conseil d'administration, à commencer par Nagae, furent ramenés à une position non permanente (*hijôkin*)[108]. Noda, un des fondateurs importants de la Filature de Miike, avait jusqu'alors essentiellement été le directeur du « service des relations extérieures » (*gaimubu*), œuvrant notamment auprès de la Fédération des filatures (*Bôseki rengôkai*) et de Mitsui – surtout Masuda[109]. Ainsi, sans doute devait-il plutôt servir de simple représentant à ce dernier, plutôt que de s'affirmer comme le véritable décisionnaire de la compagnie en matière de gestion. Après le retrait de Nagae Jun'ichi de la direction, Mitsui fit recruter en juillet 1898 Katsuma Yoshiaki en tant que directeur administratif[110].

En juin 1899, la Filature de Miike fusionna avec ses voisines de Kumamoto et Kurume pour donner naissance à la Compagnie des filatures de Kyûshû, forte de 1 635 100 yens de capitaux et rassemblant un parc mécanique de 56 232 broches. Là encore, l'influence du groupe Mitsui ne fut pas des moindres[111]. Quelques années plus tard, en juillet 1902, les Filatures de Kyûshû furent absorbées par les Filatures de Kanegafuchi [*N.d.T.* : dont le siège était à Tôkyô] : la compagnie n'avait alors plus rien de régional… Entre-temps, en mars 1898, Nagae Jun'ichi et Noda Utarô avaient été élus pour la première fois à la Chambre des députés, cherchant dorénavant à poursuivre leurs activités dans le monde politique de la capitale, et non plus en région[112]. Ce tournant en direction du centre, accompli en tant que politiciens et non comme industriels, nous montre une des limites des entrepreneurs de province d'alors.

* * *

Avec l'exemple du département de Fukuoka, nous avons pu ici observer la situation des ressources opérationnelles sur lesquelles s'appuya l'essor des entreprises en province, principalement autour du rail et du textile. Nous avons relevé en premier lieu l'importance des grandes fortunes régionales en tant qu'investisseurs, ensuite le rôle actif des politiciens et des agents de l'administration locale dans la mobilisation des capitaux d'investissement et, enfin, la double origine des ressources humaines : la sphère régionale pour les entrepreneurs (fondateurs), les gestionnaires et les ouvriers, la sphère centrale pour les ingénieurs ainsi qu'une partie des administrateurs d'entreprises. Lors du boom, les régions fournirent donc les capitaux, l'esprit d'entreprise et la force de travail, tandis que la capitale apporta son savoir-faire en matière d'ingénierie et de gestion d'entreprise.

À partir de ces éléments, nous avons ensuite étudié deux entreprises de la province de Miike pour explorer plus précisément ce boom émergeant dès la seconde moitié de l'année 1886 au niveau des districts. Convaincus que le temps était venu pour le pays de s'industrialiser, les entrepreneurs locaux comme Nagae Jun'ichi et Noda Utarô cherchèrent à développer les activités économiques de la région de Miike en tirant avantage de la grande mine de charbon qu'elle abritait et de la desserte des chemins de fer de Kyûshû dont elle bénéficiait. Sur le plan financier, s'ils n'appartenaient eux-mêmes qu'au milieu des fortunes régionales moyennes, ils surent employer à bon escient la forme juridique de la société par actions pour rassembler les capitaux nécessaires afin de lancer différentes affaires. Pour parvenir à regrouper des agents initiateurs de tous horizons et collecter les capitaux nécessaires, Nagae et Noda ne se contentèrent pas de faire appel à leurs relations locales et familiales, mais mobilisèrent également leur réseau hérité de leur expérience politique dans le Mouvement pour la liberté et les droits du peuple. Ils sollicitèrent à cette occasion de grandes fortunes régionales (les propriétaires terriens Kawano Shûzô, Matsuo Sôsaku, ou encore la famille Ono) et des responsables de district (tels Yufu Koremitsu et Ômura Tsutomu). Le boom des entreprises de la province de Miike se déploya ainsi sur la base d'une collaboration au niveau local et régional entre des entrepreneurs, des grandes fortunes et des administrateurs territoriaux.

Concernant le développement à moyen et long terme des compagnies locales nées du boom, nous avons vu que la création de la Compagnie de travaux publics de Miike, après avoir pu s'appuyer sur les acteurs de plusieurs districts différents, connut des débuts difficiles en raison des pertes essuyées sur les chantiers de la Compagnie des chemins de fer de Kyûshû. Elle saisit toutefois la possibilité donnée avec l'entrée en vigueur du nouveau Code du commerce en 1894 de se restructurer sous la forme d'une société en commandite, réduisant le nombre de ses investisseurs et prenant un nouveau départ. Noguchi Chûtarô, dirigeant alors les affaires de la compagnie d'une main de maître en tant qu'administrateur et secrétaire général, parvint à redresser l'entreprise en développant avec succès une nouvelle activité : la vente de matériaux et outils de construction, principalement grâce à la demande des charbonnages de Miike. Puis, afin d'augmenter ses capitaux dans le contexte du boom de l'après-guerre sino-japonaise, pour répondre à des chantiers de construction toujours plus nombreux, la compagnie sut se restructurer sous la forme d'une société par actions, permettant ainsi l'entrée dans son capital de grandes fortunes régionales, de sorte qu'elle put perdurer jusqu'à l'ère de Shôwa comme un des grands piliers du secteur sur l'île de Kyûshû.

La Filature de Miike, elle, malgré l'implication de Masuda Takashi et le soutien du groupe Mitsui sur les plans techniques et logistiques, présentait l'aspect d'une entreprise locale du point de vue de ses ressources humaines et capitalistiques. Après son lancement en 1892, elle prit rapidement quelques distances avec Mitsui et, sous l'impulsion de son directeur commercial Nagae Jun'ichi, développa ses affaires au plus près de la sphère régionale, obtenant d'excellents résultats. Ce type de gestion fondé sur les rapports de proximité immédiate, ces « relations de face-à-face » (*kao no mieru kankei*), devait cependant montrer ses limites pour répondre aux besoins croissants en capitaux et assurer l'expansion commerciale de l'entreprise. À la demande de Masuda Takashi, Nagae fut relevé de ses fonctions en 1894 pour être remplacé par un cadre de Mitsui, plus apte à développer l'essor de l'entreprise sur des marchés anonymes. L'influence du zaibatsu Mitsui, celle de Masuda lui-même, devaient encore croître un peu plus après 1895 et la nouvelle augmentation du capital. À partir de l'éviction des entrepreneurs régionaux à la tête de l'entreprise, la Filature de Miike devint toujours plus une compagnie soumise à Mitsui, achevant finalement son existence d'entreprise régionale en 1902, lors de son absorption au sein des Filatures de Kanegafuchi. Dans ce contexte industriel moderne travaillé par les économies d'échelle, le cas ne fut sans doute pas isolé : quand bien même une société, à l'instar de celle de la Filature de Miike, put être lancée grâce à la réunion de forces locales, ces dernières ne pouvaient s'adapter à l'expansion des marchés au niveau national, ni supporter les besoins toujours plus grands en capitaux générés par la croissance de la compagnie elle-même. Ainsi, ces entreprises finirent par être absorbées par le capital central. Or, notons bien que, malgré tout, ces compagnies poursuivirent l'exploitation de leurs usines implantées en province et continuèrent à exercer une grande influence sur ces territoires, notamment en ce qui concerne l'emploi.

Si nous comparons la Compagnie de travaux publics de Miike et la Filature de Miike, nous y trouvons un même processus de développement : les entrepreneurs employèrent habilement leurs réseaux humains intra- et extra-régionaux pour créer une société réunissant une main-d'œuvre et des investisseurs locaux, tout en important les savoir-faire depuis les sphères centrales. Plus encore, ils assumèrent eux-mêmes avec force et volonté la gestion de ces entreprises, comme le firent Noda Utarô (le président de la Compagnie de travaux publics de Miike) ou Nagae Jun'ichi (administrateur et directeur commercial de la Filature de Miike). En quelques années, ils réussirent à mettre ces entreprises sur la voie du succès, grâce à leur capacité à recueillir et exploiter les informations ne pouvant être obtenues qu'au niveau local. Cet avantage comparatif des entrepreneurs locaux en termes de proximité eut néanmoins tendance à péricliter rapidement à l'issue de cette première période de création et stabilisation de l'entreprise. Lorsque les compagnies purent se tourner vers les marchés extra-régionaux et nationaux, où la dimension personnelle des relations humaines était moins forte – sinon inexistante, la qualité particulière de ces figures locales perdit sa valeur. Ainsi de l'éviction de Nagae Jun'ichi de la direction commerciale de la Filature de Miike, réalisée au moment où cette dernière s'ouvrait en direction des marchés nationaux et internationaux. Par ailleurs, à partir d'un certain degré d'expansion des affaires, il devint indispensable de faire entrer en scène un spécialiste de la gestion administrative d'entreprise. Faute de dispositions particulières en la matière, ces entrepreneurs de province – issus des milieux politiques – furent contraints de se retirer de la gestion pratique de leurs sociétés, n'y participant dès lors plus que de manière indirecte, à titre non permanent ou seulement comme chargés des relations extérieures[113]. Le fait que Noda Utarô ait démissionné de la présidence de la Compagnie de travaux publics de Miike pour ensuite travailler comme chargé des relations avec le groupe Mitsui au sein de la Filature de Miike illustre bien ce problème.

En réunissant les capitaux et la main-d'œuvre disponibles en province par le biais de leurs réseaux (intra- et extra-régionaux) ainsi que les savoirs techniques disponibles auprès des sphères centrales, ces entrepreneurs s'imposèrent comme les forces motrices de l'essor régional des entreprises. Leur action fut d'une extrême importance, inaugurant le mouvement de multiplication de créations d'entreprises dans les régions. Cela fait d'eux, incontestablement, des acteurs majeurs de cette révolution industrielle profondément provinciale.

Tableau 4-1 : L'essor des entreprises dans le département de Fukuoka

unité : millier de yens pour le capital (nominal)

	1886		1890		1887-90	
	sociétés	capital	sociétés	capital	sociétés	capital
Agriculture	5	69	8	89	3	19
Industrie	48	513	115	5 835	67	5 323
Filatures de coton	–	–	2	600	2	600
Filatures de soie	6	50	7	51	1	1
Tissage	5	69	7	96	2	27
Mines	27	290	53	4 257	26	3 967
Autres	10	103	46	832	36	728
Transports	1	1	8	12 725	7	12 724
Chemin de fer	–	–	2	12 700	2	12 700
Commerce	8	73	23	180	15	107
Sous-total	62	656	154	18 829	92	18 173
Finances	22	1 431	28	1651	6	220
Banques	9	886	12	1 185	3	199
Prêteurs	13	445	16	466	3	20
Total	84	2 086	182	20 480	98	18 393

NB : les sources classent l'activité du prêt dans le « commerce » mais nous l'incluons dans les finances.

Source : Fukuokaken kangyô nenpô (Annuaire des activités d'encouragement pour l'industrie du Département de Fukuoka) et *Fukuokaken tôkeisho* (Annuaire statistique du Département de Fukuoka), chaque année.

Tableau 4-2 : L'essor des entreprises dans le district de Miike

	Banque de Miike	Travaux publics de Miike	La Couturière	Cie commerciale charbonnière	Cie industrielle d'Enoura	Filature de Miike	Presses d'Ômuta
domiciliation	village d'Eno.ura	bourg d'Ômuta	bourg d'Ômuta	bourg d'Ômuta	village d'Enoura	bourg d'Ômuta	bourg d'Ômuta
création	Oct. 1887	Nov. 1887	Janv. 1888	Avril 1888	Déc. 1888	Mai 1889	Nov. 1889
capital	20 000	10 000	1 000	10 000	1 000	300 000	2 000
actionnaires	49	82	10	12	31	263	113
Nagae Jun'ichi	président	administrateur	fondateur	–	fondateur	administrateur	–
Noda Utarô	gérant	président	–	conseiller	–	administrateur	–
Mori Tokizaburô	–	administrateur	–	président	–	administrateur	–
Nota bene	–	–	liquidation en 1891	SCE en 1898	liquidation en 1891 ?	–	–

NB : Banque de Miike (*Miike ginkô*) ; Travaux publics de Miike (*Miike doboku kaisha*) ; La Couturière (*Saihô kaisha*) ; Compagnie commerciale charbonnière (*Sekitan shôsha*) ; Cie industrielle d'Enoura (*Enoura kôgyô kaisha*) ; Filature de Miike (*Miike bôseki*) ; Les Presses d'Ômuta (*Ômuta katsuban kaisha*).

Source : « Zatsushi matome » (Recueil de papiers divers hors-série), janvier 1891. *Nagae monjo* AB-62.

Tableau 4-3 : Les dirigeants de la Compagnie de Travaux publics de Miike

	domiciliation	1888	1889	1890	1891
1. Noda Utarô	Iwatsu	président			
2. Kawano Shûzô	Shimokusuda	administrateur			présiden
3. Noguchi Chûtarô	Yokosu			administrateur et secrétaire	
4. Nagae Jun'ichi	Enoura				administrateur
5. Shiizaki Senshi*	Kuranaga		administrateur		
6. Koga Gôtarô	Ômuta	administrat.			
7. Inoue Shûzô	Enoura			administrateur	
8. Mori Takejirô	Sagarai			administrateur	
9. Mori Tokizaburô	Sagari				
10. Itai Masato	Miyabe				administrat
11. Sano Otozô	Iie				
12. Ono Ryûki	Miike				
13. Watanabe Jun'ichi	Maizuru				

Notes sur les personnages :

(a) directeur général de la Banque de Miike en 1886, administrateur de la Filature de Miike en 1892, président des Filatures de Kyûshû en 1900.
(b) président de la Banque de Miike en 1897.
(c) auditeur de la Banque de Miike en 1899.
(d) président de la Banque de Miike en 1886, administrateur et directeur commercial de la Filature de Miike en 1892, administrateur des Filatures de Kyûshû en 1900.
(e) auditeur de la Banque de Miike en 1895.
(f) administrateur de la Banque de Miike en 1886
(g) président de la Cie des charbons de Miike (*Miike sekitan gôshikaisha*) en 1892, administrateur de la Filature de Miike, en 1899 il devint auditeur au sein de la Banque de Miike.
(h) auditeur au sein de la Banque de Miike en 1896.

	SCS	sous le régime de la société par actions				
1893	**1894**	**1897**	**1901**	**1905**	**1911**	
administrateur						(a)
		administrateur (1897–1911)				(b)
	dir. et admin.	directeur général principal (1897–1911)				(c)
						(d)
						(e)
						(f)
administrat.						
administrateur					administ.	(g)
				administrateur (1905–1911)		
		directeur	directeur et administrateur (1901–1911)			
		administrateur (1897–1911)				(h)
		administrateur (1897–1911)				

Sources : Miike doboku kaisha, « Jissai kôkasho » (Rapport d'évaluation) ; « Jigyô hôkokusho » (Rapport d'activités), chaque numéro ; « Miike doboku kaisha sôritsu shorui » (*Nagae monjo* AA-2-1-1). *Nihon zenkoku shogaisha yakuin-roku* Registre national des dirigeants des sociétés japonaises), n° 4 à 15.

Tableau 4-4 : Les plus grands actionnaires de la Compagnie de Travaux publics de Miike

	domiciliation	année 1887	année 1908	actionnaire de banque
Koga Hisatsugu	Enoura	50		oui
Kawano Shûzô	Shimokusuda	50	115	oui
Matsuo Sôsaku	Iwatsu	40	150	oui
Inoue Shûzô	Enoura	30		oui
Tomishige Matagorô	Shimokusuda	30	20	
Ninomiya Yoshitsugu	Enoura	20		oui
Ninomiya Kikutarô	Enoura	20		oui
Tashiro Gihei	Enoura	20		oui
Minabe* Fumizô	Shimokusuda	20	30	oui
Nishida Muneyoshi	Shimokusuda	20	20	
Yamaguchi Fumitarô	Shimokusuda	20		
Ono Ryûki	Miike-bourg	–	250	
Noguchi Chûtarô	Yokosu	10	150	
Hatazaki Naoyuki	–	–	100	
Itai Masato	Miyabe	10	90	
Nagae Jun'ichi	Enoura	15	60	oui
Mori Tokisaburô	Sagari	15	60	
Noda Utarô	Iwatsu	10	60	oui
Sano Otozô	Iie	4	60	oui
Saruwatari Hideo	–	–	60	
Total		866	2 000	

Sources : « Miike doboku kaisha sôritsu shorui » (*Nagae monjo* AA-2-1-1) ; Miike doboku kabushiki gaisha, « Dainikai jigyô hôkoku » (Rapport d'activités n° 2), année 1908 (*Nagae monjo* AA-2-2).

revenu en 1900	(Notes)
1 900	(en 1900 : Isaburô)
8 300	(grand propriétaire terrien, 930 yens d'impôts fonciers en 1900)
4 300	(grand propriétaire terrien ; en 1900 : Kikyûzô)
1 500	(en 1895, auditeur de la Banque de Miike)
990	(en 1900 : Yoshizô)
2 500	
2 900	(en 1900 : Jinkichi)
1 200	(en 1900 : Tadafumi)
1 700	
25 000	(grand propriétaire terrien ; 1 031 yens d'impôt foncier en 1898)
2 400	
660	
3 300	
2 300	
3 500	
720	
	(employé à la Cie des travaux publics de Miike

Tableau 4-5 : Les résultats de la Compagnie de Travaux publics de Miike

Unité : yen

		chiffre d'affaires	(dont bois*)	profits bruts	(dont bois*)	(dont construction)	résultat net	réserves	dividendes (%)
1888	S1	2 501	(1 513)	272	124	101	127	6	103 (7,2)
	S2	2 902	(1 698)	412	245	106	244	12	217 (7,2)
1889	S1	13 625	(5 993)	696	407	253	392	20	367 (9,6)
	S2	7 121	(4 852)	713	404	233	360	18	367 (9,6)
1890	S1	12 146	(4 337)	1 113	289	767	602	60	458 (12)
	S2	15 730	(10 357)	-841	218	– 1 332	– 1 356	–	–
1891	S1	13 277	(4 567)	758	186	303	411	41	–
	S2	12 053	(4 534)	696	312	208	361	36	282 (8)
1892	S1	12 977	(5 595)	913	160	454	610	71	353 (10)
	S2	11 779	(2 576)	1 227	173	33	808	81	353 (10)
1893	S1	6 679	(2 726)	567	82	186	230	–	–
	S2	7 689	(6 087)	996	458	346	420	142	141(9,6)
1894		35 107	(25 067)	3 167	1 220	1 625	2 122	712	750 (15)
1895		27 761	(15 549)	2 890	1 619	914	1 830	182	984 (15)
1896		59 696	(32 212)	3 469	1 615	1 558	2 038	464	1 125 (15)

NB : S1 pour 1er semestre (avril-septembre), S2 pour 2nd semestre (octobre-mars).
* vente de bois et matériaux de construction.

Sources : Miike doboku kaisha, « Jissai kôkasho » (Rapport d'évaluation), chaque numéro.

Tableau 4-6 : Les bilans comptables de la Compagnie de Travaux publics de Miike

Unité : yen

		ACTIF		PASSIF					Bénéfices/ capital versé (%)	Capitaux propres (%)
		non courant	courant	emprunts	capital versé	résultat net	report	pertes reportées		
1888	S1	606	3 056		3 535	127			7,2	100
	S2	971	5 568		6 270	245	18		7,8	100
1889	S1	1 276	7 149	1 250	6 730	392	34		11,6	85,2
	S2	1 673	6 922	1 150	7 008	360	39		10,3	86,6
1890	S1	1 766	8 382	2 430	7 045	602	15		17,1	76,1
	S2	1 769	5 533	1 468	7 053	– 1 356	21		– 38,5	79,9
1891	S1	1 796	6 331	1 748	7 186	411		– 1 335	11,4	78,5
	S2	1 614	6 484	1 398	7 146	361		– 965	10,1	82,7
1892	S1	2 897	5 738	1 508	7 146	710	42	– 965	19,9	82,5
	S2	2 816	6 025	1 308	7 146	809		– 687	22,6	85,2
1893	S1	3 240	5 828	1 708	7 146	230		– 362	6,4	81,2
	S2	2 559	5 161	2 300	5 000	420			16,8	70,2
1894		2 559	6 459	1 700	5 000	2 122	64		42,4	81,2
1895		2 559	9 587	1 950	7 350	1 830	162		24,9	83,9
1896		1 860	13 058	4 000	7 350	2 038	343		27,2	73,2

Source : Miike doboku kaisha, « Jissai kôkasho » (Rapport d'évaluation), chaque numéro.

Tableau 4-7 : Les parts de Mitsui dans la Filature de Miike

Détenteur du titre	Compagnie affiliée	1892 déc.	1893 déc.	1898 juin	1899 juin
Mitsui Yônosuke	Produits Mitsui	500			
Mitsui Takayasu	Banque Mitsui		980	4 110	4 110
Nishimura Torashirô	Banque Mitsui	200	400		
Masuda Takashi	Produits Mitsui	160	320	431	431
Kimura Masamoto	Produits Mitsui	80	160		
Dan Takuma	Mines Mitsui	55	110	166	166
Ueda Yasusaburô	Produits Mitsui	50	100	150	150
Umakoshi Kyôhei	Produits Mitsui	50	100	146	146
Hayashi Eikichi	Mines Mitsui	50	50	40	40
Part directe de Mitsui (sous-total)		1 145	2 250	5 043	5 043
(%)		(19,1)	(18,5)	(25,2)	(25,2)
Hibiya Heiuemon	Filatures Kanegafuchi		150	228	228
Takechi Kiku	Sucrière de Taiwan	110	220	325	335
Part de Mitsui (total)		1 255	2 590	5 596	5 606
(%)		(20,9)	(21,6)	(28)	(28)
Total des actions de la Filature		6 000	12 000	20 000	20 000
		(100)	(100)	(100)	(100)

NB : le capital de la compagnie fut augmenté en juillet 1893 de 300 000 yens (6 000 actions), en mars 1895 de 50 000 yens (1000 actions) et en décembre de la même année de 350 000 yens (7000 actions).

Source : Okamoto Yukio, *Chihô bôseki kigyô no seiritsu to tenkai* (La création et le développement des filatures de province), Fukuoka, Kyûshû Daigaku Shuppankai, 1993, p. 36-7.

Chapitre 5

• Les comportements d'investissement d'une grande fortune régionale : Le cas de la maison Hiromi dans le département d'Ôsaka

Nous allons ici analyser dans le détail les comportements d'investissement d'une grande fortune régionale durant l'ère de Meiji, avec en outre une attention particulière concernant ses sources de capitaux. Nous réfléchirons à partir de là sur le rôle et la place de ces investisseurs provinciaux dans la révolution industrielle au Japon, en nous concentrant sur trois problèmes : d'abord, le rapport entre les comportements d'investissement et le boom des entreprises en région ; ensuite, le lien entre accumulation de capitaux marchands et investissements industriels ; enfin, l'organisation au niveau régional de la circulation des informations financières et des échanges d'actions de sociétés.

Pour le premier point, nous examinerons les relations entretenues sur le long terme par les grandes fortunes de province et les entreprises locales afin de mesurer l'impact de leurs stratégies d'investissement sur le phénomène de révolution industrielle. Gardant par ailleurs à l'esprit les récents débats au sujet de l'industrialisation – évoqués dans notre introduction générale –, nous nous référerons de nouveau aux travaux d'Abe Takeshi mentionnés dans le précédent chapitre, et réemploierons l'aire du district comme échelle d'étude pour mieux considérer les stratégies de placement des fortunes régionales dans leur rapport aux tendances économiques prévalant dans ces aires. Nous inscrirons plus précisément notre analyse dans le district de Sen'nan, département d'Ôsaka (voir Carte 5-1)[1].

Carte 5-1 : La région de Sen'nan (au sud d'Ôsaka)

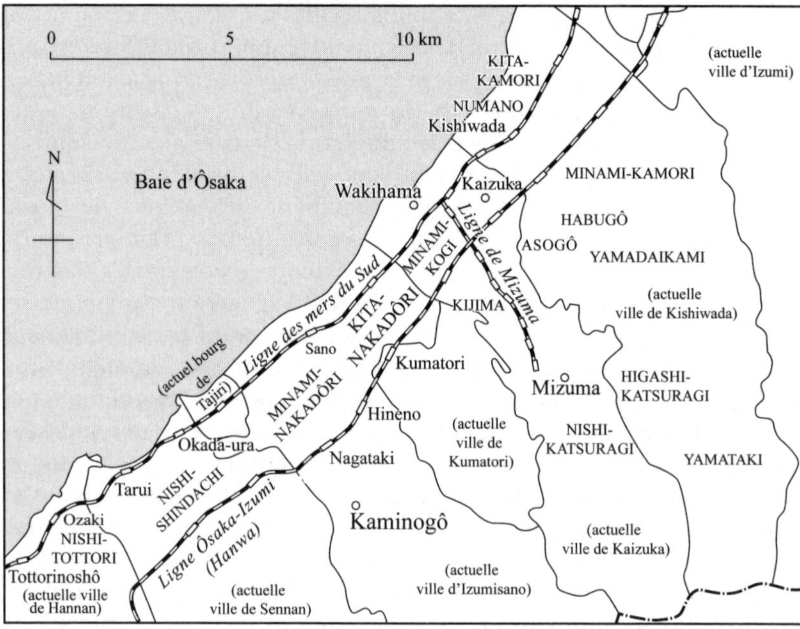

Source : Ishii Kanji et Nakanishi Satoru (dir.), *Sangyôka to shôka keiei – beikoku hiryô shô hiromi-ke no kinsei kindai* (Industrialisation et gestion familiale : la maison de commerce en grains et engrais Hiromi dans la modernité), Nagoya Daigaku Shuppankai, 2006, p. xii.

Pour ce qui est du lien entre l'accumulation des capitaux marchands et leur injection dans l'industrie, l'étude de cas dirigée par Suenaga Kunitoshi au sujet de la maison Kobayashi Gin'emon (Chôgin) constituera une référence primordiale. La thèse de Suenaga[2] à propos de l'investissement de ces capitaux marchands alors en plein essor rejoint un point soulevé par Ishii Kanji[3], selon qui leur accumulation s'avéra l'une des sources majeures en capitaux pour la révolution industrielle japonaise ; elle nous fournit en ce sens d'importantes pistes pour reconsidérer le rôle des marchands dans ce cadre. Plusieurs aspects n'ont cependant pas encore été suffisamment éclaircis à l'heure actuelle, dans la manière dont ces marchands s'approvisionnèrent en capitaux et les investirent dans l'industrie comme dans les circonstances ayant déterminé le choix de leurs objets d'investissement. À travers l'exemple de la maison Hiromi, tenue alors par Hiromi Sôtarô, nous souhaiterions par conséquent expliciter les tendances de l'investissement en titres ainsi que ses sources d'approvisionnement en fonds, et explorer les liens entre accumulation des capitaux marchands et mécanismes de redistribution de ces mêmes capitaux dans l'industrie[4]. Ainsi, nous ferons la lumière sur la réalité concrète des placements en valeurs mobilières de la maison Hiromi en examinant systématiquement l'évolution des modèles d'accumulation de capitaux, le contexte de placement et les changements dans les valeurs d'investissement, les modalités et sources d'approvisionnement en capitaux de placement, pour chacune des quatre périodes suivantes : la première moitié de l'ère de Meiji, la première vague de boom des entreprises, l'après-conflit sino-japonais, et la période qui suivit la guerre russo-japonaise.

Notre troisième angle d'analyse nous permettra de contribuer à l'étude des transactions de titres sous l'ère de Meiji, et sera l'occasion de mener une réflexion quant aux dynamiques de circulation des actions et des informations financières ayant favorisé ces investissements de la maison Hiromi. Le rôle primordial accompli dans la formation des marchés boursiers de Meiji par les courtiers en titres et leurs transactions au comptant aura d'ores et déjà été souligné par les travaux précurseurs de Noda Masaho[5]. Malgré l'analyse quantitative menée par la suite par Kataoka Yutaka[6] quant à la formation des cours boursiers sur les marchés de gré à gré et les avancées accomplies par ces recherches, de nombreuses zones d'ombre demeurent à propos du déroulement réel des opérations au comptant, notamment en ce qui concerne la circulation des informations financières et les activités des courtiers en titres. Puisqu'élucider la question des circuits employés pour la diffusion de ces informations revient aussi à faire la lumière sur les réseaux personnels de ces grandes fortunes régionales, nous souhaiterions donc également nous atteler à l'étude de cette thématique secondaire des transactions de titres au comptant en examinant le cas de la maison Hiromi.

Notre objet d'étude est une maison de négoce en engrais rizicoles implantée depuis l'époque moderne dans le village de Kaizuka (actuelle localité de Kaizuka), lui-même situé dans le district de Sen'nan, dans le sud du département d'Ôsaka. Selon l'étude réalisée par Nakanishi Satoru et Ishii Kanji à propos de cette maison[7], ses actifs s'élevaient en 1915 à 350 000 yens, une somme la plaçant certes en tête des fortunes de Kaizuka et parmi les plus grandes du district de Sen'nan, mais d'une envergure encore tout à fait modeste en comparaison de véritables « zaibatsus régionaux » telle la maison Terada Jin'yomo de Kishiwada et ses 800 000 yens d'actifs. Nakanishi Satoru la qualifie pour cette raison de « fortune moyenne[8] ». Par ailleurs, malgré son influent statut dans la localité de Kaizuka, la maison Hiromi ne se mêla guère de politique : tout juste fut-ce si Hiromi Sôtarô IV (né en 1878 et dirigeant de la maison familiale à compter de 1901) siégea au conseil municipal de Kaizuka, où il fut élu en 1917[9].

L'exemple de la maison Hiromi nous semble par ailleurs particulièrement parlant dans la mesure où ses documents officiels, qui constitueront ici notre source principale, retracent de manière pratiquement ininterrompue le détail de ses investissements en valeurs mobilières et approvisionnement en capitaux sur plus de soixante-dix années, du début de l'ère de Meiji aux années précédant la Seconde Guerre mondiale. Une rubrique « titres » fit son apparition dans les registres de comptabilité de la maison dès 1881, perdurant jusqu'en 1925, date où elle fit l'objet d'une écriture séparée dans des registres dédiés[10]. Cette rubrique consignait le nom des valeurs détenues, le solde des investissements, les recettes perçues sous forme de dividendes, le montant des transactions, les sommes versées, complétés au besoin de documents annexes nous permettant d'analyser en détail les tendances de ses placements en actions[11].

1. L'industrie dans le district de Sen'nan et les grandes fortunes locales

Abe Takeshi a déjà mené une série d'études à propos de l'économie locale du district d'implantation de la maison Hiromi, Sen'nan, lui-même né du regroupement des deux anciennes circonscriptions de Minami et Hine[12]. Nous nous appuierons ici sur les résultats de cette recherche, concernant notamment le secteur du tissage cotonnier, afin de livrer un bref aperçu de la structure du secteur industriel du district, du profil des grandes fortunes locales, ainsi que de l'évolution du nombre d'entreprises établies à Sen'nan durant l'ère de Meiji.

L'ancienne province d'Izumi à laquelle appartient le district de Sen'nan, connue depuis l'époque moderne comme le berceau du « coton d'Izumi », était une région agricole qui vit émerger dès les premières années de l'ère de Meiji une vaste industrie du tissage cotonnier[13]. En 1909, soit à la fin de cette même ère, la proportion de produits industriels dans la production totale de la circonscription dépassa la moyenne du pays avec 69 % (contre 54 % au niveau national), affirmant progressivement le caractère industriel du secteur[14]. Le textile et le fil de coton représentaient une large part de la production locale (54,4 %

des produits manufacturés), dans des proportions tout à fait supérieures à la moyenne nationale de produits textiles au sein de la production industrielle (10,6 %)[15]. L'existence de la Filature de Kishiwada, fondée en 1892, et sur laquelle nous reviendrons, fut alors déterminante pour le secteur du filage. Quant au secteur du tissage, ce fut vraisemblablement la modernisation industrielle du secteur (marquée par la transition, en particulier après la guerre russo-japonaise, d'ateliers attenants aux maisons de négoce vers des usines équipées de métiers à tisser manuels) qui exerça une influence prépondérante sur l'accroissement de la production, comme le souligne Abe Takeshi[16]. En effet, si l'industrie du tissage du coton dans le district de Sen'nan avait connu un lent développement continu depuis la décennie 1880, c'est avec cette mutation du système de production, prémices à de futures exportations, que sa croissance commença brutalement à s'accélérer dès 1909[17]. Cette même année, l'industrie de la poterie (tuiles, briques) atteignit en outre une valeur totale de production de 846 000 yens, soit 7,1 % du total de la production industrielle locale, une moyenne excédant là encore nettement celle de l'ensemble du Japon (0,4 %)[18]. Ces résultats n'étaient pas étrangers à la production dans le district de Sen'nan d'une argile de haute qualité[19], qui devait entraîner la création de nombreuses manufactures de briques dans la circonscription dès la première vague d'essor des entreprises. Malgré ce brusque développement industriel, il convient toutefois de noter l'absence relative d'écart avec les valeurs nationales de production pour certaines denrées agricoles telles que le riz[20]. Avec la percée des industries modernes axées autour du secteur cotonnier, le district de Sen'nan s'est ainsi affirmé tout au long de l'ère de Meiji comme une région certes toujours plus industrialisée, mais qui parvint dans le même temps à conserver son caractère agricole premier.

Examinons à présent le profil des principales fortunes de Sen'nan à l'aide du tableau 5-1, qui livrera au lecteur la liste des vingt-sept[21] revenus annuels les plus importants de la circonscription pour l'année 1911 (soit plus de 4 000 yens annuels). Nous y retrouvons notamment treize propriétaires terriens et douze négociants ou fabricants de saké. Parmi ces derniers, neuf deviendront à leur tour propriétaires d'au moins 10 hectares de terrain quelques années plus tard, en 1921, ce qui nous révèle l'attention portée par les grandes fortunes locales aux fonds de terre, perçus comme de sérieux objets d'investissement. Quant à l'envergure de ces propriétés terriennes, nous ne rencontrons dans cette liste qu'un seul grand propriétaire de plus de 100 hectares de terrain (Hara Bunpei, du village de Kumatori), la plupart des autres ne possédant qu'entre 10 et 30 hectares. Seize de ces vingt-deux propriétaires de plus de 10 hectares de terres évoluaient par ailleurs dans le domaine de la gestion bancaire lors de l'année 1898, nous invitant à penser que la majorité des propriétaires terriens et négociants propriétaires du district de Sen'nan investissaient déjà activement leurs capitaux après la guerre sino-japonaise dans d'autres secteurs que celui de l'agriculture. D'autre part, nous pouvons noter parmi ces grandes fortunes la présence de négociants de l'ancien bourg castral de Kishiwada et du bourg-temple (*jinaichô*) de Kaizuka, avec les deux maisons de saké Terada – celle de Terada Jin'yomo[22] et de son cadet Motokichi –, mais aussi Kishimura Tokuhei, intermédiaire commercial entre les manufactures d'articles cotonniers et les maisons de courtage, et Hiromi Sôtarô, négociant en engrais. Dans la catégorie des revenus annuels compris entre 2 000 et 3 500 yens (n'apparaissant pas dans cette liste), nous trouvons dix-sept marchands de Kishiwada et Kishiwadahama, et neuf de Kaizuka[23]. Ceux-ci menèrent ensemble le boom des entreprises qui allait s'accomplir dans la région, et dont nous reparlerons.

Terminons par une brève analyse de l'évolution à long terme du nombre de compagnies établies dans la circonscription de Sen'nan (voir Tableau 5-2). Trois grands mouvements de créations d'entreprises peuvent y être dégagés au cours de la période de Meiji, le premier entre 1888 et 1890, le suivant entre 1896 et 1897, et le dernier, en deux temps, entre 1906 et 1907 puis 1910 et 1912, dates correspondant bien entendu aux trois vagues d'essor des entreprises au Japon (1886-1889 ; 1895-1897 ; 1906-1907). Sur le plan sectoriel, et hors domaine bancaire, nous remarquons une forte présence continue des industries, avec des pics en 1897, durant le deuxième boom des entreprises, ainsi qu'en 1911-1912, après la guerre russo-japonaise, périodes durant lesquelles le district connut plus de dix créations annuelles d'entreprises, essentiellement dans les secteurs industriels. Avant de développer plus largement ce point dans le sous-chapitre suivant, contentons-nous ici de noter la prééminence des domaines de la tuilerie durant le premier pic, et du tissage cotonnier lors du second. Comme l'aura remarqué Abe Takeshi, on observe alors une multiplication des usines de tissage manuel, notamment de 1910 à 1912[24]. Ce grand boom ne se traduisit pas seulement par le nombre de nouvelles entreprises formées, mais également par des versements continus de capitaux de l'ordre de 1 à 2 millions de yens annuels. Quant aux localités accueillant le siège social des compagnies du district, toujours à l'exception des banques, ces entreprises se répartissaient fin 1897[25] entre Kishiwada (six sociétés), Kaizuka (deux sociétés), pour dix compagnies établies en d'autres lieux ; en janvier 1912[26], Kishiwada comptait désormais treize sociétés, Kaizuka trois, et le reste de la circonscription, vingt-deux compagnies. Si Kishiwada se trouvait naturellement au cœur de la vie économique de Sen'nan et concentrait *de facto* une part importante de ces entreprises, l'implantation d'un certain nombre de sociétés dans des zones rurales mérite toutefois d'être relevée, en ce sens que l'industrialisation du district gagna largement les campagnes, sans se limiter aux secteurs urbains.

2. La constitution des capitaux et les comportements d'investissement de la maison Hiromi entre 1875 et 1886

(1) La création de la société Daiso

Afin de mieux comprendre le modèle d'accumulation des capitaux de la maison Hiromi avant le démarrage de la révolution industrielle japonaise, nous allons tout d'abord considérer la base de ses bénéfices au cours de la première moitié de l'ère de Meiji. Si nous nous référons au tableau 5-3 récapitulant ses sources de bénéfices, nous pouvons constater qu'entre 1878 et 1880, période d'inflation consécutive à la rébellion de Satsuma, les bénéfices tirés du commerce par la maison Hiromi représentaient 82,1 % du total de ses profits. Selon Nakanishi Satoru, son activité commerciale s'orientait principalement à l'époque autour du négoce d'engrais de poisson produit dans la région de Hokkaidô. La maison Hiromi fit en 1878 l'acquisition d'une imposante jonque japonaise afin de réaliser elle-même le transport de ses marchandises, en sus de ses traditionnelles activités de grossiste (*ton'ya*). Elle se lança par ailleurs activement dans le courtage et la vente au détail de ces engrais, avec une brusque augmentation de ses bénéfices dans ce dernier domaine, notamment *via* son Comptoir des engrais (*hoshika-ten**), sa structure de vente d'engrais à base de poissons séchés et travaillés[27]. Le succès généré par ces initiatives lui permit ainsi de réaliser entre 1878 et 1880 un bénéfice commercial annuel moyen de 4 819 yens et l'entreprise commença à placer des excédents en réserve comptable. Comme le révèle le tableau 5-4, une caisse de réserves (*tsumitatekin kanjô*) avait été ouverte dès 1875, recueillant l'épargne liquide et le produit de la vente d'un local commercial (celui du « Comptoir est », *higashi-ten*). Ce capital fut par la suite consolidé d'année en année grâce aux excédents fixes[28] apportés par le magasin d'engrais, et aux versements d'excédents provenant du siège.

Par ailleurs, la maison Hiromi déplaça une partie de ses réserves – en l'occurrence, les excédents rapportés par son Comptoir des engrais (*hoshika-ten*) – vers un compte distinct alimenté par le prêt. Ce compte apparaissait initialement dans ses registres sous l'intitulé « Tainikô* », dont on peut penser qu'il désignait une des structures traditionnelles de financement collectif (*tanomoshi-kô*) gérées par la maison Hiromi[29]. Apparaissant au sein des comptes de prêts (*kashitsuke-za*) en 1873, il fut renommé « société Daiso » (*daiso-sha*) en 1875. Alimenté à partir de 1877 par des versements du Comptoir des engrais, le compte retrouva son indépendance sur la table comptable dès l'année suivante (1878), en tant que « compte de la société Daiso » (*daisosha kôza*). Il était alors pourvu de 404 yens, tous provenant de la Tainikô, et de 600 yens provenant du comptoir, soit un total de 1 004 yens. Pour gérer ces fonds, la société incorpora au report de l'année précédente et à ses « réserves fixes » (*teibikin* ; versées par le comptoir) des capitaux extérieurs sous l'intitulé « fonds collecté » (*atsumari-kin*), qu'elle investit alors sous forme de prêts à des particuliers. Ses débiteurs étaient individuellement référencés dans les registres de prêt de la société, ses « registres de fructification » (*hanshoku-bo*)[30], dont la consultation nous révèle qu'elle prêta principalement aux gens de Kaizuka et des hameaux riverains, ainsi qu'à des proches de la maison Hiromi, à commencer par les marchands d'alcool de la maison Tatsuma.

Le compte Daiso accrut son volume ainsi peu à peu, *via* le prêt aux particuliers et grâce aux apports continus des fonds de réserve venant du Comptoir des engrais, avant de s'étendre au tournant de la décennie 1880 aux placements en titres. Comme l'indique le tableau 5-5, la société devait se livrer de manière continue à ce type d'investissements à compter de l'année 1880, date de son premier achat d'actions de la Cinquante et unième Banque nationale. À chaque acquisition de valeurs mobilières, la somme de la transaction était retirée du « compte de la société Daiso » pour être versée avec la mention « propriété de la société Daiso » dans le « compte des titres » (*kabuken-za*) du siège, étant dès alors assimilée aux autres titres détenus par ce dernier. Le compte de la société Daiso était diminué de la valeur d'achat des titres en question, mais il était alimenté, en retour, par les dividendes générés par ces derniers.

(2) Les premiers investissements de la maison Hiromi en valeurs mobilières

À présent, nous souhaiterions examiner à quelle date, et sous quelle forme, la maison Hiromi se lança dans les placements en valeurs mobilières.

Les premières valeurs dont elle fit l'acquisition furent les obligations d'État émises par le nouveau régime afin de financer son action économique (*kigyô kôsai*). Elle en souscrivit le 27 août 1878 pour la somme de 400 yens. Il s'agissait au Japon de la première émission publique d'obligations, qui fut l'occasion pour le gouvernement de Meiji d'organiser une campagne nationale de souscription avec le concours, notamment, de Shibusawa Eiichi (à la tête de la Première Banque nationale). L'État attendait beaucoup de la région d'Ôsaka, qui concentrait avec Tôkyô et Kyôto les plus grandes maisons prêteuses de l'archipel, mais il fut déçu par la mollesse de sa mobilisation. Les fonctionnaires du département d'Ôsaka – y compris son préfet – démarchèrent alors directement les grandes fortunes, si bien qu'au 31 août 1878, date d'échéance de la période de souscription à l'emprunt d'État, 1 700 000 yens d'obligations avaient finalement été contractés à Ôsaka, surpassant les 1 400 000 yens souscrits par le département de Kyôto[31]. En vertu des circonstances de cette souscription dans le département d'Ôsaka, et de la date d'acquisition des obligations par la maison Hiromi, le 27 août, il y a fort à penser que sa « contribution financière » dût beaucoup aux sollicitations de l'administration régionale[32].

Les achats de titres par la maison Hiromi ont débuté avec l'appel lancé par la Cinquante et unième Banque nationale à participer à son capital. Au moment de cette campagne, en février-mars 1880, la maison Hiromi voyait ses réserves augmenter et songeait alors à diversifier ses placements en complétant son activité de prêt par des achats d'actions. Dans cette idée, elle sollicita d'abord Sakaguchi Naosaku, un cadre de la Cinquante et unième Banque nationale, qui lui réserva « personnellement une douzaine [d'actions][33] ». Par la suite, et dès le 2 février, Sakaguchi présenta à la maison Hiromi des actionnaires consentant à lui céder de nouveaux titres et la famille versa 35 centimes (*sen*) de commission pour faire immédiatement l'acquisition de 7 titres d'une valeur totale de 395,50 yens après avoir reçu la correspondance suivante, le 6 février :

> *Monsieur Hiromi Sôtarô,*
> *Je vous prie d'excuser mon empressement. Je vous fais savoir de manière expresse qu'il se trouve une personne disposée à vendre 7 titres. Le prix est le même que précédemment. Par conséquent, je vous prie de bien vouloir venir avec votre sceau pour signature. Le vendeur est entièrement disposé à vous rencontrer si vous le souhaitez et attend de connaître votre décision.*
> *Bien cordialement,*
> *Sakaguchi Naosaku*[34]

Ce document éclaire les modalités de transactions de titres à une époque où ce marché était encore peu développé. Il nous montre comment les banques servirent d'intermédiaires actifs dans l'achat et la vente d'actions, avec des prix hors cote (en l'occurrence 56,50 yens l'unité), ce qui fait percevoir ici la préformation de marchés de gré à gré. Du côté de la Cinquante et unième Banque nationale, Sakaguchi ne fut pas le seul interlocuteur de la maison Hiromi : son collègue Matsumura Chôheiji se chargea également d'acheter des actions pour le compte de la maison de négoce, et il se peut que tous deux travaillèrent de concert[35]. La maison Hiromi semble de son côté avoir cherché par ses propres moyens des actionnaires susceptibles de revendre leurs titres bancaires, puisque le 12 mars 1880, celle-ci fit directement l'acquisition de 20 actions de la Cinquante et unième Banque nationale, au prix unitaire de 57 yens, auprès de Sanô Gon'ichi, lui-même marchand à Kaizuka. Ce prix fut également pratiqué lors des achats de titres qu'elle effectua par l'entremise de la banque le 21 du même mois, confirmant l'application des valeurs hors cote que nous venons d'évoquer aux transactions directes.

Ainsi, la maison Hiromi parvint à acquérir avant la fin de ce mois de mars 1880 40 titres bancaires pour une valeur totale de 2 274 yens, prélevant cette somme sur le compte de la Daiso, ce qui limita momentanément son expansion. La maison de négoce remédia cependant à la situation en augmentant de 300 à 500 yens le montant des versements effectués depuis son Comptoir des engrais. Ces premiers placements en titres furent donc probablement réalisés dans le cadre d'une stratégie globale de gestion d'actifs. Toutefois, il nous faut ici tenir compte d'un autre fait d'importance, à savoir l'hypothèque de l'intégralité de ces actions auprès de la Cinquante et unième Banque nationale, le 20 juillet suivant[36]. Selon les travaux d'Ishii Kanji, la maison Hiromi aurait noué ses premières relations d'affaires avec la banque en septembre 1879[37], ses achats de titres avaient probablement pour but d'améliorer ses rapports avec cette dernière. Cela expliquerait naturellement pourquoi elle se tourna en premier lieu vers cet établissement lui-même pour se procurer ses titres.

(3) Le comportement d'investissement durant la déflation Matsukata

Après la phase d'expansion réalisée dans le contexte de la forte inflation suivant la guerre civile du Sud-Ouest, les affaires de la maison Hiromi connurent une passe difficile sous le coup de la déflation Matsukata du début des années 1880. Les recettes générées par ses activités commerciales diminuèrent de manière drastique entre 1881 et 1883, et ses activités de fret maritime, liées aux précédentes, accusèrent un lourd déficit (voir Tableau 5-3). Selon Nakanishi Satoru, les acquisitions foncières massives qu'opérèrent les Hiromi constituèrent un facteur particulier d'aggravation, les prix fonciers s'effondrant lors de la déflation[38]. Ce brusque revers poussa la maison à se séparer en 1883 de son bateau, la *Grande Richesse* (*tomihiro-maru)*, et à mettre un terme à ses activités de transport maritime. Elle profita de la chute des valeurs foncières pour se concentrer sur l'acquisition de terrains agricoles : de 1884 à 1887, elle prit possession chaque année de 3 à 4 hectares de cultures par l'intermédiaire de son Comptoir des engrais. Précisons ici que seul un cinquième de ces terrains fut acquis en raison d'impayés sur les ventes d'engrais. Le reste, soit l'écrasante majorité, résulta de transactions classiques[39] et, à la fin du mois d'octobre 1887, la maison Hiromi possédait 15 hectares et 50 ares de terrains agricoles[40].

Par ailleurs, ses placements en valeurs mobilières s'intensifièrent progressivement dès 1882. Tout en continuant à acquérir des titres de la Cinquante et unième Banque nationale (traitant avec un conseiller différent, Matsumura Chôheiji), elle investit en 1883 dans les Transporteurs réunis (*Kyôdô un'yu*, 15 actions), puis en 1885, dans la Compagnie du chemin de fer d'Ôsaka-Sakai (*Hankai tetsudô*, 10 actions). La transaction de mars 1885 mérite à cet égard une attention particulière, puisque pour la première fois, la maison Hiromi effectua un achat de titres par l'intermédiaire d'un courtier. Cette missive[41], adressée à ses clients par Matsumura, nous apprend que ces premiers l'avaient tout d'abord consulté pour un achat de titres de la nouvelle Compagnie du chemin de fer d'Ôsaka-Sakai (autorisée en 1884 et ayant tout juste entamé ses chantiers, depuis le mois de février 1885). Avec l'accord de son client, le conseiller entreprit alors de sonder « [sa] hiérarchie » afin de mettre des actions à sa disposition. Dans les faits, Matsumura entra en contact avec un courtier en titres au comptant de la localité de Sakai, Nakamura Rihei, à qui la maison Hiromi acheta le 29 mars 10 actions du chemin de fer en question d'une valeur nominale de 150 yens pour la somme de 158,925 yens[42]. Cette transaction fut pour elle l'occasion de se renseigner directement auprès d'un courtier quant à la cotation des titres. Ainsi Nakamura lui écrivit-il :

> [...] *Je voudrais évoquer aujourd'hui avec vous notre affaire des actions du Chemin de fer d'Ôsaka-Sakai. Je peux les acheter pour vous à 109 ou 108 yens. Je fais de mon mieux et, si cela vous convient, je vous demande humblement de bien vouloir accepter cette offre. Par ailleurs,*

ces derniers temps, les cours fluctuent beaucoup, alors si nous faisons affaire je chercherai [d'autres affaires] *en réduisant autant que possible ma commission. Je vous remercie de bien vouloir accepter mon prix.*
Douze décembre de l'an Dix-neuf de Meiji Bourg-sud de Sakai, quartier numéro 19
Nakamura Rihei
à Monsieur Hiromi Sôtarô

Non seulement la maison Hiromi put s'enquérir du cours des actions chez un courtier sans passer par la Cinquante et unième Banque nationale, mais Nakamura se montra lui-même tout à fait disposé, comme nous pouvons ici le constater, à acquérir des titres au nom de la maison de commerce moyennant le versement d'une commission. C'est ainsi qu'en 1886, les investissements en valeurs mobilières de la maison Hiromi abandonnèrent l'intermédiation bancaire pour solliciter les services d'un courtier.

Dans son analyse des tendances en matière de gestion chez les marchands d'Ômi à la même époque, Suenaga Kunitoshi affirme qu'en raison des effets extrêmement négatifs de la déflation Matsukata, le capital marchand s'essaya pour la première fois à une diversification de ses investissements dans d'autres champs que ceux où il œuvrait de génération en génération[43]. Il ne fait aucun doute que la stagnation déflationniste des affaires commerciales de la maison Hiromi la conduisit à varier ses investissements afin de limiter les risques. À ce stade, son activité commerciale demeurait cependant sa principale source de profit, ses investissements fonciers et ses placements en valeurs mobilières ne lui rapportant encore qu'environ 10 % du total de ses bénéfices (cf. tableau 5-3).

3. La maison Hiromi et le début du boom des entreprises dans le district de Sen'nan

(1) *Le début du boom des entreprises dans le district de Sen'nan*

La première vague d'essor des entreprises fut comme nous l'avons vu un phénomène massif de créations d'entreprises touchant l'ensemble du pays jusque dans les provinces les plus reculées. Dans le département d'Ôsaka, sept nouvelles compagnies furent créées dans le secteur du filage du coton[44], central dans ce boom. La plupart étaient établies en dehors d'Ôsaka[45] et les agents fondateurs de trois d'entre elles résidaient eux-mêmes hors de la ville[46]. Tanimoto Masayuki, examinant le développement local de l'essor des entreprises dans le département d'Ôsaka, estime que « les compagnies que l'on peut considérer comme intégrées à l'espace urbain strict d'Ôsaka approchaient selon toute vraisemblance les trois quarts des créations d'entreprises et 80 % des capitaux[47] ». Ainsi, même dans ce département considéré généralement comme une simple périphérie de la ville d'Ôsaka, une partie non négligeable des sociétés virent en réalité le jour en dehors de l'espace urbain. À partir de ces éléments, examinons à présent le déroulement de la première vague d'essor des entreprises dans le district de Sen'nan.

En nombre d'entreprises, tout d'abord, nous pouvons comptabiliser à Sen'nan onze compagnies en activité entre 1887 et 1890 (voir Tableau 5-2) : huit d'entre elles relevaient du secteur industriel, deux du commerce, et la dernière des transports fluviaux. Parmi celles-ci, on remarquera la présence de trois compagnies en rapport avec le tissage du coton, ainsi que cinq entreprises liées à l'industrie potière et céramique (manufactures de briques, tuileries, cimenteries). Si le coton, spécialité de la région de Sen'nan, devait par la suite devenir un secteur clé de l'industrialisation de cette province, la majorité des acteurs locaux du secteur n'étaient jusqu'alors que des sociétés (ou des corporations[48]) de type commercial. La demande en grandes quantités de matériaux de construction au début de la révolution industrielle stimula dans le district de Sen'nan la production de briques, tuiles et ciments fabriqués à partir de l'argile locale. Cette production fut le principal soutien des nouvelles entreprises de la fin des années 1880 jusqu'à la fin de la guerre sino-japonaise (1895). Parmi les cinq compagnies concernées, seules trois entrèrent en activité au cours de la période nous intéressant ici : la Première Briqueterie (*Daiichi renga* ; aussi dite « de Kishiwada », *Kishiwada daiichi renga*), la Briqueterie Sano (*Sano renga*), et les Tuileries Tanigawa (*Tanigawa-gawara*), qui employaient respectivement deux cents, cent cinquante-cinq et cent trois personnes en 1891[49]. Même si en raison de la nature manuelle de leur production, elles ne connurent pas de mécanisation de celle-ci, elles disposaient toutes néanmoins d'usines concentrant plus d'une centaine d'ouvriers. Enfin, dans les secteurs du rail et du textile, autres piliers du premier boom des entreprises, les projets de création de la Compagnie du chemin de fer de Kisen (*Kisen tetsudô*) reliant Sakai à Wakayama et de la Filature de Kishiwada virent alors le jour, même si le lancement des deux sociétés et le démarrage de leurs activités attendirent les années 1890.

(2) *Le comportement d'investissement de la maison Hiromi*

La maison Hiromi contribua au premier boom des entreprises en participant à titre de promoteur à la création de trois compagnies : la Première Briqueterie de Kishiwada, la Compagnie du chemin de fer de Kisen et les Cimenteries de Kaizuka (*Kaizuka semento*)[50]. Elle fut dans les trois cas invitée à se joindre à la liste des promoteurs initiaux par Terada Jin'yomo, un influent entrepreneur de Kishiwada, mais sans en devenir un agent fondateur. Après la création de ces sociétés, Hiromi Sôtarô ne fut d'ailleurs élu qu'au sein du conseil d'administration de la Première Briqueterie[51]. Ces éléments nous invitent à penser que la maison marchande prit alors part au boom des entreprises comme simple collaboratrice de Terada Jin'yomo.

Le tableau 5-6 récapitulant l'évolution des sommes investies par la maison Hiromi nous indique en revanche une soudaine explosion du montant net annuel de ses investissements entre 1886 et 1887 (de 56 yens à 1 588 yens). Hormis les titres de sociétés locales cités *supra*, elle acquit notamment pendant cette période de nouvelles actions de l'Union bancaire (*Kyôritsu ginkô*) et de diverses compagnies ferroviaires d'Ôsaka, telles que le Chemin de fer d'Ôsaka-Sakai (dit « Hankai »), les Chemins de fer d'Ôsaka (*Ôsaka tetsudô*), ou le Chemin de fer de Maizuru (*Maizuru tetsudô*)[52]. Tout en finançant la création d'entreprises locales grâce à ses contacts avec les grandes fortunes de Sen'nan, la maison Hiromi poursuivit ainsi la gestion de ses actifs en investissant également dans les titres bancaires et ferroviaires, valeurs mobilières phares de la première vague d'essor des entreprises. Quant aux circuits qu'elle employa pour accéder aux informations nécessaires à ses placements, nous trouvons parmi la liste de ses intermédiaires les noms de plusieurs de ses partenaires d'affaires, tels Majima Seibei (installé à Ôsaka, quartier Junkeimachi) pour les titres de la Compagnie des chemins de fer d'Ôsaka, ou Kamano Chûgorô (à Ôsaka, quartier Kita-horie) pour les actions de la Compagnie du chemin de fer de Maizuru (future Ôsaka-Maizuru, dite « Hankaku »), mais aussi des courtiers tels que Nakamura Katsuhei de la maison Ôta (à Ôsaka, quartier Kitahama Nichôme) en ce qui concerne les titres de l'Union bancaire et de la Compagnie du chemin de fer d'Ôsaka-Sakai. Par ailleurs, ses proches de la maison Tatsuma, dans le département de Hyôgo, lui fournirent ponctuellement des informations relatives aux placements en titres[53].

Parmi ces transactions, intéressons-nous tout d'abord aux circonstances d'achat des premiers titres émis par la Compagnie des chemins de fer d'Ôsaka, que nous révèle une correspondance du 9 avril 1887 à l'adresse de Hiromi Sôtarô, de la part de Majima Seibei[54]. D'après cette lettre, la maison Hiromi s'adressa à Majima, avec qui elle se trouvait déjà en relations d'affaires, afin que celui-ci se procure ces titres ferroviaires qu'elle envisageait d'acquérir. Majima tenta alors d'obtenir ces actions en sollicitant l'un des promoteurs de la Compagnie des chemins de fer d'Ôsaka (Ukita Keizô, droguiste de profession), mais essuya un refus motivé par la clôture de la période de souscription. Ne désarmant point, la maison Hiromi persista dans ses démarches d'achat jusqu'à recevoir le 5 mai une lettre de Majima l'informant « être enfin parvenu à un compromis [avec M. Ukita] portant sur l'acquisition de 1 000 yens de titres ferroviaires, à payer comptant[55] ». Elle ne se contenta donc pas d'assister à la première vague d'essor des entreprises de manière passive, mais procéda avec entrain à des investissements mobilisant à bon escient ses réseaux relationnels. Cette attitude fut partagée par d'autres marchands, puisqu'elle reçut elle-même des demandes similaires de la part de partenaires commerciaux cherchant à acquérir des actions à l'occasion du lancement de la Filature de Kishiwada ou de la Compagnie des chemins de fer de Kisetsu (devenue ensuite la Nankai, voir *infra*)[56]. Ce type de réseaux marchands joua donc un rôle prééminent dans la souscription et la circulation des titres à une époque où les marchés boursiers n'étaient pas encore consolidés.

Pour se procurer des actions déjà en circulation, la maison Hiromi fit par ailleurs directement appel à la maison de courtage en titres Ôta, sise à Kitahama, dans la ville d'Ôsaka[57]. À compter du 15 décembre 1888, celle-ci lui adressa fréquemment des rapports détaillés quant à l'état du marché boursier d'Ôsaka, qui furent sans doute d'une grande utilité pour obtenir les informations nécessaires à la réalisation de ses placements. Dans les faits, le 17 décembre, cette dernière revendit par l'intermédiaire de sa maison de courtage ses titres de la Compagnie des chemins de fer d'Ôsaka pour acquérir des actions de l'Union bancaire et réaliser un modeste profit, procédant pour la première fois à une transaction dans le but de réaliser une plus-value (voir Tableau 5-6). Cet exemple nous montre qu'un marché des valeurs boursières se mit très rapidement en place à Ôsaka durant la première vague d'essor des entreprises, et que les grandes fortunes de la place commencèrent aussitôt à prendre part à ces transactions anonymes par le biais d'intermédiaires spécialisés. Ces grands marchands fortunés purent ainsi simultanément accéder aux transactions interpersonnelles (en « face-à-face ») et sur les marchés anonymes.

(3) L'approvisionnement en capitaux d'investissement

En raison de la demande en capitaux engendrée par les investissements en titres précédemment évoqués, la maison Hiromi dut se procurer entre 1887 et 1889 la somme de 3 000 yens en dehors de sa caisse à actions (*kabushiki kanjô*) (voir Tableau 5-6). Elle puisa alors dans ses fonds de réserve. En février 1887, la maison transféra les 12 titres (d'une valeur de 812 yens) de la Compagnie du chemin de fer d'Ôsaka-Sakai depuis son comptoir principal vers le compte de la Daiso, son fonds de réserve. Comme le montre le tableau 5-5, c'est alors que les investissements en valeurs mobilières effectués à partir du compte de la société Daiso s'intensifièrent : les titres de la Compagnie des chemins de fer d'Ôsaka et des Cimenteries de Kaizuka (obtenus courant 1887), puis ceux de la Compagnie du chemin de fer d'Ôsaka-Sakai et de l'Union bancaire (*Kyôritsu ginkô* ; obtenus en 1888), furent tous acquis en utilisant ce compte. Pendant ce temps, ces fonds de réserve continuèrent à être alimentés régulièrement (500 yens par an) depuis le Comptoir des engrais (voir Tableau 5-4). Ainsi, au début de 1891, les réserves de la maison Hiromi s'élevaient à 10 554 yens. Ces fonds servaient sans doute, avec les dividendes versés au compte de la Daiso, à régler les achats de titres.

Cette série d'investissements en valeurs mobilières opérée au cours de la première vague d'essor des entreprises ne fut cependant pas un succès sur le plan des profits. Après la panique financière de 1890, le taux annuel des revenus sur placement généré par ces investissements en titres diminua, de 11,6 % en 1886 à 8,3 % en 1891 (voir Tableau 5-6). La crise nationale provoqua en outre une importante perte en capital pour la maison Hiromi, puisque plusieurs objets d'investissement déposèrent le bilan (les Cimenteries de Kaizuka ainsi que les compagnies ferroviaires de Maizuru et de Kisen) et que la Première Briqueterie de Kishiwada fut, elle, contrainte à une importante diminution de ses capitaux. Certaines de ces sociétés, comme la briqueterie, parvinrent toutefois à devenir des entreprises saines financièrement grâce à cette purge[58]. D'autres, malgré leur faillite, réapparurent sous une nouvelle raison sociale, comme la Compagnie du chemin de fer de Kisen qui devint plus tard [*N.d.T.* : en 1895] la Compagnie des chemins de fer de la mer du Sud (*Nankai tetsudô kaisha*, dorénavant CCF de la mer du Sud [*N.d.T.* : grande compagnie ferroviaire toujours active aujourd'hui]), reliant Ôsaka et Wakayama. De fait, ces placements en titres, bien qu'ils n'aient pas eu de retombées immédiates, furent à long terme d'un grand bénéfice en diversifiant les sources de profits de la maison Hiromi.

Ce sont les activités marchandes de la maison qui constituèrent sa principale source de profits entre 1887 et 1889, à hauteur de 41,8 % (voir Tableau 5-3). Toujours selon Nakanishi Satoru, la maison Hiromi abandonna la politique d'achat en gros menée entre les années 1870 et le milieu des années 1880 afin de revenir à ses activités de maison grossiste commissionnaire (*ton'ya*)[59]. Or, ces profits tirés des commissions tendirent de plus en plus à la baisse et les revenus d'exploitation stagnaient. La proportion des profits du secteur commercial diminuait tandis que les profits provenant des activités foncières et boursières progressaient très nettement. Car effectivement, si ce sont bien les investissements en valeurs mobilières qui constituèrent le cœur de la diversification des activités de la maison Hiromi durant cette période, la maison Hiromi ne se contenta pas de ses placements mobiliers et elle continua d'acquérir entre 60 et 90 ares de terre chaque année[60].

4. Les sources de bénéfices et le comportement d'investissement de la maison Hiromi après la guerre sino-japonaise

(1) La maison Hiromi et la deuxième vague d'essor des entreprises

Après s'être temporairement contracté sous l'effet de la panique financière de 1890, le boom des entreprises trouva un second souffle vers 1892, notamment dans le secteur du filage. La région de Sen'nan connut à la suite de la panique financière une interruption totale des créations d'entreprises en 1891 (voir Tableau 5-2). Avec la fondation de la Filature de Kishiwada en novembre 1892 et le début en 1894 de sa production[61], le boom des entreprises reprit son élan dans la région. Vingt-huit sociétés au total furent fondées dans le district entre 1892 et 1898, dont huit banques, huit briqueteries, cinq autres différentes manufactures, cinq filatures ou ateliers de tissage du coton, et deux compagnies ferroviaires et de transport. Le pic fut atteint entre 1896 et 1897, avec dix-sept créations d'entreprises, principalement autour de la banque, la fabrication de briques et l'industrie cotonnière. La maison Hiromi contribua à cet essor en tant que primo-actionnaire de compagnies relevant de ces trois domaines d'activité.

Celle-ci participa tout d'abord à la fondation de la Banque de Kishiwada (*Kishiwada ginkô*) autour d'Uno Shiichirô, en 1893. Hiromi Sôtarô fut nommé auditeur de l'établissement. Par la suite, Sôtarô se joignit à d'autres personnalités influentes de sa localité de

Kaizuka pour lancer en 1896 la Banque de Kaizuka (*Kaizuka ginkô*), dont il devint président. Dans l'industrie cotonnière, la maison Hiromi compta parmi les fondateurs de la Filature de Kishiwada, et plaça en outre le cousin de Sôtarô, Hiromi Masujûrô, au poste d'auditeur de la Compagnie des toiles de Kaizuka (*Kaizuka orimono*), fonctions que ce dernier occupa également au sein de la Briqueterie de Kaizuka (*Kaizuka renga*). Enfin, en ce qui concerne le secteur du rail, autre fer de lance de la deuxième vague d'essor des entreprises, la maison contribua notamment au lancement de la Compagnie des chemins de fer de Kisetsu (devenue plus tard la Nankai, CCF de la mer du Sud). Dans la bataille pour la direction de la compagnie, elle aurait soutenu – selon les travaux de Takeuchi Kyôzô[62] – le camp des ex-partisans de la compagnie de Kisen contre ceux du projet concurrent de la compagnie de Kihan [*N.d.T.* : les autorités firent fusionner les deux compagnies], tout comme Uno Shiichirô le fit. Cela lui permit de souscrire à 24 titres lors de la première émission et de devenir le plus grand promoteur de la future CCF de la mer du Sud dans le district de Sen'nan. Dans la mesure où les partisans de la Kisen et leurs soutiens finirent par l'emporter, la maison Hiromi occupa rapidement une position centrale dans les affaires de la compagnie.

Quant à ses comportements de placement durant cette période, il faut d'abord prendre note des changements intervenus dans la structuration des partenariats d'affaires depuis le premier boom des entreprises. Jusqu'à la création des Cimenteries de Kaizuka, de la Première Briqueterie et de la Filature de Kishiwada, la maison fut principalement sollicitée par Terada Jin'yomo pour financer divers projets d'entreprises[63]. Or, à compter de 1893, nous ne trouvons plus trace de tels partenariats avec ce dernier, mais de plus en plus de collaborations avec des marchands de Kaizuka, comme Tanegashima Genbei (un fabricant de sauce de soja) ou Sano Gonshirô (brasseur de saké).

En prenant part à la création de plusieurs entreprises locales (la Briqueterie de Kaizuka en 1894, la Compagnie des toiles de Kaizuka en 1895 et la Banque de Kaizuka en 1896) et en s'impliquant dans la direction de cinq des sept sociétés qu'elle contribua à créer, la maison Hiromi contribua plus encore au deuxième boom des entreprises qu'au premier. Notons cependant qu'elle procéda avec soin au choix de ses objets d'investissement, selon la viabilité potentielle de l'entreprise et l'identité de ses partenaires. Une fois convaincue de l'avenir d'une société, elle continuait à soutenir financièrement cette dernière même en cas de difficultés. Examinons à cet égard ses liens avec la Première Briqueterie de Kishiwada, fondée en 1887 avec un capital de 25 000 yens. À l'invitation de Terada Jin'yomo, la maison Hiromi commença à investir dans cette compagnie dès qu'en fut lancé le projet – et rejoindrait par la suite son conseil d'administration[64]. Lors de ses premières années d'existence, la manufacture de briques généra des dividendes relativement stables : 10 % en janvier 1888, 8 % au premier semestre 1889, 10 % au second semestre 1889[65]. Ses résultats s'effondrèrent toutefois sous l'effet de la crise financière de 1890, de sorte qu'elle ne put émettre le moindre dividende au terme du premier semestre 1891[66]. Pour surmonter ces difficultés financières, son président, Yamaoka Tadakata[67], multiplia les emprunts à court terme auprès de la maison Hiromi entre le second semestre 1891 et la fin 1892[68], et dut finalement amputer de moitié le capital de son entreprise au premier semestre 1893. Si elle essuya à cette occasion des pertes non négligeables (1 730 yens)[69], la maison de négoce conserva cependant ses titres par confiance envers Yamaoka et consentit à contribuer à partir d'octobre 1895 à l'augmentation progressive du capital de la manufacture[70]. Ce fut notamment grâce à ce soutien financier que la Première Briqueterie, renommée en 1893 « Briqueterie de Kishiwada » (*Kishiwada renga*), parvint non seulement à relancer ses affaires mais aussi à gratifier dès 1895 ses administrateurs de diverses primes, tout en assurant de confortables dividendes à la maison Hiromi. Par la suite, la Briqueterie de Kishiwada continua de croître régulièrement, s'imposant comme l'un des piliers de son secteur[71].

Après avoir atteint son apogée en 1897, le deuxième boom des entreprises s'essouffla au terme des deux paniques financières qui secouèrent le Japon en mars 1899 et avril 1900. Dès lors, la conjoncture économique resta globalement négative jusqu'à la guerre russo-japonaise de 1904[72]. Quinze des vingt-huit sociétés créées dans la circonscription de Sen'nan au cours de la deuxième vague d'essor des entreprises firent alors faillite, quand deux autres furent absorbées par une compagnie extérieure. Parmi les onze sociétés parvenues à subsister jusqu'en 1902, nous retrouvons six banques, une filature, une briqueterie, une compagnie de tissage, une fabrique de rideaux de bambou ainsi qu'une compagnie ferroviaire. Le secteur manufacturier n'était donc plus représenté que par quatre entreprises. Il est néanmoins un fait notable : la maison Hiromi avait contribué au développement de six de ces onze compagnies. Sept des huit sociétés qu'elle avait financées durant le deuxième boom des entreprises avaient ainsi survécu plus de cinq ans, nous révélant avec quel soin elle avait procédé au choix de ses objets d'investissement. Détachant du personnel dans les conseils d'administration des sociétés financées, son comportement n'était plus celui du simple actionnaire de type rentier qu'elle avait été durant la première vague d'essor des entreprises : elle agissait dorénavant comme un investisseur à part entière. Dans le cas de la Briqueterie de Kishiwada, son premier succès en la matière, la maison Hiromi continua à apporter sur le long terme les capitaux nécessaires, usant de sa position au sein du conseil d'administration pour surveiller en amont les finances de l'entreprise, percevant en retour dividendes et primes d'administration.

(2) La structure des bénéfices de la maison Hiromi

Après la guerre sino-japonaise de 1894-1895, les sources de bénéfices de la maison Hiromi subirent d'importants changements structurels (voir Tableau 5-3). Si ses affaires commerciales demeurèrent entre 1893 et 1895 sa principale source de profits, ceux générés par son activité marchande connurent une phase de stagnation sur la période 1896-1901 et furent supplantés par ceux de ses placements mobiliers, alors son activité la plus lucrative. L'abandon dès 1896 de ses achats en gros d'engrais de poisson auprès des producteurs de la région de Hokkaidô – en raison de coûts devenus trop importants – constitua sans doute l'une des raisons de ce déclin commercial[73]. De 1896 à 1898, alors que son activité marchande plongeait dans le rouge, les profits générés par ses investissements en valeurs mobilières furent soudain multipliés par 4,4 (par rapport à l'avant 1896), représentant alors plus de 70 % de ses profits totaux. Même si les activités commerciales de la maison Hiromi devaient par la suite connaître une embellie avec la reprise en 1903 des achats directs auprès des producteurs de Hokkaidô, ce sont ses investissements qui auront continué jusqu'après la guerre russo-japonaise à lui assurer la plus grande partie de ses profits. Par ailleurs, la maison mit un terme à ses acquisitions de terrains agricoles après la guerre sino-japonaise, alors qu'elle les avait poursuivies depuis 1892[74]. Aussi, le tournant en direction d'une assise des bénéfices sur les investissements mobiliers, et non plus sur les activités marchandes, commença assez tôt, dès cette époque.

Afin de mieux éclairer la structure des bénéfices de la maison Hiromi entre les deux guerres (sino et russo-japonaise), il nous faut analyser les tendances générales de ses placements en valeurs mobilières. Après la panique financière de 1890, la maison se montra durant quelque temps relativement réticente à la souscription de nouveaux titres, et ce n'est qu'après 1892 qu'elle commença de nouveau à effectuer des achats. Ce mouvement d'acquisition de valeurs s'accéléra au cours de la deuxième vague d'essor des entreprises pour atteindre son paroxysme entre 1896 et 1897, la maison Hiromi y consacrant alors de colossales sommes d'argent, de l'ordre de 16 000 à 22 000 yens par année. En examinant la liste de ces investissements (voir Tableau 5-7), nous constatons l'écrasante prédominance jusqu'à 1895 des titres locaux (dont des « titres interpersonnels », *enko-kabu*, non diffusés publiquement) – près de 80 %. La majorité de ces actions étaient celles de la Cinquante et unième Banque nationale, de la Banque de Kishiwada, de la Filature de Kishiwada et de la Briqueterie de Kishiwada (anciennement Première Briqueterie). Toutefois, à compter de 1896-1897, la maison Hiromi se mit également à acquérir des titres de sociétés extra-locales, principalement de titres financiers et ferroviaires, les valeurs phares du deuxième boom des entreprises : la Banque hypothécaire du Japon (*Nihon kangyô ginkô*), le Crédit industriel du Japon (*Nihon kôgyô ginkô*), les Assurances-vie du Japon, les compagnies des chemins de fer d'Ôsaka, d'Ôsaka-Maizuru (Hankaku) et de Nishinari (voir Tableau 5-7).

Quatre différents groupes d'intermédiaires ont permis à la maison Hiromi d'acquérir ces titres : la Cinquante et unième Banque nationale, les courtiers d'Ôsaka (Kanaya et Haratani*), les courtiers de Kishiwada (Ishii, Kakuno et Sugimoto) et enfin certains investisseurs d'entreprises nouvellement fondées (les maisons Terada, Doi et Tatsuma). Si la maison Hiromi avait déjà fait appel aux deux premiers groupes avant la guerre sino-japonaise, le troisième nous montre l'apparition de maisons de courtage au niveau local. En proposant non seulement des titres locaux comme ceux de la Banque ou de la Filature de Kishiwada, mais aussi des valeurs en vue telles que celles des compagnies des chemins de fer d'Ôsaka-Maizuru (Hankaku) et ceux d'Ôsaka, ces courtiers devinrent les principaux canaux distributeurs de titres à Sen'nan. La maison Hiromi allait dès lors adopter une double stratégie sollicitant d'une part les courtiers de Kishiwada pour les transactions de proximité et ceux d'Ôsaka pour les titres qu'elle ne pouvait se procurer ou revendre localement. Ainsi, pour son achat de 60 actions de la Banque hypothécaire du Japon en 1905, elle acquit 50 titres par l'intermédiaire d'un courtier de Kishiwada (Kakuno Shôkichi) et 10 par celui d'un courtier d'Ôsaka (Haratani Masasuke)[75]. Le prix unitaire pratiqué lors de ces transactions s'avéra légèrement plus avantageux chez le courtier de Kishiwada (109,45 yens par titre contre 110,10 yens auprès de Haratani, tous frais compris)[76]. Quant au dernier groupe d'intermédiaires de la maison Hiromi, celui des investisseurs, que nous pouvons inclure au sens large à son réseau marchand, il influença de manière caractéristique ses comportements d'investissement : si l'entrepreneur Doi

Michio lui avait conseillé en octobre 1895 d'acquérir des titres des Chemins de fer de Hankaku, la maison de commerce ne procéda effectivement à cet investissement qu'après avoir consulté le négociant en engrais Kiya Shichihei[77] (à Ôsaka) afin de s'assurer de la viabilité du placement. La maison Hiromi sollicita donc son réseau personnel pour collecter les informations financières nécessaires à sa prise de décision et effectuer ses placements en toute connaissance de cause lorsque nécessaire[78].

Comme le montre le tableau 5-6, le bilan financier de ses investissements se caractérise par une nette hausse des dividendes perçus à compter de 1894-1895. De même, son taux de retour sur investissement progressa pour atteindre 18,2 % en 1896. Si nous comparons le taux de rendement annuel moyen des titres des entreprises locales et extra-locales sur les trois années 1895-1897, à l'apogée du deuxième boom, celui des titres locaux était bien plus intéressant (13 % de rendement contre 6,2 %). Les entreprises extra-locales furent sujettes durant cette période à d'extrêmes fluctuations, beaucoup plus que les premières, qui assurèrent alors à leurs actionnaires des dividendes stables. Étant généralement impliquée dans ces entreprises locales dès le stade de leur création, la maison Hiromi put en outre obtenir ces actions à bon prix (leur valeur nominale ou un prix s'en approchant), alors qu'il lui fallut acquérir au prix fort sur le marché boursier les titres des entreprises non locales. Prenons par exemple le cas déjà évoqué des actions de la Compagnie des chemins de fer de Hankaku, dont la maison de négoce avait acheté 50 unités sur les conseils de Doi Michio. En août 1896, elle procéda à un nouvel achat de 100 titres, les payant 9 yens l'unité alors que leur valeur initiale était de 50 centimes[79]. Cet écart de valeur eut un effet sur la profitabilité de ses investissements. En 1897, son solde transactionnel accusa ainsi 1 362 yens de pertes sur la revente d'actions de sociétés non locales, notamment sur les titres des Chemins de fer de Hankaku, alors que la revente de valeurs locales lui rapporta plus de 1 000 yens en 1896 comme en 1897. Pour résumer, si ses investissements d'alors s'avérèrent déficitaires en ce qui concerne les titres de sociétés non locales, ces pertes furent épongées grâce aux profits réalisés avec les actions des entreprises locales. De fait, la maison Hiromi recentra son portefeuille d'actions autour des valeurs locales dès 1898, diminuant progressivement le nombre de ses titres extra-locaux : en 1903, ces derniers ne représentaient plus que 3,2 % du total de ses valeurs mobilières.

(3) L'approvisionnement en capitaux d'investissement

Ces méthodes d'approvisionnement en fonds subirent néanmoins quelques changements en 1897, année au cours de laquelle la maison Hiromi ferma tout d'abord son compte Daiso pour opérer à nouveau ses valeurs mobilières depuis le compte-titres de son principal comptoir, et commença par la suite à investir des capitaux prêtés par les banques. Elle contracta ainsi le 12 avril un prêt sans sûreté de 2 500 yens auprès de la Banque de Kaizuka, une somme correspondant au dépôt de souscription qu'elle versa le lendemain 13 avril pour acquérir 100 titres de la Banque d'encouragement économique du Japon[80]. Par la suite, à l'occasion de ses premières transactions avec la banque Sumitomo, la maison Hiromi fut en mesure d'accéder à des prêts sécurisés pour ses investissements en titres. Mais comme le montre le graphique 5-2, les sommes d'argent qu'elle emprunta en 1897 fluctuaient toujours selon la période de l'année et furent probablement destinées à couvrir ses activités commerciales. Il conviendra en revanche de remarquer qu'elle commença à effectuer dès cette année des investissements complémentaires dans la limite des recettes générées par les dividendes ainsi que la revente de ses titres (voir Tableau 5-6). Ainsi, à compter de 1897, la maison Hiromi abandonna son précédent modèle de circulation des capitaux, où les excédents réalisés par son activité commerciale étaient alors investis en titres (majoritairement dans le secteur industriel), pour mettre en place un modèle dans lequel les recettes réalisées par ses titres devaient directement être réinvesties dans l'industrie.

5. Les entreprises locales et les comportements d'investissement de la maison Hiromi après la guerre russo-japonaise

(1) Les entreprises du district de Sen'nan après la guerre russo-japonaise

Si le deuxième boom des entreprises ayant suivi la guerre sino-japonaise bénéficie de la même considération que le premier, qui avait marqué la véritable percée du capitalisme au Japon, le boom de l'après-guerre russo-japonaise n'a quant à lui guère retenu l'attention jusqu'à présent. Dans les faits, les 1 081 créations d'entreprises durant les deux années de pic de ce boom (1906-1907) ne représentent qu'un tiers des

2 990 compagnies qui virent le jour entre 1896 et 1897, au paroxysme du deuxième boom des entreprises[81]. Cet essor, qui devait s'accélérer dès le second semestre 1906, présente toutefois plusieurs caractéristiques remarquables[82] : l'effondrement des secteurs bancaires et des chemins de fer à vapeur, pourtant majoritaires après la guerre sino-japonaise ; la position centrale désormais occupée par les secteurs liés à l'électricité (chemins de fer électriques, éclairage, production d'énergie électrique) ; la consolidation de l'industrie manufacturière, à commencer par le secteur du filage.

Comme l'a par ailleurs souligné l'économiste Nakamura Takafusa, si les exportations ne représentèrent que 300 millions de yens en 1908, notamment du fait de la panique financière, celles-ci s'accrurent toutefois progressivement pour compenser une conjoncture nationale défavorable, et finirent par atteindre en 1913 un niveau dépassant les 600 millions de yens. La soie – grège, filée ou tissée – devait alors composer la majeure partie des produits exportés[83].

Examinons à présent la situation des entreprises dans la circonscription de Sen'nan, après la guerre russo-japonaise. Parmi les sociétés dont le siège se situait dans le district au mois de janvier 1912, on ne comptait qu'une seule grande entreprise (capital supérieur à un million de yens), la Filature de Kishiwada. Derrière elle, seulement cinq sociétés disposaient de plus de 100 000 yens de capitaux – à l'exclusion de quelques banques (Kaizuka, Terada, la Cinquante et unième) – : la Briqueterie de Kishiwada, les Toiles de Kaizuka, la Compagnie d'hydroélectricité de Izumi (*Izumi suiryoku denki*), la Compagnie du linge de maison d'Ôsaka (*Ôsaka taoru*) et la Compagnie du gaz de Senshû (*Senshû gasu*). Les trente-neuf autres entreprises étaient de petites sociétés au capital inférieur à 100 000 yens. Par ailleurs, en ce qui concerne les créations d'entreprises dans la circonscription, le tableau 5-2 nous permet de situer le début du boom en 1906-1907, et son apogée, vers 1911-1912 – un mouvement assez singulier, dans la mesure où cette vague d'essor battit son plein au niveau national dès 1906-1907. Quant à la répartition sectorielle de ces compagnies, en excluant les banques, nous constatons l'écrasante prédominance du tissage de la soie (vingt compagnies sur les trente-huit restantes), puis trois sociétés du secteur céramique, deux compagnies de transport, une filature, et douze entreprises œuvrant dans d'autres domaines d'activité. Il va sans dire que ces orientations sectorielles entretenaient un lien étroit avec la modernisation du secteur soyeux et l'industrialisation tournée vers l'exportation. Selon Abe Takeshi, les métiers à tisser manuels commencèrent à se multiplier dans le district de Sen'nan en 1907, avant que les ateliers traditionnels (*hataya*) n'entament leur mue en de grandes manufactures à partir de 1910[84]. Pour se procurer les capitaux d'équipements nécessaires, ceux-ci fondèrent alors des compagnies de tissage sous le régime de la société et procédèrent à des collectes de fonds par le biais de leurs réseaux relationnels[85]. L'essor rapide et continu des entreprises de tissage à Sen'nan à partir de 1910, dans une conjoncture économique pourtant généralement qualifiée de moyenne[86], s'appuya donc sur le développement de grands ateliers mécanisés, lui-même soutenu par la vigueur des exportations cotonnières.

Durant ce boom de l'après-guerre russo-japonaise, la maison Hiromi finançait en janvier 1912 neuf entreprises parmi les quarante-neuf de la circonscription et elle siégeait au conseil d'administration de trois d'entre elles (Briqueterie de Kishiwada, Banque de Kaizuka, Toiles de Kaizuka). Ces neufs sociétés se composaient de quatre banques, deux compagnies travaillant la soie (filage et tissage), deux manufactures de tuiles et de briques et une de peignes en bois. Seules trois furent fondées au cours de ce boom : la (Nouvelle) Compagnie des toiles de Kaizuka, les Tuileries d'Izumi (*Izumi-gawara*), et la société en commandite des Frères Kada (*Kada kyôdai gôshi*, manufacture de peignes). La maison Hiromi avait financé la fondation en 1906 de la compagnie textile précitée (société en commandite des Toiles de Kaizuka, *Kaizuka orimono gôshi-gaisha*, dont Hiromi Sôtarô IV fut nommé en 1909 haut conseiller, *sôdan-yaku*) et s'occupa, comme nous le verrons plus loin, de remettre en ordre ses affaires lors de sa reformation en société par actions en 1911, après réduction de ses capitaux. La maison Hiromi s'impliqua donc activement dans le boom des entreprises que connut le district de Sen'nan autour du secteur de la soie après la guerre.

(2) Les sources de bénéfices et les placements mobiliers de la maison Hiromi

Après la retraite de Hiromi Sôtarô III en 1901, les rênes de la maison de négoce familiale furent transmises à Sôtarô IV. Celui-ci décida de renouer dès l'année suivante avec la politique d'achats directs auprès des producteurs d'engrais de poisson de la région de Hokkaidô[87]. Les résultats furent immédiats : l'activité marchande se redressa aussitôt (3 557 yens de moyenne sur 1902-1904) pour représenter à elle seule près de 40 % des recettes générales de la maison (voir Tableau 5-3). Toutefois, au cours de la seconde moitié de la décennie, les profits réalisés grâce à ces achats directs commencèrent à décliner en raison de la diminution de l'écart de prix entre les régions[88]. Entre 1905 et 1907, les recettes commerciales ne pesaient plus que 27,2 % des recettes, moitié moins que les transactions de titres (51,1 %). Les investissements en valeurs mobilières constituèrent donc bel et bien les plus importantes sources de profit pour la maison Hiromi après la guerre russo-japonaise.

Avec la reprise de ses achats directs auprès des producteurs du Hokkaidô, elle multiplia les emprunts bancaires afin de procéder à ses coûteux achats en gros. Leur volume passa de 23 400 yens fin janvier 1905 à quelque 80 000 yens fin janvier 1907, soit plus qu'un triplement en seulement deux ans[89]. Ses principaux créanciers furent la Banque de Kaizuka et la banque Sumitomo, chez qui elle déposa généralement des actions en garantie, généralement des titres de la Banque hypothécaire du Japon, du Crédit industriel du Japon et de la Filature de Kishiwada. Auprès de la Banque de Kaizuka, elle y ajouta des actions émises par cette même banque et par la Briqueterie de Kishiwada[90]. L'expansion des activités commerciales s'avéra donc fortement tributaire de ces emprunts bancaires rendus possibles par son portefeuille de titres. Plus qu'une simple source de bénéfices, ce portefeuille remplit alors un nouveau rôle d'importance, celui d'une garantie financière lui permettant d'accéder aux moyens capitalistiques afin de développer son activité marchande.

À cet égard, examinons à présent les orientations de ses comportements d'investissement avant, et après la guerre russo-japonaise (voir Tableau 5-6). En 1902, la maison épura ses actifs dépréciés au cours de la panique financière de l'après-guerre sino-japonaise en les liquidant – à perte – et en réduisant sa voilure en capitaux. Ses placements en titres furent par conséquent ralentis jusqu'en 1904, mais ils se développèrent à nouveau après la guerre russo-japonaise. Avec l'acquisition de 60 actions de la Banque d'encouragement économique du Japon (1905), la maison Hiromi commença tout d'abord par investir dans des titres de sociétés non locales. Ces titres de grandes places boursières centrales lui servirent de garanties auprès des banques, comme nous l'avons vu. Or, ces actions étaient aussi très onéreuses : les titres de la Banque hypothécaire du Japon furent achetés à 170 % de leur valeur initiale. De fait, et dans la mesure où ces actions, pourtant sûres, ne générèrent que 6 % d'intérêts annuels à compter de 1906, le taux de profit d'investissement des Hiromi ne s'avéra pas aussi élevé qu'on pourrait le penser. Dès cette année 1906, la maison Hiromi recommença par ailleurs à pleinement investir dans les titres d'entreprises locales, surtout en 1907, année pendant laquelle elle y consacra 22 000 yens. Le solde total de ses investissements en valeurs mobilières franchit ainsi la barre des 80 000 yens avant même la fin de l'année. Le portefeuille de valeurs locales qu'elle se constitua alors se composait de titres des compagnies de l'Union foncière (*Kyôdô jisho*), des Tuileries d'Izumi, de la Papeterie d'Izumi (*Izumi seishi*), de la SC des Frères Kada et de la SC des Toiles de Kaizuka. L'Union foncière, dans laquelle la maison Hiromi investit entre toutes ces entreprises les plus fortes sommes, fut fondée en 1906 à la suite de la mise en liquidation de la Société immobilière de Kaizuka (*Kaizuka kashiya gaisha*)[91] comme un partenariat d'investissement associant les notables de la localité de Kaizuka. Si la maison de négoce avait pratiquement cessé d'acquérir de nouveaux terrains depuis la fin de la guerre sino-japonaise, elle demeurait néanmoins à la tête d'un fonds de près de 20 hectares de terrains lui assurant des profits stables, et décida par conséquent de s'impliquer dans la gestion d'une compagnie immobilière à fonds communs en sus de la gestion de ses propres terres et locations. La Papeterie d'Izumi fut en revanche une société relativement éphémère et la maison Hiromi ne semble pas s'y être elle-même investie de manière très active. Par ailleurs, de 1904 à 1906, cette dernière se trouva en possession d'un certain nombre d'obligations de guerre contractées dans le cadre de l'emprunt d'État destiné à couvrir les dépenses militaires occasionnées par le conflit avec la Russie. Après en avoir revendu la quasi-totalité en 1906, le pourcentage d'obligations détenues dans son portefeuille de valeurs mobilières retomba sous la barre des 1 %.

Venons-en maintenant au bilan financier de ses investissements en titres au cours de cette période. Dans les grandes lignes, son taux de profit d'investissement sur la période 1905-1908 se situa dans une fourchette assez haute, puisqu'il s'éleva à 10-12 % (voir Tableau 5-6). Le pourcentage de profit généré par les titres d'entreprises locales se monta en outre à deux fois celui des titres non locaux. Les valeurs locales qui réalisèrent alors les meilleures performances étaient tout particulièrement celles détenues depuis la décennie 1890, à savoir celles de la Briqueterie de Kishiwada (approximativement 14 % de profits), de la Filature de Kishiwada (près de 10 %) ou de la CCF de la mer du Sud (environ 10 %)[92], quand ses objets d'investissement les plus récents ne lui assurèrent de manière générale que de faibles profits. La maison de négoce décida pour cette raison de reprendre en main les affaires de ces jeunes entreprises : après avoir été nommé en 1909 conseiller de la société en commandite des Toiles de Kaizuka, Sôtarô IV en réduisit le capital total, puis reforma en 1911 la compagnie en société par actions. Bien qu'ayant elle-même perdu 1 000 yens dans cette réduction de capital, la maison Hiromi contribua activement au redressement de l'entreprise en injectant 7 200 yens de fonds d'investissement complémentaires lors de sa reformation en société par actions. Grâce à cet appui, la Compagnie des toiles de Kaizuka parvint à recouvrer sa santé financière pour finalement dégager d'importants profits pendant et après la Première Guerre mondiale. Après les liquidations de la Papeterie d'Izumi en 1911 et de la SC des Frères Kada en 1912, la maison Hiromi accusa en revanche une perte totale de 601 yens[93].

* * *

L'examen des comportements d'investissement de la maison Hiromi que nous venons de livrer nous donne à voir les liens d'une de ces fortunes régionales avec le boom des entreprises de l'ère de Meiji. Nous avons observé particulièrement la question du rapport entre accumulation des capitaux marchands et réinvestissement dans les industries naissantes, et celle des structures régissant la circulation des titres et des informations financières.

D'après notre analyse de l'évolution des bénéfices de la maison Hiromi, sa ligne de gestion peut se résumer, tout d'abord, à un développement entièrement centré sur le commerce entre 1875 et 1895, quoiqu'elle manifestât une certaine volonté de diversifier ses placements avec la déflation Matsukata. Elle prit une nouvelle direction dès 1897 en réduisant son activité marchande et en axant la gestion de ses actifs autour des placements en valeurs mobilières. Durant la décennie 1900, marquée par l'arrivée de Sôtarô IV à sa tête, la maison chercha de nouveau à étendre ses affaires commerciales par la reprise de ses achats directs à Hokkaidô. Ces derniers lui rapportèrent toutefois moins que ses investissements en titres, toujours première source des profits. Les besoins en capitaux induits par ces achats en gros l'amenèrent même à emprunter de considérables sommes auprès des banques, contre le dépôt de titres en garantie. De manière générale, la maison Hiromi était toujours plus tributaire de son portefeuille d'actions, mais d'où tira-t-elle les capitaux nécessaires à ses achats de valeurs mobilières ?

Durant la première vague de créations massives d'entreprises, pendant laquelle la maison Hiromi effectua ses premiers véritables placements, elle utilisa ses profits excédentaires dans le commerce comme un fonds de réserves pour financer ses achats de titres et versements complémentaires. Ce transfert de ses capitaux marchands vers l'industrie se poursuivit jusqu'en 1898, lorsque la maison Hiromi ferma le compte de la Daiso qui lui servait de fonds de réserves, mettant un terme à ce flux de capitaux entre commerce et secteurs productifs. À partir de 1897, elle utilisa de manière générale son portefeuille d'actions et ses primes d'administration de sociétés tierces pour alimenter son fonds d'investissement.

Quant aux intermédiaires ayant permis ces transactions de titres, c'est d'abord *via* sa banque que la maison procéda au début des années 1880 à ses premiers investissements en valeurs mobilières. Ses activités boursières commencèrent ensuite à se développer lors du premier boom des entreprises grâce aux informations financières obtenues auprès de ses propres contacts et des courtiers en titres d'Ôsaka. Ces courtiers s'implantèrent également à Kishiwada après la guerre sino-japonaise, ce qui facilita les transactions pour la maison Hiromi, notamment lors de la première émission de titres de telle ou telle entreprise, puisqu'elle pouvait alors comparer la situation sur les places boursières d'Ôsaka et de Kishiwada et acheter au mieux. Son réseau marchand continua toutefois à jouer un rôle prééminent dans ces acquisitions de titres émis lors de la création de nouvelles sociétés. Les informations à propos de l'évolution des cours qu'elle obtint de ce type d'intermédiaires lui furent sans doute utiles à plus d'un titre, pour procéder à des investissements orientés vers un gain en capital, comme pour se faire une idée objective au sujet des compagnies locales.

Son portefeuille de titres contenait surtout des actions. Les premières valeurs dont la maison fit l'acquisition furent des obligations du secteur manufacturier et industriel, mais celles-ci constituaient généralement moins de 1 % du volume total des valeurs en sa possession, et n'en dépassèrent jamais les 10 %. Alors que les valeurs de compagnies non locales avaient pu temporairement constituer près de 20 % de son portefeuille durant la guerre sino-japonaise, les investissements de la maison Hiromi devaient par la suite se porter à 90 % vers des sociétés exclusivement locales, des environs de Kishiwada et Kaizuka. Ces titres dégageaient de manière générale un meilleur taux de profit que les valeurs non locales et constituaient une source importante pour les bénéfices de la maison. Les placements en titres d'entreprises non locales étaient quant à eux fortement soumis aux fluctuations du contexte économique : ils se montrèrent prolifiques lors des vagues de boom des entreprises autant qu'ils eurent tendance à se contracter durant les périodes de panique financière. Ainsi, à l'échelle de l'ère de Meiji, ces comportements de placement ne furent pas nécessairement couronnés de succès, même s'ils produisirent des profits durant la guerre sino-japonaise. Ces valeurs d'entreprises non locales, principalement dans les secteurs bancaires et ferroviaires, révélèrent plutôt leur importance lors de leur mise en dépôt auprès des banques.

Considérons maintenant les investissements industriels de la maison Hiromi en songeant à l'avantage comparatif dont jouissaient alors les espaces ruraux par rapport aux grandes villes. Du temps de Sôtarô III, la tendance à investir dans des titres d'entreprises locales en s'impliquant peu dans leur gestion a tout du comportement du « notable de province », pour reprendre la typologie établie par Tanimoto Masayuki. Il n'est est pourtant rien : ces placements furent réalisés après mûre réflexion, en fonction de la fiabilité des autres investisseurs et des perspectives offertes. Par ailleurs, dans les entreprises où la maison Hiromi assura un rôle administratif, elle ne manqua pas de procéder à un contrôle des finances dès la création de ces sociétés et, dans le cas de la Briqueterie de Kishiwada, d'injecter en cas de nécessité des fonds supplémentaires après avoir réorganisé les affaires de l'entreprise. La manière dont la maison de commerce contribua aux sociétés locales devait en revanche sensiblement changer sous la direction de Sôtarô IV. L'exemple le plus typique est celui de la Banque de Kaizuka, où siégèrent Sôtarô III et Sôtarô IV, avec toutefois un degré d'implication entièrement différent dans la gestion de ses affaires. Derrière cette évolution, il importe bien sûr de considérer la transformation du contexte et des pratiques de la maison Hiromi elle-même entre les années 1880, lors desquelles elle poursuivit ses transferts de capitaux marchands vers l'industrie, et la seconde moitié de l'ère de Meiji pendant laquelle elle opta pour un réinvestissement de ses fonds au sein du secteur industriel. Loin de dilapider ses capitaux de manière inconsidérée, la maison Hiromi procéda dans les deux cas au choix de ses objets d'investissement avec un soin méticuleux, en fonction de leur viabilité et de leur rentabilité. Elle continua par ailleurs à assurer un strict contrôle financier des entreprises où elle avait investi et, comme le montre l'exemple de la Compagnie des toiles de Kaizuka, n'hésita pas à reprendre en main ces sociétés, allant jusqu'à parfois réduire leurs capitaux. Cette implication dans la gestion des compagnies locales de la maison Hiromi doit-elle être considérée comme un phénomène propre aux provinces ? En soi, les comportements de placement orientés vers les profits liés à l'acquisition d'actions dès leur première émission ou le contrôle scrupuleux des finances des objets d'investissement n'étaient pas réellement spécifiques aux régions. Mais par l'intermédiaire de ses contacts ainsi que des réseaux de renseignement des communautés, la maison Hiromi réussit à accéder de manière extrêmement rapide aux informations concernant la situation des entreprises locales, informations elles-mêmes liées à ses placements. C'est en effet en utilisant les rapports de proximité existant dans ces communautés locales qu'elle s'informa précisément de la fiabilité des co-investisseurs et dirigeants de ces compagnies, parvenant ainsi à éviter des décisions contre-productives et réduire en amont les frais nécessaires au contrôle financier des entreprises. Tel était l'avantage comparatif des régions sur les métropoles à cette époque où les marchés n'étaient pas encore bien formés. Et c'est en exploitant cet avantage à son maximum que la maison de négoce put très tôt, dès la guerre sino-japonaise, entreprendre des investissements dans l'industrie.

Dans les provinces, de tels investisseurs capables d'engager de larges capitaux dans les nouvelles industries après avoir déterminé quels secteurs étaient les plus profitables s'avérèrent indispensables à la croissance continue des entreprises locales les plus performantes. Dans le district de Sen'nan, où résidaient de nombreuses grandes fortunes[94], l'essor de multiples compagnies assura le développement continu de l'économie locale et modifia l'importance relative des différents secteurs d'activité. Ainsi, les comportements d'investissement de ces grandes fortunes privilégiant avant tout la rationalité économique contribuèrent à régionaliser les effets bénéfiques de la révolution industrielle[95].

Tableau 5-1 : Les grandes fortunes de la région de Sen'nan en 1911

Unité : yen

	Nom	Localité	Revenus	Activité(s)
1	Hara Bunpei	Kumatori	20 000	Propriétaire de cent hectares
2	Shiki Toyosaburô	Yamadaikami	15 000	Fabricant d'alcool, propriétaire de 10 hectares
3	Terada Motokichi	Kishiwada-bourg	8 500	Fabricant d'alcool, propriétaire de 10 hectares
4	Terada Jin'yomo	*Idem*	7 500	Fabricant d'alcool, propriétaire de 30 hectares
5	Kishimura Tokuhei	Kishiwada-village	7 500	Marchand de tissés de coton, propriétaire de 20 hectares
6	Kishimoto Kikuzô	Numano	7 000	Marchand de riz
7	Kotsuma Shirôhei	Sano	6 500	Marchand de riz, propriétaire de 10 hectares
8	Minami Shirôzaemon	Kishijima	5 500	Propriétaire de 30 hectares
9	Isaka Kusutarô	Yamadaikami	5 500	Fabricant d'alcool, propriétaire de 20 hectares
10	Ônishi Tôgorô	Kishiwada-village	5 000	
11	Naruko Zentarô	Ozaki	5 000	Fabricant d'alcool, propriétaire terrien
12	Ôno Uhachi	Kitanakadoori	5 000	Propriétaire de 20 hectares
13	Kameoka Heibê	Nishishindachi	5 000	Propriétaire de 10 hectares
14	Hiromi Sôtarô	Kaizuka-bourg	4 500	Marchand d'engrais et de riz, propriétaire terrien
15	Yamadai Yoshikazu	Kishiwada-bourg	4 500	Prêteur
16	Satoi Kusutarô	Kitanakadoori	4 500	Propriétaire terrien

	Nom	Localité	Revenus	Activité(s)
17	Yoshimoto Hajime*	Kumatori	4 500	Fabricant d'alcool, propriétaire de 10 hectares
18	Furuya Shujirô*	Nishitottori	4 500	Propriétaire de 20 hectares
19	Morii Mokichi	*Idem*	4 500	Propriétaire de 40 hectares
20	Morii Chôjirô	*Idem*	4 500	Fabricant d'alcool
21	Hamaguchi Kametarô	Kishiwadahama-bourg	4 000	Propriétaire de 10 hectares, marchand de poissons
22	Uno Shiichirô	Kishiwada-village	4 000	Propriétaire de 10 hectares
23	Ôtsuki Yosaburô	Kishiwada-village	4 000	Propriétaire de 10 hectares
24	Shinkawa* Kôtarô	Sano	4 000	Propriétaire de 10 hectares
25	Yamamoto Tôbee	Sano	4 000	Propriétaire de 10 hectares
26	Kanô Yayomo	Tarui	4 000	Fabricant de sauce de soja
27	Kishikami Mataichi	Minami-kogi	4 000	Propriétaire de 20 hectares

Sources : Takeuchi Norisaburô, *Ôsaka-fu kawachi izumi shisanka ichiranpyô* (Table des possédants de la région de Kawachi-Izumi, département d'Ôsaka), Kôshinkai Jimusho, 1912 ; *Nihon zenkoku shôkô jinmei-roku* (Registre nominal de l'industrie et du commerce), 2e édition, 1898, 5e édition, 1914 ; « Taishô jûnendo tochishoyûsha chôsa » (Enquête sur les propriétaires terriens. Année 1921), *Ôsaka-fu nôkai-hô* (Bulletin de la Confédération agricole du département d'Ôsaka), n°236 (ces trois références sont reproduites dans Shibutani Ryûichi (éd.), *Todôfuken betsu shisanka jinushi sôran ôsaka-hen 2* (Table des possédants et propriétaires terriens, département par département), Tôkyô, Nihon Tosho Sentâ, 1991).

Tableau 5-2 : Le nombre d'entreprises dans le district de Sen'nan

unité : yen

	Agriculture		Industrie		Commerce		Transports	
	nombre	capitaux	nombre	capitaux	nombre	capitaux	nombre	capitaux
1878								
1883								
1887			2	15				
1888			2	23	2	40	1	2
1889			4	55	2	40	1	2
1890			7	63	1	15	1	2
1891			7	84	1	15	1	2
1892			4	68	1	15	1	2
1893			4	240	1	15	1	2
1894	1	10	5	280	1	15	1	2
1895			6	377	1	90	1	2
1896			11	653	1	13	1	2
1897			15	759	1	13	2	6
1898			15	680	2	28	2	6
1899			14	716	1	10	2	6
1900			9	634	1	10	1	2
1901			8	599	2	13	1	2
1902			8	590	3	24		
1903			9	726	2	48		
1904			9	736	3	70		
1905			11	968	2	45		
1906			10	1 034	3	20		
1907			8	995	2	21		
1908			16	1 450	2	48		
1909			19	1 422	4	118		
1910	1	10	19	2 221	5	158	1	240
1911	1	75	35	2 997	14	153	1	4
1912	1	75	50	4 974	15	174	2	6

Les montants des capitaux sont ceux des capitaux nominaux.
NB : en 1890 le mouvement des capitaux ne peut pas être établi en raison des lacunes statistiques de notre source par rapport à l'année précédente (1889). Pour distinguer la confusion parfois présente dans notre source entre transports et commerce (années 1911) ou banques et commerce (de 1899 à 1907)

Sous-Total		Banques		Total		(+/-)	
nombre	capitaux	nombre	capitaux	nombre	capitaux	nombre	capitaux
		1	100	1	100	1	100
		2	115	2	115	1	15
2	15	2	115	4	130	2	15
5	65	2	115	7	180	4	50
7	97	2	115	9	212	2	32
9	80	2	115	11	195	3	–
9	101	2	115	11	216	0	21
6	85	2	115	8	200	1	– 16
6	257	5	231	11	488	3	288
8	307	6	239	14	546	4	58
8	469	6	253	14	722	1	176
13	668	7	676	20	1 344	7	622
18	778	10	886	28	1 664	10	320
19	714	10	905	29	1 618	1	– 45
17	732	10	922	27	1 654	2	35
11	646	11	947	22	1 592	1	– 62
11	613	10	937	21	1 551	1	– 42
11	614	10	937	21	1 551	1	1
11	774	10	937	21	1 711	2	161
12	806	10	937	22	1 743	1	32
13	1 013	10	937	23	1 950	3	208
13	1 054	11	1 037	23	2 090	4	140
10	1 016	11	1 387	21	2 403	6	312
18	1 498	11	1 387	29	2 884	2	481
23	1 539	11	1 387	34	2 927	5	42
26	2 629	11	1 387	37	4 016	8	1 090
51	3 229	11	1 796	62	5 025	25	1 009
68	5 229	11	1 799	79	7 028	17	2 003

nous avons utilisé les capitaux versés compilés dans *Nihon zenkoku shogaisha yakuin-roku* (Registre national des dirigeants des sociétés japonaises), chaque année.

Source : Ôsaka-fu tôkeisho (Tables statistiques du Département d'Ôsaka), chaque année.

Tableau 5-3 : Les sources de bénéfices de la Maison Hiromi (moyenne triennale)

	Affaires commerciales		Locations immobilières		Exploitations agricoles	
	yen	(%)	yen	(%)	yen	(%)
1878-80	4 819	82,1 %	26	0,4 %		
1881-83	930	- 49,5 %	54	- 2,9 %		
1884-86	2 874	78,1 %	62	1,7 %	385	10,5 %
1887-89	998	41,8 %	57	2,4 %	750	31,4 %
1890-92	3 687	67,5 %	58	1,1 %	762	14,0 %
1893-95	3 637	60,4 %	107	1,8 %	1 036	17,2 %
1896-98	- 150	- 2,5 %		0,0 %	1 231	20,8 %
1899-1901	- 2 032	- 63,2 %	- 206	- 6,4 %	1 091	33,7 %
1902-04	3 557	41,4 %	48	0,6 %	1 321	15,4 %
1905-07	3 519	27,3 %	- 42	- 0,3 %	1 444	11,2 %
1908-10	- 766	- 8,6 %	276	3,1 %	1 453	16,2 %

Sources : Nakanishi Satoru, « Shûeki kiban no tenkan to tayôka » (Le tournant dans la génération des bénéfices et sa diversification), dans idem, Ishii Kanji (dir.), *Sangyôka to shôka keiei – beikoku hiryôshô no hiromi-ke* (Industrialisation et gestion familiale : la Maison de commerce en grains et engrais Hiromi dans la modernité), Nagoya, Nagoya Daigaku Shuppankai, 2006, p. 60-1.

Transport maritime				Valeurs mobilières				Total	
				dividendes		transactions			
yen	(%)	yen	(%)	yen	(%)	yen	(%)	yen	(%)
902	15,40 %		–	147	2,5 %	– 26	– 0,40 %	5 867	100 %
– 3 182	169,40 %			320	– 17,0 %			– 1 878	100 %
				360	9,8 %			3 681	100 %
				566	23,7 %	18	0,80 %	2 389	100 %
190	3,50 %			753	13,8 %	10	0,20 %	5 460	100 %
190	3,20 %	111	1,80 %	1 524	25,3 %	– 586	– 9,70 %	6 019	100 %
		130	2,20 %	4 325	72,9 %	394	6,70 %	5 929	100 %
		125	3,90 %	4 237	137,0 %	27	0,8 %	3 242	100 %
		119	1,40 %	4 305	50,1 %	– 758	– 8,80 %	8 591	100 %
		597	4,60 %	6 595	51,1 %	782	6,10 %	12 895	100 %
		568	6,30 %	7 817	87,4 %	– 402	– 4,50 %	8 945	100 %

Tableau 5-4 : Les fonds de réserves de la Maison Hiromi

	Provenance et montant des fonds versés en réserves			Mouvement annuel	Total cumulé	Remarques
	Comptoir des engrais	Siège	autres			
1875		341	1 118	1 459	1 459	Vente des pièces de monnaie en or (koban, etc.) et liquidation du magasin Est
1876	300	96	65	461	1 920	Vente de l'autel bouddhique
1877	300	68	0	368	2 288	
1878	300	426	0	726	3 014	
1879	300	459	0	759	3 773	
1880	500	160	0	660	4 433	Achat de 40 actions de la Cinquante-et-unième Banque (2 274 yens)
1881	500	0	0	500	4 933	
1882	500	621	0	1 121	6 054	Le siège verse la part des deux années 1881 et 1882
1883	500	0	0	500	6 654	
1884	500	0	0	500	7 054	
1885	500	0	0	500	7 554	
1886	500	0	0	500	8 054	
1887	500	0	0	500	8 554	
1888	500	0	0	500	9 054	
1889	500	0	0	500	9 554	
1890	500	0	0	500	10 054	
1891	500	0	0	500	10 554	

Source : « Daiso-sha hanshoku-bo » (Registres de la Société Daiso), *Hiromi-ke monjo* B-R21.

Tableau 5-5 : Le compte de la Société Daiso et les investissements en valeurs mobilières de la Maison Hiromi

	Compte de la Société Daiso		Apport du Comptoir des engrais	Mouvement net	Cibles des achats (actions)
	Montant en fin d'exercice	Mouvement annuel			
1875	404				
1876	404	0			
1877	1 004	600	600	0	
1878	1 177	173	300	– 127	
1879	1 973	796	300	496	
1880	302	– 1 671	500	– 2171	Cinquante-et-unième Banque
1881	993	691	500	191	
1882	1 406	413	500	– 87	Cinquante-et-unième Banque
1883	1 871	465	500	– 35	*Idem* et Transporteurs réunis
1884	2 934	+ 1 063	500	563	
1885	4 597	+ 1 662	500	1162	Cinquante-et-unième Banque
1886	6 959	+ 2 363	500	1863	
1887	7 502	543	500	43	Hankai, Hantetsu, Cimenterie de Kaizuka
1888	8 339	837	500	337	Hantetsu (revente), Hankai, Union bancaire, Cinquante-et-unième Banque
1889	9 564	+ 1 225	500	725	Hankai, Cinquante-et-unième Banque
1890	10 843	+ 1 279	500	779	Première Briqueterie de Kishiwada
1891	12 286	+1 443	500	943	Première Briqueterie de Kishiwada et Union bancaire

NB : « Hankai » pour les Chemins de fer d'Ôsaka-Sakai ; « Hantetsu » pour les Chemins de fer d'Ôsaka ; « Union bancaire » pour *Kyôritsu ginkô*.

Source : « Yorozu oboe-chô » (Registres divers), années 1875 à 1889 et 1891 (Hiromi-ke monjo : A-140, 143, 161, 171 à 173, L-130, 135, 137, 142; 144, 145, 154, 189).

Tableau 5-6 : Les valeurs mobilières de la Maison Hiromi

Unité : yen

	Valeur des placements en fin d'année				Profits ou pertes sur transactions		
	locaux	extra-locaux	obligations	+/-	loc.	extra.	oblig.
1878	0	0	150	150			
1879	0	0	400	250			
1880	2 274	0	0	1 874			– 26
1881	2 274	0	0	0			
1882	2 482	0	0	208			
1883	2 482	225	0	225			
1884	2 482	0	0	225			
1885	2 555	759	0	832			
1886	2 555	816	0	56			
1887	3 835	1 123	0	1 588			
1888	4 915	1 573	0	1 530	20	0,4	
1889	ND	ND	ND	1 617	16		
1890	6 931	2 491	0	1 316			
1891	7 406	3 751	0	1 735			
1892	ND	ND	ND	1 200	10		
1893	9 409	3 551	0	602	– 1730		
1894	14 923	3 394	210	5 567		– 158	
1895	21 173	3 909	0	6 555	– 70	197	3
1896	31 418	8 572	0	14 908	1 036	17	
1897	32 881	8 622	0	1 513	1 368	– 1 382	
1898	39 238	5 377	0	3 112	– 106	250	
1899	42 701	3 734	120	1 940		27	
1900	44 125	3 734	230	1 534			
1901	45 225	3 984	220	1 340			
1902	44 969	2 355	470	– 1 635	– 692	– 1 555	
1903	48 009	1 605	470	2 290	62	– 230	
1904	48 072	1 605	1 774	1 367	140		
1905	49 677	8 924	4 052	11 202	2138		
1906	50 737	10 295	3 268	1 647	139	155	2
1907	73 543	11 953	436	21 632	– 85	– 25	23
1908	79 021	2 971	436	– 3 504		– 80	
1909	84 760	2 971	436	5 739	– 1400	132	
1910	84 376	7 161	436	3 806	141		
1911	88 888	8 786	436	6 136	– 472		

* apport annuel : retour sur investissements (total) moins le mouvement de valeur des placements (+/-).

NB : le taux de profit est le rapport entre le retour sur investissements et le montant moyen des investissements réalisés. Cette moyenne est calculée en divisant par deux l'addition du montant des placements de la fin de l'année précédente à celui de ceux de l'année en cours (en fin d'année) ; à partir de

Dividendes encaissés			Retours sur investissements			Apport annuel*	Taux de profit %			
loc.	extra.	oblig.	loc.	extra.	oblig.		loc.	extra.	oblig.	Total
		0	0	0	0	– 150	0	0	0	0
		29	0	0	29	– 221	0	0	10,4	10,4
264		0	264	0	26	– 1 636	11,6	0	– 13	17,8
294		0	294	0	0	294	12,9	0	0	12,9
332		0	332	0	0	124	14	0	0	14
334		0	334	0	0	109	13,5	0	0	12,9
		0	ND	ND	ND	ND	ND	ND	ND	ND
330		0	330	0	0	– 502	13,1	0	0	11,4
345	44	0	345	44		333	13,5	5,6	0	11,6
304	62	0	304	62		– 1222	9,5	6,4	0	8,8
463	124	0	483	124		– 922	11	9,2	0	10,6
532	213	0	548	213		856	ND	ND	ND	ND
		0	ND	ND	ND	ND	ND	ND	ND	ND
612	246	0	612	246		– 878	8,5	7,9	0	8,3
398	250	0	408	250		– 543	ND	ND	ND	ND
		0	ND	ND	ND	ND	ND	ND	ND	ND
970	455	2	970	297	2	– 4 300	8	8,5	1,4	8,1
1 884	505	11	1 815	702	14	– 4 025	10,1	19,2	13,6	11,6
4 209	669	0	5 245	686		– 8 977	19,9	11	0	18,2
3 102	837	0	4 469	– 545		2 412	13,9	– 6,3	0	9,6
2 826	1 330	0	2 720	1 581		1 189	7,5	22,6	0	10
3 560	186	0	3 560	213		1 833	8,7	4,7	0	8,3
4 294	103	5	4 294	103	5	2 868	9,9	2,8	3	9,3
4 442	112	8	4 442	112	8	3 222	9,9	2,9	3,7	9,4
3 646	116	11	2 954	– 1 439	11	3 161	6,6	– 45,4	3,1	3,1
4 575	99	14	4 637	– 131	14	2 230	10	– 6,6	3	9,2
4 310	119	24	4 450	119	24	3 226	9,3	7,4	2,1	9
4 364	315	249	6 502	315	249	– 4 136	13,3	6	8,5	12,4
5 663	524	211	5 802	679	213	5 048	11,6	7,1	5,8	10,5
7 740	609	108	7 655	584	131	– 13 262	12,3	5,2	7,1	11,1
8 523	493	25	8 523	413	25	12 465	11,2	5,5	5,8	10,6
6 892	220	37	5 492	352	37	142	6,7	11,8	8,5	6,9
7 019	220	23	7 160	220	23	3 597	8,5	4,3	5,3	8,2
7 119	317	22	6 647	317	22	850	7,7	4	5,1	7,4

1897, nous retirons la part revenant à la famille de Masujûrô. ND pour «non disponible».

Sources : « Yorozu oboe-chô » (Registres divers), années 1875 à 1889 et 1891 à 1906 (*Hiromi-ke monjo* : A-161, 163, 171, 173, B-010, L-038, 130 à 140, 142 à 147, 149 à 151, 153, 154, 189 à 191, K-064).

Tableau 5-7 : Le portefeuille de valeurs mobilières de la Maison Hiromi

Unité : yen

		1893	1894	1895
local	Cinquante-et-unième Banque	3 406	3 750	4262
	Banque de Kishiwada	1 875	5 625	7500
	Caisse d'Épargne de Kishiwada		500	500
	Briqueterie de Kishiwada	1 660	1 660	3652
	Filature de Kishiwada Filature de Kishiwada	2 365	2 750	2770
	Banque de Kaizuka			10
	Tissus de Kaizuka			263
	Briqueterie de Kaizuka	73	373	
	Assurances éducatives de Kaizuka			
	Chemins de fer de la Mer du Sud	30	266	266
	Compagnie industrielle de la Baie de Settsu			1 950
	Union locative			
	Sous-total	9 409	14 923	21 173
	dont région de Sen'nan seulement*	9 379	14 657	18 957
non-local	Assurances Maritimes du Japon			
	Chemins de fer Ôsaka-Sakai (Hankai)	2 784	2 784	2 784
	Chemins de fer d'Ôsaka (Hantetsu)			600
	Chemins de fer d'Ôsaka-Maizuru (Hankaku)	10		25
	Remorqueurs du Kansai			
	Chemins de fer de Nishinari			
	Union bancaire d'Ôsaka	758		
	Crédit agricole et industriel d'Ôsaka			
	Banque hypothécaire du Japon			
	Crédit industriel du Japon			
	Filatures du Japon			500
	Sous-total (non-local)	3 551	3 394	3 909
obligations	Bonds du Trésor (kokko kôsai)		210	
	obligations du Crédit industriel du Japon			
	obligations de la Banque hypotécaire du Japon			
	Sous-total	0	210	0
	TOTAL	12 960	18 527	25 081
	(+/-)		+ 5 566	+ 6 554

* La ligne ferroviaire de la Mer du Sud (*Nankai*) traverse la région de Sen'nan et la Maison Hiromi fut partie prenante de sa création, raisons pour lesquelles nous l'incluons au niveau local mais nous l'excluons du sous-total de la « région de Sen'nan seulement » pour lequel nous ne comptons que les entreprises ayant leur siège à Sen'nan.

1896	1897	1898	1899	1900	1901	1902	1903
5 175	1825	900	900	900	900	6 819	5 319
11 000	8582	7 647	7 547	7 547			
500	500	500	500	1 000	1 000	1 000	1 000
4978	5 183	5 183	5 183	5 183	5 183	5 701	5 935
2 500	2 700	2 700	2 700	2 700	2 700	2 700	2 860
2 400	7 482	7 954	7 954	7 954	7 954	7 954	9 904
200	200						
375	375	375	375	375	375	375	375
2 340	6 034	13 980	17 543	18 467	19 567	20 271	22 467
1 950							
						150	150
31 418	32 881	39 238	42 701	44 125	44 225	44 969	48 009
27 128	26 847	25 258	25 158	25 658	25 658	24 698	25 542
1 893	1 893	1 893					
2 784	2 784						
605	613						
2 494							
30							
	1 976	1 796	1 796	1 796	1 796		
		250	500	500	750	750	
	350	350	350	350	350	455	455
						750	750
767	1 007	1 088	1 088	1 088	1 088	400	400
8 572	8 622	5 377	3 734	3 734	3 984	2 355	1 605
						250	250
			120	230	220	220	220
0	0	0	120	230	220	470	470
39 990	41 502	44 615	46 555	48 089	49 429	47 794	50 084
+ 14 909	+ 1 512	+ 3 113	+ 1 940	+ 1 534	+ 1 340	– 1 635	+ 2 290

Sources : « Yorozu oboe-chô » (Registres divers), années 1904 à 1911 (*Hiromi-ke monjo* : B 010, L 132 à 134, 138, 140, 147, 148 à 151).

Chapitre 6

• La naissance des « zaibatsus de province »

– l'exemple du groupe familial Yasukawa-Matsumoto, région du Chikuhô (département de Fukuoka) –

Intéressons-nous maintenant à un « zaibatsu de province » (*chihô zaibatsu* [*N.d.T.* : ou « zaibatsu régional »]), celui de la famille Yasukawa-Matsumoto, dans le bassin houiller du Chikuhô (département de Fukuoka)[1]. Nous verrons ici comment un entrepreneur de province, Yasukawa Keiichirô, transforma son affaire locale en un véritable conglomérat, réalisant un parcours différent de celui de Nagae Jun'ichi (homme d'affaires devenu homme politique, voir Chapitre 4). Nous nous efforcerons de comprendre les processus de développement des activités et de constitution des actifs de la famille Yasukawa-Matsumoto, nous intéressant en particulier à la question de savoir comment a été financé ce mouvement d'expansion.

Nous avons déjà discuté de l'avantage comparatif des investisseurs de province par rapport à leurs homologues des grandes villes à une époque où les marchés n'étaient pas encore bien constitués. Grâce à leurs réseaux personnels et aux circuits de renseignement des communautés locales, ces investisseurs purent saisir au plus vite les opportunités de développement que le terrain local offrait. Ils purent aussi, grâce à la qualité de leurs informations sur la fiabilité de leurs partenaires et associés potentiels, faire les bons choix et ainsi réduire considérablement les coûts et dommages dus au manque de confiance interpersonnelle (qui oblige souvent à devoir surveiller la gestion *a posteriori* ou encore à revenir sur de nombreuses décisions déjà prises, etc.). Ce fut là un facteur de réussite essentiel, car les investisseurs locaux ont ainsi pu éviter les aléas d'un marché national balbutiant en s'appuyant sur leur sphère régionale, l'utilisant à la manière d'un marché interne. Cette façon d'internaliser le problème face au manque de maturité de l'économie de marché, nous la retrouvons dans la manière dont les grands zaibatsus nationaux géraient au même moment leurs ressources humaines et leur approvisionnement en capitaux. Par cette double internalisation, les « zaibatsus de province » jouissaient potentiellement d'un double avantage comparatif au cours de la révolution industrielle. Notre analyse des affaires de la famille Yasukawa-Matsumoto dirigée par Yasukawa Keiichirô nous offrira l'occasion de revenir sur ces questions et de réfléchir à la signification de l'existence de ces conglomérats régionaux dans un contexte marqué par le manque de maturité des marchés.

La famille Yasukawa-Matsumoto était une desdites « trois grandes familles du Chikuhô » [*N.d.T.* : en référence aux trois familles des Tokugawa, clan dynastique shogounal régnant sur le Japon entre 1600 et 1867], aux côtés des familles Kaijima et Asô [*N.d.T.* : dont Asô Tarô, Premier ministre entre 2009 et 2010, est un descendant]. Le Chikuhô était une nouvelle région du Japon moderne, une région de charbonnages située à cheval entre les provinces antiques de Chikuzen et de Buzen [*N.d.T.* : la contraction de ces noms donnant « Chiku-hô » – le « bu » de Buzen se lisant alors « hô »], dans le nord de l'île de Kyûshû, au sein du nouveau département de Fukuoka. À partir de ses activités charbonnières, la famille se lança dans la confection textile, la sidérurgie ou encore l'électricité, sous la direction de son patriarche, Yasukawa Keiichirô (1849-1934), et ses trois fils : Matsumoto Kenjirô, Yasukawa Seizaburô et Yasukawa Daigorô. En 1916, avec des actifs supérieurs à 10 millions de yens, l'entreprise comptait alors parmi les trente-sept plus grandes du pays, juste derrière les six grands zaibatsus nationaux (dont les actifs dépassaient les 50 millions de yens) : Mitsui, Mitsubishi, Sumitomo, Yasuda – les « Quatre Grands » –, Furukawa et Fujita[2]. Yasukawa Keiichirô se hissait alors au neuvième rang des fortunes régionales, domiciliées hors de Tôkyô et d'Ôsaka[3].

De très nombreuses études ont déjà été réalisées au sujet de cette entreprise emblématique des zaibatsus de province. Elles sont si nombreuses qu'un recensement en a même été fait, par Sakamoto Yûichi[4]. Sakamoto montre bien les points déjà suffisamment traités au sein de l'historiographie et ceux toujours particulièrement problématiques. Il met en avant deux études qui ont marqué l'histoire des zaibatsus : celles de Morikawa Hidemasa[5] et de Gôriki Rikao[6]. Sakamoto loue le portrait d'ensemble du conglomérat Yasukawa dressé par Morikawa, mais lui reproche sa dépendance envers des sources secondaires produites par l'entreprise et ses acteurs (biographies et histoires auto-éditées) : selon Sakamoto, cela a conduit Morikawa à exagérer le rôle du nationalisme économique dans son explication du développement des affaires du groupe Yasukawa et à y négliger les rapports à l'économie locale[7]. Sakamoto retrouve par ailleurs ces mêmes limites dans les travaux de Gôriki, même si ce dernier met plus en valeur que Morikawa le processus de diversification des activités du groupe. Cet état de l'historiographie pousse à relativiser les concepts théoriques censés expliquer le développement des affaires[8], il engage aussi à élucider la question du rapport à l'économie locale et à s'appuyer sur des sources primaires. Le deuxième point est en passe d'être traité par Shimizu Ken'ichi, qui explore dans ses travaux les liens entre le groupe Yasukawa et l'économie régionale du nord de Kyûshû [*N.d.T.* : l'actuelle ville de Kitakyûshû et ses environs immédiats] en s'appuyant sur les notes journalières rédigées par Yasukawa Keiichirô[9]. Pour résoudre le premier problème, en revanche, il nous reviendra de montrer très concrètement comment le groupe Yasukawa-Matsumoto fut organisé et comment ses actifs ont été gérés. Pour cela, nous nous appuierons sur des sources encore trop peu exploitées et analysées aujourd'hui : les registres de patrimoine et le journal personnel de Yasukawa Keiichirô. Nous mettrons en lumière les trois points suivants :

1) l'organisation interne de l'entreprise, en focalisant sur les relations entre les branches familiales Yasukawa et Matsumoto ;
2) la réalité au quotidien du comportement entrepreneurial de Yasukawa Keiichirô, notamment en ce qui concerne ses réseaux relationnels et sa gestion des actifs ;
3) ce qui permit la transformation de la famille Yasukawa-Matsumoto en un zaibatsu régional, avec une attention particulière pour la volonté et la détermination du fondateur ainsi que pour les marchés internes de capitaux de l'entreprise.

Concernant cette question de l'approvisionnement en capitaux de la famille Yasukawa, les avis divergent. Morikawa Hidemasa considère la banque Mitsui comme la principale source en capitaux de Yasukawa (soulignant notamment un prêt de 150 000 yens accordé sous forme de bons d'escompte en 1901). Or, selon Mukai Yurio, Yasukawa et Mitsui n'entrèrent en relation véritable qu'en 1907, lors du rachat de la mine de Hôkoku ; auparavant, la famille du Chikuhô aurait emprunté ses capitaux à diverses banques urbaines (*toshi ginkô*), principalement dans le giron du groupe Mitsubishi[10]. Shimizu Ken'ichi défend pour sa part l'idée que Yasukawa emprunta des fonds à Mitsubishi pour parvenir à sortir des difficultés financières liées à la gestion de ses mines, citant notamment l'emprunt de 30 000 yens contracté en 1890 afin de développer la mine d'Akaike, ou encore celui de 40 000 yens réalisé en 1895 (avec la mise en gage de la mine de Takao). À partir de ces travaux et en analysant dans le détail les registres comptables dont nous disposons, nous tâcherons pour notre part de comprendre le processus de formation des marchés internes de capitaux au sein du groupe familial ainsi que leur rôle dans le développement du groupe.

1. La famille Yasukawa-Matsumoto et le développement du secteur minier dans la région du Chikuhô

Berceau des activités de la famille Yasukawa-Matsumoto, la région du Chikuhô s'étend au nord du département de Fukuoka, dans le bassin fluvial de la Onga (voir Carte 6-1), sur quatre différents districts : trois de l'ancienne province de Chikuzen (Onga, Kurate, Kaho) et un de l'ancienne province de Buzen (Tagawa). Si l'extraction et le commerce du charbon y étaient déjà pratiqués au XVIIe siècle, c'était dans le cadre du monopole seigneurial exercé par la principauté de Fukuoka. Ce n'est qu'à partir de la révolution industrielle et de l'aménagement du chemin de fer jusque dans les districts les plus reculés (Kurate, Kaho et Tagawa) que le secteur minier commença à s'y développer véritablement. La production charbonnière connut une brusque croissance au Japon pendant la guerre sino-japonaise de 1894-1895 et cet essor s'appuya sur le Chikuhô : en l'espace de quinze ans, la part de la région au sein de la production nationale tripla, d'à peine un cinquième en 1885 (18 %) à plus de la moitié en 1900 (54 %)[11]. Cœur charbonnier du pays, le Chikuhô devint l'un des piliers du développement économique du Japon d'avant-guerre.

L'originalité de ce bassin par rapport aux autres grandes régions houillères du pays (Miike, plus au sud dans le département du Fukuoka, ou Hokkaidô, la grande île septentrionale du pays) résidait dans le maintien de nombreuses petites exploitations en parallèle du développement de très grandes mines. En 1903, sur cent vingt-trois mines (extrayant pas moins de 5 millions de tonnes de charbon)[12], on comptait quinze exploitations de grande échelle (plus de 100 000 tonnes annuelles), trente et une de taille moyenne (10 à 100 000 tonnes annuelles) et soixante-dix-sept plus petites encore (moins de 10 000 tonnes annuelles)[13]. À elles seules, les quinze plus grandes mines produisaient les trois quarts de la production de la région. Nombre d'entre elles possédaient plusieurs puits, dont les galeries se rejoignaient sous terre, et des équipements mécaniques modernes : chaufferies, treuils et pompes à vapeur[14]. Neuf de ces quinze exploitations étaient entre les mains d'entrepreneurs locaux et six étaient exploitées par de grands groupes capitalistes d'échelle nationale, des zaibatsus.

Carte 6-1 : Le bassin du Chikuhô et ses charbonnages

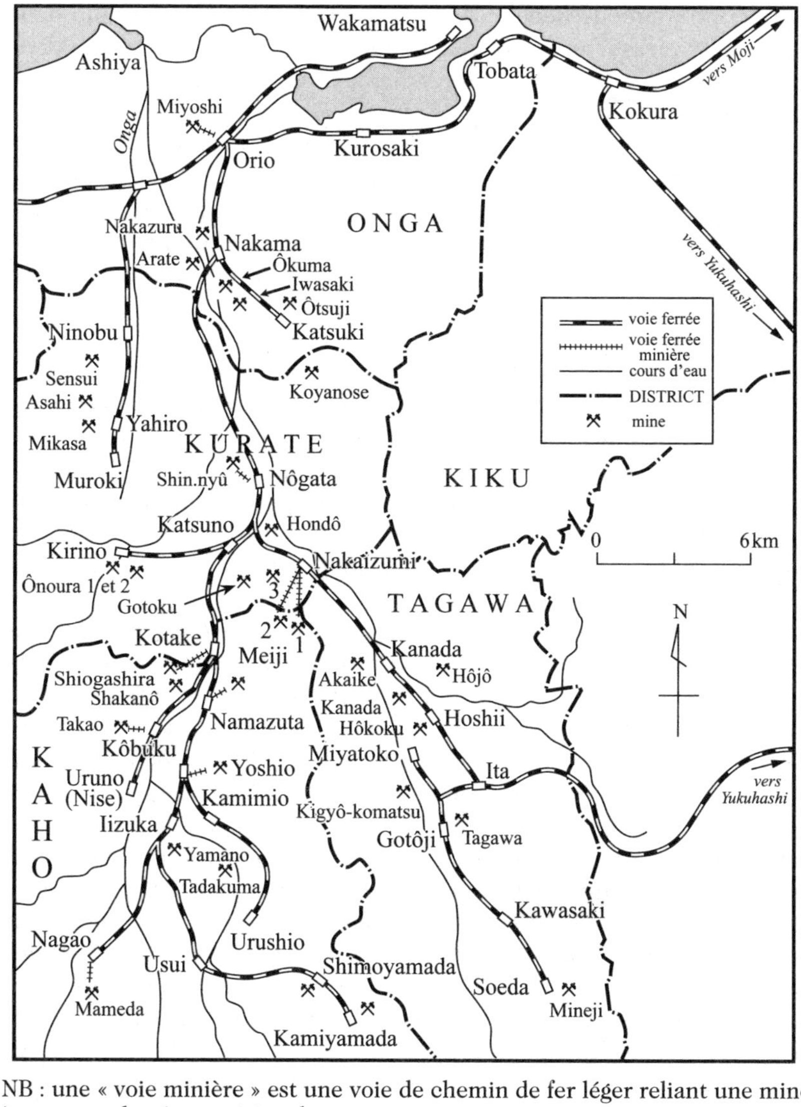

NB : une « voie minière » est une voie de chemin de fer léger reliant une mine à une gare du réseau régional.

Naturellement, les plus gros exploitants de toute la région n'étaient autres que les quatre compagnies possédant plusieurs mines dont la production annuelle dépassait les 100 000 tonnes de charbon : deux exploitants régionaux, Yasukawa Keiichirô et Kaijima Tasuke, et deux grands zaibatsus de la capitale, Mitsubishi et Mitsui. Entre la guerre sino-japonaise (1894-1895) et la Première Guerre mondiale, ces quatre producteurs réalisèrent la moitié de l'extraction de la région. Chacun concurrençait les autres pour prendre la tête du secteur. Si le groupe familial Yasukawa-Matsumoto resta le numéro un jusqu'en 1898, il fut ensuite dépassé par Mitsubishi et Kaijima – ce dernier étant lui-même dépassé par Mitsui à partir de 1909. Durant toute cette période, Yasukawa-Matsumoto demeura néanmoins l'un des piliers du secteur minier de la région du Chikuhô, avec une part de production continuellement stable (environ 10 % du volume régional).

Le secteur minier du Chikuhô était donc exploité par des groupes venant de la capitale (tels Mitsui ou Mitsubishi) et de nombreux grands et petits exploitants locaux, à commencer par Kaijima et Yasukawa. Tous étaient en concurrence les uns avec les autres, non seulement pour l'extraction du charbon mais également pour sa distribution, ce que nous allons à présent examiner à l'aide des archives des Produits Mitsui, le plus grand opérateur du secteur.

Au cours de la seconde moitié des années 1890, la Compagnie des produits Mitsui, qui écoulait déjà la production de sa « sœur » de la Compagnie des mines Mitsui, augmenta ses approvisionnements en charbon provenant de grands exploitants régionaux : Kaijima, Asô et Hiraoka. Elle avait obtenu d'eux l'exclusivité commerciale en échange d'importants prêts. En 1902, elle tenait ainsi entre ses mains 30 % du volume de charbon de la région du Chikuhô, soit 1 770 000 tonnes, loin devant les 690 000 tonnes de Mitsubishi et les 285 000 tonnes de la maison commerciale Yasukawa-Matsumoto[15]. Mais les Produits Mitsui, insatisfaits de ce résultat, comptaient encore augmenter leur volume de vente. Voici ce que Hasegawa Keigorô, à la tête du bureau de la compagnie à Moji (le grand port international de la région du Chikuhô), déclara à ce propos en avril 1903 lors de la réunion consultative des cadres de l'entreprise :

> *Selon notre dernière étude, la production du Chikuhô – sans compter Miike donc – atteint dorénavant les 5 millions de tonnes à l'année. Notre compagnie en tient environ 1,8 million. Si nous voulons atteindre les 2,5 à 3 millions de tonnes, il nous faut donc contrôler à partir de maintenant le charbon d'autres exploitants que ceux qui nous sont déjà acquis*[16].

En effet, les Produits Mitsui ne disposaient alors que de « très peu de charbons d'exploitants qu'elle ne finançait pas[17] » et devaient ainsi, pour parvenir à augmenter ses stocks, se procurer du charbon « autre que ceux qui [lui étaient] déjà acquis ». Or, la compagnie commerciale de Mitsui étant étrangère à la région, elle ne possédait qu'un accès limité aux réseaux locaux d'information et cela rendait plus risquée sa politique d'extension de ses achats en exclusivité. Voici comment le directeur général de la compagnie, Masuda Takashi, voyait la chose :

> *Le problème est que nous-mêmes et la banque Mitsui avons déjà versé quelque 2,5 millions de yens à Asô, Kaijima, Hôkoku, etc., et que cet argent n'a jamais été remboursé : seuls les fonds avancés à la mine Okada l'ont été. Or, même s'il nous fallait effectivement avancer ces sommes, nous n'avons pas reçu en retour les approvisionnements en charbon dans les proportions attendues... Si bien que se pose aujourd'hui la question de savoir s'il ne vaut pas mieux, selon les cas, acheter comptant ce qu'il nous faut au jour le jour plutôt que de signer des accords de vente en consignation*[18].

Comme le précisait Masuda, ces prêts aux exploitants miniers présentaient le risque de ne pas être honorés, laissant craindre la perte d'immenses sommes d'argent. Même dans le cas où la compagnie avait obtenu une promesse de vente en échange d'un prêt, elle ne disposait d'aucun moyen de se protéger au cas où l'exploitant changerait ultérieurement d'avis ; sa capacité de contrôle *a posteriori* était bien limitée. Constatant cela, Masuda suggéra donc d'opter pour des paiements au comptant plutôt que pour les achats en consignation.

Hasegawa partageait l'avis de Masuda, ajoutant qu'« avec Yasukawa et les autres, c'est selon la manière dont on négocie avec eux que l'on peut obtenir leur charbon[19] ». De tous ces partenaires de gré à gré, seul Yasukawa était nommément évoqué : il était le seul à détenir sa propre structure commerciale. Yasukawa était très bien assis régionalement et « tenait seul et parfaitement son charbon depuis Akaike jusqu'à Moji[20] » : pour Mitsui il n'était pas un concurrent direct comme Mitsubishi et Furukawa, le grand groupe voulait donc « ne pas le voir comme un ennemi et lui tendre la main pour s'en faire un allié ». Voilà comment la compagnie commença à s'intéresser à la maison Yasukawa, qui non seulement pouvait aisément accéder aux informations circulant au niveau local, mais développait aussi activement ses affaires par le biais de son réseau relationnel de qualité au sein des petits et moyens exploitants miniers de la région[21].

Après ces observations générales sur le bassin du Chikuhô, l'état du secteur charbonnier et la place de Yasukawa dans cet ensemble, voyons maintenant plus précisément comment les affaires de Yasukawa ont évolué et comment il a géré ses actifs au cours de l'ère de Meiji.

2. Le développement des affaires et des actifs de Yasukawa Keiichirô

(1) Ses débuts dans l'exploitation du charbon

Yasukawa Keiichirô, le fondateur du zaibatsu Yasukawa-Matsumoto, est né en l'an Deux de l'ère de Kaei (1849), dans le domaine de Fukuoka. Quatrième et dernier fils d'un samouraï du nom de Tokunaga Sadashichi, il intégra la première année de l'ère de Genji (1864) une famille vassale du même domaine, les Yasukawa, pour en prendre la tête. Le frère aîné, Orito, resta l'héritier de la famille Tokunaga, tandis que Hisomu et Toku (deuxième et troisième de la fratrie) furent placés, comme Keiichirô, au sein de deux autres familles (Matsumoto et Ikushima) afin d'en devenir les héritiers. Les Matsumoto, qu'aura rejoints Hisomu, étaient des administrateurs ruraux en charge de la commercialisation du charbon dans le fief[22]. Ils descendaient de Matsumoto Heinai, personnage à l'origine du « décret sur l'exploitation du charbon de terre » portant création du monopole des autorités seigneuriales sur le commerce du minerai. En conséquence, ils jouissaient de nombreux contacts avec les marchands de charbon de Hakata (le port marchand traditionnel du nord de Kyûshû – actuelle Fukuoka) et de la région d'Ôsaka et Kôbe. Ce réseau fut très utile à la maison Matsumoto lorsqu'elle se lança dans l'exploitation minière, facilitant aussi bien la constitution d'une bonne clientèle que la collecte de capitaux.

Après que leur frère aîné Tokunaga Orito fut impliqué dans une affaire de fausse monnaie et condamné à mort en 1871, Matsumoto Hisomu et Ikushima Toku empruntèrent des capitaux à un marchand de Hakata (Kano Sôhei) afin d'acquérir la mine d'Aida, dans la région du Chikuhô, où ils firent leurs débuts dans l'exploitation minière. Ikushima Toku trouva toutefois la mort lui aussi précocement, en 1874, lors de la rébellion de Saga (une des ultimes révoltes armées de samouraïs contre le nouvel État moderne). Le benjamin, Yasukawa Keiichirô, dut alors interrompre les études qu'il avait commencées à l'Académie de Keiô (*Keiô gijuku*) de Tôkyô. De retour au pays, il y ouvrit la mine de Higashitani avant de fonder, en 1877, la « Maison de commerce Yasukawa » (*Yasukawa shôten*). Il s'agissait d'écouler sur le marché de Kôbe la production de sa mine et celle d'Aida, gérée par Matsumoto Hisomu. Ayant connu le régime du monopole domanial, les deux frères étaient particulièrement conscients de la nécessité d'assurer eux-mêmes la vente de leur production[23]. Rien n'explique mieux, à nos yeux, leur détermination à vendre leur charbon *via* leur propre structure, contrairement à Kaijima ou Asô qui, très tôt, confièrent en exclusivité leur production à la compagnie commerciale des Produits Mitsui.

Au cours des années qui suivirent, les activités de la maison de commerce se tournèrent de plus en plus vers les marchés d'Ôsaka et Kôbe (région dite du « Hanshin »). Après que Matsumoto eut augmenté en 1880 le volume de production grâce au début d'activité des mines de Takao et Igisu (sur la concession d'Aida-Shôji), Yasukawa ouvrit deux bureaux de vente : un dans le nouveau port international de Kôbe, en 1885, et un second l'année suivante à Ôsaka, le centre marchand traditionnel du pays. Telle fut la structure de production et de vente sur laquelle la famille Yasukawa-Matsumoto planifia le développement de ses affaires durant le boom du secteur minier soulevé par la première vague d'essor national des entreprises.

Yasukawa Keiichirô s'attela sérieusement au développement de ses mines à partir de 1887, lorsqu'il lança l'exploitation de la mine de Daijô (concession de Seita) grâce à 20 000 yens obtenus *via* l'émission d'obligations auprès de négociants en charbon de Kôbe. Contrairement à son frère, qui par ses profonds liens avec l'ancien domaine de Fukuoka, s'approvisionna en capitaux auprès des marchands de Hakata, Yasukawa utilisa son réseau commercial afin d'obtenir des fonds auprès des grandes fortunes d'Ôsaka et Kôbe. De pair avec les connexions dont Matsumoto disposait à Fukuoka [*N.d.T.* : ville fusionnant avec Hakata en 1889], ses liens avec cette région du Hanshin jouèrent un grand rôle dans le développement ultérieur de ses affaires. Et ils se trouvèrent encore renforcés par la fondation en 1896 de la Compagnie des charbonnages de Meiji (*Meiji tankô gaisha*), dont le siège fut implanté à Ôsaka.

Yasukawa joua aussi de son réseau régional dans le secteur minier du Chikuhô afin de développer ses affaires. C'est ainsi qu'il pilota la création en 1888 de la Compagnie de construction du port de Wakamatsu, dont il devint le PDG. Cette initiative, tout comme la fondation en 1896 de la Compagnie du chemin de fer et du développement industriel du Chikuhô[24], s'inscrivait dans une politique générale d'amélioration des infrastructures de transport du charbon.

Au moment de la grande refonte des concessions du Chikuhô, en 1889, Yasukawa reprit le site d'Akaike en association à parts égales avec Hiraoka Kôtarô, faisant enfin son entrée dans le cercle des exploitants de grandes mines. Hiraoka, l'un des exploitants les plus influents de la région du Chikuhô, était lui-même un ancien guerrier du domaine de Fukuoka, et un ami de longue date de Yasukawa : ici encore, les liens qu'il entretenait avec les hommes de l'ancien domaine contribuèrent grandement au développement de ses activités. La reprise de la mine d'Akaike marqua par ailleurs le début des relations d'affaires entre Yasukawa et le groupe Mitsubishi, auquel il emprunta 30 000 yens par l'intermédiaire d'un ingénieur des mines proche du conglomérat tokyoïte, Hasegawa Yoshinosuke[25]. Ce rapprochement avec le grand capital devait par la suite jouer un rôle prééminent dans la transformation du groupe familial Yasukawa-Matsumoto en un zaibatsu régional, facilitant l'obtention de capitaux et d'informations au sein de la capitale.

(2) Les activités du groupe familial Yasukawa-Matsumoto dans les années 1890

À la suite de la panique financière qui saisit le Japon en 1890, le secteur du charbon entra dans une phase de dépression jusqu'à l'année suivante. Cela porta un coup d'arrêt aux activités minières de Yasukawa, pourtant parvenues à se développer avec un certain succès. Matsumoto Kenjirô, le deuxième fils de Yasukawa et enfant adoptif de Matsumoto Hisomu, rentra alors des États-Unis où il menait ses études pour aider son père à tenir la maison de commerce Yasukawa. Kenjirô entreprit de redresser les affaires, notamment en développant les transactions directes avec les négociants étrangers, ce en quoi son expérience américaine lui fut utile.

À partir de la guerre sino-japonaise (commençant à l'été 1894), la demande en charbon s'accrut brusquement (la consommation annuelle passa de 1,76 million de tonnes en 1893 à 2,33 millions de tonnes en 1894, puis à 2,69 tonnes en 1895). Les exportations charbonnières suivirent le même mouvement (1 520 000 tonnes en 1893, 1 710 000 tonnes en 1894, 1 860 000 tonnes en 1895)[26]. Yasukawa Keiichirô saisit cette opportunité pour faire construire une ligne ferrée secondaire jusqu'à la mine d'Akaike afin d'améliorer le transport de la production. Il investit aussi pour agrandir sa concession et lancer avec succès ses premières exportations vers Hong Kong, Shanghai et Singapour (134 000 tonnes en 1894, soit 7,8 % du total des exportations japonaises de charbon).

Sur le plan financier, les bilans comptables de la maison de commerce Yasukawa nous apportent de précieuses informations. On y désignait sous le terme de « siège » (*honbu*) tout ce qui touchait à la maison de commerce Yasukawa ainsi que les mines de Daijô et Akaike administrées par Yasukawa (en association avec Hiraoka Kôtarô pour cette dernière), à l'exclusion de la mine de Takao dont Matsumoto assurait la direction (voir Schéma 6-1). Les maisons de commerce Yasukawa et Matsumoto entretenaient des liens leur ayant permis de se prêter mutuellement des capitaux, ce qui apparaît dans le bilan comptable sous l'appellation « maison de commerce Matsumoto ». Nous pouvons dès lors supposer que la famille Yasukawa réalisa 136 000 yens de bénéfices lors du second semestre 1894 : 103 000 yens reportés aux rubriques « propriété de la mine de Daijô » et « propriété de la mine d'Akaike » – c'est-à-dire les profits de l'activité minière ; 5 000 yens aux rubriques « comptoir de Moji » et « comptoir de Kôbe », pour son activité commerciale ; et enfin 29 000 yens à la rubrique « Yasukawa, propriétaire », sans doute les dividendes que Yasukawa Keiichirô toucha à titre personnel. Toutefois, une fois la guerre achevée, les bénéfices dégagés par la production charbonnière ne dépassèrent pas les 12 000 yens (second semestre 1895), ce qui aide à apprécier combien l'effet d'aubaine a été grand pour les affaires de Yasukawa. Toujours au cours de 1895, Yasukawa Keiichirô tenta par ailleurs d'accroître le volume de production de ses mines en investissant 100 000 yens dans l'acquisition de l'autre moitié des mines de la concession de Seita, grâce aux profits dégagés par celles-ci durant la guerre. Cette opération nécessita néanmoins de si grands capitaux que Yasukawa ne put la réaliser seul. Pour y parvenir, il dut faire appel à des fonds extérieurs, et c'est pour cela qu'il se lança dans la fondation de la Compagnie des charbonnages de Meiji, à laquelle il céda la gestion de la mine de Daijô.

Schéma 6-1 : L'organisation du groupe Yasukawa-Matsumoto jusqu'en 1898

Légende des schémas : trait plein : propriété ; pointillés : transactions commerciales et/ou financières ; flèche : participation au capital.

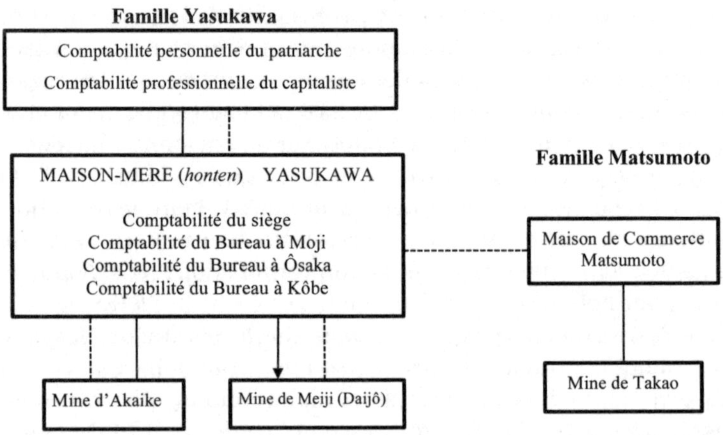

(3) La dynamique des affaires et la constitution des actifs après la guerre sino-japonaise (1894-1895)

C'est avec ce transfert de propriété de la mine de Daijô en faveur de la Compagnie des charbonnages de Meiji (avec son siège à Ôsaka) que les affaires de Yasukawa Keiichirô poursuivirent leur développement après la fin du conflit. Cette compagnie, lancée en 1896 avec un capital initial de 300 000 yens, fut principalement financée par Yasukawa lui-même et seize grandes fortunes de la région d'Ôsaka[27], dont Matsumoto Jûtarô, le directeur de la Cent trentième Banque nationale. L'objectif principal de l'entreprise, avec à sa tête Kuwabara Tadasu (ingénieur des mines), consistait à administrer la concession de Seita et la mine de Daijô, que Yasukawa avait selon toute vraisemblance portée en nature au capital de la compagnie. Ce dernier se rendit par la suite fréquemment à Ôsaka pour prendre part aux assemblées générales des actionnaires et aux réunions du conseil d'administration. Ces voyages furent pour lui l'occasion de consolider ses liens avec les acteurs du monde financier d'Ôsaka, comme Matsumoto Jûtarô, y fortifiant peu à peu son réseau.

Sur les 3 400 actions détenues par les membres fondateurs de la Compagnie des charbonnages de Meiji à sa création (3 400 actions), le clan familial Yasukawa-Matsumoto en aurait détenu 675 (ce qui représentait 11,3 % du total de son portefeuille boursier)[28]. Dès l'année suivante, la compagnie décida de doubler son capital pour le porter à 600 000 yens et Yasukawa acquit alors près d'un quart des nouveaux titres (2 825 sur 12 000), détenant alors 3 200 titres (correspondant à 26,7 % de son portefeuille). La Compagnie des charbonnages de Meiji utilisa cette augmentation de capital pour ouvrir la mine de Meiji n° 2 (dans la concession de Seita, anciennement mine de Kiuragi), avant de lancer celle de Meiji n° 3 (anciennement nommée Hiyake) à la faveur d'une nouvelle augmentation de capital de 100 000 yens en janvier 1898 (le capital atteignant alors 700 000 yens, pour 14 000 titres). Yasukawa éleva sa participation à chacune de ces augmentations successives et à lui seul il détenait un quart des titres en 1898 (3 325 titres, soit 23,8 % du tout). Gagnant en influence, il réussit à placer cette même année un de ses proches, l'ingénieur des mines Inagaki Tetsunoshin, au poste de directeur général de la compagnie.

En parallèle de cette expansion, Yasukawa décida de se séparer de la mine de Meiji (Daijô) pour développer ses affaires d'une part autour de la mine d'Akaike (émission de 80 000 yens d'obligations minières au premier semestre 1896) et, d'autre part, autour de ses investissements en valeurs mobilières et immobilières. Nous disposons du bilan comptable de cette dernière activité. Au cours de 1897, deux tiers des placements en question ciblaient des valeurs mobilières (331 995 yens sur 501 830 yens), principalement actions de compagnies ferroviaires de la région du Chikuhô, comme la Compagnie des chemins de fer et du développement industriel du Chikuhô et celle des chemins de fer de Hôshû. Une part non négligeable concernait aussi la compagnie des Charbonnages de Meiji. En ce qui concerne la Compagnie des chemins de fer et du développement industriel du Chikuhô, Yasukawa Keiichirô était membre de son conseil d'administration et l'ensemble familial Yasukawa-Matsumoto était tout simplement son deuxième plus grand actionnaire, en septembre 1897. Avec 11,2 % du total, le clan[29] restait toutefois très loin derrière le principal actionnaire, la famille Iwasaki – propriétaire du groupe Mitsubishi – détenant la moitié du capital (50,9 %)[30]. Ces investissements de Yasukawa dans le secteur ferroviaire avaient à l'évidence pour objectif d'assurer une bonne desserte à ses mines.

Pour l'année 1897, les comptes font apparaître des passifs importants. Il s'agissait d'emprunts contractés auprès de sept banques : 100 000 yens auprès de la banque Mitsubishi, 74 500 yens auprès de la banque Mitsui, 54 000 yens auprès de la banque Sumitomo, 50 000 yens auprès de la Première Banque nationale, 30 000 yens auprès de la banque Imamura, 29 500 yens auprès de la banque Kitahama, et 15 000 yens auprès de la Dix-septième Banque nationale. En ce qui concerne les délais de remboursement, ils couraient à trois mois pour le prêt de la Dix-septième Banque nationale et de soixante à soixante-quinze jours pour les autres, à l'exception de ceux des banques Mitsubishi, Sumitomo et Imamura qui n'en portaient aucune mention. Les 184 000 yens consentis par ces trois dernières banques consistaient donc sans doute en des prêts de capitaux à long terme[31]. Par ailleurs, des trois banques auprès desquelles la famille Yasukawa contracta un emprunt de soixante jours, les intérêts augmentaient quotidiennement de 0,15 % pour la banque Mitsui (basée à Tôkyô) et la banque Kitahama (basée à Ôsaka), mais de 0,2 % pour la Dix-septième Banque nationale, basée à Fukuoka. Il y a donc fort à penser que Yasukawa chercha à limiter au maximum les emprunts auprès des banques locales, pour s'appuyer davantage sur les grandes banques. En outre, chacun de ces prêts s'appuyait sur des garanties exclusivement constituées de valeurs mobilières – des titres de la Compagnie des chemins de fer et du développement industriel du Chikuhô pour les banques centrales, et des actions de la Compagnie des charbonnages de Meiji pour les banques locales. Pratiquement tous ses titres de la Compagnie des chemins de fer et du développement industriel du Chikuhô furent déposés en gage auprès de ces banques. Les achats massifs de titres ferroviaires effectués par Yasukawa garantissaient donc non seulement une meilleure desserte à la production, mais aussi une solvabilité améliorée auprès des banques.

3. La restructuration des affaires et le marché interne de capitaux

(1) La création de la maison de commerce Yasukawa-Matsumoto et la restructuration de ses affaires

Après avoir activement développé leurs affaires autour du secteur minier durant et après la guerre sino-japonaise, les familles Yasukawa et Matsumoto procédèrent en février 1899 à une restructuration de leurs entreprises. Yasukawa dissocia ses activités minières et commerciales en deux départements distincts : un département Yasukawa, s'occupant principalement de gérer la production minière, et un département commercial qu'elle devait partager avec la famille Matsumoto : la « maison de commerce Yasukawa-Matsumoto ».

Au mois de mai de la même année, Matsumoto Hisomu revendit aux Aciéries d'État la mine de Takao, qu'il dirigeait depuis 1880. Cette vente priva Hisomu de sa principale activité et le poussa à se retirer des affaires. Cela permit néanmoins à son fils Kenjirô, qui dirigeait *de facto* la maison de commerce Yasukawa-Matsumoto, de récupérer d'importants capitaux. 30 % du fruit de la vente allèrent à deux collaborateurs historiques du père (Nakano Tokujirô et Itô Denzaemon) et Kenjirô récupéra le reste[32], c'est-à-dire 350 000 yens de patrimoine et 450 000 yens de capitaux d'affaires.

Au tournant de l'année 1900, Yasukawa Keiichirô rompit ses partenariats avec les entrepreneurs d'Ôsaka et Fukuoka pour développer ce qui est resté un modèle d'entreprise familiale. Tout d'abord, il réussit une affaire extraordinaire avec la mine de Tagawa. La mine de Tagawa était un site prometteur cédé en 1898 par la Compagnie des chemins de fer de Hôshû à la Compagnie d'extraction houillère de Tagawa (*tagawa saitan-gumi*)[33] – à laquelle participait Yasukawa –, pour un million de yens. En mars 1900, la mine de Tagawa fut revendue, à la Compagnie des mines Mitsui, pour 1 650 000 yens. C'est la Compagnie des charbonnages de Meiji qui géra la vente et Yasukawa, qui en était administrateur, dirigea l'opération. Il empocha à ce titre 60 000 yens, mais comme il était aussi actionnaire de la compagnie de Tagawa il toucha en outre quelque 26 600 yens (8 yens pour chacune de ses 3 325 actions)[34].

Schéma 6-2 : L'organisation du groupe Yasukawa-Matsumoto en février 1899

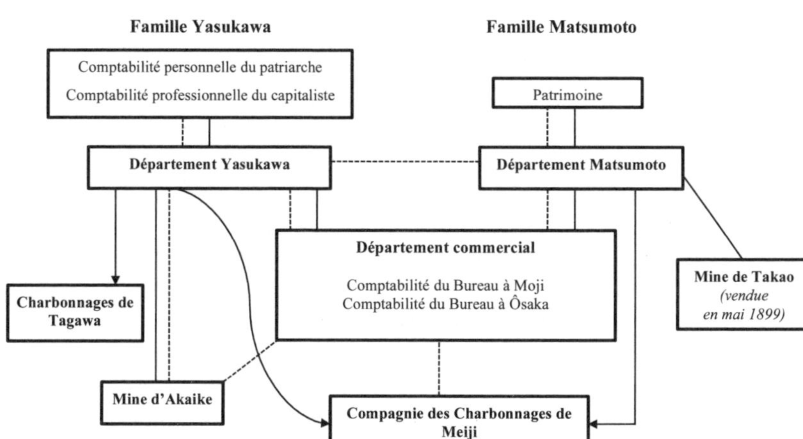

En septembre de la même année, un problème de parts se posa dans la gestion commune de la mine d'Akaike qu'assuraient Yasukawa Keiichirô et Hiraoka Kôtarô. Hiraoka, alors contraint de rassembler des fonds pour assurer l'exploitation de sa mine de Hôkoku, proposa à Yasukawa la vente de la mine à un tiers. De septembre 1900 à mars 1901, Yasukawa approcha pour cela des hommes du giron non seulement de Mitsui (notamment Dan Takuma et Inoue Kaoru), mais aussi de Mitsubishi (entre autres Iwasaki Hisaya)[35]. Néanmoins, ces tractations demeurèrent stériles et Yasukawa songea à l'éventualité de racheter la part de son partenaire. Le 14 mars, après avoir consulté ses ingénieurs Shirato Zenjirô et Kojima Tetsutarô quant à « la dynamique » (*taisei*) et l'avenir des mines d'Akaike et de Daijô (Meiji), l'homme d'affaires dit « voir au bout du compte de nombreux inconvénients à une gestion séparée de ces deux sites[36] ». Ce problème était concomitant de la question alors pendante de la centralisation entre les mains de Yasukawa de la gestion de la Compagnie des charbonnages de Meiji.

(2) Le rachat de la Compagnie des charbonnages de Meiji et de la mine d'Akaike et la question du marché interne de capitaux

Si, depuis sa fondation en 1896, la Compagnie des charbonnages de Meiji était une entreprise partagée entre Yasukawa et un groupe de capitalistes d'Ôsaka, un conflit d'intérêts opposa rapidement les deux parties. Yasukawa désirait utiliser les profits dégagés pour développer les réserves internes de la compagnie, alors que les actionnaires d'Ôsaka voulaient surtout pour leur part encaisser de larges dividendes[37]. Les résultats de la compagnie étaient très fluctuants[38] : le taux des bénéfices en rapport au capital versé avait d'abord progressé (de 5,7 % du second semestre 1897 à 16,7 % au premier semestre 1898), mais il chuta à 6 % au premier semestre 1900. Le taux de dividendes, lui, oscilla en revanche entre 15 et 20 % de fin 1897 à fin 1899, sans descendre sous le seuil des 10 % lors de la baisse de résultats du premier semestre 1900. Ces pourcentages répondaient sans nul doute à la volonté des actionnaires d'Ôsaka. Craignant les dommages d'une telle hémorragie financière, Yasukawa estima qu'il devait alors « prendre à son compte la gestion de la Compagnie des charbonnages de Meiji[39] ».

Yasukawa fit alors conduire par les ingénieurs Shirato et Kojima, une étude approfondie des mines d'Akaike et Meiji, dans la seconde moitié du mois de mars 1901[40]. Puis il entreprit au mois d'avril des négociations afin de racheter toutes les actions de la Compagnie des charbonnages de Meiji, mais aussi la part de son associé Hiraoka dans la mine d'Akaike[41]. Pour la première opération, il parvint le 21 avril à conclure avec ses actionnaires d'Ôsaka un accord fixant à 60 yens le prix de rachat unitaire des titres, d'une valeur de 50 yens en capital versé[42]. Yasukawa procéda aussitôt au rachat progressif de ces actions : il détenait 3 799 titres en février, 4 759 actions en juillet et 9 734 fin décembre. Dès lors, Yasukawa était le seul actionnaire de la compagnie, avec Matsumoto Kenjirô, et il put la dissoudre (fin novembre 1902), évitant ainsi de devoir en publier les comptes. La famille Yasukawa détenait alors un total de 10 049 titres, le reste (3 591 actions) demeurant la propriété de la famille Matsumoto. À ce moment-là, Yasukawa avait déjà entamé sa négociation avec Hiraoka Kôtarô pour lui racheter sa part dans la mine d'Akaike (dès le 28 avril 1901). Le 11 mai, la valeur de la mine fut fixée à 800 000 yens et Yasukawa convint de régler à l'intéressé la moitié de cette somme[43]. La transaction fut réalisée le 19 juin[44].

Cette série de transactions nécessita de très importants capitaux. Il fallut à la maison Yasukawa 400 000 yens pour reprendre la mine d'Akaike et presque autant (393 600 yens) pour racheter les actions de la Compagnie des charbonnages de Meiji[45], soit un total d'au moins 790 000 yens. Si nous examinons sa stratégie financière entre la fin 1900 et la première moitié de 1902, nous voyons que Yasukawa employa 100 000 yens de capitaux de réserve (« fonds de réserve spéciaux Akaike ») et contracta 300 000 yens d'emprunts au premier semestre 1901 pour l'achat de la part de la mine d'Akaike (« obligations minières d'Akaike » dans le registre). Ces « obligations » seront reportées au semestre suivant dans les livres de compte à la ligne « emprunts » et avec la mention « Matsumoto, Shirato » : nous pouvons donc supposer qu'une grande partie des capitaux ayant servi à acquérir l'intégralité de la mine d'Akaike fut prêtée par la famille Matsumoto. Cette somme provenait sans doute du fruit de la vente de la mine de Takao (rapportant un profit de 450 000 yens en 1899), qui fut donc en partie affectée au financement du développement des affaires de Yasukawa.

Le rachat des actions de la Compagnie des charbonnages de Meiji s'étalonna quant à lui d'avril 1901 à la fin du premier semestre 1902, une période de plus d'une année. Yasukawa ouvrit tout d'abord d'énergiques négociations avec les principaux organismes financiers du pays (les banques Sumitomo et Mitsui, la Première et la Cent trentième Banque nationale, les Assurances-vie du Japon)[46]. Ce n'est qu'en juin 1901, avec la délivrance par la Banque du Japon d'un escompte bancaire limité à 150 000 yens, que se concrétisa la perspective d'obtenir des prêts auprès des grandes banques (banque Mitsui, Cent trentième Banque nationale, Crédit commercial de l'Empire [*Teikoku shôgyô ginkô*] ainsi que de la banque Sumitomo)[47]. La famille Yasukawa parvint en outre à emprunter 80 000 yens à la banque Mitsubishi au mois de novembre suivant[48], sans toutefois parvenir à combler ses besoins grandissants en capitaux par ces seuls prêts directs de fonds extérieurs. Ce fut le département commercial des familles Yasukawa et Matsumoto – la « maison de commerce Yasukawa-Matsumoto » – qui joua ici un rôle déterminant. Au premier semestre 1901, il transféra en effet 230 000 yens au département des mines Yasukawa. L'augmentation substantielle de ce dernier compte permit alors une entrée de capitaux extérieurs en escompte (70 000 yens de la Cent trentième Banque nationale, 10 000 yens de la banque Sumitomo) et prêts courants (25 000 yens de Hasegawa Yoshinosuke et de la Compagnie des charbonnages de Meiji), ainsi qu'une hausse de 55 410 yens du bilan sur plusieurs années, désignant sans doute les fonds de réserve accumulés sur les profits[49]. Entre le second semestre 1901 et le premier semestre 1902, les billets d'escompte diminuèrent en nombre, tandis que s'accrurent les prêts courants de la part de partenaires transactionnels de la maison de commerce Yasukawa-Matsumoto (tels que Nakano Tokujirô, ou la Compagnie des charbonnages de Meiji). Ces prêts devaient en définitive se monter à 397 000 yens fin juin 1902, soit pratiquement l'intégralité de la somme nécessaire à Yasukawa pour procéder au rachat total des actions de la Compagnie des charbonnages de Meiji. Dans la mesure où la plupart de ces prêts émanaient manifestement de la Compagnie des charbonnages elle-même, on comprend que Yasukawa racheta à son compte les titres de la compagnie… *via* les fonds de cette dernière en les faisant passer par l'intermédiaire de la maison de commerce Yasukawa-Matsumoto.

Au cours des années 1890, Yasukawa avait ainsi développé ses partenariats d'affaires par le recours à deux types de réseaux : d'une part, au niveau local, par l'intermédiaire de ses connaissances de l'ancien domaine de Fukuoka, et d'autre part, par le biais des groupes d'investisseurs d'Ôsaka, auxquels appartenait notamment Matsumoto Jûtarô. Toutefois, à l'entrée dans le nouveau siècle, Yasukawa Keiichirô consolida un mode de propriété et de gestion privées, prenant le contrôle exclusif de ses deux mines. Afin de rassembler les capitaux nécessaires, plutôt que de se reposer sur les marchés externes, Yasukawa s'appuya sur son marché de capitaux internes : ses fonds personnels (fonds de réserve), sa famille proche (les Matsumoto) et son entreprise familiale (la maison de commerce Yasukawa-Matsumoto). Comme l'indique l'échec de ses négociations financières avec les grands zaibatsus et les banques des villes, l'approvisionnement en capitaux externes, y compris par le biais de ses réseaux relationnels, présentait d'immenses limites à une époque où les marchés anonymes n'étaient pas encore bien formés. Aussi, cette manière de compenser les faiblesses du marché externe en créant un marché interne de capitaux – où des personnes liées par le plus haut degré de confiance et de proximité, telles que familles et homologues, pouvaient mutuellement se prêter des fonds – fait montre d'une grande rationalité économique. Le rapprochement qui s'accéléra entre les familles Yasukawa et Matsumoto lors de leur collaboration pour le rachat de la part de la mine d'Akaike et des actions de la Compagnie des charbonnages de Meiji s'explique donc aussi par l'importance de ce marché interne de capitaux. La création de la maison de commerce Yasukawa-Matsumoto (1899) comme le rachat de la mine de Meiji (1902) aboutirent à la constitution d'un marché interne de capitaux, ce qui était le premier pas vers la transformation de l'ensemble familial Yasukawa-Matsumoto en un véritable « zaibatsu régional ».

4. Vers un « zaibatsu régional »

(1) La nationalisation des chemins de fer et la diversification des activités du groupe

Avec l'acquisition des deux grandes mines d'Akaike et de Meiji en 1901, le duo des familles Yasukawa et Matsumoto devint l'un des plus grands propriétaires miniers de la région du Chikuhô (voir Tableau 6-1). Aussitôt, le boom charbonnier de la guerre russo-japonaise (1904-1905) exerça une influence extrêmement favorable sur les affaires. Le montant des emprunts contractés par le groupe était moins important à la fin de 1905 (349 000 yens) qu'en septembre 1897 (353 000 yens). Cela s'explique par le décuplement des profits générés par l'activité des mines (de 131 666 yens à 1 365 579 yens) et par l'investissement de ces bénéfices dans l'achat d'actions des compagnies ferroviaires de San'yô (extrême sud de Honshû) et de Kyûshû. Yasukawa Keiichirô se servit des gains obtenus au moment du boom pour nourrir ses investissements boursiers dans le chemin de fer, ce qu'il expliquait ainsi dans son journal personnel :

> *Depuis l'achat des actions des Chemins de fer du Chikuhô à Ôsaka en 1895, avec les augmentations de capital dues à la fusion avec la compagnie de Kyûshû, la fondation de la Compagnie des charbonnages de Meiji puis mon opération de rachat, etc., le total de mes*

> *traites a un temps atteint la somme d'un million de yens… Les lettres de change aussi ont atteint des sommets (en dehors des versements intérieurs au groupe) grâce à la si bonne conjoncture charbonnière de l'année passée, si bien que même après avoir acheté 4 500 actions des Chemins de fer de San'yô et 8 500 actions des Chemins de fer de Kyûshû, j'ai pu tout régler hier en encaissant les lettres de change à Mitsui. C'est-à-dire qu'en écartant du calcul mon découvert de plus de 2 millions de yens auprès du siège (ce qui ne peut être considéré comme une dette) et les 80 000 yens déposés au nom de Matsumoto ; il n'y a pas un centime de dû*[50].

Ainsi, grâce aux immenses bénéfices réalisés durant le boom charbonnier de la guerre russo-japonaise, Yasukawa épongea les dettes contractées autour de l'année 1901 dans le cadre de sa centralisation de la gestion des mines d'Akaike et de Meiji. Après le conflit, la compagnie fit état d'un excellent équilibre financier, sans « un centime de dû », en dépit de ses acquisitions massives de titres ferroviaires, ce que nous allons à présent observer de plus près (voir Tableau 6-2).

À la fin de 1905, les actifs de la famille Yasukawa se montaient à 4 273 706 yens. Selon Morikawa Hidemasa, la famille Yasukawa faisait partie en 1902 des trente plus grandes fortunes régionales du Japon (intégrant le quatrième groupe de sa classification pourvu d'un seuil fixé à plus de 3 millions de yens d'actifs)[51]. Yasukawa Keiichirô n'était déjà plus un simple entrepreneur local du secteur minier, mais à la tête d'une influente et puissante fortune régionale. Les deux tiers de sa fortune étaient alors liés au charbon : dans les mines d'Akaike et de Meiji (29,1 %, soit 757 725 yens, dont 487 812 yens pour la seule famille Yasukawa) et dans la maison de commerce Yasukawa-Matsumoto (35,8 % ; 1 527 942 yens). Les affaires minières demeuraient son activité principale, mais ses placements en valeurs mobilières représentaient tout de même 31,6 % du total de ses actifs, notamment les titres de la Compagnie des chemins de fer de Kyûshû dont la somme totale (964 726 yens, soit 22,6 %) excédait largement le montant des actifs de la seule mine d'Akaike. La maison avait en outre investi 200 000 yens dans les actions de la Compagnie des chemins de fer de San'yô. Voilà autant de faits témoignant de l'intérêt de Yasukawa pour les titres ferroviaires, dont nous allons à présent examiner en détail l'évolution du portefeuille.

Dans le domaine ferroviaire, la première cible d'investissement fut la Compagnie des chemins de fer et du développement industriel du Chikuhô, lors de sa fondation. La famille n'en détenait toutefois que 104 titres à la fin de 1890[52], restant un actionnaire minoritaire.

Mitsubishi prit rapidement le contrôle de la compagnie après son entrée au capital, en 1891. Yasukawa Keiichirô, nommé auditeur de la société, intensifia dès lors ses investissements. À partir de 1894, année où la mine d'Akaike commença à utiliser le rail pour transporter sa production, le nombre de titres que détenait la famille bondit soudain pour s'établir à 2 743 actions au premier semestre 1895. Comme nous l'avons précédemment noté, l'intégralité de ces titres lui servit alors de garantie auprès des banques afin d'obtenir des prêts. C'était très probablement dans l'optique d'obtenir les capitaux nécessaires à l'acquisition de nouvelles actions, ce qui tend à indiquer que Yasukawa augmenta ses apports à la compagnie ferroviaire afin de sécuriser les lignes de transport de charbon vitales à son activité première.

En avril 1897, la Compagnie des chemins de fer et du développement industriel du Chikuhô fusionna avec celle des Chemins de fer de Kyûshû. En sus de ses 4 965 actions de l'ancienne compagnie, Yasukawa Keiichirô fit en une seule fois l'acquisition de 3 393 titres de la nouvelle société, pour en devenir l'un des plus gros porteurs, ainsi que l'un des administrateurs. Tout comme pour les Chemins de fer du Chikuhô, Yasukawa comptait prendre les rênes de l'entreprise de pair avec Mitsubishi afin de faciliter le transport du charbon extrait de ses mines. Il participa ainsi à chaque augmentation de capital de la compagnie, une participation à hauteur des parts détenues par les actionnaires, ce qui accrut d'autant le nombre de ses titres. Dans l'intervalle, il avait également acquis 633 actions de la Compagnie des chemins de fer de Hôshû, qu'il récupéra en partie sous forme de nouveaux titres de la Compagnie des chemins de fer de Kyûshû lors de la fusion de ces deux entreprises en 1901.

Après la guerre russo-japonaise, en 1905 et 1906, la famille Yasukawa acheta massivement de nouvelles actions de la Compagnie des chemins de fer de Kyûshû (18 931 exactement), doublant sa part dans l'entreprise. La finalité de cette stratégie d'investissement dans le chemin de fer était bien différente de la première mise en œuvre par Yasukawa, qui consistait à assurer un certain contrôle des circuits de transport du charbon. L'investissement ferroviaire était alors devenu un objectif en lui-même, ce que confirme à la même époque son acquisition massive d'actions de la Compagnie des chemins de fer de San'yô. Plus qu'un simple réinvestissement de l'excédent financier généré par l'activité minière, il s'agissait de manœuvres spéculatives, proches du délit d'initié, faites en prévision de la future nationalisation des chemins de fer du pays. Cela fut facilité par la position d'administrateur de Yasukawa au sein de la Compagnie des chemins de fer de Kyûshû et par ses liens étroits avec les milieux politiques et financiers de la capitale qui lui permirent d'accéder à des informations politiques fiables au sujet de la nationalisation.

Yasukawa, de passage au siège des Chemins de fer de Kyûshû [à Moji] alors qu'il se rendait à Tôkyô le 5 mars 1906, « crois[a] inopinément un groupe de trois quatre employés analysant le projet de loi de nationalisation des chemins de fer rendu public le matin même » et décida de les rejoindre dans leur réunion après avoir modifié l'horaire du train qui devait le conduire à la capitale. Le 11 du même mois, il s'entretint à Ôsaka au sujet des conditions de rachat de la compagnie avec son président, Sengoku Mitsugu, s'accordant sur le fait qu'« il [fallait] entamer des négociations pour que la compagnie [fût] rachetée 20 à 25 fois sa valeur réelle, et si l'on ne [pouvait] trouver un accord, en référer au mouvement d'opposition de l'union des grandes entreprises ». Yasukawa reçut le surlendemain de Sengoku, arrivé le premier à Tôkyô, un télégramme l'informant avoir déposé une demande de négociation auprès des deux ministres des Communications et de l'Intérieur, et s'enquit le 14 auprès de Hiraoka Kôtarô de l'opinion d'Inoue Kaoru au sujet du prix de rachat de la Compagnie des chemins de fer de Kyûshû (« il sera fort difficile d'en tirer 25 fois sa valeur, mais il faudrait parvenir à les convaincre [de racheter la compagnie] à un rapport d'environ 21 »). Yasukawa et Sengoku se mirent alors à préparer un amendement au projet de loi, mais apprirent le lendemain matin par le président de la Compagnie des chemins de fer du Kansai, Kataoka Naoharu, l'adoption de la loi sans révision à la Chambre des députés, information que leur confirma Hiraoka au cours de l'après-midi. Yasukawa décida alors de « tenter une approche en direction de la Chambre des pairs » pour revoir leurs conditions de rachat à la hausse, et fit appel au courtier en titres Oda Shôjirô pour préparer du 16 au 18 un « plan de protection » des compagnies des chemins de fer de Kyûshû et de Sany'ô… dans l'hypothèse où la loi de nationalisation des chemins de fer initialement prévue par le gouvernement serait adoptée sans amendement et ferait plonger le cours de leurs actions. Par la suite, Yasukawa demeura en contact avec les entrepreneurs Hara Rokurô, Iwasaki Yanosuke, Masuda Takashi, et plusieurs aristocrates tels que Kuroda Nagashige, afin de suivre les débats concernant la révision de la loi par la Chambre des pairs. Puis, le 26 mars, le secrétaire de cette même chambre, Ôta Minesaburô, leur confirma « la décision certaine des membres de la Chambre des pairs d'amender le projet de loi[53] ». Yasukawa s'empressa alors d'acheter de nouvelles actions : il s'en procura plus de 5 000 en quelques jours (3 550 actions des Chemins de fer de Kyûshû et 2 000 des Chemins de fer de San'yô à la fin du mois de mars). Il continua ces achats de titres des Chemins de fer de Kyûshû jusqu'à la nationalisation de ces derniers.

Grâce à cette prompte réutilisation des informations qu'il avait obtenues en interne, Yasukawa put ainsi réaliser un profit de 1 580 000 yens lorsque l'État racheta l'intégralité de ses titres des deux compagnies ferroviaires de Kyûshû et de San'yô. Et bien qu'il fît don de 380 000 yens à l'École supérieure de Meiji (l'actuelle université des technologies de Kyûshû, *Kyûshû kôgyô daigaku*), il avait toujours en main plus d'un million de yens…

À partir de ce moment, la maison Yasukawa se lança dans de nouveaux secteurs d'activité grâce aux profits réalisés au cours du boom charbonnier de la guerre russo-japonaise et grâce aux capitaux obtenus avec la nationalisation des chemins de fer. Yasukawa Keiichirô estimait « nécessaire, pour des jeunes de l'âge de Matsumoto ou de Seizaburô [*N.d.T.* : ses fils Matsumoto Kenjirô et Yasukawa Seizaburô], de peiner à l'étude afin de se préparer à [leurs] futures affaires[54] » et il ne comptait pas lui-même se reposer sur le secteur minier mais développer son entreprise familiale dans le filage de coton, l'un des piliers de l'industrie moderne en ce début de XXe siècle. Le 5 août 1906, il s'entretint à Ôsaka avec Hiraga Yoshimi. Ce dernier avait été anciennement employé dans la région par la préfecture comme ingénieur et revenait d'une mission d'études en Occident. Il s'agissait de « l'interroger, après concertation avec Matsumoto et Seizaburô, quant à l'évolution de la demande et aux sommes nécessaires pour lancer une affaire[55] ». Hiraga « approuv[a] l'idée de créer une entreprise dans ce secteur à ce moment » et s'attela aussitôt avec l'ingénieur en mécanique Suzuki Morizô à la rédaction d'une étude à ce sujet. Connaissance de longue date de Yasukawa, Hiraga était issu de la classe guerrière de l'ancien domaine de Fukuoka : Yasukawa sut donc à nouveau mobiliser à bon escient ses anciennes connaissances régionales pour ses débuts dans ce nouveau secteur d'activité.

Le chiffrage global du projet ainsi que le plan d'équipement de l'usine furent achevés et remis à Yasukawa le 16 août 1906 : il y était question d'une capacité initiale de 15 000 broches, qui devait progressivement être portée à 30 000, avec l'ouverture d'un grand atelier de tissage dès le lancement de la production. Hiraga suggéra en parallèle d'ouvrir un autre atelier dédié au tissage de la popeline de coton, ce qui fut avalisé le 9 septembre[56]. Au cours de ce mois, les tractations progressèrent concernant l'emplacement de la filature (à Tobata, Kitakyûshû) et de l'atelier de tissage (à Ôsaka, près du fleuve Yamato), tandis que l'équipement mécanique nécessaire aux deux sites fut commandé en Angleterre par l'intermédiaire des Produits Mitsui[57]. Les préparatifs à l'ouverture des ateliers avancèrent si rapidement que la société en commandite des Cotonnades d'Ôsaka (*Ôsaka orimono gôshi-gaisha*, au capital de 300 000 yens) fut en mesure de lancer sa production sur le site de Yamato dès la fin de l'année. Le lancement de la société en commandite des Filatures de Meiji (*Meiji bôseki gôshi-gaisha*, au capital de 2 millions de yens) devait en revanche être reporté à 1909, en raison du retard accusé par la livraison sur le site de Tobata des métiers à filer.

Au cours de la diversification de ses activités, Yasukawa Keiichirô décida de ses choix en étroite concertation avec ses deuxième et troisième fils [*N.d.T.* : Matsumoto Kenjirô et Yasukawa Seizaburô] et il les mit en œuvre de manière planifiée en s'appuyant sur l'expertise technique de spécialistes. Durant ce processus, le consensus familial s'avéra essentiel, et c'est toujours après avoir obtenu l'accord de ses fils que le père prit ses décisions[58]. Loin de reposer sur la seule volonté du patriarche, cette administration familiale des affaires, conjuguée à cette diversification des activités, devait jeter les bases de la naissance du zaibatsu Yasukawa-Matsumoto.

(2) Le développement des affaires et la constitution des actifs après la guerre russo-japonaise

Avec la nationalisation des chemins de fer, la vente de la mine de Hôkoku par la famille du défunt Hiraoka Kôtarô constitua en 1907 une autre opportunité d'importance pour les maisons Yasukawa et Matsumoto. Comme nous l'avons déjà relevé, Hiraoka et Yasukawa Keiichirô avaient été deux amis proches dès leur jeunesse à la fin de l'époque féodale, mais ils ont surtout été associés dans la gestion de leur mine d'Akaike. Lorsqu'en 1901 Yasukawa racheta la part de Hiraoka pour 400 000 yens, ce dernier consacra cet argent à l'exploitation de la mine de Hôkoku, en solitaire. Hiraoka décéda en octobre 1906 et, alors que Yasukawa cherchait un repreneur pour le compte des descendants de son ancien partenaire, le 10 juillet 1907, un terrible coup de grisou frappa le site de Hôkoku, faisant de nombreuses victimes, ce qui compliqua d'autant les négociations de reprise. La maison Mitsui, à qui Hiraoka avait emprunté 544 000 yens, fut tout d'abord pressentie pour racheter la mine pour 2 millions de yens, à la condition que « la maison Mitsui conserve jusqu'en l'an 50 de l'ère de Meiji [1917] les 800 000 yens revenant à la famille Hiraoka, pourvoyant à ses besoins chaque année à hauteur de 3 % de cette somme, pour lui rendre le tout en l'an 51 de l'ère de Meiji [1918][59] ». Les négociations n'aboutirent toutefois pas[60]. Yasukawa accepta alors de racheter lui-même la mine de Hôkoku à des conditions similaires, moyennant toutefois la diminution des créances de Hiraoka auprès de la maison Mitsui[61].

Selon l'étude à laquelle se livra Yasukawa, les frais nécessaires au rachat de la mine de Hôkoku s'élevaient à 2 850 000 yens : 370 000 yens pour la remise en état de la mine à la suite du coup de grisou, 1 080 000 yens pour le remboursement des dettes de Hiraoka, 600 000 yens pour l'ouverture d'un nouveau puits, et 800 000 yens pour le rachat de la mine aux héritiers de Hiraoka. La famille Yasukawa pouvait compter obtenir un prêt de reprise d'un montant de 2 800 000 yens, aux intérêts annuels de 165 810 yens. Dans la mesure où elle disposait de dix années pour régler les dettes du défunt ainsi que les 800 000 yens correspondant au montant du rachat de la mine, son emprunt ne s'éleva toutefois qu'à 951 000 yens, destinés à remettre en état la partie endommagée et à ouvrir une nouvelle galerie. Pour cette dernière opération, Yasukawa parvint à obtenir une forte somme – 650 000 yens – auprès d'organismes financiers liés à Mitsubishi : la banque Mitsubishi, les Assurances maritimes de Tôkyô (*Tôkyô kaijô hoken*), les Assurances-vie de Meiji (*Meiji seimei*). Pour la rénovation de la mine, 143 411 yens furent empruntés à l'agence de Wakamatsu de la Cent trentième Banque nationale et à la banque Sumitomo ; le reste des fonds nécessaires lui fut prêté par la famille Matsumoto. De fait, ces organismes financiers proches de Mitsubishi constituèrent les principaux bailleurs de fonds des Mines de Meiji, fondées en janvier 1908[62].

Concernant ces dettes, Yasukawa Keichirô rédigea un grand nombre de simulations de remboursement du principal et des intérêts, parmi lesquelles nous avons choisi le brouillon de mi-septembre 1907, date la plus proche de la signature de ces emprunts. Ces nombreuses versions se justifient principalement par les variations dans l'estimation du rendement de la mine de Hôkoku après sa remise en état (la simulation de septembre 1907 tablant sur 350 000 tonnes annuelles, mais celle de novembre de la même année comptant, elle, sur 250 000 tonnes seulement). Les délais à prévoir pour le remboursement variaient en conséquence : si la première version envisageait un règlement en dix ans, la seconde l'étalait sur seize années[63]… Avec au mieux dix années de grands travaux à l'horizon, Yasukawa confiait dans son journal juste après que le chantier de remise en état de Hôkoku fut commencé : « je m'attends à devoir patienter la moitié de ce qu'il me reste à vivre pour savoir si cette entreprise sera un échec, ou une réussite[64] ».

Afin de financer les capitaux nécessaires à la remise en activité de la mine de Hôkoku, les familles Yasukawa et Matsumoto formèrent en janvier 1908 la société en commandite par actions (SCA) des Mines de Meiji (*Meiji kôgyô kabushikigôshigaisha* ; au capital de 5 millions de yens, dont 500 000 yens d'actions et 4 500 000 d'apport de ses membres)[65]. Cela devait lui permettre de réaliser sa grande ambition : centraliser la gestion des mines de Meiji, Akaike et Hôkoku pour unifier l'exploitation de ses trois charbonnages.

Sous la direction de Matsumoto Kenjirô, les travaux de remise en état de la mine de Hôkoku furent menés à grand train entre novembre 1907 et novembre 1908. La production reprit en parallèle, avec la remise en service des treuils d'élévation de la première galerie en août 1908, puis de la deuxième galerie en novembre. Redémarrant ainsi à un rythme supérieur aux prévisions initiales, la production charbonnière de la mine de Hôkoku dépassa dès 1913 les 400 000 tonnes annuelles et devint la principale source de bénéfices des Mines de Meiji. D'après la simulation de remboursement révisée à partir de ce nouvel état de fait, Yasukawa fut en mesure d'éponger en neuf ans les dettes contractées lors de la reprise du site, puis de dégager plus de 3 millions de yens d'excédents jusqu'à l'année 1922[66]. Le rachat de la mine de Hôkoku s'avéra donc pour l'homme d'affaires un succès total, source de colossaux profits.

À partir de la remise en état complète de la mine et de la remise en opération des deuxième et troisième galeries à la fin de 1909, la SCA des Mines de Meiji se mit à verser des dividendes prioritaires aux détenteurs de son capital. 400 à 800 000 yens furent versés à ce titre chaque année dès 1910, pour un montant total de 3 500 000 yens en date de juin 1914. La famille Yasukawa semble d'abord avoir utilisé ces capitaux pour avancer des fonds à sa division commerciale ainsi qu'à son bureau d'Ôsaka, mais elle les répartit en juin 1914 à hauteur de 1 700 000 yens sur son compte principal de capitaux, 1 500 000 yens pour l'augmentation du capital versé de la SCA et 300 000 yens pour son fonds de réserves minier. Inutile de préciser que les capitaux accumulés dans le secteur minier au début des années 1910 furent alors le moteur de la diversification des activités du groupe familial Yasukawa-Matsumoto : en sus de son cœur de métier (la maison de commerce Yasukawa-Matsumoto et la SCA des Mines de Meiji), elle se lança dans le secteur textile avec les sociétés en commandite des Cotonnades d'Ôsaka (1906) et des Filatures de Meiji (1909, 16 800 broches), puis dans le domaine bancaire avec la Caisse d'épargne de Wakamatsu (*Wakamatsu chochiku ginkô*)[67]. Elle développa aussi ses affaires dans la Corée coloniale [*N.d.T.* : annexée en 1910], les mines (l'or de Ch'angsŏng, le charbon d'Anju), puis l'agriculture avec les Fermes Yasukawa-Matsumoto s'étendant dans la province de Hwanghae sur quelque 1 109 hectares tenus en propriété et 536 de plus en location. Cette diversification se poursuivit à un rythme effréné durant la Première Guerre mondiale : créant en 1915 Ateliers électriques Yasukawa (*Yasukawa denki seisakusho*), puis les Aciers de Kyûshû

(*Kyûshû seikô*) en 1917 et, afin de fournir cette dernière entreprise en tuiles de silice pour ses fours à foyer ouvert, les Ateliers céramiques de Kurosaki (*Kurosaki yôgyô*)[68].

Si nous mesurons à présent les résultats de ce développement en termes d'actifs entre juin 1905 (voir Tableau 6-2) et juin 1914 (voir Tableau 6-3), nous constatons d'abord un quasi-triplement du patrimoine de la famille Yasukawa : de 4 millions de yens en 1905 à près de 12 millions de yens en 1914. Les capitaux fixes du secteur minier (immobilisations incorporelles) connurent une forte progression (représentant 28,6 % des actifs en 1905, 35,5 % en 1914), dépassant de loin le secteur textile (7,9 %). Malgré la diversification opérée par la famille à l'occasion de la nationalisation des chemins de fer, nous constatons que sur le plan de la gestion des actifs la tendance fut plutôt à la concentration et la consolidation dans le secteur minier, notamment sous le coup de l'acquisition de la mine de Hôkoku.

Schéma 6-3 : Organisation du groupe Yasukawa-Matsumoto avant 1914

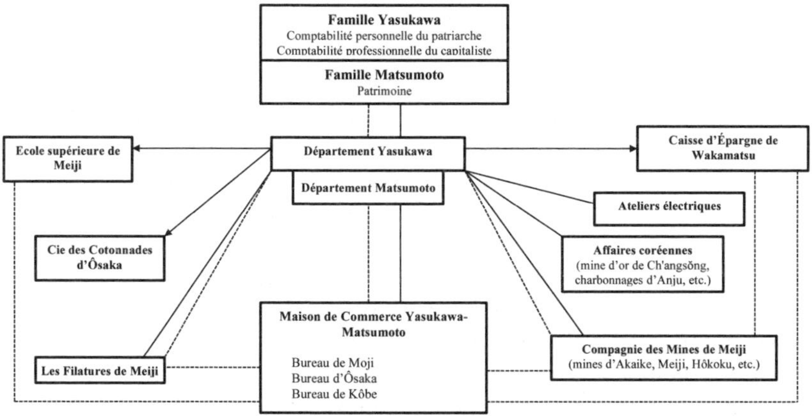

Les placements en valeurs mobilières de la famille Yasukawa avaient quant à eux progressé de près de 10 % par rapport à 1905, avec de grands changements dans ses objets d'investissement. Initialement, ils étaient guidés par une stratégie de soutien à l'activité minière, visant les actions des compagnies ferroviaires de Kyûshû et San'yô, comme nous l'avons vu *supra*. En 1914, toutefois, ils étaient devenus un moyen à part entière de gestion des actifs de la famille – qui conservait néanmoins des portefeuilles liés à l'activité minière (actions des compagnies de la construction du port de Wakamatsu et de l'éclairage électrique de Wakamatsu, par exemple) et à des entreprises proches du groupe (notamment les actions de la Caisse d'épargne de Wakamatsu). Ainsi, les prises de parts au sein d'entreprises du textile furent importantes (Filatures de Kanegafuchi, Filatures de Fuji et Compagnie lainière du Japon), mais aussi dans de nombreux secteurs différents, comme le gaz et l'électricité (Compagnie d'hydroélectricité d'Inawashiro, Éclairage électrique d'Ôsaka, Gaz d'Ôsaka), la chimie (Le Celluloïd de Sakai, Compagnie chimique du Japon) ou le secteur minier (Compagnie des mines d'Iriyama et celle des charbonnages et de navigation à vapeur de Hokkaidô).

Sur le plan géographique, si la maison Yasukawa maintint ses investissements locaux antérieurs à 1905 (Construction du port de Wakamatsu, Éclairage électrique de Wakamatsu, Caisse d'épargne de Wakamatsu), le plus gros de ses placements bénéficiait dorénavant à des entreprises basées à Ôsaka ou Tôkyô, à commencer par les compagnies textiles de Kanegafuchi, de Fuji et la Compagnie de l'éclairage électrique d'Ôsaka. Dès 1910, Yasukawa Keiichirô commença en outre à acquérir des titres de sociétés coloniales, comme la Compagnie du chemin de fer de Mandchourie méridionale, ou la Compagnie nippo-coréenne du gaz et de l'électricité (future Compagnie d'électricité de Séoul). Si les investissements en titres de la famille firent partie durant la guerre russo-japonaise d'une stratégie verticale d'unification de ses activités, ils évoluèrent à compter de la nationalisation du rail pour devenir un moyen autonome de valorisation des actifs, d'une manière similaire à ce que nous avons observé au cours du chapitre 5 dans le cas de la maison Hiromi.

Il conviendra par ailleurs de remarquer ici la nette répartition des tâches entre sources de capitaux et objectifs de placement : les investissements en valeurs mobilières réalisés dans une optique de fructification puisèrent de manière générale dans le compte principal de capitaux, quand les investissements en titres de sociétés locales ou liées aux activités principales de la famille Yasukawa furent menés par le département Yasukawa. Cette séparation des rôles (gestion des actifs pour le principal compte de capitaux, diversification des affaires pour le compte du département Yasukawa) commença à s'établir de manière distincte après la guerre russo-japonaise. Et c'est afin de fournir à chaque compte les provisions nécessaires à ces opérations qu'en juin 1914, la maison transféra près de la moitié des profits excédentaires de la SCA des Mines de Meiji (soit 1 700 000 yens) du compte du département Yasukawa en direction du compte principal de capitaux.

* * *

Nous avons analysé le développement des affaires de la maison Yasukawa-Matsumoto durant l'ère de Meiji à partir des registres de comptabilité et notes journalières contenus dans les archives du fonds de la famille Yasukawa conservé à Kitakyûshû. Dans ce cadre, nous avons voulu mettre en lumière les rapports professionnels entre les branches Yasukawa et Matsumoto (en termes de structures d'entreprise), les activités entrepreneuriales de Yasukawa Keiichirô (réseaux humains, développement des affaires et gestion des actifs), ainsi que les circonstances de la transformation du groupe familial Yasukawa-Matsumoto en un conglomérat régional d'entreprises, un « zaibatsu de province », avec une attention plus particulière pour les marchés internes de capitaux et les prises de décision de son fondateur. Nous tirons de cette étude les conclusions suivantes.

En ce qui concerne les rapports Yasukawa/Matsumoto, la vente de la mine de Takao et la restructuration des affaires des deux branches familiales en 1899 furent le début d'une refondation de leurs relations. Jusqu'alors, les deux ensembles entretenaient certes des liens familiaux très marqués qui leur permettaient de développer leurs affaires et de procéder à des prêts mutuels de capitaux, mais ils n'en conduisaient pas moins séparément la gestion de leurs affaires minières en tant que propriétaires et exploitants indépendants. La gestion conjointe de leurs affaires commerciales au sein de la maison de commerce Yasukawa-Matsumoto et la retraite de Matsumoto Hisomu marquèrent cependant une nouvelle étape dans les relations d'affaires des deux maisons. Ce rapprochement s'accéléra dès 1901 lorsqu'elles collaborèrent au rachat des actions de la Compagnie des charbonnages de Meiji pour détenir de manière conjointe le capital de la société, à hauteur de 10 000 titres pour la famille Yasukawa, et 4 000 actions pour la famille Matsumoto. Jusqu'à la guerre russo-japonaise, elles conservèrent toutefois vraisemblablement leur indépendance, puisque la famille Yasukawa continua entre autres à exploiter seule la mine d'Akaike malgré l'aide financière que lui apportait la famille Matsumoto. Ce n'est qu'en 1907-1908, avec le rachat de la mine de Hôkoku et la création de la SCA des Mines de Meiji, que leurs affaires auront été presque totalement unifiées. Le zaibatsu Yasukawa-Matsumoto se forma alors autour de Yasukawa Keiichirô et de ses fils, Matsumoto Kenjirô et Yasukawa Seizaburô, au cours d'une diversification grandissante de leurs affaires et de leur marche en direction des colonies.

Quant aux activités entrepreneuriales de Yasukawa Keiichirô, les quatre réseaux suivants jouèrent un rôle majeur dans leur développement. D'abord, le réseau historique : les négociants, entrepreneurs, politiciens et fonctionnaires de l'ancien domaine de Fukuoka (y compris des parents de Yasukawa). Ensuite, le réseau régional des exploitants miniers et professionnels du rail de la région du Chikuhô, auquel il faut ajouter le réseau de Hanshin : les négociants et grandes fortunes de la région d'Ôsaka et Kôbe. Et enfin, le réseau de la capitale : les grandes fortunes de Tôkyô liées aux zaibatsus nationaux ainsi qu'aux hauts fonctionnaires et aux hommes politiques.

Le premier réseau soutint les familles Yasukawa et Matsumoto lorsqu'elles se lancèrent dans le secteur minier, les aidant entre autres à sécuriser la vente de leur production et mettant Yasukawa Keiichirô en relation avec de nouveaux partenaires pour l'expansion et la diversification de ses affaires. La formation d'un marché interne de capitaux entre parents et homologues permit en outre aux familles Yasukawa et Matsumoto d'opérer un rapprochement qui eut des effets considérables sur la naissance du zaibatsu Yasukawa-Matsumoto. Par l'intermédiaire de la Compagnie de construction du port de Wakamatsu, de la Compagnie des chemins de fer de Kyûshû ou du Syndicat des charbonnages du Chikuhô, le réseau régional contribua quant à lui aux affaires de Yasukawa avec l'installation d'infrastructures destinées à développer le secteur minier dans la province du Chikuhô, et la mise à disposition de capitaux en cas d'extrême nécessité. Le réseau des marchands et grandes fortunes de la région du Hanshin prit une large part au développement des activités de Yasukawa grâce à ses prêts de capitaux d'affaires, de même que le réseau tokyoïte, qui lui fournit aussi de nombreuses et importantes informations profitables. C'est en utilisant à bon escient ces quatre types de réseaux externes pour saisir les opportunités d'affaires et obtenir des capitaux que Yasukawa Keiichirô, simple exploitant minier de la province du Chikuhô, devint une grande fortune à la tête d'un véritable « zaibatsu régional ».

Plus concrètement, Yasukawa développa ses affaires et accumula ses capitaux après la fin du conflit sino-japonais en réinvestissant les profits réalisés au cours du boom charbonnier qui avait éclaté durant la guerre, consacrant d'une part ces bénéfices à l'extension de ses concessions minières (acquisition de mines secondaires de la concession de Seita, fondation et reformation de la Compagnie des charbonnages de Meiji), ainsi qu'à l'achat de titres ferroviaires (de la Compagnie des chemins de fer et du développement industriel du Chikuhô pour la plupart). Yasukawa devait par la suite poursuivre ces deux directions (acquisition massive de titres de la Compagnie des chemins de fer de Kyûshû, avec laquelle avait fusionné la compagnie ferroviaire du Chikuhô (1897) ; rachat de toutes les actions de la Compagnie des charbonnages de Meiji, puis centralisation de la gestion de la mine d'Akaike en 1901), confortant de fait sa position de grand propriétaire minier du Chikuhô. Après la guerre russo-japonaise, la maison Yasukawa s'employa à diversifier ses activités et intensifier ses placements en titres grâce aux capitaux que lui avaient apportés la nationalisation des chemins de fer et le développement de ses activités minières. Pour les titres d'entreprises locales en étroit rapport avec les affaires des familles Yasukawa et Matsumoto, ces investissements furent conduits avec entrain par la branche Yasukawa administrant les principales activités de la maison, et dans le cas des actions d'entreprises de Tôkyô et d'Ôsaka, par son principal compte de capitaux destiné à la valorisation de ses actifs. Durant l'ère de Meiji, la gestion d'actifs de la famille Yasukawa se répartit d'ailleurs quasi exclusivement entre placements en valeurs mobilières et investissements d'affaires. Ses investissements immobiliers furent alors très limités, et ce n'est qu'avec le lancement de plusieurs affaires dans les colonies au tournant de l'ère de Taishô (1912-1926), dont une grande ferme d'élevage en Corée (1914), qu'elle commença à investir dans la terre à des fins d'exploitation agricole.

Enfin, en ce qui concerne les circonstances de la transformation du groupe familial Yasukawa-Matsumoto en un grand groupe régional, la centralisation de la gestion des mines d'Akaike et de Meiji (1901) joua un rôle décisif dans la formation d'un mode de propriété et de gestion de type fermé. Dans les années 1890, celle-ci avait en effet développé ses affaires minières de manière collective par le biais de deux types de réseaux (ses contacts de l'ancien domaine de Fukuoka et les divers groupes d'investisseurs d'Ôsaka gravitant autour de Matsumoto Jûtarô). C'est alors que la fin du partenariat à Akaike (voulue par son associé Hiraoka Kôtarô) se conjugua à la volonté ancienne de Yasukawa de prendre seul le contrôle de la mine de Meiji pour le pousser à racheter ces deux sites et les placer entre ses seules mains. Cette opération nécessita de très importants capitaux, que Yasukawa parvint à réunir par des emprunts bancaires et en utilisant ses propres fonds et ceux d'entreprises relevant de la sphère familiale (*kazoku-dôzoku kigyô*), c'est-à-dire en recourant à des marchés internes de capitaux. Ce faisant, tout en développant ses affaires, il réussit à leur donner un mode de gestion familial.

D'autre part, nous avons vu comment des événements imprévus tels que la nationalisation des chemins de fer ou le rachat de la mine de Hôkoku furent transformés en opportunités d'affaires afin d'accélérer le développement et la diversification du groupe après le conflit russo-japonais. Yasukawa utilisa alors les profits tirés du boom charbonnier de la guerre pour effacer ses dettes et, grâce aux informations obtenues auprès de ses réseaux externes, procéder à des acquisitions massives d'actions des compagnies des chemins de fer de Kyûshû et de San'yô, promises à l'imminente nationalisation. Cette dernière, opérée au cours des années 1906 et 1907, lui permit de réaliser un énorme bénéfice de 1 580 000 yens, le gouvernement rachetant les actions au prix fort. Ces fonds devinrent une source essentielle de capitaux, finançant le développement de ses investissements en valeurs mobilières et le lancement de nouvelles affaires sur de nouvelles terres (les colonies) et dans de nouveaux secteurs (surtout le textile). Avec la reprise de la mine de Hôkoku et les travaux de remise en état du site, Yasukawa parvint en outre à étendre avec succès ses affaires minières entre 1907 et 1909. Si la nationalisation des chemins de fer fut pour lui l'occasion de se tourner vers les industries légères, le développement et l'accumulation de capitaux réalisée par l'entreprise qu'il fonda lors du rachat de la mine de Hôkoku, la SCA des Mines de Meiji, constitua le fer de lance de son développement dans l'industrie lourde et la chimie durant la Première Guerre mondiale.

Le groupe Yasukawa-Matsumoto développa et diversifia ses activités dans la région du Chikuhô durant le conflit mondial, principalement autour de la SCA des Mines de Meiji, mais aussi avec les Filatures de Meiji, les Ateliers électriques Yasukawa, les Aciers de Kyûshû, ou encore les Ateliers céramiques de Kurosaki. Ces entreprises, qui entretenaient entre elles d'étroites relations croisées (en termes d'approvisionnement en combustibles, matériaux et appareils électriques)[69], ouvrirent la voie au développement des filières industrielles dans le Chikuhô. De pair avec l'implantation dans la région des Aciéries d'État (à Yahata), là encore énergiquement soutenue par Yasukawa lui-même, la diversification des affaires qu'opéra le groupe familial dans la région du Chikuhô revitalisa non seulement l'économie locale, mais jeta les bases de la formation de la ceinture industrielle de Kitakyûshû [*N.d.T.* : le centre historique de la sidérurgie nipponne]. Ainsi, la maison Yasukawa-Matsumoto, en exploitant de manière optimale les réseaux humains et ressources opérationnelles du Chikuhô jusqu'à devenir un zaibatsu régional, contribua grandement et durablement au développement économique de cette région, et du Japon.

Tableau 6-2 : Le patrimoine et les placements de la famille Yasukawa en décembre 1905

Unité : yen

TOTAL (100 %) : 4 273 706								
VALEURS MOBILIÈRES	**1 352 623**	**(31,6 %)**	**CAPITAL FIXE**	**1 473 881**	**(34,5 %)**	**LIQUIDITÉS**	**1 447 203**	**(33,9 %)**
Chemins de fer de Kyûshu	964 726		Concessions d'Akaike	689 425		Bureau d'Ôsaka	1 365 797	
Chemins de fer de San'yô	209 810		Charbonnages de Meiji	487 812		Charbon d'Akaike (estimation)	55 583	
Construction du Port de Wakamatsu	104 965		Maison de Commerce Yasukawa-Matsumoto	162 145		Caisse éducative de la mine d'Akaike	12 717	
Caisse d'Épargne de Wakamatsu	41 700		Concession de Shingoshaku	36 505		Compte courant	4 450	
Obligations d'État	9 532		Ateliers Tokunaga	5 000		Fonds investis dans les Ateliers Tokunaga	8 655	
Cent trentième Banque nationale	6 300		Terrains à Wakamatsu	27 935				
Cokerie du Kansai	5 335		Résidence à Ôsaka	33 433				
Éclairage électrique de Wakamatsu	3 125		Résidence à Tôkyô	23 908				
Chemins de fer de Séoul-Pusan	3 000		Terrains à Yahata	3 894				
Banque Kitahama	2 225		Terrains à Kurosaki	3 010				
Chemins de fer électriques d'Odawara	1 463		Terrains à Ishimine	713				
Banque commerciale de Kyûshû	442		Terrain à Shimonoseki	82				
			Terrains à Tobata	9				

Sources : « Meiji sanjûshichinen zaisan daichô yasukawa » (Registre patrimonial Yasukawa. 1905), document conservé au Musée d'histoire et d'histoire naturelle de la ville de Kitakyûshû, fonds de la famille Yasukawa, cote : *Yasukawa-ke monjo* F-2 ; « Meiji sanjûkunen ichigatsu suitôbo yasukawa » (Livre de caisse. Janvier 1906. Yasukawa), *Yasukawa-ke monjo* F-8-1 ; « Kanjôgaki » (Livre de compte), *Yasukawa-ke monjo* A-62.

Tableau 6-3 : Le patrimoine et les placements de la famille Yasukawa en 1914

Unité : yen

TOTAL : 11 726 765								
VALEURS MOBILIÈRES *	**4 805 086**	**(41 %)**	**CAPITAL FIXE**	**5 879 805**	**(50,1 %)**	**LIQUIDITÉS (fin décembre)**	**1 041 873**	**(8,9 %)**
Filatures Kanegafuchi	1 442 301		Charbonnages de Meiji	4 158 000		Bureau d'Ôsaka	230 645	
Éclairage d'Ôsaka	1 144 750		Filatures de Meiji	700 000		Emprunts	188 429	
Obligations d'État (chemins de fer)	904 000		Cotonnades d'Ôsaka	227 000		Ateliers Tokunaga	46 155	
Filatures Fuji	619 000		Terrains à Wakamatsu	137		Département commercial	500 477	
Charbonnages et Navigation à vapeur de Hokkaidô	118 584		Maison de Commerce Yasukawa-Matsumoto	360 000		Fonds éducatif	2 342	
Construction du Port de Wakamatsu	111 650		Résidence (rés.) principale**	162 734		Compte courant (Banque Kawasaki)	2 804	
Gaz d'Ôsaka	89 634		Résidence à Tôkyô	106 728		Prêts courants	27 200	
Chemin de fer électrique d'Odawara	53 750		Résidence à Ôsaka	86 213				
Celluloïd de Sakai	50 000		Résidence à Fukuoka (Seizaburô)	49 300				
Caisse d'Épargne de Wakamatsu	48 800		Résidence à Beppu**	29 590				
Trolley de Fukuhaku	36 100		Terrain à Shimonoseki	82				
Filatures d'Ôita	30 000		Terrain à Ishimine	22				

* ne figurent dans le détail que les placements totalisant au moins 30 000 yens (valeur d'acquisition)
** frais de construction

Sources : « Meiji yon'jûnen zaisan daichô yasukawa » (Registre patrimonial Yasukawa. 1907), *Yasukawake monjo F3*, « Meiji sanjûkunen ichigatsu suitôbo yasukawa » (Livre de caisse. Janvier 1906. Yasukawa), *Yasukawake monjo* F8-1, « Zaisan daichô » (Registre patrimonial), *Yasukawake monjo F3*, « Kanjôgaki » (Livre de compte), *Yasukawa-ke monjo* C-87, Meiji kôgyô kabushiki kaisha shashi hensan iinkai-hen, *Shashi* (Histoire de l'entreprise), Tôkyô, Meiji kôgyô kabushikigaisha, 1957, p. 59-64, 244.

Troisième partie

Les débuts de l'industrialisation urbaine, vers l'« ère des villes »

Chapitre 7

L'essor du secteur de l'énergie électrique et l'industrialisation des villes

– Le cas de Tôkyô –

L'industrialisation de Tôkyô s'est largement appuyée sur le développement du secteur électrique. Dans ce chapitre, nous analyserons ce problème en étudiant son principal acteur, la Compagnie de l'éclairage électrique de Tôkyô (*Tôkyô dentô* ; dorénavant « Tôden). Par ce biais, nous tenterons de comprendre les circonstances de l'émergence d'économies urbaines autonomes et les changements amorcés par ce phénomène dans la structure économique des régions après la guerre russo-japonaise (en relation avec notre chapitre 2).

L'essor du secteur de l'énergie électrique et son influence sur le développement d'une économie urbaine revêtent une importance toute particulière pour avoir accéléré à un double niveau la formation de nouveaux mécanismes de marché dans les villes. Cette industrie fut tout d'abord la première à avoir donné naissance à de grandes entreprises ayant réuni leurs fonds sur les marchés de capitaux des métropoles[1]. D'immenses sommes furent naturellement nécessaires à la construction de centrales hydroélectriques à haut rendement ainsi qu'aux lignes de transport à longue distance de courant à haute tension, et il est probable, comme le souligne Kikkawa Takeo, que la question de cet approvisionnement en capitaux influa grandement sur le succès de ces opérations[2]. Contrairement au secteur ferroviaire de la première vague d'essor des entreprises, le secteur électrique de l'après-guerre russo-japonaise ne se tourna guère vers l'administration publique ou les hommes politiques de province pour réunir ses capitaux. De manière générale, ses principaux bailleurs de fonds furent des agents économiques de la sphère civile. Ainsi Tôden s'appuya-t-elle essentiellement sur des groupes d'investisseurs de la région du Kôshû, à commencer par la famille Wakao, mais elle rassembla aussi ses fonds sur les marchés capitalistiques urbains (*via* une large prospection des actionnaires ordinaires du marché boursier de Tôkyô), ainsi qu'en ayant recours à des capitaux extérieurs (par le biais d'emprunts ainsi que l'émission d'obligations). Ce mode d'approvisionnement en ressources opérationnelles diffère profondément des collectes de capitaux que nous avons étudiées dans la deuxième partie de cet ouvrage, marquées dans le cas de nos exemples régionaux par la prééminence d'un « lien de proximité ». À notre sens, cette possibilité nouvelle de réunir des fonds sur les marchés anonymes indique en elle-même le degré de développement atteint par les marchés urbains de capitaux au cours de la révolution industrielle japonaise. Nous souhaiterions donc ici examiner ce nouveau mode d'approvisionnement financier, typiquement urbain, à travers le cas des augmentations de capital auxquelles procéda Tôden en 1907 afin de réunir les fonds nécessaires à la construction de sa première centrale hydroélectrique.

Par leur contribution à la formation d'un système de distribution électrique stable et peu onéreux, les entreprises de ce secteur sous-tendirent d'autre part la naissance d'un marché urbain de l'énergie électrique sur lequel devaient se fonder les marchés de capitaux comme le phénomène d'industrialisation des villes, notamment grâce à l'électrification des usines des métropoles, et à l'accélération subséquente du développement des industries chimiques et lourdes. Ce lien entre secteur de l'énergie électrique et industrialisation urbaine a précédemment été exploré par Umemoto Tetsuyo au sujet de la ville d'Ôsaka. Si le raccordement des usines au réseau électrique, en particulier dans les industries lourdes, progressa à Ôsaka durant toute la Première Guerre mondiale, l'utilisation de l'énergie électrique permit selon Umemoto aux petites et moyennes entreprises d'accroître leur production ainsi que la qualité de leurs produits, incitant les grandes compagnies à organiser de plus petites structures autour d'elles pour externaliser certaines tâches. Des usines d'échelle plus modeste vinrent par conséquent s'implanter autour des grandes usines des métropoles, jusqu'à former une ceinture industrielle[3]. Quant au rapport entre économie urbaine et développement des chemins de fer électriques, Umemoto affirme que ce dernier « fut à l'origine de l'expansion de l'espace urbain en périphérie et de la concentration des fonctions organisatrices les plus importantes au cœur des villes », soulignant les conséquences d'un usage croissant de l'électricité dans l'économie urbaine, notamment pour les transports[4]. Ses travaux se contentèrent toutefois de relever le lien entre l'usage croissant de l'électricité et la formation des ceintures industrielles. Il nous reste à savoir ce qui a rendu possible une telle distribution d'énergie électrique stable en direction des villes. Nous allons tenter de répondre en examinant le cas de Tôden, précisément à travers le problème du développement et de l'application des techniques de production de l'énergie hydroélectrique et du transport à longue distance de courant à haute tension.

Par opposition au charbon fossile, principal combustible nécessaire à la production thermique d'énergie électrique, on évoque l'eau, source de l'énergie hydraulique, comme étant « la houille blanche[5] ». Pourvu que l'on parvienne à obtenir les droits d'eau adéquats, cette « houille blanche », à la différence du minerai, n'entraîne aucun frais d'acquisition particulier. De ce point de vue, le coût de fonctionnement de la production hydroélectrique est donc considérablement moindre que celui de la production thermoélectrique. Mais on ne peut toutefois pas se procurer cette ressource en tous lieux, et son transport peut s'avérer complexe. Les points à haut potentiel hydroélectrique se situant généralement dans des zones montagneuses, pour profiter du dénivelé de terrain, il arrive fréquemment qu'une grande distance sépare les lieux de production des lieux de consommation… C'est afin de pallier ce problème que fut introduit le système de transport de courant à haute tension dit « de point à point », qui permit de fournir en masse de grandes villes côtières telles que Tôkyô. L'emploi des machines à vapeur dans les métropoles densément peuplées avait son lot d'inconvénients : coûteux en espace occupé et nuisant à la population avec son tapage et ses dégagements de fumées. Autant de problèmes que ne posait pas l'énergie électrique, qui put dès lors jouer un rôle crucial pour industrialiser les espaces urbains, permettant l'installation d'usines et l'amélioration des transports avec le chemin de fer électrique. C'est pour cette raison que nous prêterons une attention particulière au fait de savoir précisément comment a été élaboré et développé un tel système de distribution électrique pérenne, alimenté par une centrale hydroélectrique à haut rendement et assuré par une ligne de transport à longue distance de courant à haute tension.

Ce transport à longue distance fut accompli pour la première fois au Japon par Tôden, objet de notre présente étude, après la fin de la guerre russo-japonaise. La compagnie, qui comptait couvrir pratiquement tous les secteurs de Tôkyô intra-muros (voir Carte 7-1), parvint alors à relier la centrale de Komahashi (forte de 15 000 kilowatts, bâtie sur le bassin de la rivière Katsura, dans le département de Yamanashi) au poste de transformation de Waseda-Ouest au moyen d'une ligne de transport à haute tension (55 000 volts) de près de 80 kilomètres, entraînant une baisse considérable du prix de l'électricité à Tôkyô. La diffusion des petits moteurs électriques et l'introduction des ampoules en tungstène, améliorant sensiblement la durée de vie comme la luminosité de l'éclairage, provoquèrent une très rapide croissance du marché de l'électricité et de l'éclairage électrique à Tôkyô dans la seconde moitié des années 1900[6]. Ce phénomène fut véritablement le prélude à l'« ère de l'énergie électrique » qui allait battre son plein après la Première Guerre mondiale, mais aussi à l'« ère des villes », elle-même conditionnée par la généralisation de l'électricité.

En étudiant le cas de Tôden, nous voulons ici faire la lumière sur les questions de l'élaboration et du financement du système de distribution électrique, de la réalité – dans les limites où nous pouvons l'appréhender – de l'opération de ce système, et de l'impact de l'introduction de nouvelles techniques sur le phénomène d'industrialisation urbaine.

Il s'agira, en ce qui concerne le premier point, d'expliciter le processus de formation du système de distribution électrique de Tôkyô du point de vue des facteurs techniques, des acteurs du système et du financement de ces infrastructures[7]. Dans ce cadre, nous accorderons une attention toute particulière à la construction de la centrale de Komahashi, pionnière japonaise de transport de courant de point à point, ainsi qu'aux transformations subséquentes du système de transport de l'électricité. Quant à notre second axe, nous nous attacherons aux lieux de production et de transport de l'énergie électrique, jusqu'ici délaissés par l'historiographie, nous intéressant notamment à la composition du personnel de la centrale de Komahashi, à l'organisation du travail, mais aussi aux incidents liés au transport du courant, dans une perspective relevant à notre sens de l'histoire du travail, au-delà de l'histoire des techniques ou de celle des entreprises. Enfin, nous aborderons la question du marché urbain de l'énergie électrique, bouleversé par l'introduction de ces nouvelles technologies, en nous penchant sur le développement de l'électrification des usines implantées dans Tôkyô. Nous aurons par ailleurs à cœur d'éclaircir la question de la réalité de la demande en énergie électrique au sein du territoire urbain, quartier par quartier.

1. La Compagnie de l'éclairage électrique de Tôkyô et la naissance du secteur de l'électricité

La Compagnie de l'éclairage électrique de Tôkyô démarra ses activités en juillet 1886 avec l'introduction par son ingénieur en chef Fujioka Ichisuke (1857-1918) du système de production et de transmission de courant continu d'Edison. Entre 1887 et 1890, elle fit construire à Tôkyô cinq centrales thermoélectriques de petite envergure, d'une puissance de 100 à 500 chevaux-vapeur, capables de délivrer suffisamment d'énergie pour approvisionner leur environnement immédiat en courant continu (voir Schéma 7-1)[8]. Toutefois, plusieurs problèmes techniques vinrent se poser de façon flagrante à l'entrée dans les années 1890 :

les centrales thermoélectriques, géographiquement trop dispersées, se montraient désormais inefficaces et limitées dans leur puissance, un problème auquel s'ajouta l'expansion des zones de couverture énergétique, qui dévoila les limites techniques du transport du courant continu.

Schéma 7-1 : Le réseau d'exploitation de la Compagnie d'éclairage électrique de Tôkyô en 1891

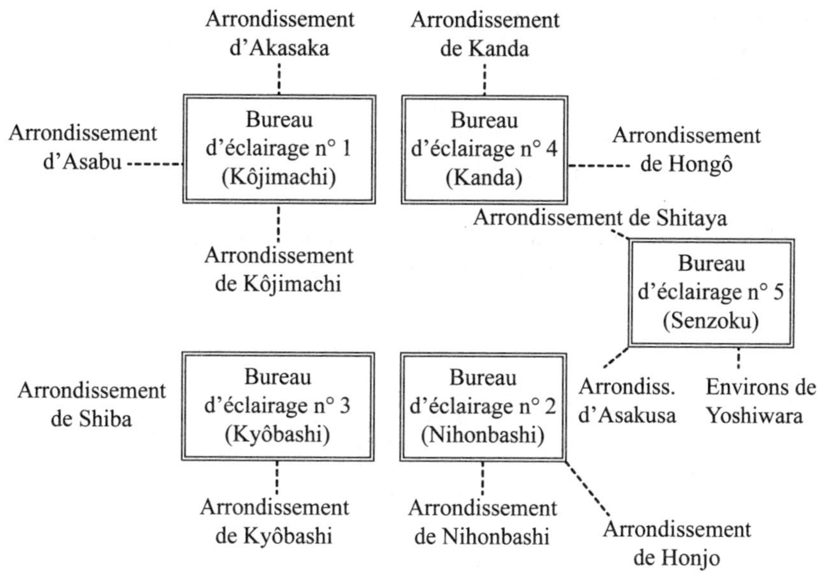

Légende : Les bureaux d'éclairage correspondent à des centrales, la distribution est assurée en courant continu.

Source : Tôkyô dentô kabushiki gaisha, *Tôkyô dentô kabushiki gaisha kaigyô gojûnen-shi* (Les cinquante ans d'histoire de la Compagnie de l'éclairage électrique de Tôkyô), 1936, p. 51.

Tôden fit alors bâtir à Asakusa une nouvelle centrale d'une puissance de production de 2 000 kilowatts (courant alternatif) et s'attela à l'élaboration d'un système de distribution électrique pouvant, à partir d'Asakusa, directement alimenter les foyers de réception de chaque quartier de Tôkyô. À cet effet, elle mit un terme à la production de courant continu de ses anciennes centrales (ou stations d'éclairage) et en fit des postes de distribution électrique après installation d'un convertisseur rotatif transformant le courant alternatif en courant continu. Cela lui permit de poursuivre l'approvisionnement en électricité des secteurs environnant ces stations. La centrale d'Asakusa, dont la première phase de travaux se termina en juillet 1897, délivrait 2 000 volts de courant alternatif vers ces postes de distribution électrique (800 kilowatts en monophasé, 1 950 kilowatts en triphasé), lesquels assuraient sa redistribution vers chaque foyer de réception (éclairage, trains, etc.) après avoir converti cette charge en courant continu de 115 volts (voir Schéma 7-2). Ce système permettant de connecter une centrale génératrice à de multiples points au moyen d'un équipement de liaison – ici un convertisseur rotatif – est appelé « système d'alimentation polyvalent[9] ». Présenté par la compagnie Westinghouse lors de l'Exposition universelle de Chicago en 1893, le convertisseur rotatif fut pour la première fois employé dans un système de ce type à Chicago, trois années plus tard[10]. Le réseau de transport et de distribution électrique mis au point par Tôden s'appuyait donc sur les technologies les plus récentes.

Schéma 7-2 : Le réseau d'exploitation de la Compagnie d'éclairage électrique de Tôkyô en 1907

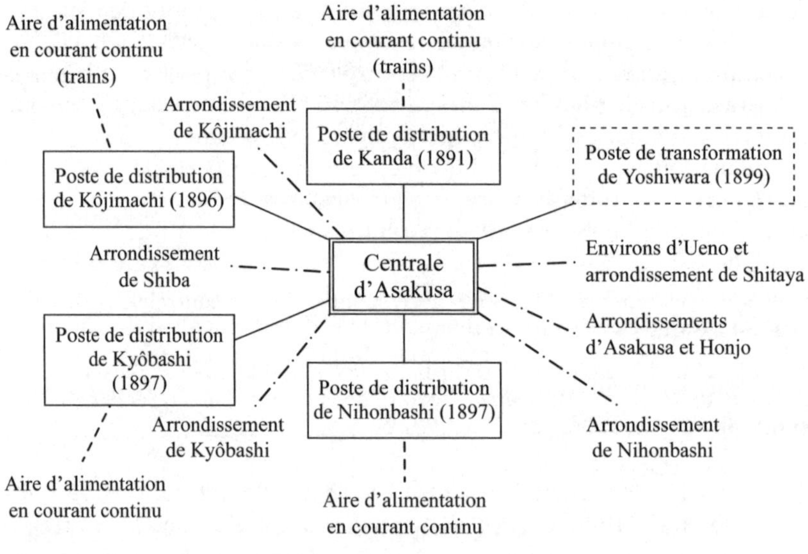

NB : À partir de 1903, 500 kilowatts furent distribués au chemin de fer de Tôkyô *via* les postes de Kanda et Kôjimachi

Légende : Trait simple : courant triphasé. Trait en pointillés : courant continu. Trait intermédiaire : courant monophasé.

Source : Tôkyô dentô kabushiki gaisha, *Tôkyô dentô kabushiki gaisha kaigyô gojûnen-shi* (Les cinquante ans d'histoire de la Compagnie de l'éclairage électrique de Tôkyô), 1936, p. 60-61, 74.

La centrale d'Asakusa poursuivit ensuite son développement avec l'augmentation de la puissance de son générateur, portée en avril 1905 à 2 900 kilowatts en courant alternatif triphasé. Entre 1900 et 1901, les postes de distribution électrique de Kôjimachi, Kyôbashi, Nihonbashi et Kanda avaient en parallèle été équipés d'accumulateurs pour une meilleure gestion de la charge délivrée. Mais ces ajustements s'avérèrent insuffisants devant la demande grandissante en éclairage et en énergie électrique (pour alimenter les trains), sans compter l'extension des aires de distribution causée par la fusion de plusieurs compagnies[11]. Tôden dut alors provisoirement installer dans chacun de ses postes de distribution des générateurs compacts avant de lancer un nouveau projet d'usine en décembre 1903 : elle prévoyait en l'occurrence de bâtir une centrale thermoélectrique d'une puissance de 10 000 chevaux-vapeur en banlieue de Tôkyô, à Senju, et de la relier à la centrale d'Asakusa par une ligne capable d'acheminer un courant alternatif triphasé de 3 500 volts. L'assemblée générale des actionnaires décida lors de la session extraordinaire de février 1904 de doubler le capital de la compagnie pour le porter à 7 millions de yens. Une fois réglée la question du financement des travaux, le chantier de la centrale fut lancé en octobre de la même année, et la première portion des travaux (500 kilowatts), achevée en décembre. Cette centrale thermoélectrique de Senju présentait la particularité d'utiliser pour la première fois au Japon la turbine à vapeur élaborée par Charles Parsons, qui équipait son moteur[12] : plus efficace car moins gourmande en combustible, cette turbine permettait en outre de réduire les bruits et vibrations générés par les moteurs à piston jusqu'alors employés, la rendant parfaitement adaptée à une utilisation à grande échelle. Pour cette raison, nombre des centrales thermoélectriques à haut rendement bâties dans le monde dans les années 1900 furent dotées de ces turbines à vapeur[13]. Tôden tâcha ainsi de s'adapter à la hausse des besoins énergétiques de la capitale en recentrant son « système d'alimentation polyvalent » sur cette nouvelle centrale, pour la première fois construite en banlieue.

2. Le transport à longue distance de courant à haute tension et les centrales hydroélectriques à haut rendement

(1) L'introduction des techniques de transport à longue distance de courant à haute tension

Au début de l'année 1904, Tôden comptait donc répondre à la demande grandissante en électricité avec la mise en service d'une centrale thermoélectrique équipée de turbines à vapeur. Mais le cours du charbon, en baisse depuis la seconde moitié de 1903, s'inversa avec le début de la guerre russo-japonaise. À compter de juin 1904, l'entreprise vit ses dépenses en charbon grimper en flèche[14], la poussant à reconsidérer l'importance de la centrale de Senju, qui employait exclusivement ce combustible.

La compagnie envisageait toutefois de s'orienter vers le domaine porteur des centrales hydroélectriques et s'était déjà mise à la recherche d'un site d'implantation depuis plusieurs années. Selon les *Cinquante ans d'histoire de la Compagnie de l'éclairage électrique de Tôkyô*, son président Satake Sakutarô avait acquis à titre personnel en 1893 les droits d'eau du bassin hydrographique de la rivière Katsura, dans le département de Yamanashi[15]. D'autres négociations s'avéraient cependant nécessaires pour parvenir à obtenir une puissance de production énergétique équivalente à 10 000 chevaux-vapeur et ce n'est qu'en juin 1904 que Tôden se vit accorder les droits d'exploitation de l'ensemble des bassins hydrographiques environnant le site de Komahashi[16]. Lors de l'assemblée générale extraordinaire tenue en octobre de la même année, elle reçut l'aval de ses actionnaires pour réduire la puissance de la centrale thermoélectrique de Senju à 5 000 chevaux-vapeur (par la suite relevée à 6 000) et construire deux centrales hydroélectriques sur la rivière Katsura, à Sen'nomiya et Komahashi, dans le département de Yamanashi (district de Kitatsuru). L'énergie produite par ces dernières devait ensuite être acheminée au moyen d'une ligne à haute tension (33 000 volts) jusqu'au poste de transformation que la compagnie prévoyait de construire aux alentours de Shinjuku.

Une fois cette décision officialisée, Tôden forma au sein de l'entreprise un service dédié aux affaires hydroélectriques, son « Bureau des travaux en énergie hydraulique » (*suiryoku kôsakubu*)[17], dont prit la direction Mochizuki Unai (1858-1917), député affilié au Parti des sympathisants du gouvernement constitutionnel (*Seiyûkai*)[18]. Ses compétences politiques furent très utiles pour faire face aux difficultés administratives particulièrement épineuses du testeur de l'hydroélectricité, notamment concernant la question des droits d'eau et celle des expropriations. Dans les faits, Mochizuki fit preuve d'une grande habileté pour développer l'exploitation de l'hydroélectricité à Komahashi puis à Yatsuzawa, et finit par être nommé administrateur général de la compagnie en 1912.

Sur le plan technique, l'enjeu majeur fut naturellement de parvenir à couvrir la distance de 80 kilomètres (47 miles) séparant la ville de Tôkyô du réseau hydraulique de la rivière Katsura. De juin à octobre 1905, Tôden envoya son ingénieur en chef Nakahara Iwasaburô[19] étudier la question aux États-Unis, pays alors en pointe dans le secteur des centrales hydroélectriques et du transport à longue distance de courant à haute tension[20]. Durant près de deux mois, Nakahara parcourut activement le pays pour observer ces installations et enquêter sur les méthodes d'exploitation et les matériaux employés pour les lignes[21]. L'ingénieur en conclut six points majeurs :

1) la hausse de puissance des centrales et la possibilité de transmettre un courant de 60 000 volts ;
2) la suprématie des fabricants de matériel électrique General Electric et Westinghouse ;
3) les transformateurs à huile équipés d'un système de refroidissement hydraulique, ainsi que leurs procédures d'usage ;
4) l'utilisation des poteaux de bois comme support de lignes à haute tension ;
5) les avantages des lignes électriques doubles ;
6) l'importance des isolateurs haute tension, ainsi que l'avancée des compagnies Locke et Thomas dans ce domaine[22].

À propos de la hausse de puissance des centrales, Nakahara remarqua la tendance récente, aux États-Unis, à recourir dans les nouvelles installations à des générateurs d'une capacité supérieure à 5 000 kilowatts, après avoir par le passé souvent exploité en simultané plusieurs générateurs de 2 000 à 2 500 kilowatts. Il nota en outre que parmi les quatorze centrales capables de générer un courant d'une tension de plus de 30 000 volts, six d'entre elles transmettaient déjà du 50 000-60 000 volts, avec le projet, pour deux d'entre elles, de porter cette tension à 70 000 volts. Les distances de transport de ce courant avoisinaient par ailleurs les 161 kilomètres (100 milles)[23]. Sur le plan des équipements électriques nécessaires à ce transport, Nakahara se concentra sur les points 3 à 6, et en particulier sur le quatrième, celui des poteaux électriques, qui semble l'avoir vivement impressionné, et qu'il décrivit en ces termes lors de la réunion où il présenta son rapport :

> *En ce qui concerne les lignes, pour les poteaux et piliers, de ce que j'en ai vu, ils étaient généralement en bois. Pour les grandes longueurs, comme pour traverser des rivières, des bras de mer ou des vallées, etc., on utilise des piliers métalliques, mais pour le reste on utilise des piliers en bois. Quant à la structure des lignes, il y en a des simples, mais la plupart sont doubles. Les lignes doubles sont particulièrement pratiques, surtout pour les réparations : en cas de panne de l'une, on peut toujours se servir de l'autre*[24].

La possibilité de soutenir des lignes d'une tension supérieure à 50 000 volts par de simples poteaux de bois réduisait considérablement les coûts de construction. Nakahara devait par la suite adopter ce système de doubles lignes autonomes sur poteaux pour la ligne électrique à haute tension de la centrale de Komahashi.

Tôden se fonda sur ce rapport pour procéder à des ajustements relatifs à la puissance de sa centrale ainsi qu'au voltage de sa ligne de transport électrique. Elle modifia ainsi en juin 1906 son projet de construction, réduisant le nombre de centrales prévues à une seule, celle de Komahashi, qui devait désormais pouvoir générer 10 400 chevaux-vapeur, soit 15 218 kilowatts. La tension de sa ligne de transport fut également relevée de 33 000 à 55 000 volts. Dans le prolongement des dernières avancées américaines, la compagnie visait ainsi à une plus grande efficacité de la production comme du transport de l'énergie électrique.

(2) Marchés de capitaux et financements

La construction d'une centrale hydroélectrique suppose naturellement l'investissement de sommes colossales, puisqu'elle implique des travaux de génie civil de grande envergure en sus des travaux électriques. Où Tôden se procura-t-elle ces fonds ?

Les coûts de construction de la centrale de Komahashi, originellement estimés à 5 millions de yens, devaient être couverts à hauteur de 700 000 yens par les fonds excédentaires internes de la compagnie, et pour le reste de la somme, par emprunts et émission d'obligations. Mais les changements apportés en juin 1903 au projet de construction portèrent le coût total du chantier à 7 millions de yens, qu'il fut tout d'abord prévu de financer intégralement sous forme d'obligations. Il était alors question d'émettre sur le marché londonien 500 000 livres d'obligations à 5 % d'intérêts (sur quinze ans, *via* un consortium). Un contrat provisoire fut même conclu en ce sens, avant que l'idée ne soit finalement abandonnée en raison du retrait de la société fiduciaire américaine pressentie pour conduire ces opérations[25]. Après avoir un temps considéré la solution de l'emprunt, Tôden opta en dernier lieu pour une augmentation de capital afin de rassembler les fonds nécessaires à ses travaux de construction. Le cours de ses actions avait justement commencé à s'élever sur les marchés boursiers depuis 1905, année où elle avait pris la décision de se tourner vers l'énergie hydroélectrique ; lorsque les valeurs ferroviaires les plus courues s'effondrèrent en 1906 avec la nationalisation des chemins de fer, la hausse entamée par les titres de la compagnie d'éclairage – autre service d'intérêt public – ne fit que s'accentuer davantage[26]. Tôden saisit cette opportunité pour procéder au premier semestre 1907 à sa première grande augmentation de capital, de 7,15 millions de yens à 18 millions de yens, puis à une deuxième augmentation au semestre suivant, portant son capital total à 24 millions de yens[27]. En l'espace d'une seule année, son capital nominal avait ainsi été multiplié par 3,6. Indépendamment de la panique financière de 1907, les sommes réellement perçues au cours de cette année se montèrent à 6 720 000 yens, doublant pratiquement son capital versé. Par conséquent, son taux de fonds propres, en baisse avec l'augmentation de ses emprunts, se rétablit graduellement à compter du premier semestre 1905 pour atteindre le seuil des 90 % au second semestre 1907 (voir Tableau 7-1).

Qui donc étaient ceux qui avaient participé à cette augmentation massive du capital de l'entreprise ? Juste avant cette opération, soit fin novembre 1906, les principaux investisseurs de Tôden consistaient essentiellement en de grandes fortunes de la région de Kôshû, dont la famille Wakao, qui détenait à elle seule 6,2 % du total des actions de la compagnie[28]. Parmi les autres gros porteurs, nous pouvons noter la présence de familles de l'aristocratie (les Môri et les Yoshikawa), ainsi que de personnalités liées aux marchés boursiers, telles que Koike Kunizô. Les dix plus grands actionnaires de la compagnie se partageant 31,8 % des titres émis, le reste des actions se trouvait par conséquent largement dispersé entre les petits porteurs. Dans les faits, le nombre d'actionnaires de Tôden fut multiplié par 2,2 après l'augmentation de capital de mai 1907, puis à nouveau par 2 lors de la deuxième augmentation de novembre 1907. Ainsi, en l'espace d'une année, de novembre 1906 à novembre 1907, un simple calcul nous révélera plus de deux mille trois cents nouveaux actionnaires. Les plus gros porteurs de la compagnie demeurant sensiblement les mêmes après ces deux vagues d'augmentation de capital, avec un pourcentage de détention d'actions similaire, nous pouvons fortement supposer qu'ils souscrivirent aux nouvelles actions émises en proportions égales. Ces nouveaux actionnaires étaient donc probablement des actionnaires ordinaires ayant acquis leurs titres en bourse. En d'autres termes, les faramineuses sommes de capitaux nécessaires à la construction de la centrale hydroélectrique à haut rendement ne furent pas uniquement collectées auprès des grands actionnaires, mais aussi sur les marchés boursiers anonymes des villes.

Si Tôden parvint à rassembler de larges montants de capitaux à une grande échelle sociale, à la faveur des fluctuations grandissantes que connurent ces marchés lors de la nationalisation du rail, il nous faut toutefois insister sur la proportion de titres que conservèrent de manière constante ses grands actionnaires spéciaux, à commencer par la famille Wakao. Cette stabilité de la structure actionnariale ne fut pas sans influer sur la stabilité de la structure du personnel à la direction de l'entreprise. Cette dernière ne connut guère de changements entre 1906 et 1910, si ce n'est au niveau des auditeurs, la nomination d'Ôkura Kihachirô [*N.d.T.* : un des plus fameux capitaines d'industrie du pays] en juin 1908, et le décès de Sakurai Yasusada en mars 1910. Le pourcentage de cadres de la compagnie figurant parmi les dix plus grands actionnaires de l'entreprise s'élevait d'ailleurs toujours à 30-40 %, un chiffre relativement important[29]. Ce règne continu de son président Satake Sakutarô ainsi que des groupes d'investisseurs de la région du Kôshû – à commencer par la famille Wakao[30] – explique à notre sens la stabilité de la gouvernance de l'entreprise.

(3) Le recrutement des ingénieurs et l'approvisionnement en matériaux

Afin de bâtir une centrale hydroélectrique à haut rendement susceptible de délivrer une puissance de 20 000 chevaux-vapeur ainsi qu'une ligne de transport de courant d'une tension de 55 000 volts – une première au Japon –, Tôden dut s'adjoindre les services d'ingénieurs compétents. Sur le plan des travaux en génie civil, elle confia tout d'abord la supervision technique de son chantier aux ingénieurs spécialisés en grandes structures Furuichi Kôi (1854-1934)[31] et Nakayama Hidesaburô (1864-1936)[32], sous la direction desquels fut conçu le plan général des canaux hydrauliques. Fut ensuite recruté pour diriger le chantier Kobayashi Hakutarô, ingénieur vétéran diplômé de la promotion 1886 de l'École d'ingénierie de l'Université impériale, et chef du bureau hydrologique du département de génie civil. Pour la partie des travaux concernant l'électricité et l'équipement mécanique, l'ingénieur en chef de la compagnie, Nakahara Iwasaburô, prit directement la direction des opérations, et procéda sur la base de ses observations américaines au choix des matériaux de construction comme à celui des réglages de la tension électrique. D'autre part, dès 1904, la compagnie recruta pour son chantier deux jeunes ingénieurs électriciens issus de l'École d'ingénierie de l'Université impériale, Hirayama Ryôji (promotion 1896, responsable du service de l'électricité au sein du département technique), et Odaira Namihei (promotion 1900, responsable des lignes électriques au sein du département de l'énergie hydraulique, devint par la suite président de la Manufacture électrique Hitachi, *Hitachi seisakusho*), à qui elle confia les travaux de la ligne de transport sur longue distance de courant à haute tension.

En ce qui concerne les matériaux de construction de la centrale, Tôden commanda en Allemagne et en Suisse les éléments liés au transport de l'eau ainsi qu'à la production d'énergie (conduites forcées, moulins à eau, excitateurs, générateurs), et importa depuis les États-Unis l'équipement relatif au transport du courant (transformateurs, tableaux de distribution électrique). Contrairement aux Filatures de soie de Kôriyama[33], les premières au Japon à être parvenues à générer et à transporter du courant à haute tension mais qui s'approvisionnèrent exclusivement aux États-Unis, Tôden s'orienta pour ses équipements de production électrique en direction de l'Europe – où les centrales hydroélectriques étaient alors les plus développées – et pour ses équipements de transport électrique en direction des États-Unis – alors à la pointe du transport à longue distance de courant à haute tension. Ce fait mérite toute notre attention, car il nous révèle la singularité de la compagnie sur le plan de l'introduction de nouvelles technologies[34]. Si celle-ci commanda les quadruples isolateurs à tige destinés à sa double ligne électrique auprès de la compagnie Locke, aux États-Unis – nation ayant montré d'excellents résultats dans le transport de courant d'une tension de 60 000 volts –, elle utilisa toutefois des matériaux japonais pour la ligne elle-même (cuivre du groupe minier Furukawa) ainsi que les poteaux de soutien (principalement du bois)[35]. Quant à la maîtrise d'œuvre de son chantier, Tôden fit appel au groupe Ôkura [*N.d.T.* : propriété d'Ôkura Kihachirô, voir *supra*], et chargea respectivement les entreprises Tajima et Imamura des travaux relatifs aux canaux hydrauliques et à la centrale[36]. Les machines furent enfin installées de manière collaborative par des ingénieurs japonais et des techniciens étrangers[37] dépêchés au Japon par les fabricants de ces équipements.

3. L'élaboration d'un système de distribution électrique

(1) La construction de la centrale de Komahashi et ses conditions d'opération

Le chantier de construction de la centrale de Komahashi, lancé en janvier 1906, s'acheva en décembre 1907 après modification du projet en cours de travaux (voir *supra*) ; après l'exécution de derniers travaux relatifs à la distribution électrique entre janvier et février 1908, le site commença enfin à produire de l'électricité. Comment la centrale fut-elle alors opérée, et quelles répercussions sa mise en service occasionna-t-elle sur la recomposition du réseau de transport et de distribution d'énergie électrique de Tôden ?

Au sujet de la composition du personnel de la centrale, la responsabilité du site fut intégralement confiée à de jeunes ingénieurs diplômés de l'université – Kikkawa Gengo[38], directeur de la centrale, et Oyama Seiichi[39], directeur adjoint et responsable de la production. Les techniciens œuvrant sur le site (responsables des machines, responsables de la génération électrique, etc.) étaient pour leur part techniciens supérieurs (*gishu*) ou apprentis techniciens supérieurs (*minarai gishu*), principalement issus d'écoles spécialisées ; cinq à six d'entre eux travaillaient dans chaque section. Quatre des cinq techniciens responsables de la génération électrique venaient du département de génie électrique de l'École polytechnique (*Kôshu gakkô* [*N.d.T.* : établissement privé fondé en 1887]), où les techniciens de rang inférieur pouvaient recevoir une formation accélérée[40], permettant de pallier considérablement le manque de personnel dans le secteur électrique. Tôden employa le plus souvent les diplômés de cette école en tant qu'apprentis avant de les promouvoir au rang de technicien supérieur après quelques années. Ainsi Shimoda Jirôkichi, diplômé en juillet 1904 du département de génie électrique de l'École polytechnique, fut aussitôt embauché par la compagnie comme apprenti, pour un salaire journalier de 40 *sen*, et affecté comme assistant à la production électrique dans la centrale d'Asakusa[41]. En août 1906, il fut nommé technicien supérieur à la centrale de Senju pour un salaire mensuel de 19 yens, avant de participer l'année suivante aux travaux de la centrale de Komahashi au sein du service technique du département de l'énergie hydraulique[42]. À l'issue du chantier, Shimoda y fut finalement promu technicien supérieur au service de la production électrique, pour un salaire mensuel de 22 yens. Il avait alors sous ses ordres près de douze personnes aux tableaux de distribution électrique, et une trentaine d'assistants à la salle des machines. Ceux-ci travaillaient en rotation, sur trois plages horaires pour les tableaux de distribution (par groupe de six personnes : deux sous-ingénieurs et quatre assistants) ainsi qu'à la salle des machines (par groupe de huit à dix personnes : deux techniciens supérieurs, de six à sept assistants et éventuellement un autre employé), et sur deux plages horaires au standard téléphonique (une personne)[43].

Du fait de l'implantation de la centrale de Komahashi dans une région montagneuse et du système de travail continu grâce à la rotation des équipes, Tôden accorda des primes spéciales à ses travailleurs en poste[44]. Ainsi le salaire mensuel de son technicien supérieur Shimoda Jirôkichi, jusqu'ici de 21 yens, fut soudain porté à 31 yens grâce à une prime de 10 yens. L'existence de ces primes dont la valeur représentait près de la moitié des salaires mensuels des employés nous renseigne quant à la volonté de la compagnie d'entretenir la motivation du personnel affecté à l'opération de la centrale de Komahashi. Néanmoins, la durée d'occupation des postes de technicien supérieur fut relativement courte : sur les cinq travaillant sur le site lors de sa mise en service, trois quittèrent leur emploi avant d'y avoir passé un an, et par la suite de nombreux autres ne restèrent que deux à trois ans[45]. En raison de leur expérience dans la construction et l'opération de la première grande centrale hydroélectrique du Japon d'une capacité de 20 000 chevaux-vapeur, nous pouvons aisément imaginer qu'ils furent largement sollicités par les compagnies du même secteur lors du boom national de l'énergie hydraulique à partir de 1910. Le premier vice-directeur du service de la génération électrique de la centrale de Komahashi, Takagi Toyokichi (promotion 1899 du département de génie électrique de l'École polytechnique), fut d'ailleurs recruté en 1909 comme technicien en chef (*shunin gijutsusha*) par la Compagnie d'hydroélectricité de Watase (*Watase suiryoku denki*). Nous pouvons à cet égard noter des mouvements de carrière similaires au niveau de la classe des ingénieurs[46], quoique certains d'entre eux demeurassent durablement au sein de Tôden, où ils reçurent des promotions internes. Ce fut le cas de diplômés de l'université tels que Ueki Taetarô[47], responsable du transport du courant à haute tension, ou Nomura Takashi[48], chargé de la distribution électrique, mais aussi de techniciens issus de l'École polytechnique, comme Katsuya Tatsuo, ingénieur (*gishi*) en charge de la distribution électrique au poste de transformation de Waseda-Ouest[49], et Shimoda Jirôkichi, nommé vice-directeur de la génération électrique à la centrale de Komahashi en 1912. Autour de l'ingénieur en chef Nakahara Iwasaburô, ces hommes constituèrent le noyau dur de l'équipe technique de Tôden.

Passons maintenant aux conditions d'opération de la centrale lors de sa mise en service. Si la centrale de Komahashi disposait de six générateurs, elle n'en utilisa jusqu'au premier semestre 1911 que deux en journée, les besoins énergétiques étant moins importants de 7 heures à 16 heures, puis cinq en soirée. Le passage à quatre générateurs en activité durant la journée à compter de septembre 1911 nous renseigne à cet égard sur l'augmentation des besoins en électricité. Le site ne disposant pas de réservoir de stockage, le manque d'eau exploitable sur la rivière Katsura durant la saison des eaux turbides, de novembre à décembre, posa en outre un immense problème dès l'ouverture de la centrale. Tôden devait alors stopper une partie de ses générateurs, et compenser la perte de production avec ses centrales thermoélectriques[50]. Afin de procéder au contrôle et à la maintenance des équipements, il lui fallait en outre arrêter tous les générateurs une journée par mois, de 7 heures à 16 heures, ce qui occasionnait naturellement une coupure totale de courant. Sans doute les besoins en énergie étaient-ils à l'époque encore trop faibles pour empêcher la mise en place d'un tel dispositif. Néanmoins, ce fut aussi grâce à ce système de maintenance que l'opération de la centrale s'avéra relativement sûre dès sa mise en service. Si nous examinons le détail des pannes et incidents survenus en 1909, il arriva parfois que l'une des deux lignes électriques fût temporairement coupée en raison d'une baisse de tension provoquée par le manque de volume hydraulique, mais on n'enregistra durant cette année que deux coupures générales de courant, et ce pour une durée totale de soixante minutes (l'une fut causée par la foudre, l'autre par une panne de la ligne de transport électrique)[51]. Malgré les pannes fréquentes survenant dans les postes de distribution implantés à Tôkyô, ces incidents ne dépassèrent pas le stade du dysfonctionnement temporaire (problèmes de surtension).

(2) La recomposition du réseau de transport et de distribution électrique

Comment le réseau de transport et de distribution électrique de Tôden fut-il recomposé et piloté à la suite de la mise en service de la centrale de Komahashi ?

Avant le démarrage de cette centrale, la compagnie avait développé son réseau de transport et de distribution électrique autour des deux centrales thermoélectriques de Senju et d'Asakusa. Cette double polarisation de l'ancien système de distribution de 1897 prit effet en 1905 avec la mise en service de la centrale de Senju, et si les centrales de Shiba et Fukagawa (acquises par rachat et fusion) furent transformées en postes de distribution électrique pour intégrer ce système dès 1906, celui-ci conserva néanmoins ses caractéristiques premières.

Cette structure devait cependant connaître d'importants changements avec la mise en service de la centrale de Komahashi : le schéma 7-3 présente la recomposition du réseau de distribution après l'aménagement complet de la ligne de transport électrique entre Komahashi et Tôkyô. Ce nouveau réseau reliait dorénavant par lignes de transport de courant triphasé les trois centrales de Komahashi, Senju et Asakusa au poste de transformation de Waseda-Ouest, ainsi qu'aux onze postes de distribution de Kôjimachi, Kanda, Azabu, Nihonbashi, Kyôbashi, Shitaya, Honjo, Fukagawa, Yoshiwara, Hachiôji et Ôji. La particularité de ce système consistait en la superposition des anciennes lignes de transport de la centrale d'Asakusa aux nouvelles lignes partant de Waseda-Ouest, pierre angulaire du transport de point à point – ainsi, le réseau de distribution jusqu'ici de type radial se présentait maintenant sous la forme d'une toile d'araignée.

Schéma 7-3 : Le réseau d'exploitation de la Compagnie d'éclairage électrique de Tôkyô en 1910

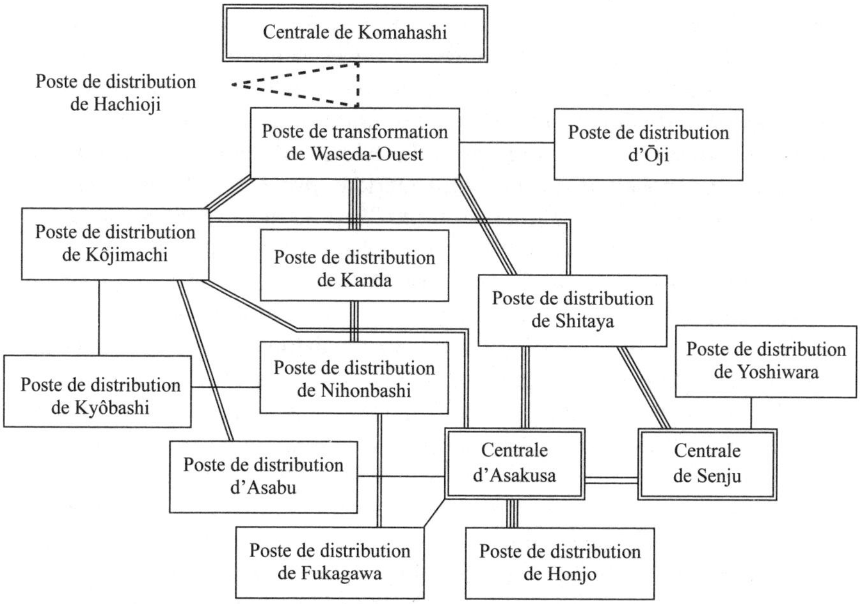

Légende : Trait simple : ligne enterrée de 10 000 volts ou ligne aérienne de 3500 volts. Trait en pointillés : ligne aérienne de 50 000 volts. Réseau en courant triphasé.

Source : Tôkyô dentô kabushiki gaisha kaigyô gojânen-shi genkô (Manuscrit des Cinquante ans d'histoire de la Compagnie de l'éclairage électrique de Tôkyô).

Cette interconnexion du poste de transformation et des postes de distribution contribua sans doute à l'amélioration de la sécurité du système, car elle permit le transport du courant par dérivation. Ce dispositif permettait de réduire à son strict minimum les conséquences sur le réseau d'un incident de transport causé en amont de la chaîne électrique par une panne au sein d'un poste de distribution… et ce fut souvent le cas : la centrale de Komahashi recensa pas moins de 48 incidents au cours de la seule année 1909 par exemple[52]. Si, par exemple, une panne rendait inopérante la station de Kôjimachi, ce procédé permettait à la station la suivant immédiatement sur la chaîne de distribution – celle d'Azabu – de continuer à être alimentée en électricité par la centrale d'Asakusa (voir Schéma 7-3). Par conséquent, les pannes s'étant produites au niveau des lignes de transport comme des postes de distribution implantées en ville furent contenues au simple stade du dysfonctionnement temporaire, comme nous l'avons précédemment noté.

Toutefois, cette complexification du réseau de transport et de distribution électrique ne fut pas sans répercussion sur la modulation du volume d'énergie délivré en fonction de la demande. À l'époque, la centrale de Komahashi et le poste de transformation de Waseda-Ouest se concertaient généralement par téléphone pour se répartir les émissions selon les besoins du moment. La période de pointe de novembre et décembre posait néanmoins un évident problème de modulation, les centrales hydroélectriques au fil de l'eau ne disposant pas de réservoir de stockage. En novembre 1909, Tôden dut ainsi pallier la perte de production occasionnée par la turbidité de l'eau en remettant en service la centrale de Senju, qui était à l'arrêt[53]. La procédure était la suivante : après avoir étudié les besoins journaliers en électricité au regard du volume d'eau disponible, la centrale de Komahashi devait préalablement transmettre à la centrale thermoélectrique une demande de supplément de production électrique, et tout en restant en contact avec le poste de transformation de Waseda-Ouest, elle devait renseigner la centrale de Senju quant au volume d'énergie à générer durant ces pics[54]. La compagnie augmenta en outre le nombre d'accumulateurs, équipant trois de ses postes de distribution, dont celui de Kôjimachi, ce qui lui permit de disposer de réserves d'électricité complémentaires. Elle s'adapta plus concrètement aux brusques variations des besoins énergétiques en rechargeant ces accumulateurs en soirée, pour ensuite redistribuer l'électricité durant les périodes de pointe aux secteurs couverts en courant continu, principalement dans la partie centrale de Tôkyô[55]. Dans tous les cas, cette question de la sécurité du transport du courant n'était pas sans revêtir une certaine importance dans la généralisation de l'emploi des machines électriques, notamment au sein d'usines reposant intégralement sur la stabilité du système de distribution.

4. Le processus d'électrification des usines

(1) La baisse du coût de l'électricité et l'électrification des usines

Parallèlement au développement de sa production électrique, Tôden restructura ses activités afin de répondre à la demande croissante en électricité. Elle commença par se rendre propriétaire en décembre 1905 des ramifications domestiques pour pouvoir installer du matériel d'éclairage directement dans les foyers demandeurs, moyennant un yen pour les frais d'installation et leur laissant l'usufruit généralement gratuitement[56]. C'est ainsi que la pratique de l'éclairage électrique se répandit dans les classes sociales qui ne pouvaient pas jusqu'alors s'équiper. La fusion opérée avec la Compagnie de l'éclairage électrique Fukagawa (*Fukagawa dentô*) en septembre 1905, puis le rachat de la Compagnie de l'éclairage électrique de Hachiôji (*Hachiôji dentô*) en janvier 1906 permirent en outre à la société d'étendre son réseau de distribution à la proche banlieue de Tôkyô.

Si nous examinons à présent l'état des affaires de la compagnie à partir du tableau 7-2, nous constatons tout d'abord une augmentation des besoins en éclairage et en énergie électrique dès, respectivement, 1906 et 1907. Ainsi, avant même la mise en service de la centrale de Komahashi, la demande en électricité s'était considérablement développée grâce à l'amélioration des services et de la gestion de la compagnie ainsi qu'à l'extension de son réseau de distribution électrique. À cela s'ajouta la baisse des coûts de l'éclairage et de l'électricité qu'entraîna l'ouverture de la centrale de Komahashi.

Comparée à une production d'énergie thermoélectrique toujours plus coûteuse du fait de la quantité de charbon consommée, l'énergie hydroélectrique permettait de réduire considérablement les coûts de production par le recours à la « houille blanche ». Mais les coûts de construction de ce type de centrale et des lignes de transport de courant à haute tension s'avéraient en revanche très nettement supérieurs à ceux d'un site thermoélectrique. Il fallait réunir d'immenses capitaux dans le cas d'une installation hydroélectrique et il s'avérait donc indispensable d'augmenter au maximum le ratio d'utilisation des capacités productives afin de pouvoir rentabiliser au plus vite l'affaire. À l'époque, la charge de pointe devait être délivrée de la fin de l'après-midi à près de 21 heures, ainsi qu'en matinée[57] : il fallait donc accroître les besoins énergétiques en journée afin de mieux répartir la charge électrique, et ainsi augmenter le ratio d'exploitation de la centrale. Ainsi, dans le cadre de sa transition du thermoélectrique à l'hydroélectrique, Tôden décida en avril 1908 de modifier ses tarifs, abaissant d'un tiers le prix fixe de l'éclairage, et de plus de 50 % celui de l'électricité en heures creuses[58].

Cette baisse des tarifs entraîna au cours des trois années 1908-1910 la multiplication du nombre de points d'éclairage appartenant à la compagnie (+ 220 %) et le quadruplement du volume d'énergie transformée pour le fonctionnement des moteurs électriques (+ 400 %). La demande en énergie électrique augmenta plus particulièrement dans les secteurs de la cimenterie et de l'industrie agro-alimentaire entre 1907 et 1910, puis dans les domaines du textile et de la mécanique entre 1910 et 1913[59]. Cette hausse des besoins en électricité peut s'expliquer par le développement du site de production des Cimenteries Asano (*Asano semento*), grand foyer de consommation électrique avec près de 1 000 chevaux-vapeur[60], et par le succès croissant des petits moteurs compacts (d'une puissance d'environ un cheval-vapeur) dans la transformation alimentaire (minoterie et fabrication du fromage de soja, le *tofu*). Dès 1910, l'emploi de ces mêmes moteurs électriques devait rapidement se généraliser dans le secteur du tissage, de pair avec les machines à tricoter.

Quant à l'évolution du nombre de moteurs électriques en usage à Tôkyô, ce chiffre progressa de 590 % entre 1907 et 1913[61]. Il nous faut ici souligner l'impact qu'exercèrent dans cette brutale expansion du moteur électrique les modèles développés par la compagnie Meidensha[62], de fabrication japonaise, et relativement peu onéreux. En décembre 1906, la compagnie Meidensha détenait 62,1 % du marché tokyoïte des moteurs électriques, une part surpassant d'ores et déjà celle des importations. Par la suite, celle-ci devait poursuivre l'augmentation de sa production de moteurs compacts et agrandir en 1910 son usine, avant d'en construire une nouvelle, encore plus vaste, en 1912-1913[63]. À propos des machines équipées de ces moteurs, notons dans l'industrie de la transformation céréalière la généralisation de l'emploi d'appareils de fabrication japonaise, tels que les décortiqueuses de riz à eau claire[64].

Ainsi, le phénomène d'électrification des usines de Tôkyô prit soudain son envol grâce à la baisse drastique du prix de l'électricité en heures creuses et à la diffusion d'appareils électriques abordables. Le nombre d'usines de plus de dix ouvriers raccordées au réseau électrique progressa notamment de 1909 (19,8 %) à 1913 (38 %) (voir Tableau 7-3), tandis que le taux de pénétration des moteurs électriques dans les usines tokyoïtes (en nombre d'unités, et non de chevaux-vapeur) atteignit les 66,6 % en 1913, nous révélant une large utilisation de l'électricité dans les plus petites usines[65]. Par secteur géographique, les arrondissements de Shiba et Kyôbashi présentaient tous deux de forts taux d'équipement en raison de leur forte concentration d'usines et ateliers mécaniques de toutes tailles (en nombre d'unités comme de chevaux-vapeur)[66]. Le nombre moyen de chevaux par machine et arrondissement s'avérait de fait plus particulièrement élevé à Shiba, lieu d'implantation de grandes usines telles que les Ateliers de Shibaura, l'Arsenal de la marine militaire ou la manufacture d'État de Mita. L'arrondissement de Fukagawa, où les Cimenteries Asano avaient ouvert leur usine, enregistra entre 1910 et 1913 une notable progression en nombre de chevaux, quand celui de Honjo se distingua par l'augmentation du nombre de moteurs en service. Dans l'arrondissement de Honjo, près de la moitié des moteurs électriques étaient employés en 1907 par l'industrie agro-alimentaire, et notamment celle de la transformation céréalière[67]. Puis leur utilisation se répandit vers 1910 dans les secteurs du textile, de la mécanique et de la métallurgie, où ils commencèrent à être utilisés pour les tâches de tricotage et de lustrage (secteur textile), le fonctionnement des machines et appareils électriques (secteur mécanique), ainsi que la fabrication des pièces de fonte et de métal (secteur métallurgique)[68]. Le nombre moyen de chevaux-vapeur des moteurs électriques de l'arrondissement de Honjo en 1913 (3,3 chevaux-vapeur) demeurait toutefois sensiblement inférieur à celui des arrondissements de Shiba (4,8 chevaux-vapeur) et de Fukagawa (8,7 chevaux-vapeur)[69], notamment car les moteurs compacts s'y étaient largement diffusés dès 1910 dans les petites et moyennes usines des trois secteurs industriels précités.

(2) La ligne de gestion de la Compagnie de l'éclairage électrique de Tôkyô

Indépendamment de la réduction du prix de l'électricité, la baisse des coûts de production occasionnée par la transition à l'énergie hydroélectrique devait, de pair avec la progression de la demande en énergie électrique, exercer un impact considérable sur les recettes de Tôden.

Sur le plan des coûts, notons en premier lieu que le ratio des frais de gestion de la compagnie, à plus de 50 % au second semestre 1907 (quand celle-ci dépendait encore de ses centrales thermoélectriques), descendit soudainement à 34,1 % au premier semestre 1908 avec la mise en activité de la centrale de Komahashi, puis passa sous le seuil des 30 % au second semestre 1910. Si ses dépenses demeurèrent relativement stables durant cette période – dans la tranche des 600 000 yens –, ses bénéfices progressèrent en revanche de 1 288 000 yens au second semestre 1907 à 2 377 000 yens au second semestre 1910, soit un gain de plus d'un million de yens. Sur ces trois années, elle enregistra ainsi une croissance de ses recettes nettes de l'ordre de 250 % : de 629 000 yens fin 1907, à 1 561 000 yens fin 1910.

Après une baisse continue liée à l'augmentation du capital fixe nécessaire au développement des affaires hydroélectriques, le taux de profit de Tôden (par rapport à son capital fixe) repartit de ce fait à la hausse au second semestre 1907 : il devait par la suite franchir les 11 % au premier semestre 1909, pour atteindre son plus haut point, 13,3 %, en 1910. Le pourcentage de dividendes, qui avait chuté de 12 % à 10 % après l'augmentation de capital du premier semestre 1907, retrouva par conséquent son niveau initial en 1909. Par ailleurs, dès le second semestre 1907, la compagnie avait épongé ses dettes et elle put commencer à développer ses réserves internes. Cette forte accumulation de capitaux s'explique en partie par le fait que Tôden pratiquait des tarifs d'éclairage relativement supérieurs à ceux de villes comme Ôsaka ou Nagoya, et ce malgré la baisse tarifaire réalisée en 1908 – et elle fut pour cette raison vivement critiquée par l'opinion publique dès les années 1910[70].

D'autre part, le marché tokyoïte de l'électricité et de l'éclairage électrique s'étendit à un rythme surpassant les prévisions de la compagnie. Les quantités maximales d'énergie délivrées chaque année à la mi-décembre[71] furent ainsi les suivantes entre 1909 et 1911[72] : 14 190 kilowatts le 13 décembre 1909 (total des centrales de Komahashi[73] et Senju), 16 410 kilowatts le 12 décembre 1910 (centrale de Komahashi), 20 610 kilowatts le 11 décembre 1911 (total des centrales de Komahashi, Senju et des accumulateurs installés dans le quartier de Kobiki[74]). Soit une augmentation de 150 % en l'espace de trois années.

Au second semestre 1909, la centrale de Komahashi ne fut rapidement plus en mesure de répondre seule à la demande en électricité et commença de ce fait à être suppléée par la centrale thermoélectrique de Senju (à hauteur de 600 à 1 000 kilowatts). L'augmentation de sa puissance de production, portée de 15 000 à 17 000 kilowatts, lui permit l'année suivante de remplir son office, mais s'avéra cependant totalement insuffisante au second semestre 1911 devant la hausse de la charge maximale à délivrer. Tôden s'était entre-temps attelée dès juillet 1911 à la rénovation des installations de la centrale thermoélectrique d'Asakusa, d'une puissance de production de 4 000 kilowatts[75]. Bien qu'ayant poussé à son maximum la production de la centrale thermoélectrique de Senju (4 500 kilowatts) tout en s'appuyant sur des accumulateurs capables de délivrer une charge supplémentaire de 500 kilowatts, la quantité d'énergie fournie demeurait toujours insuffisante lors du pic énergétique annuel de décembre, et il lui fallut suspendre temporairement l'alimentation de l'usine des Cimenteries Asano, dans l'arrondissement de Fukagawa, qui nécessitait à elle seule une charge comprise entre 200 et 800 kilowatts. Avec l'achèvement des travaux de rénovation de la centrale d'Asakusa en mars 1912, la charge thermoélectrique de secours se montait désormais à 8 500 kilowatts, auxquels la compagnie dut recourir intégralement dès les mois de mai et juin en raison des activités rizicoles diminuant le volume d'eau disponible pour la centrale hydroélectrique.

Par la suite, Tôden se lança dans le développement de centrales toujours plus grandes afin de continuer à pouvoir fournir toujours plus d'électricité à prix modéré.

* * *

À la lumière du cas de la Compagnie de l'éclairage électrique de Tôkyô, nous venons d'examiner la formation du système de distribution électrique de la ville de Tôkyô, sur lequel s'appuya son industrialisation. Voici les points que nous avons explicités au cours de cette analyse.

Après son lancement en 1886, Tôden commença à délivrer du courant continu aux secteurs environnant les petites centrales thermoélectriques qu'elle avait implantées dans différents quartiers de Tôkyô. Devant l'augmentation croissante de la demande en électricité qui suivit la guerre sino-japonaise, il lui fallut construire en 1897 une centrale de production de courant alternatif à Asakusa, avant d'élaborer un système d'alimentation polyvalent autour de ses centrales tokyoïtes ainsi que de ses postes de distribution équipés de transformateurs électriques. Si elle poursuivit le développement de la centrale d'Asakusa et l'extension de son réseau de distribution, ses centrales intra-urbaines devaient cependant atteindre leurs limites après la guerre russo-japonaise, la poussant à construire une centrale de plus grande envergure en proche banlieue. La compagnie comptait alors bâtir une centrale thermoélectrique d'une puissance de 10 000 chevaux-vapeur à Senju, mais dut rapidement réduire de moitié l'ampleur de son projet face à l'envolée du prix du charbon lors de la guerre, et se tourner vers le développement de l'énergie hydroélectrique. En octobre 1904, elle décida ainsi de construire une centrale hydroélectrique exploitant le réseau hydraulique de la rivière Katsura, dans le département de Yamanashi. Afin de couvrir la distance de transport électrique de 80 kilomètres qui séparait le lieu de la ville de Tôkyô, elle envoya en outre son ingénieur en chef Nakahara Iwasaburô observer la situation aux États-Unis, pays particulièrement avancé dans le domaine du transport à longue distance de courant, ce qui lui permit d'importer les techniques les plus récentes en la matière. Ainsi un nouveau système vit le jour : désormais, le courant alternatif triphasé de 55 000 volts produit par la centrale de Komahashi (d'une puissance de 15 000 kilowatts, soit près de 20 000 chevaux-vapeur) put être transmis au poste de transformation de Waseda-Ouest, qui après en avoir abaissé la tension, le renvoyait vers les différents postes de distribution implantés dans Tôkyô, lesquels le délivraient enfin aux foyers de la capitale. Les anciennes centrales thermoélectriques furent incorporées comme sources d'énergie secondaires à ce système de distribution « de point à point », dont la compagnie renforça la sécurité en recomposant son réseau urbain de transport et de distribution électrique, jusqu'alors radial, vers une configuration « en toile d'araignée » offrant de nombreuses possibilités de dérivation du courant.

Par ailleurs, il avait dès le démarrage du projet été prévu de rassembler les immenses fonds nécessaires à la construction de ces équipements sur les marchés anonymes de capitaux, emprunts à l'étranger compris. À la faveur des mutations du marché boursier, où les principaux titres ferroviaires – alors les plus demandés – s'étaient effondrés à la suite de la nationalisation des chemins de fer, Tôden parvint ainsi à augmenter son capital de près de 7 millions de yens. La multiplication de son capital nominal par 3,4 en l'espace d'une seule année s'avéra toutefois impossible par le seul recours à son noyau dur de grands actionnaires : cet approvisionnement en fonds se concrétisa donc pour la première fois grâce aux nouveaux actionnaires ordinaires ralliés sur les marchés boursiers de Tôkyô. En somme, durant la révolution industrielle, les marchés anonymes de capitaux formés au gré des transactions de titres ferroviaires permirent d'une part à la compagnie de bâtir sa centrale hydroélectrique à haut rendement comme son réseau électrique, et soutinrent aussi sur le plan financier l'élaboration du système de distribution électrique de la ville de Tôkyô.

Ainsi, grâce à ce système axé sur la production d'énergie hydroélectrique, le coût de l'électricité diminua à Tôkyô de manière drastique, avec un considérable gain en stabilité dans la distribution. Les marchés de l'énergie et de l'éclairage électriques entamèrent de ce fait une croissance rapide dès 1908, dont l'influence fut notable sur la diffusion de l'électricité. Cette expansion ne fut pas seulement due aux immenses besoins en énergie des Cimenteries Asano, mais aussi à la demande plus modérée de l'industrie agro-alimentaire, textile et mécanique. Nous pouvons supposer que la baisse du coût de l'électricité en heures creuses comme la rapide diffusion des moteurs électriques compacts produits au Japon par la compagnie Meiden contribuèrent grandement au développement de cette demande. Le phénomène d'électrification des villes trouve donc à la fois son origine dans les grandes usines, mais aussi dans les petits ateliers.

Avec cet accroissement des besoins en énergie électrique, les résultats de Tôden se rétablirent brusquement en 1908. La demande en électricité fut cependant telle que la compagnie rencontra à partir de 1909 des difficultés pour y répondre, et décida se lancer dans le développement de nouvelles sources d'énergie hydroélectrique. Avec la diffusion des techniques de transport à longue distance de courant à haute tension, dont elle avait été le précurseur, les projets de centrales hydroélectriques destinées à alimenter la ville de Tôkyô se multiplièrent toutefois dès 1912 au sein des jeunes compagnies de ce secteur. Une concurrence acharnée, dite « bataille de l'énergie électrique », allait s'installer entre ces entreprises après la Première Guerre mondiale afin de conquérir le marché tokyoïte, grand foyer de consommation électrique. Et de cette compétition résulteraient une hausse du volume d'énergie distribué comme une nouvelle baisse du prix de l'électricité, qui devaient tous deux encourager la diffusion de l'énergie électrique dans la ville de Tôkyô en accélérant fortement le développement du phénomène d'industrialisation urbaine.

Carte 7-1 : Les espaces fortement industrialisés de la ville de Tôkyô en 1909

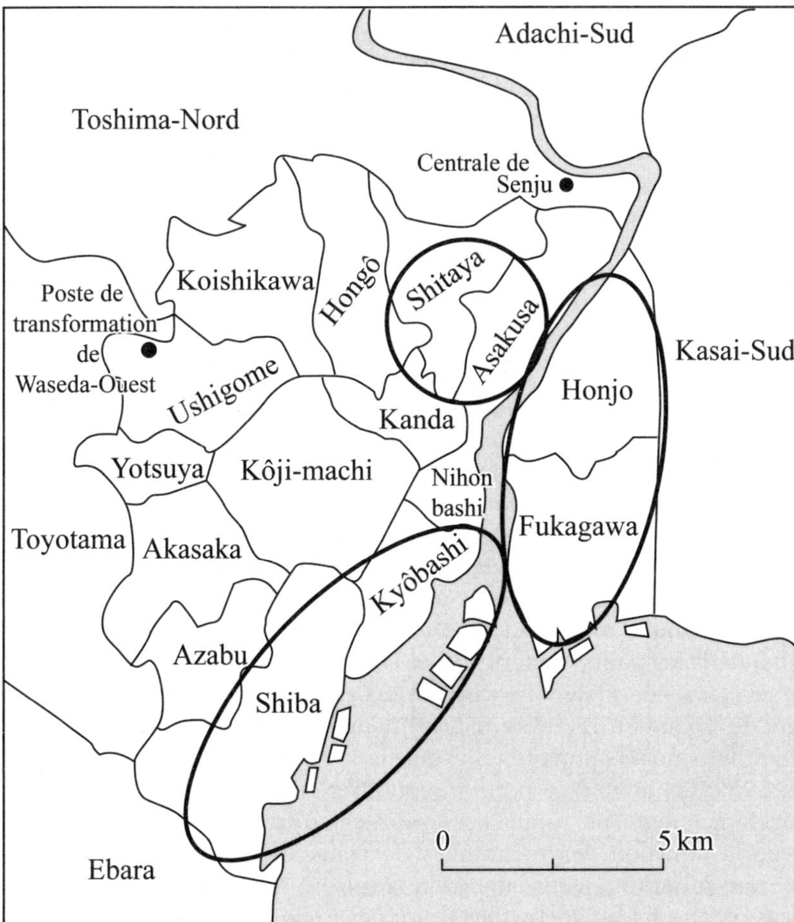

Source : Koizumi Asuka, « Sangyô shûseki no kôteiteki kôka to shûseki nai kôjô no tokushitsu » (Les effets positifs d'une concentration industrielle dans l'espace et la particularité des usines concernées), *Rekishi to keizai*, vol. 51, n° 1, 2008, p. 21.

Tableau 7-1 : Les finances de la Compagnie de l'Éclairage électrique de Tôkyô

Unité : millier de yens

		Capital versé	Réserves	Emprunts	Capitaux fixes	Résultat d'exploitation			
						éclairage	fournis.	autres	Total
1904	S1	3 500	152	584	4 064	516	**	33	549
	S2	4 375	183	656	4 744	570	**	30	600
1905	S1	4 375	185	1 098	5 514	659	**	29	687
	S2	5 050	204	1 672	6 569	687	**	36	722
1906	S1	5 050	217	3 150	7 976	726	**	34	759
	S2	7150	237	2 675	9 140	821	**	25	846
1907	S1	9863	259	3 260	12 670	1 051	**	15	1 066
	S2	13 874	1 270	1 370	15 301	1 238	**	51	1 288
1908	S1	15 519	1 268	1 941	17 683	1 477	**	33	1 510
	S2	17 260	1 357	1 209	19 346	1 369	172	40	1 581
1909	S1	17 260	1 300	1 408	20 059	1 630	215	48	1 892
	S2	17 260	1 424	1 727	20 892	1 703	219	59	1 980
1910	S1	22 759	1 578	89	21 825	1 931	259	60	2 250
	S2	24 000	1 788	179	23 554	2 021	308	48	2 377
1911	S1	30 500	2 183	185	27 299	2 106	384	37	2 527
	S2	30 500	2 352	151	32 751	2 002	499	58	2 559
1912	S1	34 390	2 386	1 770	38 363	2 283	538	58	2 879
	S2	34 400	2 507	5 387	42 173	2 387	586	69	3 041
1913	S1	36 999	2 611	4 743	44 888	2 831	711	82	3 624
	S2	39 596	2 753	5 609	47 303	2 791	677	111	3 578

* Le déficit affiché correspond généralement aux paiements de la charge fiscale.

** Les revenus d'exploitations dus à la distribution d'électricité sont inclus dans l'éclairage pour ces exercices.

Source : Tôkyô denryoku, « Eigyô hôkokusho » (Rapport d'activités), chaque semestre.

Dépenses 'exploitation	Résultat hors exploitation*	Bénéfices nets	Fonds propres	Benéf./ capit. versé	Benéf./ capit. fixe	Dividendes
310	– 11	228	82,1 %	13,0 %	11,20 %	12 %
335	– 14	251	86,5	11,5	10,6	12
408	– 7	272	79,1	12,4	9,9	12
399	– 14	309	75,4	12,2	9,4	12
426	– 19	315	62,7	12,5	7,9	12
458	– 31	357	73,2	10	7,6	12
566	– 17	483	74,7	9,8	7,6	10
663	3	629	90,6	9,1	8,2	10
666	– 71	773	88,7	10	8,7	10
540	– 101	941	93,5	10,9	9,7	11
625	– 114	1 153	92,6	13,4	11,5	12
625	– 158	1 197	91	13,9	11,5	12
684	– 149	1 417	98,8	12,5	13	12
673	– 143	1 561	93,9	13	13,3	12
761	– 166	1 600	99	10,5	11,7	11
825	– 168	1 566	99	10,3	9,6	10
950	– 250	1 679	95,1	9,8	8,8	10
1 030	– 188	1 823	87,3	10,6	8,6	10
1 349	– 325	1 950	89,3	10,5	8,7	10
1 356	– 314	1 908	88,3	9,6	8,1	10

Tableau 7-2 : La production de la Compagnie de l'Éclairage électrique de Tôkyô

	Puissance		Lignes *(miles)*	Demande d'éclairage			Demande industrielle			Autres
	ressource	kW		clients	lampes	kW	clients	moteurs	kW	kW
1904	thermique	4 500			103 877				1 101	
1905	thermique	8 500			122 892				543	
1906	thermique	8 500		31 422	181 687				528	
1907	therm./hydro.	27 790	184	51 900	252 082	9 093	686	722	1 575	26
1908	therm./hydro.	27 790	711	76 404	336 648	12 277	1 213	1 290	2 645	904
1909	therm./hydro.	27 790	619	94 832	411 893	14 944	1 739	1 830	3 460	1 557
1910	therm./hydro.	27 790	672	111 852	485 449	17 554	2 208	2 356	4 596	3 146
1911	therm./hydro.	24 600	742	145 005	581 435	20 541	2 809	3 073	6 058	4 183
1912	therm./hydro.	44 100	952	289 893	929 896	28 848	3 788	4 170	8 820	4 677
1913	therm./hydro.	44 400	1 049	382 268	1 221 993	36 238	4 765	5 257	11 501	4 324

NB : pour le calcul de la puissance en kW des moteurs, un cheval-vapeur équivaut à 0,746 kW.

Source : Tôkyô dentô kabushikigaisha hen, « Tôkyô dentô kabushiki-gaisha kaigyô gojûnenshi genkô » (Les Cinquante ans de la Compagnie de l'Éclairage électrique de Tôkyô. manuscrit) et *Denki jigyô yôran* (Le secteur électrique), publication annuelle.

Tableau 7-3 : L'avancée de l'électrification des usines de la ville de Tôkyô

	Machines à vapeur		Machines à gaz		Machines à pétrole		Machines électriques		TOTAL		Machines électriques %	Puissance électrique %
	nbre	ch.vap.	nbre	ch.vap.	nbre	ch.vap.	nbre	ch.vap.	nbre	ch.vap.		
1909	212	11 886	271	2 739	13	92	331	3 624	827	18 341	20 %	40 %
1910	217	19 990	260	3 225	15	82	349	4 015	841	27 312	15 %	42 %
1911	206	13 036	307	4 442	11	62	579	6 127	1 103	23 667	26 %	53 %
1912	204	12 323	288	3 641	18	208	841	6 376	1 351	22 548	28 %	62 %
1913	232	13 578	301	3 195	14	132	1 092	10 357	1 639	27 262	38 %	67 %

NB : valeur en fin d'année ; les sites de production recensés sont uniquement ceux faisant travailler plus de dix ouvriers.

Sources : Tôkyô-shi tôkeisho (Annuaire statistique de la Ville de Tôkyô), chaque année.

Chapitre 8
• La formation du système de distribution électrique et les espaces périurbains
– Le cas des environs de Tôkyô (région du Keihin) –

Quelle influence les lignes à haute tension construites après la guerre russo-japonaise entre les régions montagneuses et les espaces littoraux des métropoles de Tôkyô et Yokohama exercèrent-elles sur l'industrialisation des zones périurbaines traversées ? Nous tâcherons de répondre ici par l'étude de la région du Keihin [*N.d.T.* : « *kei* » correspond à Tôkyô, « *hin* » à Yokohama]. Plus précisément, nous nous pencherons sur le processus d'élaboration du réseau de distribution électrique de deux entreprises, la Compagnie d'électricité de Yokohama (*Yokohama denki*) et la Compagnie des filatures et du gaz Fuji (*Fuji gasu bôseki* ; dorénavant « compagnie Fuji »). Nous examinerons aussi les effets de cette électrification dans la ville de Yokohama et le district – voisin – de Tachibana (département de Kanagawa). Ce faisant, nous chercherons à comprendre les raisons de la rapide diffusion de l'utilisation de l'électricité dans la région en tenant compte de la limite de ses ressources opérationnelles. Cette analyse nous amènera à réfléchir sur la manière dont cette région devint un des cœurs de la ceinture industrielle du Keihin après la Première Guerre mondiale, le fer de lance d'une économie urbaine en pleine expansion.

L'ancienne série consacrée à l'« Histoire de la ville de Yokohama » (*Yokohama shishi*)[1] a bien souligné combien le développement du secteur électrique et le raccordement progressif des usines au réseau ont permis l'essor des industries lourdes et de la chimie, non seulement à Yokohama mais aussi dans le district voisin de Tachibana [*N.d.T.* : voir Carte 8-1]. Au sein du volume de cette série consacré au « développement de la ceinture industrielle du Keihin », un chapitre est même précisément dédié aux questions de l'« électrification des usines et [d]es compagnies d'électricité[2] », signe de l'importance de la formation du réseau de distribution électrique dans la naissance de cette ceinture industrielle. Toutefois, malgré des analyses détaillées du processus de développement de différentes compagnies électriques, l'historiographie – dont est représentatif le travail publié dans l'*Histoire de la ville de Yokohama* – n'a pas suffisamment étudié les rapports de concurrence et les relations de coopération entre ces entreprises, ou encore la question de l'évolution de leurs systèmes de distribution électrique[3]. Afin de combler cette lacune, nous nous intéresserons ici à la question de la transformation de ces systèmes, tentant de faire la lumière sur ce qui l'a conditionnée et sur ses conséquences au niveau social et économique[4]. Dans ce cadre, nous serons particulièrement attentifs aux innovations techniques, aux acteurs les ayant réalisées et au problème de la gestion de ces changements au sein des entreprises. Dans le cadre de notre étude, différentes structures et personnages jouèrent un tel rôle d'innovateurs : la Compagnie de l'éclairage électrique collectif de Yokohama et la Compagnie d'hydroélectricité de Hakone, puis la Compagnie d'électricité de Yokohama née de la fusion entre ces deux entités, et la compagnie Fuji, leurs dirigeants et techniciens. Techniquement parlant, c'est la technique du transport de courant à haute tension dite « de point à point » (*ten-tai-ten*) qui fut décisive.

Néanmoins, il ne suffisait probablement pas d'assurer une distribution stable et bon marché de grands volumes d'électricité pour soutenir le processus d'électrification de l'appareil productif. Indépendamment des grandes usines pouvant engager à leurs propres frais des techniciens spécialisés dans le domaine électrique, la première condition indispensable au raccordement des ateliers de petite et moyenne taille consistait en l'existence d'un environnement socio-économique pouvant les aider à électrifier leur structure. Cette question, qui nous semble essentielle pour comprendre l'utilisation croissante de l'électricité dans les industries des grandes villes et de leurs zones périurbaines, constituera notre deuxième problématique. Nous tâcherons d'y répondre en analysant le cas du village de Tsurumi, dans le district de Tachibana.

Enfin, précisons que si l'expression « région du Keihin » que nous utilisons fait référence à l'ensemble formé par les villes de Yokohama et Tôkyô et par l'espace littoral les reliant, nous l'utilisons ici simplement par commodité dans la mesure où nous nous attachons strictement ici à l'étude des cas de Yokohama et du district de Tachibana (voir Carte 8-1) et non l'espace de la capitale, Tôkyô.

1. Le secteur de l'électricité et la région du Keihin après la guerre russo-japonaise

(1) *L'essor du secteur de l'énergie électrique*

Comme nous l'avons déjà relevé dans le chapitre 2, les années qui suivirent la guerre russo-japonaise furent celles du grand essor de l'électricité. Dans la région du Keihin, alors qu'existaient déjà la Compagnie de l'éclairage électrique collectif de Yokohama (*Yokohama kyôdô dentô*) et la Compagnie des chemins de fer électriques de Keihin (Tôkyô-Yokohama ; *Keihin denki kidô*), les créations de nouvelles compagnies se succédèrent : la Compagnie d'hydroélectricité de Hakone (*Hakone suiryoku denki*) en 1906, la Compagnie de l'énergie électrique de la Katsura (*Katsuragawa denryoku*) et la compagnie Fuji en 1910, la Compagnie d'hydroélectricité de la Sagami (*Sagamigawa suiryoku denki*) [*N.d.T.* : la Katsura et la Sagami sont des cours d'eau] en 1911 (voir Tableau 8-1).

Pour mieux comprendre les prémices de ce boom, nous ferons d'abord le point sur la dynamique des entreprises préexistantes dans le secteur de l'électricité : la Compagnie de l'éclairage électrique collectif de Yokohama, dont l'aire de distribution couvrait essentiellement la ville de Yokohama, et la Compagnie des chemins de fer électriques de Keihin, qui assurait l'alimentation des secteurs riverains à ses lignes ferroviaires entre les circonscriptions d'Ebara et de Tachibana. Si nous comparons la situation de ces deux entreprises (voir Tableau 8-2), la Compagnie de l'éclairage électrique collectif de Yokohama dominait largement sa rivale, en nombre de points d'éclairage comme en puissance produite. Poussée par la brusque croissance de la demande à partir de 1906, la compagnie de Yokohama se lança dans la distribution d'électricité dès 1907. Depuis de longues années déjà ses affaires étaient très rentables, distribuant depuis le premier semestre 1902 de généreux dividendes (de l'ordre de 15 % par an ; voir Tableau 8-3). Sa réussite montra à tous combien le secteur de l'électricité en périphérie de Yokohama pouvait être profitable, ce qui ne manqua pas de stimuler l'entrée de nouveaux acteurs sur le marché.

Chose remarquable, toutes les compagnies fondées à cette époque, à commencer par la Compagnie d'hydroélectricité de Hakone, adoptèrent la production hydroélectrique. La Compagnie de l'éclairage électrique de Tôkyô fit des émules en inaugurant sa centrale hydroélectrique de Komahashi en 1907 ; dès lors, les projets combinant centrale hydroélectrique à haut rendement et ligne de transport à longue distance de courant à haute tension se multiplièrent dans la région du Kantô [*N.d.T.* : grande plaine dont le Keihin constitue la partie sud]. Il s'agissait à chaque fois de conduire de grandes quantités d'énergie à moindre coût depuis les montagnes environnantes jusqu'au littoral de Keihin. La Compagnie de l'éclairage électrique collectif de Yokohama, qui détenait alors le quasi-monopole de la distribution d'électricité dans la ville grâce à la centrale thermique qu'elle exploitait, se montra d'abord réticente à l'idée de développer l'hydroélectricité, ce qui laissa la voie libre à de nouveaux entrants. La proximité du grand marché qu'était Tôkyô facilita les choses à ces jeunes compagnies : nombre d'entre elles purent d'abord s'assurer de l'appui de bons clients avant même de se lancer dans l'aménagement fort coûteux d'une centrale hydroélectrique à haut rendement et de lignes de transport à longue distance.

(2) La diffusion de l'électricité dans le district de Tachibana : le cas de la maison Sakuma

Dans le district de Tachibana, situé entre la ville de Yokohama et le département de Tôkyô, le secteur de la distribution électrique se développa après la guerre russo-japonaise sous l'action de la Compagnie collectif électrique de Yokohama et de la Compagnie des chemins de fer électriques de Keihin. Cette dernière avait notamment augmenté en octobre 1909 le nombre de générateurs de sa centrale de Kawasaki (portant sa puissance à 2000 kilowatts en courant alternatif, pour l'éclairage et la distribution)[5], ce qui relança ses affaires dans les environs et contribua grandement à la diffusion de l'éclairage et de l'électricité tant aux alentours de Tsurumi qu'en périphérie de Kawasaki[6]. Nous allons à présent examiner la manière dont la compagnie procéda en nous appuyant sur le journal personnel de Sakuma Gonzô (grand propriétaire terrien et producteur de *miso* [*N.d.T.* : un condiment alimentaire japonais]), demeurant dans le village de Tsurumi (district de Tachibana).

C'est en 1910 qu'apparurent dans ce journal les premières entrées évoquant l'électricité. Le 6 mars, un agent de la Compagnie des chemins de fer électriques de Keihin se présenta au domicile de Sakuma pour l'informer du début de l'offre d'éclairage électrique par la société sur ce secteur. Deux employés lui rendirent ensuite visite le 11 mars afin de lui demander l'autorisation d'élever quatre poteaux électriques sur ses terrains. Sakuma Gonzô l'accorda par écrit dès le lendemain et demanda le 13 à ce que son domicile soit raccordé au réseau. Les employés de la compagnie vinrent le 17 prendre les mesures préparatoires à l'installation et, une fois les travaux effectués, le foyer bénéficia de l'éclairage électrique dès le 13 avril[7]. Ainsi les Sakuma profitèrent du passage d'une ligne de distribution électrique à proximité de chez eux pour y faire raccorder leur maison. Voici comment Sakuma Gonzô décrit l'instant où l'éclairage fut effectif pour la première fois :

> *Depuis ce soir, les lampes électriques s'allument. À la maison, nous avons une lumière de 16 candelas près du brasero et une de 5 candelas dans le jardin intérieur. Hier encore, nous étions un pauvre village, et aujourd'hui nous avons des lampes électriques et des lampions d'apparat (dans le bourg, Kameya Koharu, qui vient de Kawasaki et a la trentaine, a démarré cette activité au début du mois). En plus, cette année, il est prévu que la gare soit agrandie pour pouvoir recevoir du fret en grandes quantités. Voilà une contrée à l'avenir radieux*[8] *!*

L'électricité était perçue, avec les chemins de fer, comme l'une des clés du développement régional. Dans ce contexte, on peut comprendre que la Compagnie des chemins de fer électriques de Keihin ne connut aucune difficulté particulière pour étendre ses lignes lorsqu'elle voulut agrandir son aire de couverture.

Sakuma Gonzô ne fut toutefois amené à utiliser l'électricité que plus tard, en 1912, lorsqu'il fit l'acquisition d'un moteur compact destiné à la transformation des grains. En tant que propriétaire terrien fabricant de miso, Sakuma Gonzô devait pouvoir assurer le décorticage du riz et la minoterie du blé ; il se rendit donc le 15 mars 1912 chez un marchand de riz de Nakakido (à Kanagawa, [*N.d.T.* : voir Carte 8-1]), Yamaguchi Isaburô[9], afin de se renseigner sur l'achat d'une décortiqueuse. Le fils de Yamaguchi lui ayant semblé très au fait de cette question, Sakuma le chargea de l'épauler dans son projet. Le 17 mars, les deux hommes commencèrent tout d'abord par acquérir pour 115 yens un moteur électrique à raccordement externe d'une puissance d'un cheval-vapeur auprès de la compagnie Meiden, à Tsukiji (Tôkyô)[10]. Pour les travaux de raccordement, ils firent appel à un certain Toyota, de Kamata. Enfin, pour l'achat de la décortiqueuse à riz, Sakuma s'adressa – sur les conseils de Yamaguchi – à un marchand du quartier de Chôja, à Yokohama[11]. Lorsque le moteur fut livré le 18 mars, Sakuma demanda aussitôt à Toyota de contacter la Compagnie des chemins de fer électriques de Keihin afin de lui délivrer un courant d'une puissance d'un cheval-vapeur. Toyota procéda dès le lendemain aux travaux électriques moyennant une commission de 15 yens, puis la décortiqueuse à riz fut livrée le 20 mars, et installée le 22 par Yamaguchi. Le 24, la Compagnie des chemins de fer électriques de Keihin vint poser la ligne électrique, procédant aux essais nécessaires les 28 et 29 mars[12].

Comme nous le constatons dans cet exemple, la diffusion de l'énergie électrique nécessitait à cette époque un grand nombre d'intervenants. En dehors de l'opérateur de distribution électrique, il fallut dans notre cas un marchand de riz pour fournir des informations au sujet des décortiqueuses électriques, aider au choix ainsi qu'à l'installation du matériel, mais aussi un intermédiaire afin d'assurer la vente de l'appareil, un entrepreneur en travaux électriques, la compagnie Meiden fournissant de petits moteurs électriques de fabrication nationale, ou encore le fabricant de la décortiqueuse de riz… tous furent impliqués dans le processus qui permit à la maison Sakuma d'utiliser de l'énergie électrique. Sans doute la localisation du district de Tachibana entre les villes de Tôkyô et Yokohama facilita la mobilisation de toutes ces ressources. Le raccordement des usines de la circonscription au réseau électrique connut d'ailleurs une rapide progression au cours des années 1910, non seulement pour les grandes structures, mais aussi pour les plus petites, notamment dans le tressage du jute. Il nous faut bien avoir en tête que tous ces éléments techniques constituaient l'arrière-plan du développement du secteur électrique.

2. La formation de la Compagnie d'électricité de Yokohama et le marché local

(1) Le développement des affaires de la Compagnie de l'éclairage électrique collectif de Yokohama

L'après-guerre russo-japonaise marqua un tournant décisif pour le secteur de la distribution électrique en périphérie de Yokohama. Les réticences de la Compagnie de l'éclairage électrique collectif de Yokohama devant la révolution technique des grandes centrales hydroélectriques et des lignes de transport à longue distance de courant à haute tension avaient laissé le champ libre à de nouveaux acteurs s'emparant de la production hydroélectrique : la Compagnie d'hydroélectricité de Hakone, et la compagnie Fuji. Pour faire face, l'entreprise de Yokohama dut par la suite être restructurée pour donner naissance à la Compagnie d'électricité de Yokohama (*Yokohama denki*), processus que nous allons ici analyser en détail, en relation avec la question plus générale de la transformation du système de distribution électrique dans la ville de Yokohama et le district de Tachibana.

Après avoir étendu son aire de distribution à la quasi-totalité de la ville de Yokohama avant la guerre russo-japonaise, la Compagnie de l'éclairage électrique collectif de Yokohama connut un développement stable durant le conflit sous la direction de son président Kimura Rizaemon et de son directeur général Ueno Kichijirô. Si son taux de profit (13 % par rapport à son capital fixe en 1904) diminua légèrement dès 1905 en raison de la hausse des prix du charbon et de plusieurs investissements successifs en équipement, il demeura cependant continuellement supérieur à 10 % (voir Tableau 8-3). Ce fort pourcentage s'explique d'une part par la hausse de productivité de la centrale d'Uratakashima[13], ainsi que par la nette augmentation des besoins en éclairage électrique. Dans le premier cas, la compagnie avait renforcé sa capacité de production en équipant son générateur (500 kilowatts en courant biphasé) des derniers modèles de turbine à vapeur Curtis au cours des années 1904 et 1905. Dans le second, l'expansion continue de la ville de Yokohama fut pour elle l'occasion d'étendre son aire de distribution, avec près de 5 000 nouveaux points d'éclairage à approvisionner chaque année. Par ailleurs, ses tarifs s'avéraient supérieurs à ceux proposés par la Compagnie des chemins de fer électriques de Keihin dans les secteurs adjacents (voir Tableau 8-4). C'est donc largement grâce aux avantages de sa situation de monopole que la Compagnie de l'éclairage électrique collectif de Yokohama générait de larges pourcentages de dividendes (15 %) et pouvait être qualifiée d'entreprise extrêmement performante.

Or, la puissance de production de la compagnie commença à s'avérer insuffisante après son entrée dans le secteur de la distribution au second semestre 1906 et après avoir de nouveau étendu son aire de distribution en mai 1907 *via* sa fusion avec la Compagnie de l'éclairage électrique de Kanagawa (*Kanagawa dentô* ; voir Tableau 8-2). Elle dut alors développer de nouvelles sources d'énergie pour répondre aux besoins croissants depuis 1906 en éclairage électrique (en nombre de foyers demandeurs comme de points d'éclairage). La construction de la centrale de Komahashi par la Compagnie de l'éclairage électrique de Tôkyô avait alors déjà débuté, en janvier 1906, faisant basculer le secteur de l'électricité de la région du Kantô dans une nouvelle ère dans laquelle la thermoélectricité ne ferait plus que seconder l'hydroélectricité, ses centrales à haut rendement et ses lignes à haute tension. Toutefois, la Compagnie de l'éclairage électrique collectif de Yokohama, qui avait très tôt utilisé des turbines à vapeur Curtis, s'efforça d'abord de répondre à la hausse de la demande en augmentant sa production thermoélectrique plutôt que de se lancer dans l'hydroélectricité. Elle équipa ainsi sa centrale d'Uratakashima, en mars 1907, de deux nouvelles turbines à vapeur Curtis de 1 500 chevaux-vapeur, portant sa puissance à 2 000 kilowatts, et s'attela à une rapide mise en service courant 1908. Le réseau fut réorganisé. Désormais, la centrale thermique principale (celle d'Uratakashima) approvisionnait directement en courant alternatif chaque secteur de la ville et l'ancienne centrale de courant continu (celle située à Tokiwa-bourg) servait de poste de distribution grâce à l'aménagement d'un convertisseur rotatif transformant le courant alternatif en courant continu. Ce système capable d'alimenter aussi bien le réseau ferroviaire de la ville que l'aire de distribution du courant continu constituait bien un « système polyvalent », comme évoqué précédemment[14]. Le système de distribution électrique de la Compagnie de l'éclairage électrique collectif de Yokohama s'est ainsi distingué en réunissant au sein d'un même système d'exploitation des flux électriques transformés en courant continu puis en alternatif monophasé et alternatif polyphasé grâce à l'utilisation d'un convertisseur rotatif. Grâce à cela, l'ancien réseau de distribution put être réutilisé et agrandi.

Indépendamment de cette expansion de ses affaires, la part des dépenses consacrées à l'achat de charbon ne cessa d'augmenter au sein des coûts de production (voir Tableau 8-3). Ce problème, devenu manifeste à partir du second semestre 1905, perdurait. En outre, la compagnie dut diminuer ses tarifs pour faire face à la baisse drastique des prix décidée à partir de 1908 par la Compagnie de l'éclairage électrique de Tôkyô – cette dernière étant, elle, en mesure de produire à moindre coût grâce à sa centrale hydroélectrique (voir Tableau 8-4). Malgré ses bons résultats financiers et bien que la demande en énergie électrique continuât à progresser, les perspectives d'avenir ne s'annonçaient donc pas nécessairement sous les meilleurs auspices pour la compagnie de Yokohama, toujours dépendante de la seule thermoélectricité.

(2) La fondation de la Compagnie d'hydroélectricité de Hakone et de la compagnie Fuji

Alors que la Compagnie de l'éclairage électrique collectif de Yokohama demeurait tributaire de l'énergie thermoélectrique, la Compagnie d'hydroélectricité de Hakone construisit une centrale hydroélectrique à haut rendement et tenta la première d'alimenter la ville de Yokohama au moyen d'une ligne de transport de courant à haute tension. Cette compagnie au capital de 1 200 000 yens[15], fondée en décembre 1906 par des entrepreneurs de Tôkyô, dont l'ancien président de la Compagnie des chemins de fer électriques de Bôsô (*Bôsô dentetsu*) Shirasugi Masachika[16], avait pour projet initial de bâtir une centrale thermique d'une puissance de 4 000 kilowatts à Tônosawa, dans la région de Hakone, produire et transporter un courant sous haute tension (45 000 volts) en direction de deux postes de transformation situés à Yokohama (Hodogaya) et Tôkyô (Shibuya). Il s'agissait de distribuer de l'électricité partout dans la région, alimentant de nombreuses entreprises comme la Compagnie de l'éclairage électrique de Kanagawa (*Kanagawa dentô*), la Compagnie des chemins de fer de Yokohama (*Yokohama dentetsu*), la Compagnie des chemins de fer de Keihin (*Keihin dentetsu*), la Compagnie des docks de Yokohama (*Yokohama senkyo*), ou encore l'Agence nationale des chemins de fer (*Tetsudô-in* [*N.d.T.* : les chemins de fer nationalisés en 1907 furent confiés à cette institution l'année suivante]), etc[17].

Si Shirasugi, venant du secteur ferroviaire, a pu se lancer dans le si innovant transport d'électricité sous haute tension alors que la Compagnie de l'éclairage électrique de Tôkyô était déjà en train d'ériger sa centrale de Komahashi, c'est qu'il était appuyé dans sa démarche par les Ateliers de Shibaura (*Shibaura seisakusho*). Ces derniers étaient l'un des plus grands fabricants d'équipement électrique du pays et travaillaient alors (sous l'action de Kishi Keijirô, directeur de leur service dédié à l'électricité) à développer leurs propres techniques de transport du courant à haute tension. Depuis 1905, ils s'étaient plus spécifiquement lancés dans le développement d'isolateurs à haute tension en coopération avec la Compagnie des faïences du Japon (*Nihon tôki*)[18]. Le projet de la Compagnie d'hydroélectricité de Hakone revêtait donc pour cette entreprise une certaine importance puisqu'il lui fournissait l'occasion d'essayer *in situ* ses isolateurs. En tant que grand actionnaire, les Ateliers ne se contentèrent alors pas de soutenir financièrement la compagnie hydroélectrique mais firent également nommer au sein du conseil d'administration son propre administrateur général, Ôtaguro Jûgorô, et Kishi Keijirô, respectivement comme administrateur et conseiller technique. Sur les recommandations de ce dernier, l'ingénieur en chef de l'ex-Compagnie des chemins de fer électriques de Kawagoe (*Kawagoe denki tetsudô*), Samukawa* Tsunesada, fut affecté à la supervision technique et à l'installation de l'équipement de transport. Enfin, Komai Uichirô[19], qui avait précédemment travaillé au sein de la Compagnie des mines Mitsui, fut choisi pour seconder Shirasugi Masachika comme administrateur général. La Compagnie d'hydroélectricité de Hakone fut donc lancée avec le soutien financier et humain des Ateliers de Shibaura et du groupe Mitsui.

À propos des travaux de construction que la compagnie lança début 1907, il conviendra surtout de noter l'utilisation de pylônes métalliques, pour la première fois véritablement employés comme support de ligne de transport[20]. Si le coût de la construction de cette ligne à haute tension sur pylônes était important, le vrai problème consistait dans la puissance de la centrale de Tônosawa limitée à 4 000 kilowatts. Cette puissance serait vite dépassée par la demande croissante de la région de

Keihin. En outre, la Compagnie d'hydroélectricité de Hakone ne disposait d'aucune source d'approvisionnement secondaire, contrairement à la Compagnie de l'éclairage électrique de Tôkyô, qui pouvait se reposer pour sa part sur sa centrale thermique de Senju. Elle commença alors à s'intéresser à la centrale thermique d'une puissance de 2 000 kilowatts (équipée de turbines à vapeur) que la compagnie Fuji venait de construire sur son site de Hodogaya, en juillet 1908, et tenta de l'intégrer au sein de son réseau de production électrique. À cette époque, la compagnie Fuji construisait dans le village de Kawanishi (département de Kanagawa, district d'Ashigara) une nouvelle centrale d'une puissance de 5 000 kilowatts, la centrale de Mine, destinée à alimenter sa quatrième usine, à Oyama, mais la consommation de cette dernière ne devait pas s'élever à plus de 1 250 kilowatts. Les deux entreprises conclurent donc en février 1909 un accord provisoire visant à élaborer un système de distribution électrique axé autour des trois centrales de Mine, Hodogaya et Tônosawa[21]. Selon cet accord, tout d'abord, la centrale de Hodogaya, propriété de la compagnie Fuji, devait servir de source d'approvisionnement secondaire à la Compagnie d'hydroélectricité de Hakone. Deuxièmement, cette centrale devait distribuer du courant au poste de transformation de Yokohama (appartenant à la Compagnie d'hydroélectricité de Hakone) dans une limite de 1 000 kilowatts et à un tarif mensuel de 2 yens par kilowatt. Troisièmement, la Compagnie d'hydroélectricité de Hakone devait se charger de construire pour la centrale de Mine une ligne de transport ainsi qu'une station de transformation qui devait recevoir 3 750 kilowatts de courant en provenance de cette station à compter de 1910. Quatrième et dernier point, quelle que fût la quantité d'électricité dont elle ferait usage, la Compagnie d'hydroélectricité de Hakone s'engageait à payer pour la production de la centrale de Mine 53 yens et 30 centimes mensuels par kilowatt.

Grâce à cet accord, non seulement la Compagnie d'hydroélectricité de Hakone put faire de la centrale de Hodogaya une réserve d'énergie thermoélectrique, tout en disposant désormais aussi de 3 750 kilowatts supplémentaires provenant de la compagnie Fuji (site de Mine), permettant de plus à cette dernière d'employer efficacement son surplus de production.

(3) La formation de la Compagnie d'électricité de Yokohama et son système de distribution électrique

Dans la mesure où l'objectif premier de la Compagnie d'hydroélectricité de Hakone était de distribuer son électricité directement aux consommateurs dans la région du Keihin, elle n'entra pas en concurrence directe avec la Compagnie de l'éclairage électrique collectif de Yokohama. Cette dernière, nous l'avons déjà vu, restait vissée à sa position de pionnière dans le domaine de l'éclairage et ne s'intéressait toujours pas au marché de la distribution. Lorsqu'elle absorba la Compagnie de l'éclairage électrique de Kanagawa en mai 1907, elle en profita même pour proroger le contrat d'achat de 1 066 chevaux-vapeur que celle-ci avait passé avec la Compagnie d'hydroélectricité de Hakone, un apport qui lui permettait d'envisager de pallier son manque de production[22].

Or, la Compagnie d'hydroélectricité de Hakone, à la suite de son partenariat avec la compagnie Fuji, se trouva à la tête d'une puissance de production de 9 000 kilowatts (et d'une double ligne haute tension de 45 000 volts), telle qu'elle dut trouver de nouveaux débouchés. Elle voulut alors se lancer sur le marché de l'éclairage électrique, obtenant son autorisation d'activité – limitée aux foyers demandant un approvisionnement supérieur à 2 kilowatts[23] – pour l'éclairage dans la ville de Yokohama au début de 1909. Elle était alors devenue la concurrente directe de la Compagnie de l'éclairage électrique collectif de Yokohama.

Afin d'éviter un affrontement mutuellement néfaste, les deux compagnies se concertèrent en mai 1909 sous l'égide du président de la Compagnie de l'éclairage électrique de Tôkyô, Satake Sakutarô. Elles conclurent le mois suivant un accord de fusion donnant naissance en septembre à la Compagnie d'électricité de Yokohama. Tels en furent les termes[24] : les titres devaient s'échanger sur une base de stricte égalité entre les deux compagnies ; la Compagnie de l'éclairage électrique collectif de Yokohama subsistait mais devait changer de nom et de statuts selon la modification de ses activités ; le nombre d'administrateurs de la compagnie devait être porté de sept à neuf ; le capital de la nouvelle compagnie devait être porté de 2 millions de yens à 3,2 millions de yens après la fusion ; des obligations seraient émises dans une limite de 1,5 million de yens, dont 1 million en février 1910 au taux d'intérêt annuel de 6,3 %.

À propos des administrateurs mentionnés dans le troisième point, le conseil d'administration de la nouvelle entreprise se vit dans les faits composé de quatre membres de l'ancienne Compagnie de l'éclairage électrique collectif de Yokohama, de quatre membres de l'ex-Compagnie d'hydroélectricité de Hakone, et d'un membre de la compagnie Fuji avec qui cette dernière avait conclu un partenariat : la fusion entre les deux compagnies s'inscrivait ainsi dans une perspective de parité sur le plan des capitaux comme de la direction de l'entreprise. D'autre part, l'émission d'obligations qui suivit cette fusion était destinée à rembourser les 600 000 yens de dettes de l'ancienne Compagnie d'hydroélectricité de

Hakone, ainsi qu'à financer (à hauteur de 300 000 yens) la construction de la ligne et de la station de transformation de Mine devant convertir et transmettre l'énergie produite par la compagnie Fuji.

Même si la Compagnie d'hydroélectricité de Hakone n'était pas encore pleinement entrée en activité, cette fusion lui fut clairement profitable. Ueno Kichijirô, le directeur général de la Compagnie de l'éclairage électrique collectif de Yokohama, déclara à ce propos :

> *Si je devais évoquer le motif de cette fusion, je dirais qu'il n'est pas profitable que deux entreprises se fassent concurrence sur un même lieu pour une même activité. Et puisque ce n'est pas profitable, nous avons décidé de nous concerter et de fusionner. La Hakone se consacre principalement à approvisionner la demande mécanique, mais elle possède aussi une licence de distribution à des fins d'éclairage auprès de ses clients de plus de 2 000 watts. Ainsi, si les deux entreprises ne sont pas en concurrence sur le marché des petits consommateurs de moins de 2 000 watts, elles le sont bel et bien sur celui des grands consommateurs. Et comme c'est la Hakone qui était en mesure de proposer les tarifs les plus bas à la vente, entre elle et la Yokohama c'est cette dernière qui aurait particulièrement souffert*[25].

Comme le dit bien Ueno, en cas de confrontation, l'avantage aurait manifestement tourné en faveur de la compagnie de Hakone et son énergie hydroélectrique à faible coût, face à une Compagnie de l'éclairage électrique collectif de Yokohama et son électricité thermique trop coûteuse. Cela d'autant plus qu'à l'époque les besoins en électricité durant la journée connaissaient une forte croissance dans la région et il aurait été particulièrement difficile à la Compagnie de l'éclairage électrique collectif de Yokohama de pouvoir y répondre. En fusionnant avec la Compagnie d'hydroélectricité de Hakone, elle pouvait compléter son offre énergétique avec de l'hydroélectricité sans avoir à en supporter les coûts d'investissement. De son côté, la Compagnie d'hydroélectricité de Hakone faisait face à une hausse constante des coûts de construction et se trouvait confrontée à de graves problèmes financiers : il lui fallait éviter toute lutte concurrentielle directe avec la Compagnie de l'éclairage électrique collectif de Yokohama. La fusion put donc être conduite d'une manière relativement souple, les intérêts des deux compagnies s'accordant sur de nombreux points.

La Compagnie d'électricité de Yokohama nouvellement formée entra ainsi en activité en juillet 1910. Elle était forte de la production des centrales hydroélectriques de Mine (3 750 kilowatts) et de Tônosawa (3 300 kilowatts) ainsi que celle de la centrale thermique d'Uratakashima (2 756 kilowatts), soit 9 806 kilowatts au total, auxquels il faut ajouter quelque 3 000 kilowatts de réserve d'exploitation. Le réseau électrique de la compagnie à ce stade se composait de la manière suivante : le poste de transformation de Hodogaya recevait l'énergie produite par les centrales de Tônosawa et Mine au moyen de lignes de transport de courant à haute tension, puis renvoyait cette électricité vers la centrale d'Uratakashima, qui en assurait la distribution dans la ville de Yokohama.

La particularité du système de distribution de la Compagnie d'électricité de Yokohama reposait donc sur l'utilisation conjointe des énergies hydraulique et thermique, ainsi que sur la jonction effectuée par la ligne de transport Hodogaya-Uratakashima entre le système « de point à point » élaboré par l'ancienne Compagnie d'hydroélectricité de Hakone, et le système polyvalent qu'avait développé l'ex-Compagnie de l'éclairage collectif de Yokohama autour de sa centrale thermique. Cet emploi simultané des deux formes d'électricité permettait de prévenir les coupures de courant liées aux incidents de transport et cela améliorait l'équilibre du réseau électrique d'un point de vue qualitatif. Toutefois, ce système n'était pas le résultat d'une volonté et d'un plan précis, mais le fruit de la fusion telle que nous l'avons vue. C'est ce qui explique les surcapacités de la nouvelle compagnie à ses débuts.

(4) La Compagnie d'électricité de Yokohama et la croissance du marché de l'éclairage et de l'énergie électriques

Après être parvenue à mettre en place un système de distribution adapté à l'augmentation de ses capacités de production, la Compagnie d'électricité de Yokohama s'attela dès les années 1910 à assurer la croissance de ses débouchés. Concernant l'éclairage électrique, elle diminua progressivement ses tarifs d'août 1910 à 1913 afin d'augmenter le nombre de ses clients à besoins modérés. Cette baisse du prix de l'éclairage fut importante : de 1,20 yen en 1910 pour 10 candelas, à 1 yen en 1911 et 0,65 yen en 1914 – soit une division de presque moitié en seulement trois ans (voir Tableau 8-4). Dans le même temps, le nombre de points d'éclairage alimentés par ses services progressa de 10 000 lampes en 1910 à 26 000 en 1913 (voir Tableau 8-2).

Par ailleurs, la demande en énergie pour l'alimentation de moteurs électriques doubla pratiquement avec la diminution en 1910 des tarifs de l'électricité en journée (de 15 à 12 yens, voir Tableaux 8-2 et 8-4). Avant même d'être renforcée par la production de la compagnie Fuji, la Compagnie d'électricité de Yokohama avait d'ores et déjà conclu des contrats de vente avec de nouveaux grands consommateurs industriels, comme la Compagnie des docks de Yokohama, la Minoterie nippo-chinoise (*Nisshin seifun*) et la Compagnie des engrais chimiques du Grand Japon (*Dainihon jinzô hiryô-gaisha*)[26]. Puis, à partir du moment où elle disposa de la production de la compagnie Fuji, en avril 1911, elle commença à alimenter la Compagnie des chemins de fer électriques de Yokohama (*Yokohama denki tetsudô*) à hauteur de 300 kilowatts[27]. Toutefois, la demande crût véritablement surtout à partir de 1913, lorsque la compagnie abaissa soudain de plus de 20 % son tarif de journée sans toucher au montant du forfait mensuel (voir Tableau 8-4). Pour autant, la production d'électricité à usage domestique demeura majoritaire jusqu'en 1910 et si la demande industrielle était alors déjà bien visible (principalement dans la métallurgie et la construction navale)[28], ce n'est qu'à partir de 1913 que cette dernière prit véritablement son essor avec la motorisation croissante des secteurs de la fabrication d'engrais, la métallurgie, la construction navale, la production de jute tressée et l'imprimerie, diminuant d'autant la part de la consommation domestique. La clientèle de la Compagnie d'électricité de Yokohama en 1916 se structurait en trois grandes catégories : les clients aux besoins les plus importants (aciéries, huileries, manufactures pharmaceutiques, meuneries), ceux aux besoins modérés (manufactures de lignes électriques, d'engrais, scieries) et ceux aux moindres besoins (décorticage du riz, artisanat du jute tressé). Parmi ces derniers, les manufactures de lignes électriques et les ateliers de décorticage du riz étaient si bien équipés que la puissance cumulée de leurs nombreux petits moteurs représentaient – en termes de chevaux-vapeur – un quart de ceux alimentés par l'Électricité de Yokohama[29]. Voilà qui nous confirme que l'électrification de la ville de Yokohama au cours des années 1910 ne reposa pas uniquement sur les grandes usines mais aussi sur la motorisation de structures plus modestes.

Le surplus de puissance généré par les centrales de la compagnie permit en outre à cette dernière d'étendre son aire de distribution bien au-delà des limites de la ville : après avoir obtenu en septembre 1910 l'autorisation d'approvisionner en courant la ville de Yokosuka, la Compagnie d'électricité de Yokohama se mit tout d'abord à alimenter, dès avril 1911, l'Arsenal de la marine[30]. Elle absorba ensuite en août la Compagnie du gaz et de l'éclairage électrique de Yokosuka (*Yokosuka dentô gasu*), puis en octobre la Compagnie des chemins de fer électriques d'Enoshima (*Enoshima denki tetsudô*), étendant au passage son aire de distribution aux districts de Miura, Kamakura et Kôza.

Si nous examinons à présent les résultats de l'entreprise à partir de 1910, nous pouvons constater que son taux de profit (soit environ 10 % rapporté au capital fixe) s'avérait légèrement inférieur à celui de l'ex-Compagnie de l'éclairage électrique de Yokohama (entre 11 à 13 % ;

voir Tableau 8-3). Le pourcentage des coûts de production, pourtant descendu au niveau des 40 % juste après la fondation de la nouvelle compagnie, augmenta à nouveau à partir de l'absorption de la compagnie Fuji au second semestre 1910, pour retrouver son niveau initial de 60 % au second semestre 1911. Ainsi, la hausse des coûts d'achat d'électricité et l'augmentation du capital de la compagnie à la suite des fusions répétées amoindrirent légèrement la rentabilité de la Compagnie d'électricité de Yokohama par rapport à l'époque de la Compagnie de l'éclairage électrique collectif de Yokohama, et ce malgré la croissance de la demande en énergie électrique. Indépendamment de l'inadéquation de la capacité de ses propres centrales face à l'ampleur de la demande, nul doute que ce double système de distribution thermo et hydroélectrique, en soi tributaire d'achats extérieurs d'énergie, était devenu une lourde charge pour la Compagnie d'électricité de Yokohama.

En sus de cela, la demande de création de la Compagnie d'hydroélectricité de la Sagami déposée en avril 1911 par un groupe mené par Sufu Kanemichi projetait quelque ombre sur l'avenir du monopole territorial que la Compagnie d'électricité de Yokohama avait jusqu'ici fermement conservé. Le projet de la nouvelle compagnie consistait à bâtir en amont de la rivière Sakawa (département de Kanagawa) une centrale hydroélectrique destinée à alimenter la ville de Yokohama pour l'éclairage et la consommation directe, activité pour laquelle elle avait d'ores et déjà obtenu plusieurs autorisations à Tôkyô. Il ne lui restait plus qu'à se voir délivrer son autorisation d'activité à Yokohama[31]. Ces réclamations exigeant l'instauration de la « libre concurrence » dans le secteur électrique rejoignaient, même indirectement, les critiques des usagers envers la situation de monopole dont la presse se faisait l'écho :

> *Il est évidemment souhaitable que les bénéfices tirés d'une situation échappant à la libre concurrence dans le cadre d'une mission de service public bénéficient à tous. Or, l'entreprise en question néglige sa mission publique, qui lui confère pourtant son monopole et lui permet de verser des dividendes de 10 % ou plus à chaque exercice. C'est là une chose détestable. Alors que la conjoncture financière actuelle hisse péniblement les taux* [d'intérêts de l'épargne] *aux alentours des 4 ou 5 %, la compagnie verse tranquillement des dividendes de 10 % et plus encore… Voilà qui fait quelque peu douter du degré d'attention qu'accorde la compagnie à sa mission publique*[32].

La Compagnie d'électricité de Yokohama, se sentant menacée par la création de la nouvelle compagnie, adressa ce même mois d'avril 1911 une lettre de protestation au ministère des Communications[33]. Elle s'opposait à la demande de la Compagnie d'hydroélectricité de la Sagami, plaidant qu'un surplus de production en résulterait, soulignant l'importance de l'offre déjà proposée par sa propre production et mettant en avant la baisse des tarifs qu'elle avait appliquée. Puis, en juin, elle alla jusqu'à conclure un accord compensatoire avec la ville de Yokohama pour conserver son exclusivité[34], s'engageant à verser à la ville 6 % de ses recettes pour peu qu'elle y restât l'unique fournisseur d'éclairage[35]. Un taux impressionnant puisqu'il s'appliquait à ses recettes et non à ses bénéfices, mais auquel elle se tint : il fallait parer aux critiques concernant son monopole. Quant à son fort pourcentage de dividendes, autre objet de l'ire publique, la compagnie en abaissa le taux (de 13 % à 11 %) dès 1911 – baisse s'expliquant aussi par la baisse des profits (déjà évoquée) et les indemnités compensatoires devant être versées à la municipalité de Yokohama.

Si le choix de la Compagnie d'électricité de Yokohama d'exploiter conjointement les ressources thermiques et hydroélectriques contribua à l'utilisation à grande échelle de l'électricité à Yokohama grâce à la stabilité de son système de distribution, cela ne fut pas pour autant un succès économique pour l'entreprise. La prise de conscience du caractère public de l'énergie électrique progressant au fur et à mesure de son utilisation croissante au sein de la population à l'orée des années 1910 imposa de nombreuses contraintes sur la gestion de la compagnie et exerça de ce fait une pression grandissante sur ses profits.

3. Le système de distribution électrique de la compagnie Fuji et la région du Keihin

(1) La compagnie Fuji et le secteur de l'électricité

Contrairement à la Compagnie d'électricité de Yokohama qui se développa en se concentrant sur le marché de la ville de Yokohama, la célèbre compagnie Fuji développa son activité de distribution en desservant surtout l'espace périurbain de Yokohama, et notamment le district de Tachibana. Examinons d'abord comment cette entreprise se lança dans le domaine de l'électricité.

Née en septembre 1906 de la fusion entre les Filatures Fuji et la Compagnie des filatures et du gaz de Tôkyô, la compagnie Fuji était devenue la troisième plus grande compagnie de filage du pays en nombre de broches[36]. Depuis l'époque des Filatures Fuji, leur particularité majeure reposait sur l'implantation de leurs usines principales dans la région montagneuse de Suruga-Oyama [*N.d.T.* : au pied du mont

Fuji]. Si la plupart des grandes filatures s'étaient équipées de machines à vapeur et installées dans des zones urbaines afin de faciliter leur approvisionnement en matière première et l'écoulement de leur production, les Filatures Fuji se distinguèrent par leur choix des moulins à eau, érigeant leurs sites de production dans un milieu de montagnes afin d'en tirer une grande puissance en chevaux-vapeur. Après leur fondation en 1896, les Filatures Fuji se développèrent rapidement, sous la conduite de leur directeur général Wada Toyoji (nommé en 1901), multipliant les rachats et fusions avec d'autres compagnies, dans l'idée de toujours accroître les capacités de production[37]. Selon le « plan décennal de développement » (*kakuchô jûnen keikaku*)[38] adopté par le conseil d'administration de l'entreprise en septembre 1905, la compagnie s'efforça de procéder successivement à des investissements stratégiques. Ce plan prévoyait d'acquérir 5 000 nouveaux métiers à tisser et d'élever progressivement la capacité de filage de la compagnie de 40 000 nouvelles broches pour la soie et 160 000 nouvelles broches pour le coton (40 000 pour chaque type de fil : petit, moyen et grand diamètres et fil de trame).

Naturellement, le recours à l'énergie électrique s'imposa pour soutenir une telle extension des équipements. Ainsi, la première phase du plan de développement vit la compagnie porter son capital à 2,8 millions de yens en décembre 1905, puis s'atteler à la construction de sa troisième filature à Oyama (40 000 broches pour les filés de coton de moyen diamètre) et de la centrale hydroélectrique d'Urushida (1 000 kilowatts) devant l'alimenter en énergie. La filature entra en activité en juin 1907, une fois la centrale achevée. La deuxième étape du projet consista à bâtir une nouvelle filature pour la soie grège à Hodogaya (40 000 broches), dont le chantier fut lancé en février 1907 (c'est-à-dire après la création de la Compagnie des filatures et gaz Fuji), puis à construire la centrale thermique de Hodogaya assurant son alimentation électrique (2 000 kilowatts, fin des travaux en 1908). Enfin, la troisième phase du projet vit la construction de la quatrième filature d'Oyama (40 000 broches pour les filés de coton de grand diamètre), alimentée quant à elle par la centrale hydroélectrique à haut rendement de Mine (6 500 chevaux-vapeur, 5 000 kilowatts) ; les travaux débutèrent en 1907.

Fuji avait déposé à la préfecture de Shizuoka sa demande d'autorisation de travaux pour la construction de la centrale de Mine sur la rivière Ayusawa en septembre 1905[39], soit juste avant que Wada n'eût proposé son plan décennal de développement au conseil d'administration[40]. Pour la compagnie, qui disposait déjà d'une puissance de 3 500 chevaux-vapeur, cette nouvelle augmentation de ses capacités rendait possible le projet d'extension du site d'Oyama. Le rapport de la compagnie annonçant l'obtention des droits d'eau de la rivière Ayusawa précisait à ce propos que « ces 6 500 chevaux-vapeur d'hydroélectricité porteront [notre] puissance totale à 10 000 chevaux-vapeur... [notre] compagnie peut se réjouir de disposer d'une puissance plus que suffisante à l'extension des filatures d'Oyama[41] ». Ainsi, le projet de construction de la centrale de Mine fut sans doute l'un des éléments ayant décidé Wada à mettre en application son plan décennal de développement.

Après avoir obtenu les droits d'eau de la rivière Ayusawa en mai 1906, les Filatures Fuji déposèrent en novembre de la même année les demandes de permis de construire de la centrale de Mine, du poste de transformation d'Oyama, ainsi qu'une demande d'autorisation de lignes à haute tension. La première vague de travaux de la centrale de Mine (2 500 kilowatts de puissance, et 2 500 kilowatts de réserve) débuta ainsi en mai 1907 avec la délivrance du permis de construire par la préfecture de Shizuoka. La durée des travaux avait initialement été estimée à dix-huit mois, mais des dégâts des eaux survenus sur le site et des conflits internes avec le chef du chantier retardèrent considérablement l'affaire. La compagnie Fuji se sépara alors de l'entreprise Shiki (*Shiki-gumi*) pour confier les travaux à l'entreprise Daimaru (*Daimaru-gumi*)[42] et en novembre 1909 le site put enfin subvenir à ses besoins (2 500 kilowatts). Ayant conclu entre-temps (dès février) l'accord évoqué *supra* avec la Compagnie d'hydroélectricité de Hakone lui assurant un débouché, Fuji décida d'utiliser intégralement ses 5 000 kilowatts de puissance et commença à distribuer son énergie électrique en juillet 1910. Pour pouvoir vendre de l'électricité, Fuji avait préalablement déposé, en juin 1909, une demande d'autorisation auprès du ministère des Communications. Les statuts de l'entreprise furent modifiés pour intégrer cette nouvelle activité, lors de l'assemblée générale des actionnaires du 15 juillet, officialisant le lancement des filatures dans la distribution d'énergie électrique[43].

Ainsi, les investissements en équipements se multiplièrent dans le cadre du plan de développement de la compagnie Fuji : la valeur de ses actifs fixes tripla quasiment entre le second semestre 1906 et le second semestre 1910, passant de 5 200 000 yens à 14 030 000 yens[44]. Pour réunir ces quelque 10 millions de yens, la compagnie joua d'abord de l'augmentation de capital et des primes d'émission, mais cela ne suffit pas. L'assemblée générale décida alors, en juillet 1907, d'émettre 5 millions de yens d'obligations, opération vouée à l'échec par la crise frappant alors les marchés financiers du pays [*N.d.T.* : ce que l'historiographie appelle la « crise de l'après-guerre russo-japonaise », débutant par un krach boursier en janvier 1907][45], obligeant Fuji à contracter en avril 1909 des emprunts d'une valeur totale de 2 500 000 yens auprès des banques Mitsubishi et Mitsui, ainsi que la Première Banque nationale[46].

L'assemblée générale des actionnaires vota ensuite, en juillet, une augmentation de capital de 8 millions de yens avec un premier versement d'environ 2 millions de yens au second semestre 1909, permettant à la compagnie de réunir les capitaux nécessaires.

Ce plan de développement reposant essentiellement sur la production d'énergie hydroélectrique supposait d'autre part l'emploi de techniciens et d'ingénieurs spécialisés dans ce domaine. Avec le démarrage de la première phase du projet en décembre 1905, la compagnie Fuji engagea tout d'abord pour le site d'Oyama un diplômé de l'université impériale de Kyôto, Ôta Toshiyuki[47]. Nommé ingénieur électricien en chef, il fut chargé de la construction des centrales d'Urushida et Mine. Puis, entre 1906 et 1908, la compagnie embaucha un grand nombre de techniciens chargés de seconder Ôta sur ces sites, surtout des diplômés de l'École polytechnique (*Kôshu gakkô* [*N.d.T.* : fondée à Tôkyô en 1887]). Ainsi fut constituée une équipe véritablement compétente dans ce nouveau domaine qu'était l'énergie électrique. La plupart d'entre eux intégrèrent la compagnie comme techniciens (*kôshu*) ou techniciens en chef (*kôtô*), afin d'accumuler de l'expérience sur les chantiers de construction des centrales de Mine et Sukawa, avant d'être promus ingénieurs auxiliaires (*gishu*) et affectés au contrôle ainsi qu'à l'opération des lignes et centrales vers 1912. Comme nous le verrons par la suite, une partie de ces recrues fut par ailleurs impliquée dès 1913 dans la construction des postes de distribution de Kawasaki et Hodogaya, ainsi que dans l'aménagement des lignes électriques desservant Tôkyô. Ainsi, la compagnie Fuji procéda au recrutement direct de techniciens spécialisés afin de former une équipe susceptible de soutenir sur le long terme son développement dans le secteur électrique. Pour l'embauche des techniciens en génie civil indispensables à la bonne conduite des travaux de construction de ses centrales hydroélectriques, elle fit en revanche appel à un consultant (Isonaga Tokuzô, de la Compagnie d'arpentage de Tôkyô, *Tôkyô sokuryô-sha*), concluant des contrats avec différentes sociétés tierces pour la conception des plans et la maîtrise d'ouvrage, et embauchant temporairement des employés de la Compagnie d'arpentage de Tôkyô comme ingénieurs auxiliaires[48].

(2) Le développement des affaires et la construction de la ligne alimentant Tôkyô

En novembre 1909, la centrale de Mine fut mise en service et la compagnie Fuji commença aussitôt à approvisionner la Compagnie d'électricité de Yokohama, dans la continuité de l'accord que cette dernière avait conclu avec la Compagnie d'hydroélectricité de Hakone.

Les activités de Fuji dans le secteur électrique se limitèrent d'abord principalement à ce contrat avec la Compagnie d'électricité de Yokohama, bien que l'entreprise assurât par ailleurs l'éclairage des secteurs riverains à ses usines (voir Tableau 8-2). Sur le plan de ses résultats, la compagnie Fuji dégagea en 1911-1912 un fort taux de profit, de l'ordre de 13 à 19 % par rapport à son capital fixe (voir Tableau 8-3). Comme le souligne l'ouvrage relatif aux « cinquante ans d'histoire de la Compagnie des filatures Fuji », cette diversification des affaires en direction de l'électricité, domaine assurant des recettes stables, visait d'abord à compenser les risques inhérents au secteur du filage, fortement sujet aux fluctuations de la conjoncture économique[49]. C'est pourquoi la compagnie Fuji dut à nouveau s'engager dans le développement hydroélectrique dès la fin du chantier de la centrale de Mine.

Dans l'idée de bâtir une nouvelle centrale de ce type, elle reçut en mars 1910 l'autorisation d'exploitation de la partie amont de la rivière Sukawa, après que le projet fut légèrement retardé par un conflit avec la Compagnie d'hydroélectricité de la Sagami (fondée en avril 1911) au sujet de l'obtention des droits d'eau. Fuji obtint gain de cause, sous deux conditions : Wada Toyoji devait être nommé conseiller de la Compagnie d'hydroélectricité de la Sagami et la compagnie Fuji acceptait de fournir à cette dernière une assistance technique grâce à son équipe d'électriciens spécialisés. La construction de la centrale de Sukawa, d'une puissance de 5 250 kilowatts, fut ainsi menée à terme en décembre 1912.

Parallèlement à ces travaux, la compagnie Fuji chercha à s'assurer de nouveaux débouchés, concluant en premier lieu un accord de distribution supplémentaire de 1 250 kilowatts avec la Compagnie d'électricité de Yokohama. Puis, en mars 1911, elle signa un contrat provisoire de distribution de 3 600 kilowatts avec la Compagnie des chemins de fer électriques de la Tama (*Tamagawa denki tetsudô*) [*N.d.T.* : la Tama est un fleuve], cette dernière entrant alors dans son capital[50]. Dans le cas de la Compagnie d'électricité de Yokohama, il fut désormais possible d'alimenter le transformateur de Mine, *via* Oyama, par le biais d'une ligne reliant Sukawa à Oyama. En revanche, pour l'approvisionnement des Chemins de fer électriques de la Tama, la compagnie Fuji fut contrainte d'aménager à ses frais une ligne de transport électrique jusqu'à Tôkyô. Cette ligne à haute tension (66 000 volts), la ligne porteuse de Tôkyô, était longue de 73 kilomètres, transportant le courant depuis Mine jusqu'au poste de transformation que la compagnie aménagea à Komazawa, en banlieue de la capitale.

À la suite de la construction par la Compagnie de l'éclairage électrique de Tôkyô de sa ligne à haute tension reliant la centrale de

Komahashi au poste de transformation de Waseda-Ouest (76 kilomètres, 55 000 volts), les chantiers de lignes électriques s'étaient multipliés entre les zones de montagnes entourant la plaine du Kantô et les plus grandes villes, sur des distances de 70 à 120 kilomètres[51]. Les avancées technologiques dans le domaine du transport de l'électricité – notamment au niveau des transformateurs et des isolateurs haute tension – avaient permis cette rapide extension du transport à longue distance, considéré comme un problème complexe jusqu'à la guerre russo-japonaise. Forte de son bagage technique accumulé depuis 1906 dans le cadre de son plan décennal de développement, la compagnie Fuji profita de ce boom du transport électrique longue distance pour se lancer enfin sur le marché tokyoïte. La ligne Mine-Komazawa, achevée en octobre 1913, était dans les normes de l'époque avec sa tension de 66 000 volts, mais elle présentait l'originalité d'être conduite non par du cuivre mais par de l'aluminium, innovation remarquable. L'utilisation de ce matériau moins lourd permettait de réduire le nombre de pylônes supportant la ligne, et par conséquent d'en alléger les coûts de construction.

La compagnie Fuji, ayant réussi à s'imposer sur le marché de l'électricité dans la région du Keihin en construisant elle-même sa ligne à haute tension, devait désormais exploiter le plus efficacement possible cette ligne et accroître sa production électrique. Elle absorba alors, en mars 1914, la Compagnie d'hydroélectricité de la Sagami, qui était en train d'achever son chantier de construction de centrale à Yamakita (6 450 kilowatts ; chantier achevé en décembre). Non seulement Fuji porta à cette occasion sa capacité de production à 12 250 kilowatts, mais elle récupéra aussi les droits de distribution électrique dans les zones périurbaines de Yokohama. L'organisation du système de distribution fut développée par l'aménagement de postes de commutation entre Seya et Nakagawa, complétant le transport « de point à point » entre Mine et Komazawa, afin d'assurer l'alimentation des usines de Kawasaki et Hodogaya. Par la suite, la compagnie desservit les espaces longeant sa ligne électrique de Tôkyô en aménageant de nombreuses lignes secondaires (*via*, par exemple, le poste de distribution de Hadano en 1916, ou le poste de distribution et la ligne secondaire de Hiratsuka alimentant les Filatures de Sagami à partir de 1918). La construction de la ligne électrique de Tôkyô permit ainsi le développement des affaires de la compagnie Fuji au-delà du simple accès au marché de la capitale.

(3) L'exploitation du système de distribution électrique et le district de Tachibana

La mise en service de ce système de distribution électrique dans la région du Keihin se révéla d'une importance cruciale pour le développement du filage, l'activité première de la compagnie Fuji. Jusqu'alors, la compagnie avait installé ses plus grandes unités de production à Oyama, dans une région montagneuse d'où elle tirait l'hydroélectricité nécessaire à leur fonctionnement. Ce site était toutefois éloigné des principales lignes ferroviaires, ce qui posait de sérieuses difficultés pour l'approvisionnement en matières premières et l'écoulement de la production. L'installation dans un milieu urbain présentait des avantages non négligeables et Fuji décida en juillet 1912 d'ériger une filature de coton dans le bourg de Kawasaki (district de Tachibana), à proximité de sa ligne porteuse de Tôkyô, alors encore en travaux. Couvrant près de 43 000 mètres carrés, cette grande filature capable d'accueillir deux mille cinq cents ouvriers [*N.d.T.* : en l'occurrence surtout des ouvrières] fut achevée en janvier 1915. D'une capacité de production de 43 904 broches (machines Pratt), elle était alimentée par une ligne de transport secondaire (la « ligne de Kawasaki ») tirée en dérivation, sur 10 kilomètres, depuis la station de commutation de Nakagawa sur la ligne porteuse de Tôkyô[52]. Wada Toyoji présenta le caractère innovant du site en ces termes :

> *Pour ce qui est des machines, j'ai opté pour les modèles les plus récents que j'ai pu essayer dans le cadre de l'étude que j'ai réalisée lors de mon séjour en Europe. Les innovations et améliorations apportées sont nombreuses : un moteur est ajouté à chaque poste de filage et un aspirateur installé sur les peigneuses... D'autre part, comme ressource énergétique, nous utilisons le fort potentiel hydroélectrique des environs de la filature d'Oyama. Nous avons aussi aménagé une installation permettant d'éclairer le site, d'alimenter ses machines à hauteur de 1 500 chevaux-vapeur, et en sus de cela de vendre et distribuer le surplus électrique aux clients que compte la région environnante*[53].

La filature de Kawasaki se distinguait par son procédé original d'alimentation « individuelle » des métiers à filer : ils étaient chacun alimentés indépendamment par un petit moteur compact, et non en bloc par un même moteur de forte capacité. Cela présentait de nombreux avantages : la disposition des machines pouvait être rationalisée puisqu'elles ne devaient plus être toutes connectées au même arbre de transmission ; chaque machine pouvait être actionnée ou arrêtée indépendamment des autres ; la dispersion des poussières de coton causée par la rotation des courroies était diminuée ; dans le cas où la réduction des activités de l'usine devait imposer l'arrêt de certains métiers, la perte d'énergie électrique occasionnée était limitée ; enfin, cela réduisait le coût général de construction de la filature[54]. Si l'on dit souvent qu'un tel système fut adopté à grande échelle au Japon dans les années 1930[55], la compagnie Fuji, elle, l'appliquait déjà en 1914. Il s'agissait là d'une innovation technologique décisive, permettant d'exploiter au mieux une énergie électrique abondante et bon marché.

Par ailleurs, comme Wada l'explique dans ses propos cités plus haut, la puissance délivrée depuis Oyama jusqu'à la filature de Kawasaki (1 500 chevaux-vapeur, 4 500 kilowatts) était supérieure aux besoins de cette dernière et l'excédent put être proposé aux usines des environs. La compagnie Fuji obtint l'autorisation d'alimenter en courant et en éclairage électrique le bourg de Kawasaki et le village de Hiyoshi. Près de sa filature de Kawasaki se trouvaient de grands établissements comme celui de l'Électricité de Tôkyô (*Tôkyô denki*), mais aussi de nombreuses petites manufactures, notamment de jute tressé. Fuji contribua à leur développement en leur proposant son électricité bon marché, distribuée depuis le poste de transformation à grande capacité qu'elle aménagea dans le village de Tajima.

Avec la construction en décembre 1914 d'une ligne électrique de dérivation reliant le commutateur de Seya au transformateur de Hodogaya, à 10 kilomètres, la compagnie Fuji se mit à alimenter directement son usine de Hodogaya. La capacité du transformateur (7 500 kilowatts) excédait là aussi les seuls besoins de l'usine de Fuji, si bien que la compagnie étendit sa distribution aux environs. Le phénomène ne fut pas aussi marqué que dans le cas de Kawasaki, mais dès 1915 nombre d'ateliers et usines de petite et moyenne envergure demandeuses en électricité, en particulier des manufactures de jute tressée, étaient installés dans les environs.

Ainsi, Fuji, qui dut d'abord se contenter de vendre sa production à la Compagnie d'électricité de Yokohama à partir de sa station de transformation de Mine – puisqu'elle ne possédait alors aucune ligne de transport –, consolida son activité de distribution à partir de 1913 grâce à l'aménagement de sa propre ligne à haute tension desservant la région du Keihin. Fuji entra même dans le capital de certains de ses clients, comme la Compagnie des chemins de fer électriques de la Tama. Sa politique visant à élever la demande en énergie électrique montre à quel point la distribution d'électricité représentait alors pour elle un secteur aussi important que le filage. C'est pourquoi elle se lança dans la distribution d'électricité autour des postes de transformation de grande capacité qu'elle avait aménagés près de ses usines, contribuant pour beaucoup à la rapide industrialisation des espaces périurbains de Kawasaki et Hodogaya.

* * *

Dans le cas de la ville de Yokohama, nous avons observé comment le secteur électrique a évolué et s'est restructuré lorsque le monopole territorial de chaque entreprise a commencé à être miné par l'émergence d'un nouveau marché, celui de l'électricité – permis par l'avènement du transport d'électricité « de point à point ». Le secteur connut après la guerre russo-japonaise plusieurs innovations techniques majeures grâce au développement du transport à longue distance de courant à haute tension et grâce à la construction de centrales hydroélectriques à haut rendement. À la faveur de l'importante réduction des coûts de production ainsi permise, les compagnies ayant fait ces choix techniques les premières purent distribuer rapidement de grandes quantités d'énergie à prix modéré, devenant hyper-compétitives. La Compagnie de l'éclairage électrique collectif de Yokohama, l'entreprise pionnière qui avait réussi à innover dans la production thermoélectrique au milieu des années 1900, tarda à s'engager dans la voie de l'hydroélectricité... ce qui permit à de nouveaux acteurs d'utiliser la production hydroélectrique afin de satisfaire la demande croissante des environs de Yokohama. Ce fut le cas de la Compagnie d'hydroélectricité de Hakone et de la compagnie Fuji qui y parvinrent en s'essayant au transport « de point à point ». Alors, saisie de panique, la Compagnie de l'éclairage électrique collectif de Yokohama se lança dans ce nouveau mode de production afin de maintenir sa position de monopole, fusionnant malgré des conditions désavantageuses avec la Compagnie d'hydroélectricité de Hakone. La nouvelle « Compagnie d'électricité de Yokohama » se trouva alors à la tête d'un réseau combinant thermoélectricité et hydroélectricité dont la production était largement excessive. Or, bien qu'étant dans une telle situation de surcapacité, l'entreprise, face aux critiques qu'elle essuya dans le contexte de la guerre des prix sévissant à Tôkyô, dut en outre baisser considérablement ses tarifs. En résulta pour Yokohama et ses environs le bénéfice d'une distribution d'énergie à grande échelle et à bon marché, permettant la rapide électrification de nombreuses usines de toutes tailles, contribuant à l'industrialisation de cette région.

Dans le cas du système de distribution électrique du district de Tachibana, ce fut la compagnie Fuji qui joua un rôle majeur. Nous avons examiné les circonstances et la signification de la diversification de son activité en direction de l'électricité. Sa particularité consista à avoir très tôt compris le potentiel de l'hydroélectricité, se lançant dans ce domaine d'abord sans autre objectif que l'alimentation de ses filatures, le filage textile étant son activité première. Avec le développement des techniques de transport à longue distance de courant à haute tension, l'énergie hydraulique disponible en abondance près de ses usines d'Oyama revêtit soudain une grande valeur comme ressource opérationnelle. L'accord conclu avec la Compagnie d'hydroélectricité de Hakone en 1909 pour un partage du secteur électrique fournit alors à Fuji l'occasion d'exploiter concrètement cette ressource. À ce stade, leur investissement dans le domaine électrique restait encore assez limité, les lignes à haute tension nécessaires à leur accès au marché urbain appartenant toutes à la Compagnie d'hydroélectricité de Hakone ou à la Compagnie d'électricité de Yokohama. Ce n'est qu'en 1911 que Fuji commença à mener de front ses activités de filage et de distribution électrique, avec la signature avec la Compagnie des chemins de fer électriques de la Tama d'un grand contrat d'approvisionnement (3 600 kilowatts). Puis, vint le projet d'aménagement d'une ligne de transport de point à point entre le poste de transformation de Mine et la ville de Komazawa, en banlieue de Tôkyô. Achevée en 1913, cette ligne à haute tension (66 000 volts), ladite ligne de Tôkyô, reliait désormais directement les centrales de Fuji à la région du Keihin. Cela lui permit de se consacrer à l'élaboration de son propre système de distribution électrique. À ce moment, les filatures que possédait la compagnie dans le district de Tachibana, et plus précisément dans les bourgs de Kawasaki et Hodogaya, jouèrent un rôle important. Fuji aménagea en effet deux lignes secondaires à partir de deux postes commutateurs disposés le long de la ligne de Tôkyô, installant en bout de ligne des transformateurs de grande capacité. Cela permit d'alimenter les usines de la compagnie et de proposer une distribution d'énergie électrique à bon marché aux environs. Selon certains, cela contribua, tout particulièrement à Kawasaki, à l'expansion rapide du tissu industriel local et constitua le point de départ de la formation de la ceinture industrielle du Keihin[56].

Au sujet des conditions à l'industrialisation des espaces urbains et périurbains, nous avons analysé en détail le début des activités de distribution électrique de la Compagnie des chemins de fer électriques de Keihin, sur la base du journal personnel de Sakuma Gonzô, habitant du village de Tsurumi dans le district de Tachibana. Nous en avons conclu que les rapports entre consommateurs et opérateur électrique s'avérèrent particulièrement importants pour assurer la diffusion de l'éclairage électrique et que l'intervention de nombreux autres acteurs fut aussi nécessaire (fabricants d'appareils électriques et de moteurs compacts, intermédiaires de vente, entrepreneurs en travaux électriques, etc.). Par sa situation géographique privilégiée entre les villes de Tôkyô et de Yokohama, le district de Tachibana jouissait de conditions favorables à la mobilisation de ces diverses ressources humaines, sans compter sa proximité immédiate avec la ligne à haute tension allant de Tôkyô à Yokohama. Cette bonne disponibilité fut décisive pour la rapide industrialisation de cette contrée agricole.

Ainsi, dans la région du Keihin de l'après-guerre russo-japonaise, les acteurs du secteur électrique, jouant de l'innovation technologique, multiplièrent ententes et affrontements concurrentiels. Cela aboutit à la mise en place de différents systèmes de distribution électrique stables et à une forte baisse des tarifs pratiqués. À proximité immédiate de Tôkyô, une des villes les mieux pourvues en équipements électriques et en machines de toutes sortes, la région périurbaine étudiée ici put en outre se procurer facilement les ressources humaines et matérielles nécessaires au développement de son industrie. C'est donc tout naturellement que cette région devint pionnière dans l'industrie lourde et la chimie, portée par cette révolution énergétique inaugurant ce qu'on appelle « l'ère de l'électricité ».

Carte 8-1 : Les lignes à haute tension de la région du Keihin en 1914

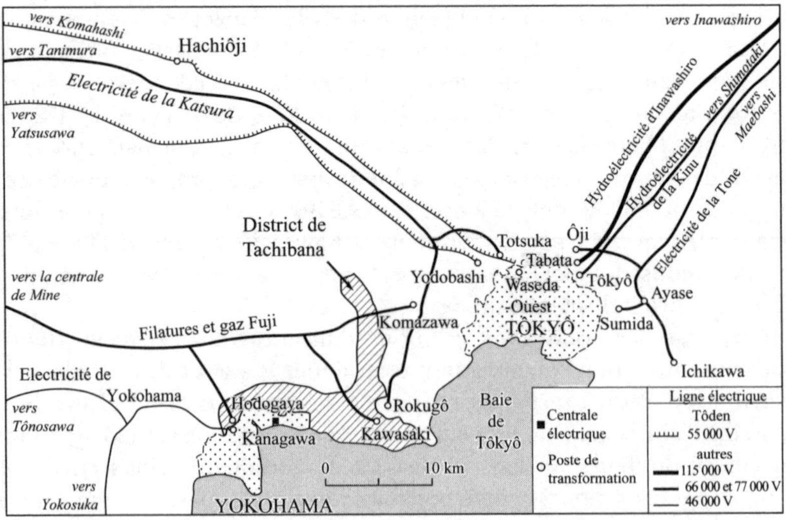

Tableau 8-1 : Les fournisseurs d'électricité dans la région du Keihin

	Autorisation	Aire d'activité en 1907	Aire d'activité en 1913 (activité précisée)
Éclairage électrique de Tôkyô	août 1887	Ville de Tôkyô, district d'Ebara, ville de Yokohama (électricité)	*Idem*
Éclairage électrique collectif de Yokohama	août 1887	Ville de Yokohama,	Ville de Yokohama et district de Tachibana, ville de Tôkyô et district d'Ebara (électricité)
Éclairage électrique de Kanagawa	décembre 1895	Bourg de Kanagawa	
Chemins de fer électriques de Keihin	août 1898	District d'Ebara, district de Tachibana (éclairage)	District d'Ebara, district de Tachibana
Chemins de fer de Tôkyô	septembre 1899	Ville de Tôkyô	Ville de Tôkyô, district d'Ebara
Chemins de fer électriques de la Tama	août 1900	District d'Ebara (éclairage)	District d'Ebara et de Tachibana (village de Takatsu)
Cie hydroélectrique de Hakone	décembre 1903	Villes de Tôkyô et Yokohama, district d'Ebara	
Filatures et Gaz Fuji	février 1910		Ville de Yokohama (électricité), district de Tachibana, bourg de Kawasaki, villages de Hiyoshi et Hodokaya, ville de Tôkyô et district d'Ebara
Électricité de la Katsura	juillet 1910		(électricité) ville de Tôkyô, districts d'Ebara et Tachibana
Hydroélectricité de la Sagami	novembre 1911		Ville de Yokohama (électricité)

NB : la Compagnie de l'Éclairage électrique de Yokohama fusionna avec les compagnies d'Éclairage de Kanagawa et d'Hydroélectricité de Hakone en septembre 1909, adoptant alors le nom de Compagnie d'Électricité de Yokohama (*Yokohama denki*) ; Fuji fusionna avec l'Hydroélectricité de la Sagami en 1913.

Sources : Denki jigyô yôran (Le secteur électrique), chaque année.

Tableau 8-2 : Les activités des compagnies d'Éclairage électrique de Yokohama, Chemins de fer électrique de Keihin et des Filatures et Gaz Fuji

unité : kW

		source d'énergie	capacité	dont achat extérieur	demande industrielle				autres	
					lampes	kW	moteurs		kW	
Électricité de Yokohama	1903	thermique	1 086		27 686					
	1904	thermique	1 586		32 276					
	1905	thermique	2 086		37 689					
	1906	thermique	2 086		46 200					
	1907	thermique	3 166		50 821	2 137	38	9		Fusion avec l'Éclairage électrique de Kanagawa
	1908	thermique	3 936		74 271	3 155	117	241	48	
	1909	ther./hyd.	8 706		87 480	3 636	241	621	94	Fusion avec Hydroélectricité de Hakone (3 300 kW), changement de nom
	1910	ther./hyd.	8 706	5 750	102 442	4 077	439	1 217	1 092	Contrat avec Fuji (achat de 3 750 kW)
	1911	ther./hyd.	7 650	3 750	189 779	6 147	626	1 547	1 389	Fusion avec la Cie du gaz et de l'éclairage électrique de Yokosuka et Chemins de fer électriques d'Enoshima
	1912	ther./hyd.	10 131	3 750	234 524	7 384	1 022	2 195	3 584	
	1913	ther./hyd.	12 950	5 000	256 964	8 111	1 331	2 907	4 990	
	1914	ther./hyd.	12 950	5 000	232 478	7 295	1 282	3 303	6 694	
	1915	ther./hyd.	14 000	5 000	246 952	8 224	1 686	3 801	6 981	

Chemins de fer électriques du Keihin	1903	thermique	175		257					Autorisation pour le seul district d'Ebara
	1904	thermique	575		201					
	1905	thermique	975		175					
	1906	thermique	1 005		301				1 375	
	1907	thermique	1 405		365				1 200	
	1908	thermique	1 230		531	22			1 700	Autorisation étendue au district de Tachibana
	1909	thermique	1 900		2 384	80			1 700	
	1910	thermique	1 900		7 695	250	22	78	1 700	
	1911	thermique	2 100		11 417	328	66	161	1 700	
	1912	thermique	2 700		16 617	431	161	260	1 700	
	1913	thermique*	3 700	1 000	21 158	551	187	285	2 500	Reçoit 1 000 kW de la part de Électricité de la Katsura
	1914	thermique*	3 700	1 000	26 772	608	208	360	2 500	
	1915	thermique*	3 700	1 000	31 345	717	255	397	2 500	
Filatures et Gaz Fuji	1910	hydr./ther.	7 000						5 750	Fourniture d'électricité à Électricité de Yokohama
	1911	hydr./ther.	7 000		1 737				5 750	
	1912	hydr./ther.	7 000		2 069				5 000	Fourniture d'électricité à Chemins de fer de la Tama
	1913	hydr./ther.	12 250		2 296				7 200	Fourniture d'électricité à Hydroélectricité de la Kinu
	1914	hydr./ther.	18 700		2 447	93			8 000	Fourniture d'électricité
	1915	hydr./ther.	26 230		2 869	107			117 670	Fourniture d'électricité aux Verreries du Soleil Levant et aux Tubes en acier du Japon

Sources : les rapports d'activités des différentes entreprises en question et *Denki jigyô yôran* (Le secteur électrique), chaque année.

Tableau 8-3 : La situation financière des compagnies de l'Électricité de Yokohama et des Filatures et du Gaz Fuji

unité : millier de yens

			Revenus d'exploitation			Dépenses d'exploitation		Profits	Frais d'exploit. (%)	Taux de profit (%)	Dividendes (%)
			total	éclairage (%)	distribution	total	dont charbon				
Électricité de Yokohama	1904	S1	123	89,1 %		69	25 %	54	56,1 %	13,8 %	15,0 %
		S2	146	78,4 %		88	25 %	58	60,1 %	13,5 %	15,0 %
	1905	S1	141	90,5 %		84	31 %	57	59,4 %	12,7 %	15,0 %
		S2	166	82,4 %		117	32 %	50	70,0 %	9,9 %	15,0 %
	1906	S1	169	89,8 %		115	43 %	53	68,5 %	10,2 %	15,0 %
		S2	186	89,2 %	0,8 %	122	40 %	64	65,3 %	11,9 %	15,0 %
	1907	S1	186	90,7 %	0,8 %	113	38 %	72	61,1 %	9,7 %	15,0 %
		S2	240	87,8 %	1,5 %	149	39 %	91	62,0 %	11,4 %	15,0 %
	1908	S1	287	88,2 %	2,5 %	192	41 %	95	66,9 %	10,3 %	14,0 %
		S2	314	88,0 %	4,5 %	196	40 %	118	62,3 %	11,9 %	14,0 %
	1909	S1	355	87,3 %	4,6 %	215	38 %	140	60,5 %	13,7 %	14,0 %
		S2	371	84,5 %	7,1 %	168	25 %	203	45,3 %	11,4 %	13,0 %
	1910	S1	410	82,6 %	9,3 %	168	8,5 %	242	41,1 %	13,1 %	13,0 %
		S2	455	77,8 %	14,1 %	255	3,3 %	199	56,,2 %	9,1 %	13,0 %
	1911	S1	542	76,1 %	17,2 %	301	1,1 %	241	55,5 %	10,1 %	12,0 %
		S2	704	64,2 %	20,7 %	429	4,3 %	275	60,9 %	9,0 %	11,0 %
	1912	S1	913	61,7 %	22,9 %	551	5,1 %	362	60,3 %	11,4 %	11,0 %
		S2	877	64,6 %	21,6 %	500	6,0 %	377	57,1 %	10,3 %	11,0 %

	1913	S1	926	64,8 %	21,4 %	545	4,1 %	381	58,8 %	10,1 %	11,0 %
		S2	952	61,7 %	22,7 %	536	2,9 %	416	56,3 %	10,6 %	11,0 %
	1914	S1	980	60,5 %	23,5 %	597	5,3 %	384	60,9 %	9,4 %	11,0 %
		S2	1025	57,4 %	26,0 %	615	6,6 %	411	59,9 %	9,7 %	11,0 %
Filatures et Gaz Fuji	1910	S2	75			16		60	21,0 %	8,7 %	10,0 %
	1911	S1	100			11		89	11,1 %	13,0 %	10,0 %
		S2	108			15		93	14,2 %	13,5 %	10,0 %
	1912	S1	106			13		93	12,7 %	13,5 %	10,0 %
		S2	142			9		133	6,2 %	19,5 %	10,0 %
	1913	S1	184			13		171	7,3 %	11,5 %	12,0 %
		S2	191			15		176	8,1 %	11,8 %	12,0 %
	1914	S1	303			32		271	10,5 %	18,2 %	12,0 %
		S2	385			46		339	12,0 %	21,3 %	12,0 %

NB : frais d'expl. = frais d'exploitation ; le taux de profit est calculé à partir des capitaux fixes. Pour Fuji, il s'agit des chiffres se rapportant uniquement aux activités électriques, pour Électricité de Yokohama, nous calculons le capital fixe en additionnant le capital versé, les réserves, les obligations et les prêts contractés.

Sources : Fuji gasu bôseki, « Hôkokusho » (Rapport), chaque numéro ; *Denki jigyô yôran* (Le secteur électrique), chaque année.

Tableau 8-4 : L'évolution des tarifs de l'électricité dans la région du Keihin

Unité : yen

		Éclairage		Distribution	
		/mois	/1 kW	/mois	/1 kW
1907	Tôden	2	0,3	15	0,13
	Éclairage électrique de Yokohama	1,7	0,3	15	0,2
	Chemins de fers électriques de Keihin	1	0,2		
1908	Tôden	1,2	0,2	6,5/15	0,05/0,1
	Éclairage électrique de Yokohama	1,2	0,28	15	0,15
	Chemins de fers électriques de Keihin	1	0,2		0,1
1910	Tôden	1,2	0,2	6,5/15	0,05/0,1
	Éclairage électrique de Yokohama	1,2	0,24	Dec-20	0,1
	Chemins de fers électriques de Keihin	1	0,2	15	0,1
1911	Tôden	1	0,2	6,5/15	0,05/0,1
	Éclairage électrique de Yokohama	1	0,18	Dec-20	0,1
	Chemins de fers électriques de Keihin	1	0,2	15	0,1
1914	Tôden	0,8	de 0,1 à 0,2	6,5/14	0,05/0,1
	Éclairage électrique de Yokohama	0,65	de 0,12 à 0,18	Dec-20	0,022/0,12
	Chemins de fers électriques de Keihin	1	0,2	15	0,1
	Filatures et Gaz Fuji	0,5			
1916	Tôden	0,8	de 0,1 à 0,18	6,5/14	0,05/0,1
	Éclairage électrique de Yokohama	0,65	de 0,12 à 0,18	8/14	
	Chemins de fers électriques de Keihin	0,65	de 0,12 à 0,18	7,5/12	0,1
	Filatures et Gaz Fuji	0,5			

NB : pour l'éclairage, l'abonnement mensuel correspondait à 10 candelas, pour la distribution au mois la puissance était d'1 cheval-vapeur.

Sources : Denki jigyô yôran (Le secteur électrique), chaque année.

• Conclusion
La dynamisation des économies régionales et leurs évolutions structurelles

Nous nous sommes efforcés de mettre en évidence la place et le rôle des régions dans le processus de la révolution industrielle japonaise, tenant compte, d'une part, des agents économiques régionaux qui furent les forces vives de l'essor des entreprises et, d'autre part, de leurs réseaux humains et de l'idéologie de l'industrialisation sur lesquels ils fondèrent leurs activités entrepreneuriales. Par l'analyse de la répartition territoriale des sociétés, notre première partie fut plus concrètement consacrée à la question du rôle respectif des centres et des provinces au commencement de la révolution industrielle au Japon et aux changements structurels des économies régionales au cours de son développement. Dans notre deuxième partie, nous avons cherché à comprendre comment les régions avaient ainsi pu devenir la force motrice de la révolution industrielle japonaise en examinant les orientations prises et les choix réalisés par leurs principaux acteurs en régions : administrateurs, entrepreneurs, investisseurs fortunés, ou encore les grands groupes régionaux (*chihô zaibatsu*). Par l'exemple du développement du secteur électrique, notre troisième et dernière partie nous a enfin permis de nous pencher sur le cas des espaces métropolitains, contrepoids des espaces provinciaux, et d'esquisser une réflexion quant aux causes de l'évolution structurelle des économies locales après la guerre russo-japonaise. Nous souhaiterions donc revenir dans cette conclusion sur certaines questions théoriques, afin de les mettre en perspective avec le problème des mécanismes de stimulation des économies régionales et de leurs changements structurels.

(1) Les mécanismes de dynamisation des économies régionales : agents économiques, réseaux relationnels et idéologie de l'industrialisation

Reprenons en premier lieu les points relatifs aux mécanismes de revitalisation des économies régionales au regard des trois conditions à cette stimulation étudiées dans notre deuxième partie : l'existence d'agents économiques pivots, la formation de réseaux relationnels intra- et extra-régionaux et, enfin, le partage d'une même idéologie de l'industrialisation des provinces.

L'exemple du département de Fukuoka, analysé dans la première partie puis dans le chapitre 4, nous fournit à cet égard un modèle de réflexion. Lors du boom des entreprises ayant eu lieu dans ce département, les entrepreneurs et les grandes fortunes locales jouèrent un rôle majeur dans le mouvement de créations de filatures et de compagnies de travaux publics… créations circonscrites à l'échelle du district, contrairement aux compagnies ferroviaires qui furent portées par des campagnes réalisées à l'échelle départementale avec le soutien actif des fonctionnaires et hommes politiques locaux. Dans ce dernier cas, où la taille des compagnies ne permettait guère à un seul individu ou une seule province d'en assumer la fondation, les réseaux relationnels et les efforts conjoints de plusieurs provinces au-delà des limites départementales furent d'un poids décisif dans l'approvisionnement en ressources financières et matérielles. Ceux qui jouissaient à l'époque de ces réseaux intra- et extra-régionaux n'étaient autres que les membres de l'administration territoriale, corps présent dans tout le pays, ainsi que les hommes politiques locaux qui, à la suite de leurs expériences au sein du Mouvement pour la liberté et les droits du peuple, avaient formé des partis politiques dont l'échelle dépassait leur province respective. Toutefois, le premier essor des entreprises débuta tout juste avant l'ouverture de la Diète impériale; à ce stade, l'organisation des partis au niveau national restait embryonnaire et les hommes politiques de province avaient peu de liens avec le centre politique du pays. Dans cette situation, les entrepreneurs de province étaient de fait tributaires des fonctionnaires régionaux pour obtenir les ressources leur faisant défaut auprès des sphères centrales.

Les entrepreneurs de province jouèrent en revanche un rôle prépondérant dans l'exemple des filatures et des compagnies de travaux publics, dont la création requérait des capitaux moindres par rapport aux compagnies ferroviaires, ainsi que des ressources opérationnelles disponibles dans les circonscriptions locales. C'est en mobilisant les réseaux humains qu'ils avaient formés dans leurs provinces que ces entrepreneurs parvinrent à rassembler régionalement les investisseurs (actionnaires) et les ouvriers, et à attirer depuis les centres les ingénieurs et les cadres gestionnaires. En outre, ils firent parfois usage des liens professionnels étroits qu'ils avaient tissés avec les centres afin de réunir les capitaux indisponibles dans leurs provinces. Les rapports entretenus par les entrepreneurs régionaux et la compagnie Mitsui autour de la Filature de Miike constituent un parfait exemple du phénomène.

D'autre part, ces trois acteurs majeurs de l'industrialisation des provinces japonaises à la fin du XIXe siècle partageaient une même idéologie de l'industrialisation régionale, considérant cette dernière comme le fondement même de l'enrichissement national. Ainsi que nous l'avons relevé dans notre premier chapitre, les fonctionnaires, entrepreneurs et politiciens régionaux estimaient que cultiver le « potentiel » des provinces en renforçant l'éducation et encourageant la production industrielle permettrait d'accroître la prospérité du pays, participant de ce fait à « l'indépendance de l'empire ». La juxtaposition de cette idéologie de l'industrialisation régionale et du nationalisme devait légitimer les activités économiques des entrepreneurs de province et grandement contribuer au fulgurant essor industriel des régions au cours de l'ère de Meiji[1]. Les partis fondés à des fins politiques devinrent d'ailleurs parfois eux-mêmes des agents économiques. Comme le montre notre étude de la région de Miike (chapitre 4), les activités politiques menées par certains au cours du boom des entreprises n'avaient pas pour but de gagner en notabilité, mais étaient profondément liées à leurs activités économiques. Les réseaux relationnels formés par le biais de ces activités politiques rapprochèrent les entrepreneurs et les grandes fortunes régionales, leur permettant de se lancer dans des affaires d'envergure, qu'ils n'auraient pu monter seuls. L'existence de ces réseaux fut ainsi un facteur indispensable à l'essor de la révolution industrielle dans des provinces aux ressources fortement limitées.

Dans certaines régions, comme le département d'Iwate examiné dans le chapitre 3, où cette idéologie ne s'était pas suffisamment diffusée parmi la population, et où les réseaux intra- et extra-régionaux ne se montraient pas davantage efficaces pour favoriser la percée des industries, les fonctionnaires de province et organismes officiels des régions durent mener un combat solitaire pour dynamiser l'économie locale. Tout en observant attentivement l'attention que portaient les départements riverains au phénomène de l'industrialisation, les fonctionnaires d'Iwate bâtirent un plan d'encouragement économique axé autour de l'implantation à brève échéance d'une voie ferrée dans leur département, se lançant eux-mêmes dans une étroite compétition avec leurs voisins de Yamagata pour la collecte des fonds nécessaires à l'extension de la ligne nord-est de la Compagnie des chemins de fer du Japon. Au cours de la campagne départementale visant à rassembler ces capitaux, ils divisèrent les 2 millions de yens d'actions à souscrire entre chaque district d'Iwate en proportion des retombées dont chacun d'entre eux pouvait espérer bénéficier et de leur force économique (mesurée dans la valeur fiscale de leurs terrains et le montant de leur taxe professionnelle), et mobilisèrent énergiquement les autorités publiques locales (préfecture, bureaux municipaux de districts et de villages) pour procéder à la collecte. Ces dernières rencontrèrent cependant d'immenses difficultés pour mener à bien la souscription dans pratiquement toutes les circonscriptions d'Iwate, exception faite de Morioka[2]. Les fonctionnaires locaux s'appliquèrent alors pendant près de six mois à susciter l'intérêt pour les chemins de fer, recourant parfois à des méthodes proches de l'extorsion pour parvenir à récupérer tant bien que mal l'intégralité de la somme fixée. Contrairement à ce qui a pu être observé à Fukuoka, le département d'Iwate ne connut cependant pas d'élan endogène en faveur de la révolution industrielle durant l'ère de Meiji, en raison de l'absence d'agents économiques forts et du manque de réseaux intra- et extra-régionaux. Malgré le travail acharné des fonctionnaires locaux, la diffusion de l'idéologie de l'industrialisation se limita dans ce département à la périphérie de Morioka. Il faudra, pour cette raison, attendre la fin de la guerre russo-japonaise pour assister à un véritable boom des entreprises dans la région[3].

L'exemple du district de Sen'nan, dans le département d'Ôsaka, auquel nous avons consacré notre chapitre 5, nous aura permis de constater le rôle primordial des comportements d'investissement privilégiant la rationalité économique dans la mise en dynamique de l'économie locale. La maison Hiromi, avec Hiromi Sôtarô à sa tête, se forgea en effet un vaste réseau de contacts personnels, tant par ses partenariats d'affaires que par des alliances maritales, et ceci non seulement au niveau local du quartier et du village (le village de Kaizuka), mais aussi au niveau du district (le district de Sen'nan) et encore au-delà au niveau départemental (le littoral de la baie d'Ôsaka). En utilisant à bon escient ces réseaux multiscalaires, l'entreprise put obtenir les informations et les capitaux nécessaires afin de sélectionner et réaliser les investissements jugés prometteurs pendant l'essor des entreprises, ciblant des compagnies métropolitaines (des régions centrales) mais aussi celles de niveau local. La maison Hiromi adopta des comportements d'investissement caractéristiques du notable (*meibôka*) et ne développa guère de discours, ni sur ses projets d'avenir pour la région, ni sur la question de l'identité locale. La priorité alla aux bénéfices plutôt qu'à une réflexion sur l'industrialisation régionale, les décideurs opéraient leurs choix de manière froide et perspicace. La province de Sen'nan comptait alors un grand nombre d'entreprises, notamment dans le secteur du filage et la céramique, et autant d'entrepreneurs talentueux pour les faire prospérer, tels Terada Jin'yomo. Grâce aux liens d'amitié cultivés au quotidien avec ces entrepreneurs dans le cadre des communautés locales, il fut ainsi possible à la maison Hiromi d'obtenir la primeur de ces informations sur les compagnies afin de procéder aux placements les plus judicieux. Dans les faits, celle-ci participa également à la fondation de sociétés performantes telles la Filature de Kishiwada ou la Compagnie des chemins de fer de la mer du Sud, puis soutint continuellement leur croissance en contribuant à chaque augmentation de capital. Lorsqu'elle fut elle-même élue au sein du conseil d'administration de certaines de ces compagnies, comme ce fut le cas avec la Briqueterie de Kishiwada, la maison Hiromi usa par ailleurs de sa position pour poursuivre ses investissements, moyennant un contrôle préalable des finances de l'entreprise, aidant ainsi les compagnies locales à se développer. Et dans chacune de ces configurations, elle fut en mesure de réaliser de confortables bénéfices grâce aux dividendes et aux primes d'administration. C'est cette capacité à saisir rapidement et sans coup férir les opportunités d'investissement, en province, qui donnait aux investisseurs régionaux leur avantage comparatif sur leurs homologues des grandes métropoles. Du point de vue des économies locales, leurs comportements d'investissement réalisant des placements concentrés et continus de capitaux en faveur de l'industrialisation permirent de soutenir sur le long terme le développement d'entreprises régionales compétitives. De fait, cela contribua à une sorte d'internalisation par la société régionale des fruits de la révolution industrielle. La région de Sen'nan, forte de nombreuses fortunes telles la maison Hiromi, connut un développement économique continu et mettant en jeu des compagnies actives dans tous les secteurs d'activité. Sans doute faut-il y voir une des raisons du développement sur la durée de cette province, alors que nombreuses furent celles à perdre leur dynamisme au cours du processus de la révolution industrielle, malgré leur déploiement prodigieux de ressources humaines et capitalistiques au cours des différentes phases de l'essor des entreprises dans le pays.

À partir de l'exemple des maisons Yasukawa et Matsumoto, de la province du Chikuhô, nous avons observé dans notre chapitre 6 comment un entrepreneur de province a pu, en jouant de ses réseaux relationnels intra- et extra-régionaux, en s'appuyant sur sa famille – au sens étroit (*kazoku*) comme large (*dôzoku*) du terme –, faire croître ses affaires au point de constituer un véritable « zaibatsu » au niveau de sa région. Issu d'une famille travaillant dans l'administration du domaine de Fukuoka, Yasukawa Keiichirô fit ses débuts dans les affaires en tant que petit propriétaire minier et se retrouva quelques décennies plus tard, au cours de l'ère de Taishô (1912-1926), à la tête de l'un des plus grands conglomérats régionaux du pays. Quatre réseaux, locaux et extra-locaux, jouèrent un rôle important dans cette réussite : celui de ses connaissances datant de l'époque du domaine de Fukuoka (dont ses proches et ses homologues) ; celui des entrepreneurs de la région du Chikuhô ; celui des capitalistes de la région du Hanshin (Ôsaka-Kôbe) ; et le milieu des fonctionnaires, politiciens et personnalités liées aux conglomérats de Tôkyô. Les deux premiers réseaux (intra-régionaux) lui furent indispensables dans le cadre du développement de ses affaires locales : c'est en les mobilisant habilement que Yasukawa parvint à se procurer les moyens humains (cogestionnaires, techniciens, ouvriers), matériels (sites miniers, solutions de transport) et financiers (pour les fonds de roulement et le financement d'une partie des capitaux fixes) qui lui permirent de mener à bien ses affaires minières. Face à l'apparition successive de nouveaux concurrents issus du capital central (*chûô shihon*), comme Mitsubishi, Mitsui, Sumitomo, Furukawa, attirés par les abondantes ressources de la région du Chikuhô, deux facteurs furent essentiels à la réussite de Yasukawa : la capacité à obtenir des informations *via* les réseaux locaux et à s'associer dans le cadre de partenariats fondés sur la confiance mutuelle. Par ailleurs, c'est en utilisant la famille (au sens large) comme un marché interne que les Yasukawa et les Matsumoto parvinrent à réunir les ressources humaines et financières qu'ils ne pouvaient obtenir sur les marchés externes. Cet usage du cadre familial en tant que marché interne accéléra le rapprochement des deux familles pour aboutir en dernier lieu à leur fusion en un zaibatsu régional.

Les deux derniers réseaux (extra-régionaux) se montrèrent quant à eux décisifs sur le plan de l'obtention d'informations et de fonds – plus précisément de capitaux d'investissements en équipement. Yasukawa travailla d'ailleurs à renforcer ses liens avec les régions centrales en passant plus du tiers de son temps dans le Hanshin ou à Tôkyô. À une époque où les moyens de communication avec les régions distantes se trouvaient encore limités, ces déplacements furent indispensables pour établir un contact direct, se procurer des informations fiables et saisir les opportunités d'affaires, non seulement dans le secteur minier, mais également dans le cadre de la diversification de ses activités. Sans doute ce rapprochement actif opéré en direction des sphères centrales constitue la particularité de Yasukawa Keiichirô, notamment par rapport à la maison Hiromi.

En 1907, Yasukawa contribua d'autre part au développement de l'éducation supérieure dans le Chikuhô en injectant ses propres capitaux dans la fondation d'une université privée, l'École supérieure de Meiji. Cette opération relevait d'une stimulation de l'économie locale par la construction des infrastructures nécessaires au développement à long terme du secteur minier du Chikuhô. Cela relevait aussi d'une volonté de Yasukawa d'assurer sa relève en transmettant à ses fils sa propre idéologie de l'industrialisation : voir les affaires comme des « œuvres publiques au service de la nation » (*kokka kôkyô*)[4]. Son insistance sur ces aspects idéologiques et sa démonstration par l'exemple permirent que se perpétue son héritage... mais aussi que prospèrent ses affaires au niveau local sans que son puissant groupe, son zaibatsu régional, ne soit accusé de monopole.

Ainsi, les économies régionales parvinrent à être dynamisées durant l'ère de Meiji par le recours aux réseaux relationnels intra- et extra-régionaux d'agents économiques porteurs d'une même idéologie de l'industrialisation des provinces. Il conviendra ici de noter que ces agents, fussent-ils fonctionnaires, investisseurs ou entrepreneurs régionaux, n'auraient jamais pu réaliser cette industrialisation de manière individuelle, ce qui transparaît dans le retard du boom des entreprises dans le département d'Iwate, où seuls les fonctionnaires de l'administration territoriale prirent à bras-le-corps la question... alors que le département de Fukuoka devint pour sa part l'un des grands piliers de la révolution industrielle de l'ère de Meiji. Et pour cause, fonctionnaires, investisseurs et entrepreneurs régionaux s'y entraidèrent afin d'obtenir les ressources leur faisant réciproquement défaut, formant des réseaux à différents niveaux qui stimulèrent l'essor des entreprises. Ce constat s'applique particulièrement à l'essor entrepreneurial des districts où les fortunes locales (qui fournirent les capitaux nécessaires à l'industrialisation) et les entrepreneurs (qui se chargèrent de la conception et de la gestion des affaires) mirent en commun leurs ressources opérationnelles pour développer mutuellement leurs affaires[5]. Il ne s'agissait généralement pas d'une relation strictement interpersonnelle entre deux individus (un investisseur et un entrepreneur), mais plutôt de relations croisées nées du quotidien de la vie sociale au niveau local et régional, de groupes d'entrepreneurs finissant par constituer des réseaux[6]. D'autre part, ces entrepreneurs accumulèrent des capitaux tout au long de la révolution industrielle et certains investisseurs acquirent des compétences dans le domaine de la gestion d'entreprise, donnant naissance en province à de puissants investisseurs-entrepreneurs, alliant capitaux et capacités de direction. Parmi eux, ceux qui réussirent à diversifier et faire prospérer leurs affaires tout en conservant dans le giron familial la direction et la propriété des activités principales virent leurs entreprises se muer en ce que l'on nomme un « zaibatsu régional ». Ces groupes, forts de leur puissance financière et de leurs qualités indéniables en affaires, devinrent les acteurs majeurs de l'industrialisation des régions[7], donnant naissance depuis leur province à la révolution industrielle au Japon.

D'autre part, les « zaibatsus de province », en voulant voir leurs affaires se développer au sein d'un même territoire (afin d'améliorer l'intercomplémentarité de leurs différentes activités toujours plus diversifiées et de faciliter la succession à leur tête d'un membre d'une même famille), contribuèrent grandement au développement des économies régionales. De nombreux investisseurs et entrepreneurs régionaux développèrent alors leurs affaires en constituant des réseaux autour de ces agents économiques incontournables qu'étaient devenus les zaibatsus régionaux, et ce faisant la province devint la force motrice de la révolution industrielle japonaise.

(2) L'évolution structurelle de l'économie japonaise durant la révolution industrielle

Résumons maintenant les grandes évolutions structurelles que connurent les économies régionales durant la révolution industrielle, surtout au cours de la transition de « l'ère des régions » à celle « des villes », avant d'esquisser une réflexion autour du rapport entre les provinces et les grandes métropoles au cours de ce processus.

En termes de rapports entre régions et centres, les conditions préalables à l'émergence de la révolution industrielle au Japon tenaient en l'accumulation des richesses dans les provinces, l'existence d'agents économiques servant de ponts entre les centres et les régions, l'introduction des technologies modernes dans ces deux espaces et enfin l'existence de fonctionnaires au sein de l'administration territoriale capables de développer des mesures autonomes d'encouragement pour les nouvelles industries, en toute indépendance du centre politique. Cette accumulation des ressources humaines et des capitaux en région, qui se superpose d'ailleurs au cadre de pensée de l'idéologie de l'industrialisation régionale, favorisa cette large industrialisation au niveau national (voir la première partie).

Au cours du boom des entreprises qui débuta au milieu des années 1880, les divers agents économiques des provinces mobilisèrent les ressources à leur disposition pour fonder et diriger de nombreuses sociétés ; ce faisant, ils devinrent les forces vives de la révolution industrielle. Comme nous l'avons vu dans le chapitre 2, les sociétés se multiplièrent partout sur le territoire entre la première vague d'essor des entreprises et le deuxième boom (après la guerre sino-japonaise). « L'ère des régions » battait alors son plein. Avec les années 1900 débuta cependant un mouvement de concentration des entreprises au sein des espaces métropolitains, abaissant comparativement le pourcentage de compagnies implantées en province. Notons toutefois qu'après la guerre russo-japonaise, qui accéléra pourtant ce phénomène, certaines régions continuèrent à se développer de manière continue et d'autres virent même débuter, avec un certain retard, leur boom des entreprises. Le début de « l'ère des villes » ne fut donc pas provoqué par le recul des régions, mais bien par le développement autonome des forces économiques urbaines.

À partir de ces éléments, nous avons analysé la réalité de l'industrialisation des provinces ainsi que ses acteurs majeurs (deuxième partie), puis réfléchi aux causes et significations du rapide développement de l'économie urbaine (troisième partie) – dû à l'industrialisation des villes, elle-même profondément liée à l'industrialisation des régions. Nous avons à cet égard remarqué qu'un des grands facteurs expliquant cette évolution générale résidait dans la formation d'un système de distribution électrique pérenne dans les grandes villes et ses conséquences directes : naissance d'un marché de l'électricité et développement des marchés de capitaux. Comme nous l'avons démontré en étudiant l'exemple de la ville de Tôkyô (chapitre 7), l'émergence des lignes de transport longue distance de courant à haute tension et des centrales hydroélectriques à haut rendement à la fin des années 1900 contribua à la mise en place d'un système de distribution de masse à bas coût, provoquant un soudain développement des marchés de l'éclairage et de l'énergie électriques dans les métropoles. Son effet fut particulièrement important en ce qui concerne l'énergie électrique, et le phénomène de l'électrification des usines s'intensifia dans les grandes structures industrielles comme dans les plus petites. Les usines de toutes tailles se concentrèrent par conséquent très rapidement à Tôkyô, dès la Première Guerre mondiale, commençant à former une ceinture industrielle[8]. En outre, avec la diffusion des techniques de transport longue distance de courant à haute tension, de nouvelles compagnies électriques se lancèrent tour à tour dès 1912 dans la construction d'imposantes centrales hydroélectriques pour alimenter Tôkyô : ce fut une véritable « bataille de l'électricité » qui éclata au milieu des années 1910. Cette concurrence eut pour conséquence une augmentation des volumes d'énergie distribués et une baisse brutale des tarifs. Cela accéléra davantage encore la diffusion de l'usage de l'énergie électrique à Tôkyô, stimulant l'industrialisation de la ville. L'avantage comparatif des grandes métropoles (leur forte concentration d'usines et de population) se trouva d'autant plus renforcé qu'il facilitait le développement des compagnies électriques (avec un transport et une distribution électrique plus efficace et facile qu'en zone rurale) et les incitait à élaborer des systèmes de production et de consommation massives.

Concernant les marchés de capitaux, le marché boursier s'est constitué progressivement au cours de la révolution industrielle et se fluidifia soudainement avec la nationalisation des chemins de fer, facilitant le financement des compagnies électriques. Les titres de ces sociétés, actions et obligations, devinrent les nouveaux fleurons de la Bourse en lieu et place des titres ferroviaires, et soutinrent ainsi le développement rapide des marchés de capitaux à partir de la Première Guerre mondiale, renforçant par ailleurs la position des villes comme centres financiers. Dans la mesure où ces compagnies parvenaient à s'approvisionner en capitaux sur des marchés anonymes, la nécessité d'un rapport de proximité immédiate, de « face-à-face », dans le cadre d'une collecte de fonds devait ainsi aller en diminuant, signifiant la perte pour les provinces d'un de leurs avantages comparatifs face aux villes.

L'exemple de la région du Keihin examiné dans le chapitre 8 nous a par ailleurs montré comment la concurrence autour de la construction de lignes à haute tension – destinées à alimenter en électricité la zone périurbaine de Tôkyô – a accéléré la formation de plusieurs systèmes de distribution électrique stables en périphérie de la métropole, mais a aussi fait chuter de manière drastique les tarifs de l'énergie électrique. La proximité directe de la région avec les grandes villes où se concentraient les dernières innovations technologiques dans les domaines de l'électricité et de la mécanique facilita le déploiement des ressources humaines et matérielles indispensables à l'électrification des usines. Ainsi la révolution énergétique du pays prit-elle sa source dans la région du Keihin, où tous les secteurs de l'industrie continuèrent à se développer.

Observée sous un angle différent, l'industrialisation des secteurs périurbains ne fut qu'une extension prolongeant les villes en dehors de leur centre. Grâce aux multiples lignes à haute tension bâties depuis les zones montagneuses en direction des métropoles, le raccordement des usines au réseau électrique progressa à l'intérieur des villes comme dans leurs banlieues, de sorte que les agglomérations métropolitaines constituèrent peu à peu une véritable ceinture industrielle entre le milieu des années 1900 et la Première Guerre mondiale. En fin de compte, la soudaine et forte croissance de l'économie urbaine due au développement de cette ceinture fit comparativement reculer l'importance majeure des régions dans la structure économique du pays. Apparue à la fin de la guerre russo-japonaise, cette « ère des villes » du Japon moderne se poursuivit par la suite jusqu'à la Seconde Guerre mondiale[9].

• Postface

Comment appliquer au Japon moderne les expériences régionales relatées dans cet ouvrage, malgré les quelque cent dix années qui les séparent de notre temps ?

En réduisant les divers frais transactionnels, la formation de liens d'affaires fondés sur des relations de proximité fut une grande source de compétitivité durant la révolution industrielle, à une époque où les marchés de capitaux, des biens et du travail étaient encore peu consolidés. En ce sens, les régions dotées de solides réseaux humains par effet de proximité territoriale ou familiale détenaient un avantage comparatif sur les villes où l'anonymat prévalait, ce qui, au cours de la révolution industrielle, fit d'elles des forces motrices de l'essor des entreprises et leur permirent de marquer de leur empreinte le développement de l'économie japonaise. Avec le développement de l'économie de marché à l'issue de la phase fondatrice de la révolution industrielle, les marchés anonymes commencèrent toutefois à se montrer opérationnels et efficaces, réduisant à néant cet avantage comparatif lié aux relations de proximité immédiate, de « face-à-face ». Dans le cas du Japon, cette évolution structurelle transparaît dans l'essor que connut le secteur de l'énergie électrique dans les villes de l'après-guerre russo-japonaise. Les régions continuèrent cependant à développer progressivement leur économie grâce à ce type de relations, y compris durant cette période, mais la position qu'elles occupaient au sein de la structure économique du pays fut néanmoins amoindrie face à cette brusque expansion de l'économie urbaine.

Ainsi, le rôle de moteur de l'économie nationale assuré par les provinces au milieu de l'ère de Meiji toucha à sa fin avec le développement de l'économie de marché, concomitant du déploiement de la révolution industrielle. Si l'on s'éloigne toutefois de ces considérations pour s'en tenir à la question de la régénération autonome des économies locales de ces régions, les mécanismes de stimulation économiques évoqués dans cet ouvrage demeurent toujours valables. Aujourd'hui encore, malgré le développement extrême de l'économie de marché, le lien de proximité instauré par les entreprises dont le siège se situe en province continue de jouer un rôle primordial dans leur approvisionnement en ressources opérationnelles, qu'elles soient humaines, matérielles ou financières. Au sujet de l'importance de ce rapport de proximité en province, voici ce que déclare Suzuki Yohei, président de la compagnie Suzuki, société ayant développé ses affaires dans de multiples domaines – principalement celui de la distribution – et dont le siège est implanté à Shizuoka (arrondissement de Shimizu) :

> [Conserver le siège de son entreprise en province] *permet d'être infiniment plus solide en ce qui concerne les affaires locales. On y a accès aux informations, mais surtout tout y est disponible : les gens, les produits, l'argent ; pour peu que l'on lance son affaire au niveau local et que l'on y travaille sérieusement, il n'y a à mon avis aucun risque de connaître l'échec*[1].

C'est en bâtissant des liens de proximité intra- et extra-régionaux, mais aussi en employant habilement ces réseaux pour développer leurs activités, que les entreprises régionales prospères comme celle de Suzuki Yohei sont devenues les moteurs de la revitalisation économique de leurs régions. Pour ces compagnies de province comme pour le développement continu de l'économie locale, l'expérience de cette révolution industrielle enracinée en région peut aujourd'hui encore constituer un modèle salutaire.

* * *

Voici les références des articles de recherche originaux que nous avons repris dans le cadre de l'élaboration des chapitres du présent ouvrage, avec un grand nombre d'ajouts et de remaniements.

Avant-propos : manuscrit original.

Chapitre 1 : « Kôhatsukoku kôgyôka to chûô-chihô » (Centre et provinces dans les industialisations de rattrapage), dans Tôkyô daigaku shakaikagaku kenkyûsho hen, *Nijû seiki shisutemu 4 kaihatsushugi* (Les systèmes du XXe siècle 4. Le développementisme), Tôkyô, Tôkyô Daigaku Shuppankai, 1998.

Chapitre 2 : manuscrit original.

Chapitre 3 : « Kôgyôka shikin no chôtatsu to chihôkan » (Les administrateurs régionaux et le financement en capitaux du développement industriel), dans Takamura Naosuke (dir.), *Meiji zenki no nihon keizai* (L'économie japonaise au début de l'ère de Meiji), Tôkyô, Nihon Keizai Hyôronsha, 2004.

Chapitre 4 : Première sous-partie : « Kôhatsukoku kôgyôka to chûô-chihô », *art. cit.*

Sous-parties 2 à 4 : « Chihô no kigyô bokkô », dans Takeda Haruhito (dir.), *Chiiki no shakai keizai-shi* (Une histoire sociale et économique des régions), Tôkyô, Yuhikaku, 2003.

Chapitre 5 : « Chihô shisanka no tôshi kôdô to kigyô bokkô » (Les comportements d'investissements des possédants provinciaux et l'essor des entreprises), *Keiei shigaku*, n° 38-2, 2003.

« Meiji-ki no yûkashôken tôshi » (Les investissements en valeurs mobilières à l'ère de Meiji), dans Ishii Kanji et Nakanishi Satoru (dir.), *Sangyôka to shôka keiei – beikoku hiryô shô hiromi-ke no kinsei kindai* (Industrialisation et gestion familiale : la maison de commerce en grains et engrais Hiromi dans la modernité), Nagoya, Nagoya Daigaku Shuppankai, 2006.

« Merchant's Investment in Securities and the Enterprise Boom: The Case of the House of Sotaro Hiromi », *Japanese Research in Business History*, vol. 23, 2006.

Chapitre 6 : « Yasukawa keiichirô no jigyô tenkai to shisan keisei » (Le développement des affaires et la formation de la fortune de Yasukawa Keiichirô), dans Arima Manabu (dir.), *Kindai nihon niokeru kigyôka to seiji – yasukawa keiichirô to sono jidai* (Les entrepreneurs et la politique dans le Japon moderne : Yasukawa Keiichirô et son époque), Tôkyô, Yoshikawa Kôbunkan, 2009.

Chapitre 7 : « Meijiki tôkyô niokeru denki kyôkyû shisutemu no keisei » (La formation du système de distribution électrique dans le Tôkyô de l'ère de Meiji), dans Nakamura Takafusa et Fujii Nobuyuki (dir.), *Toshika to zairai sangyô* (Urbanisation et secteurs d'activités traditionnels), Tôkyô, Nihon Keizai Hyôronsha, 2002.

Chapitre 8 : « Nichiro sengo niokeru denki kyôkyû shisutemu to keihin chiiki » (La région de Keihin et le système de distribution électrique dans l'après-guerre russo-japonaise), *in* Yokohama kindaishi kenkyûkai-Yokohama kaikô shiryôkan hen, *Yokohama kinkô no kindaishi* (Une histoire de la proche banlieue de Yokohama à l'époque moderne), Tôkyô, Nihon Keizai Hyôronsha, 2002.

Conclusion : manuscrit original.

* * *

Parmi les nombreuses personnes qui auront collaboré à l'écriture de cet ouvrage, nous souhaiterions ici sincèrement remercier les professeurs nous ayant dirigé et éclairé, les amis avec lesquels nous avons effectué nos recherches documentaires et échangé nos opinions, ainsi que nos étudiants du département des sciences économiques de l'université de Saitama, du département des lettres de l'université de l'Académie de Keiô (Keiô Gijuku) et de l'école doctorale du département des sciences économiques de l'université de Tôkyô, pour qui nous avons élaboré un séminaire fondé sur le contenu de ce livre.

Ce projet d'ouvrage remonte à 1998, lorsque Miki Shingo, des Presses de l'université de Nagoya (*Nagoya Daigaku Shuppankai*), vint nous trouver dans notre bureau de l'université de Saitama avec notre article intitulé « L'industrialisation des pays avancés et le rapport centres/provinces », publié à l'initiative du professeur Suehiro Akira (Nakamura Naofumi, « Kôhatsukoku kôgyôka to chûô/chihô » (L'industrialisation des pays retardataires et les relations centre-province), *in* Tôkyô daigaku shakai kagaku kenkyûsho-hen, *Nijûseiki shisutemu – 4 – kaihatsu shugi* (Les systèmes du XXe siècle 4. Le développementisme), Tôkyô, Tôkyô Daigaku Shuppankai, 1998). Le point de départ de notre recherche consistait à réexaminer la révolution industrielle japonaise depuis le point de vue des régions, et nous avions élaboré ce texte comme la première étape de cette démarche. Ce fut donc pour nous une joie inespérée lorsque Miki Shingo nous incita à en faire un livre. Durant les douze ans qui suivirent, celui-ci devait ponctuellement nous rappeler à l'ordre, mais surtout attendre patiemment nos manuscrits, débattant parfois avec nous de nos écrits. Le style et la structure de cet ouvrage sont le fruit de cette collaboration avec Miki Shingo.

Si notre perspective axée sur l'industrialisation et les rapports entre centre(s) et province(s) ne changea guère au cours de ces douze années, le contenu de nos écrits évolua pour sa part sensiblement. Tandis que nous procédions aux nombreuses études de cas qui devaient alimenter les chapitres de ce livre, nous ne cessâmes de nous interroger quant au positionnement des régions japonaises dans le processus de la révolution industrielle. Et c'est de manière parfaitement fortuite que la solution commença à s'imposer à nous lorsqu'en janvier 2006, nous nous rendîmes dans la ville de Kamaishi avec nos collègues Genda Yûji et Uno Shigeki. Nous avions été amenés à y conduire une enquête générale qui s'inscrivait dans le cadre du projet « Études de l'espoir » de l'Institut des sciences sociales de l'université de Tôkyô, et à laquelle nous nous consacrâmes exclusivement de 2006 à 2008. Ce projet nous permit, comme nous l'avons expliqué dans notre avant-propos, d'affermir le concept sous-tendant notre ouvrage en comprenant l'importance qu'il y avait à montrer les rouages des mécanismes de revitalisation des économies locales d'après les orientations de leurs agents économiques. Nous pouvons affirmer que ce livre représente en ce sens l'un des fruits de ces « Études de l'espoir ». Nos remerciements les plus profonds vont ici aux membres du projet, à commencer par Genda Yûji et Uno Shigeki, pour nous avoir offert cette inestimable opportunité, à tous les habitants de Kamaishi, ainsi qu'à l'Institut des sciences sociales de l'université de Tôkyô, pour continuer à nous accorder une grande latitude dans nos recherches académiques.

Par ailleurs, au second semestre 2008, nous avons eu l'occasion de mener à l'école doctorale du département d'économie de l'université de Tôkyô un séminaire reprenant le contenu de cet ouvrage, en compagnie du professeur Kudô Akira. De nombreux étudiants y assistèrent, ainsi que notre collègue Nakabayashi Masaki, qui nous fit part à cette occasion de ses précieuses remarques. Grâce aux commentaires que nous formulèrent sans réserve les participants à ce séminaire, à commencer par Kudô A. et Nakabayashi M., notre vague problématique se précisa, nous parvînmes à repérer les passages dont l'argumentation se montrait encore insuffisante, et à améliorer tant les tournures maladroites que le choix de nos termes. Le titre de notre livre émergea d'ailleurs lui-même de ces discussions. L'année nécessaire à la révision de cet ouvrage avant sa publication fut ainsi consacrée à l'intégration et au report de ces diverses remarques. C'est entièrement grâce à l'apport des participants à ce séminaire que ce livre a pu être réorganisé d'une manière plus logique et rendu, ne serait-ce qu'un peu, plus agréable à lire. Qu'ils en soient à nouveau sincèrement remerciés.

Entre tous ceux qui nous auront fourni leur aide dans la collecte et la consultation des archives nécessaires à l'élaboration de ce livre, nous aimerions manifester notre gratitude envers la préfecture du département d'Iwate, le Bureau de l'éducation de la ville de Kaizuka, le Musée d'histoire et d'histoire naturelle de la ville de Kitakyûshû, le Cercle des anciens étudiants de l'université Kôgakuin, le Musée des transports (Musée du rail moderne), les Archives nationales du Japon, la bibliothèque de la Diète nationale, la bibliothèque du département des sciences économiques de l'université de Tôkyô, la bibliothèque de l'Institut des sciences sociales de l'université de Tôkyô, la bibliothèque centrale de l'université de Tôkyô, le fonds de la presse de l'ère de Meiji du Centre de recherches en histoire de la politique et du droit modernes de l'École doctorale du département de droit et d'études politiques de l'université de Tôkyô, la Compagnie d'électricité de Tôkyô, les Archives de la préfecture de Tôkyô, le Centre d'histoire régionale du département de Fukuoka (*Fukuoka-ken chiiki-shi kenkyûsho*), les Archives de Yanagawa, ainsi que celles de Yokohama.

Nous avons par ailleurs bénéficié d'une aide financière de la Société japonaise pour la promotion de la science (JSPS) dans le cadre de nos recherches (recherches générales (C) (2) : 1997-2000, recherches de terrain à Iwate (B) : 2003-2005, recherches générales (C) : 2008-2010), ainsi que de la publication cet ouvrage (frais de publication scientifique : 2010), ce pour quoi nous la remercions.

Nakamura Naofumi, juillet 2010.

Préface de Jean-Marc Olivier

1. Jean-Claude Daumas (éd.), *L'Histoire économique en mouvement : entre héritages et renouvellements*, Villeneuve d'Ascq, Presses universitaires du Septentrion, 2012. Les auteurs suivants ont participé à cette synthèse : Mathieu Arnoux, Patrice Baubeau, Gérard Béaur, Carlo Belfanti, Maxine Berg, Alain Chatriot, Rosa Congost, Jean-Luc Demeulemeester, Raymond Descat, Claude Diebolt, Laurent Feller, Laurence Fontaine, Pierre Cyrille Hautcœur, Morgan Kelly, Claire Lemercier, Corinne Maitte, Michel Margairaz, Philippe Minard, Cormac Ó Gráda, Luciano Palermo, Kenneth Pomeranz, Didier Terrier et Peer Vries.
2. Alessandro Stanziani, *Les entrelacements du monde : histoire globale, pensée globale (XVIe-XXIe siècles)*, Paris, CNRS Éditions, 2018.
3. Johzen Takeuchi, *The Role of Labour-Intensive Sectors in Japanese Industrialization*, Tôkyô, United Nations University Press, 1991, et Jean-Marc Olivier, « Une modernisation venue des profondeurs : industries rurales et petits établissements dans le Japon du XIXe siècle et du début du XXe siècle », dans Christian Galan et Jean-Marc Olivier (dir.), *Histoire du & au Japon : de 1853 à nos jours*, Toulouse, Privat, 2016, p. 131-142.

Avant-propos : pourquoi parler aujourd'hui des « fondations régionales de la révolution industrielle » ?

1. Fukao Kyôji et Yue Ximing, « Sengo nihon kokunai niokeru keizai shûsoku to seisan yôso tô.nyû » (Investissements dans les facteurs de production et convergence économique dans le Japon d'après-guerre), *Keizai kenkyû*, Hitotsubashi Daigaku, vol. 51, n° 2, 2000, p. 136-151.
2. Naikakufu hen, *Kenmin keizai keisan* (La comptabilité économique par département), chaque année. D'autre part, entre-temps, la concentration démographique dans les centres a continué sa progression : de 63,2 % en 1990 à 65,2 % en 2000 et 66 % en 2005. Voir *Kokusei chôsa* (Recensement national), chaque année.

3. Le coefficient en question est le rapport écart type/valeur moyenne.
4. Naikakufu hen, *Kenmin keizai keisan* (La comptabilité économique des départements), chaque année.
5. Honma Yoshito, *Chiiki saisei no jôken* (Les conditions de la renaissance des régions), Tôkyô, Iwanami Shoten, 2007, p. iii-iv.
6. Jinno Naohiko, *Chiiki saisei no keizaigaku* (L'économie de la renaissance des régions), Tôkyô, Chûô Shinsho, 2002, p. 75-76.
7. Honma Yoshito, *Chiiki saisei no jôken* (Les conditions de la renaissance des régions), *op. cit.*, p. 11-13.
8. Teranishi Jûrô, *Nihon no keizai shisutemu* (Le système économique japonais), Tôkyô, Iwanami Shoten, 2003, p. 109-110. Teranishi parle, lui, de « sphère économique régionale » (*chiiki keizai-ken*) ou encore de « sphère économique provinciale » (*chihô keizai-ken*), soulignant leur fonction de corps intermédiaire entre le gouvernement central et la société civile.
9. Ishii Kanji, « Chiiki keizai no henka » (L'évolution des économies régionales), dans Saeki Naomi et Komiya Ryûtarô (dir.), *Nihon no tochi mondai* (La question foncière au Japon), Tôkyô, Tôkyô Daigaku Shuppankai, 1972, p. 355-58. Ishii Kanji met en avant le niveau de concentration dans les filatures de coton et le secteur de l'outillage et des machines en 1909 ; il définit à partir de là la structure économique régionale d'alors comme relevant d'un « type de concentration accompagnant un certain dispersement régional ». Il faut se rappeler que le textile a d'abord connu une phase de dispersion régionale entre le premier boom des entreprises (1886-1889) et l'après-guerre sino-japonaise, puis une phase de concentration avant et après la guerre russo-japonaise ; quant à la fabrication des machines, elle entama une très forte croissance dès la fin de l'ère de Meiji.
10. Ishii Kanji, *Taikei nihon no rekishi 12 kaikoku to ishin* (L'histoire du Japon 12. L'ouverture et la restauration), Tôkyô, Shôgakukan, 1989, p. 56.
11. Geoffrey Jones, *Kokusai keiei kôgi – takokuseki kigyô to gurobaru shihonshugi* (Cours de gestion internationale. Les firmes multinationales et le capitalisme mondial), traduit par Yasumuro Ken'ichi et Umeno Naotoshi, Tôkyô, Yûhikaku, 2007, p. 24-26 [*Multinationals and Global Capitalism: From the Nineteenth to the Twenty-First Century*, Oxford-New York, Oxford University Press, 2005].
12. Kanazawa Fumio, « Nihon niokeru chihô zaisei no ayumi » (L'évolution des finances publiques régionales au Japon), dans Hayashi

Takehisa (dir.), *Chihô zaisei dokuhon* (Introduction aux finances publiques régionales), Tôkyô, Tôkyô Keizai Shinpôsha, 2003, p. 58-59.

13. *Ibid.*, p. 58.
14. Nakamura Naofumi, « Kamaishi de kibô wo kangaeru – kibô-gaku kamaishi chôsa no gaiyô » (Penser l'espoir à Kamaishi. Une introduction aux études de terrain réalisées à Kamaishi), dans *id.*, Tôdai shaken et Genda Yûji (dir.), *Kibôgaku 2 kibô no saisei – kamaishi no rekishi to sangyô ga kataru mono* (Études de l'espoir 2. La renaissance de l'espoir : ce que nous disent l'histoire et l'industrie de Kamaishi), Tôkyô, Tôkyô Daigaku Shuppankai, 2009, p. 2-17.
15. Nakamura Naofumi et Genda Yûji, « Hashigaki – chiiki no kibô wo kangaeru tameni » (Avant-propos : pour penser l'espoir d'une région), dans *id.* et Tôdai shaken (dir.), *Kibôgaku 3 kibô wo tsunagu – kamaishi kara mita chiiki shakai no mirai* (Études de l'espoir 3. Relier les espoirs, l'avenir des sociétés locales au prisme de Kamaishi), Tôkyô, Tôkyô Daigaku Shuppankai, 2009, p. xv-xvi.

Introduction : Les fondations régionales de la révolution industrielle japonaise

1. Ôishi Kaichirô (dir.), *Nihon sangyô kakumei no kenkyû* (La révolution industrielle au Japon. Études), vol. 1, Tôkyô, Tôkyô Daigaku Shuppankai, 1975, p. 2-3.
2. Ôishi Kaichirô, *Nihon kindaishi e no shiza* (Considérations au sujet de l'histoire du Japon moderne), Tôkyô, Tôkyô Daigaku Shuppankai, 2003, p. 206-215. Texte initialement publié sous le titre « Nihon shihon shugi kakuritsuki ni kan suru jakkan no rironteki mondai » (Quelques problèmes théoriques concernant la période de consolidation du capitalisme japonais), *Rekishigaku kenkyû*, n° 295, 1964.
3. Nicholas F. R. Crafts, *British Economic Growth during the Industrial Revolution*, Oxford-New York, Clarendon Press-Oxford University Press, 1985.
4. Nakabayashi Masaki, « Atarashii sangyô kakumei-ron no kanôsei » (La possibilité d'un nouveau débat au sujet de la révolution industrielle), dans Shakai Keizaishi Gakkai (dir.), *Shakai keizaishi-gaku no kadai to tenbô* (Problèmes et perspectives de l'histoire sociale et économique), Yûhikaku, 2002 ; Saitô Osamu, *Hikaku*

keizai hatten-ron (Un essai comparatiste en matière de développement économique), Tôkyô, Iwanami Shoten, 2008, chap. 7.

5. Banzawa Ayumu, *Doitsu kôgyôka ni okeru tetsudôgyô* (Le secteur ferroviaire et l'industrialisation allemande), Tôkyô, Yûhikaku, 2006, p. 5-7.
6. Nakamura Takafusa, « Makuro keizai to sengo keiei » (La macroéconomie et la gestion de l'après-guerre), dans Nishikawa Shunsaku et Yamamoto Yûzô (dir.), *Nihon keizaishi 5 – Sangyôka no jidai* (Histoire économique du Japon 5. L'époque de l'industrialisation), Tôkyô, Iwanami Shoten, 1990.
7. Hubert Kiesewetter, *Industrielle Revolution in Deutschland: Regionen als Wachstumsmotoren*, Stuttgart, F. Steiner, 2004, p. 3-4.
8. *Kôjien*, Tôkyô, Iwanami Shoten, 2008 (6e éd.), p. 1802 [*N.d.T.* : le *Kôjien* est un dictionnaire de référence en langue japonaise].
9. Nous désignerons dans cet ouvrage les villes de l'ère moderne comme des zones densément peuplées concentrant les institutions politiques, économiques et culturelles d'un espace territorial donné (voir le dictionnaire de référence *Kôjien*, *ibid.*, p. 2013). Ces espaces, fortement anonymes et soutenus par l'économie de marché, se sont développés de pair avec la société capitaliste moderne. Ils peuvent en ce sens être opposés aux localités régionales, comme en témoigne en japonais la distinction faite entre les expressions « banque urbaine » (*toshi ginkô*, ou *city bank*) et « banque locale » ou « rurale » (*chihô ginkô*, ou *local bank*).
10. Banzawa Ayumu, *Doitsu kôgyôka ni okeru tetsudôgyô* (Le secteur ferroviaire et l'industrialisation allemande), *op. cit.*, p. 153-156.
11. À propos du caractère centripète de l'essor des entreprises dans les grandes villes de l'époque (puisque cet essor prenait source dans les économies locales des espaces à l'entour de ces villes, et constituait en ce sens une « révolution industrielle venue des provinces »), voir Tanimoto Masayuki et Abe Takeshi, « Kigyô bokkô to kindai keiei – zairai keiei » (Le boom des entreprises et les méthodes de gestion moderne et traditionnelle), dans Miyamoto Matao et Abe Takeshi (dir.), *Nihon keieishi 2 – keiei kakushin to kôgyôka* (L'histoire de la gestion au Japon 2. Les innovations managériales et l'industrialisation), Tôkyô, Iwanami Shoten, 1995, p. 96.
12. Nakabayashi Masaki, « Ton'ya-sei to sengyôka » (Le système des grossistes traditionnels et le phénomène de spécialisation), dans Takeda Haruhito (dir.), *Chiiki no shakai keizaishi* (Histoire sociale et économique des régions), Tôkyô, Yûhikaku, 2003, p. 20-54. Voir également l'article de Takaoka Mika (« Sangyô

shûseki – Torihiki shisutemu no keisei to hendô » (La concentration industrielle : formation et évolutions des systèmes de transactions), *Tochi seidoshi-gaku*, n° 162, 1999), qui examine le rôle des provinces dans l'industrialisation du Japon du point de vue de la nouvelle économie institutionnelle.

13. Pat Hudson, *The Genesis of Industrial Capital: A study of the West Riding Wool Textile Industry (c. 1750-1850)*, Cambridge, Cambridge University Press, 1986 ; *id.*, *The Industrial Revolution*, Londres, Edward Arnold, 1992. Dans ce dernier ouvrage (p. 70-73), Hudson attire l'attention du lecteur sur la hausse de la productivité consécutive aux innovations techniques de la révolution industrielle (nouveaux procédés de fabrication, création des marchés du travail et des capitaux, évolution des institutions), soulignant par ailleurs l'importance des régions industrielles comme foyers de ces innovations.
14. *Id.*, *The Genesis of Industrial Capital*, *op. cit.*, p. 17-18, 96-104, 211-234 ; *id.*, *The Industrial Revolution*, *op. cit.*, p. 131 et 139.
15. L'avantage comparatif conféré par les relations de proximité (non anonymes) peut se répercuter d'une période sur l'autre lorsque les marchés et systèmes en place ne peuvent s'adapter pleinement aux grandes avancées techniques et économiques. Preuve indirecte en est du rôle essentiel assumé par les bailleurs de fonds privilégiant ce type de relations (lors d'investissements en capital-risque, etc.) quand émergent de nouvelles industries, et que les banques urbaines ne sont plus en mesure d'évaluer proprement la situation.
16. Deux travaux représentatifs de ce courant : Nagahara Keiji, Nakamura Masanori, Nishida Yoshiaki et Matsumoto Hiroshi, *Nihon jinushi-sei no kôsei to dankai* (La grande propriété terrienne au Japon : structuration et évolution), Tôkyô, Tôkyô Daigaku Shuppankai, 1972 ; Chôgin kenkyûkai hen, *Henkaku-ki no shônin shihon* (Le capital marchand en période de grands bouleversements), Tôkyô, Yoshikawa Kôbunkan, 1984.
17. Néanmoins, récemment, certains travaux traitant de maisons marchandes ont fait la part belle à leurs activités liées aux économies régionales – tout en ne négligeant pas leur rapport au marché national : voir Ishii Kanji et Nakanishi Satoru, *Sangyôka to shôka keiei – beikoku hiryô shô hiromi-ke no kinsei kindai* (Industrialisation et gestion familiale : la maison de commerce en grains et engrais Hiromi dans la modernité), Nagoya, Nagoya Daigaku Shuppankai, 2006). Notre livre s'inscrit dans la lignée de telles recherches.

18. Morikawa écrit ainsi que l'appartenance des zaibatsus régionaux à la province ne faisait pour eux que « clairement renforcer une inutile concurrence » (Morikawa Hidemasa, *Chihô zaibatsu* (Les zaibatsus de province), Tôkyô, Nihon Keizai Shinbunsha, 1985, p. 19). En matière d'approvisionnement en capitaux et informations, les provinces étaient bien plus limitées que les grandes métropoles, mais nombre des premières disposaient des ressources opérationnelles (humaines et matérielles) faisant défaut aux métropoles et des réseaux de proximité que nous venons d'évoquer. De toute évidence, l'économie de ces provinces se développa précisément de concert avec leur effort pour surmonter ces restrictions et faire valoir leur avantage comparatif.
19. Tanimoto Masayuki et Abe Takeshi, « Kigyô bokkô to kindai keiei – zairai keiei » (Le boom des entreprises et les méthodes de gestion moderne et traditionnelle), *op. cit.*, p. 111-119.
20. Tanimoto Masayuki, « Dôki toshite no chiiki shakai » (La société régionale en tant que stimulus), dans Shinozuka Nobuyuki, Ishizaka Akio et Takahashi Hideyuki (dir.), *Chiiki kôgyôka no hikakushi-teki kenkyû* (L'industrialisation des régions. Études comparatistes), Sapporo, Hokkaidô Daigaku Tosho Kankôkai, 2003, p. 264. L'apport principal de Tanimoto consiste à avoir introduit le concept de « notable de province » (*chihô meibôka*), bien connu en histoire politique, comme outil d'analyse pour l'histoire économique. Grâce à cela, il est devenu possible d'expliquer nombre d'actions économiques *a priori* irrationnelles durant l'essor régional des entreprises – comme la création de sociétés à l'encontre de tout bon sens – par des facteurs extra-économiques, comme la nécessité du maintien de l'ordre social dans les communautés locales, maintien dont les notables étaient les garants. Toutefois, si l'importance historique du boom des entreprises est bien d'avoir amorcé le mouvement de la révolution industrielle au Japon, il reste à apprécier et comprendre ce que les comportements d'investissement des fortunes régionales ont apporté à la révolution industrielle au-delà de cette phase de démarrage. L'absence de rationalité des comportements d'investissement des notables, surtout soucieux de maintenir leur position sociale, aura conduit à d'importantes pertes financières et à la faillite de nombreuses sociétés régionales, constituant un obstacle au développement économique pérenne des régions. Tanimoto estime cependant que « d'un point de vue macro-économique, on peut interpréter d'une autre manière » ces pertes : la disparition de ces entreprises régionales tiendrait davantage à leur croissance par fusion avec des

sociétés des centres ou des sociétés semi-régionales, phénomène qui aurait durablement contribué au développement de la révolution industrielle dans tout le Japon (Tanimoto Masayuki et Abe Takeshi, « Kigyô bokkô to kindai keiei – zairai keiei » (Le boom des entreprises et les méthodes de gestion moderne et traditionnelle), *op. cit.*, p. 122-123). Si cette hypothèse se révèle exacte, les notables auront en définitive entravé par leur comportement irrationnel économique le développement autonome des économies locales, et accéléré la concentration des forces au sein des centres. Cette question des apports et des torts imputables aux placements des notables mériterait d'être approfondie.

21. Suzuki Tsuneo, Kobayakawa Yôichi et Wada Kazuo, *Kigyôka nettowâku no keisei to tenkai – dêtabêsu kara mita kindai Nihon no chiiki keizai* (La formation et le développement des réseaux d'entrepreneurs du Japon moderne. Une analyse des bases de données relatives aux économies régionales), Nagoya, Nagoya Daigaku Shuppankai, 2009 ; Suzuki Tsuneo, Kobayakawa Yôichi et Wada Kazuo, « Meijiki no kaisha oyobi keieisha no kenkyû – "Nihon zenkoku shokaisha yakuin-roku" meiji yonjûnenban no bunseki » (Les gestionnaires et les entreprises de l'ère de Meiji : une analyse de l'édition de 1907 du *Registre national des dirigeants des sociétés japonaises*), *Gakushûin daigaku keizai ronshû*, n° 36-3, 1999 ; Kobayakawa Yôichi, Suzuki Tsuneo et Wada Kazuo, « Meijiki no kaisha oyobi keieisha no kenkyû – "Nihon zenkoku shokaisha yakuin-roku" meiji sanjûichinenban no bunseki » (Les gestionnaires et les entreprises de l'ère de Meiji : une analyse de l'édition de 1905 du *Registre national des dirigeants des sociétés japonaises*), *Chûo daigaku sangyô keizai kenyûsho kiyô*, n° 9, 1999.
22. Nakamura Naofumi, « Zensenki nihon no famirî bijinesu » (Les entreprises familiales du Japon d'avant-guerre), dans Hoshino Taeko (dir.), *Famirî bijinesu no keiei to kakushin* (Gestion et innovation dans les entreprises familiales), Chiba, Ajia Keizai Kenkyûjo, 2004, p. 379-414.
23. Nakamura Naofumi, *Nihon tetsudôgyô no keisei* (La formation du secteur ferroviaire au Japon), Tôkyô, Nihon Keizai Hyôronsha, 1998, p. 223-250.
24. *Ibid.*
25. *Ibid.*, p. 223-250.
26. *Ibid.*, p. 255-294.
27. Parmi les études ayant également insisté sur l'importance du rôle des hommes politiques de province (les notables – *meibôka*) dans le maintien et l'essor des économies régionales, citons la

théorie du « système économique des ères de Meiji et de Taishô » de Teranishi Jûrô, selon qui les sphères économiques locales dirigées par les notables de province (les hommes politiques locaux) servirent de corps intermédiaires dans la lutte pour la répartition des richesses à laquelle se livraient le gouvernement et le peuple : chaque région aurait alors fait pression sur le gouvernement central (*via* les partis politiques ; *N.d.T.* : le parlement fut ouvert en 1890) de sorte qu'il procède en leur faveur à des investissements en infrastructures, essayant toutes d'obtenir la plus grande part du gâteau ; voir Teranishi Jûrô, *Nihon no keizai shisutemu* (Le système économique japonais), *op. cit.*, p. 123. Cette thèse est renforcée par le fait qu'elle rejoint, en histoire politique, celle bien connue de Banno Junji à propos du régime constitutionnel de Meiji (voir Banno Junji, *Meiji kenpô taisei no kakuritsu* (L'affermissement du régime constitutionnel de Meiji), Tôkyô, Tôkyô Daigaku Shuppankai, 1971 ; *N.d.T.* : selon Banno l'antagonisme opposant les députés aux dirigeants gouvernementaux s'atténua radicalement à partir de 1900). Le problème est alors de savoir pourquoi les notables cessèrent au tournant du siècle de réclamer au gouvernement une baisse du fardeau fiscal pesant sur le peuple (*minryoku kyûyô*) – préalable au développement d'économies locales autonomes – pour se mettre à solliciter les faveurs de la capitale. Pour Teranishi, ce phénomène était dû à l'accroissement de la concurrence interrégionale impliquée par leur mise en relation commune avec les régions centrales : voir Teranishi Jûrô, *Nihon no keizai shisutemu* (Le système économique japonais), *op. cit.*, p. 106-107.Or, une telle intensification de la concurrence interrégionale ne s'était soudainement développée vers 1900 mais était déjà sensible dès la fin du shogounat et l'ouverture des ports au commerce international. Teranishi a par ailleurs bien montré aussi qu'à ce moment, seules les plus grandes banques jouissaient d'un marché unifié à l'échelle du pays et que chaque région ou contrée disposait de son propre marché local particulier (*ibid.*, p. 104-106). Les marchés financiers étaient alors encore moins développés et unifiés à l'échelle nationale que ceux des marchandises. Pour ce qui est de l'évolution du comportement type du notable de province, si l'on s'appuie sur les travaux de Tanimoto Masayuki, on pourrait l'expliquer par l'épuisement des capitaux des notables à la suite de leurs investissements lors des deux premiers essors entrepreneuriaux, se retrouvant dès lors à devoir solliciter de nouveaux fonds auprès du gouvernement. La période environnant l'année 1900 correspond aussi à une sévère crise bancaire, calmant les ardeurs du deuxième boom des entreprises. D'autre part, comme nous le verrons dans le chapitre 2, la fin de l'année 1900 correspondit au pic du nombre des entreprises en région, avant qu'une phase de concentration dans les villes ne s'amorce et ne dure jusqu'à la guerre russo-japonaise. Dans notre ouvrage, nous pourrons vérifier si cette nouvelle politique de sollicitation du gouvernement central par les provinces ne fut effectivement pas le fruit de l'épuisement financier des notables et de la division des économies régionales qui en résulta.

28. Alexander Gerschenkron, *Kôhatsu kôgyôkoku no keizaishi* (Histoire économique des pays industriels retardataires), traduit de l'anglais (États-Unis) par Esho Hideki, Amemiya Akihiko, Mine Yôichi et Suzuki Yoshikazu, Kyôto, Mineruva Shobô, 2005, p. 20-23 [*Economic Backwardness in Historical Perspective*, Cambridge, Belknap Press of Harvard University Press, 1962] ; Suehiro Akira, *Kyacchiappu-gata kôgyôka-ron* (Un essai sur l'industrialisation de rattrapage), Nagoya, Nagoya Daigaku Shuppankai, 2000, p. 110-127.
29. Pour ce qui est du régionalisme (*localism*) au Japon à la fin du XIXe siècle, on trouvera chez Marion William Steele de pertinentes réflexions quant aux rapports que ce phénomène entretenait avec la « régionalisation/provincialisation » de la politique (*seiji no chihôka*) : Marion William Steele, *Mô hitotsu no kindai – Sokumen kara mita bakumatsu meiji* (Une autre modernité : la fin du shogunat et l'ère de Meiji vues de biais), Tôkyô, Perikansha, 1998, chap. 11.
30. Parmi les études résumant l'évolution des économies locales d'alors, citons Ishii Kanji, « Chiiki keizai no henka » (L'évolution des économies régionales), *op. cit.* ; Kandatsu Haruki, *Sangyô kakumeiki ni okeru chiiki hensei* (Les mutations régionales pendant la révolution industrielle), Tôkyô, Ochanomizu Shobô, 1987 ; *id.*, *Kindai sangyô chiiki no keisei* (La formation des régions industrielles modernes), Tôkyô, Ochanomizu Shobô, 1997 ; Takashima Masaaki, *Kigyô bokkô to chiiki keizai* (Boom des entreprises et économie régionale), Ôsaka, Seibundô Shuppan, 2004.
31. Par « grandes villes », nous entendons ici les deux métropoles de Tôkyô et Ôsaka : les autres villes principales du Japon seront assimilées dans les chapitres suivants à la province.
32. Kikkawa Takeo, *Nihon denryokugyô no hatten to matsunaga yasuzaemon* (Matsunaga Yasuzaemon et le développement du secteur électrique japonais), Nagoya, Nagoya Daigaku Shuppankai, 1995.

33. Umemoto Tetsuyo, *Zensen nihon shihonshugi to denryoku* (Le capitalisme japonais d'avant-guerre et l'énergie électrique), Tôkyô, Hassakusha, 2000, p. 54-58.
34. *N.d.T.* : au niveau départemental, on compte au Japon à partir de 1889 quarante-trois départements (*ken*), un « territoire » (*dô* ; Hokkaidô) et trois « gouvernements urbains » (*fu* ; Kyôto, Ôsaka et Tôkyô –Tôkyô se vit accorder le statut de « capitale » (*to*) en 1943). Par commodité, nous les évoquerons tous ici comme des « départements ».
35. Entre 1905 et 1910, le département d'Iwate aura d'ailleurs été le premier du Japon en croissance de créations d'entreprises (+ 250 % sur cette période), surpassant largement la moyenne nationale (+ 140 %).

Première partie
L'économie régionale,
au cœur de la révolution industrielle

Chapitre 1 : Les conditions préalables à l'avénement de la révolution industrielle au Japon

1. Cette vision des choses est plus répandue en Occident qu'au Japon, répétée par Thomas C. Smith dans *Political Change and Industrial Development in Japan: Government Enterprise (1868-1880)*, Stanford, Stanford University Press, 1955, jusqu'à Chalmers Johnson dans *MITI and the Japanese Miracle*, Stanford, Stanford University Press, 1982 ; édition japonaise : *Tsûshô-shô to nihon no kiseki* (Le ministère du commerce extérieur et le miracle japonais), traduit de l'anglais (États-Unis) sous la direction de Yano Toshihiko, Tôkyô, TBS Buritanika, 1982.
2. Banno Junji, *Kindai nihon no kokka kôsô* (La conception de l'État dans le Japon moderne), Tôkyô, Iwanami Shoten, 1996, chap. 1. Néanmoins, il faut garder en tête qu'à partir de 1884, le gouvernement japonais entama l'élaboration d'un régime juridique propre à donner les bases nécessaires au développement industriel. Nous revenons sur ces points *infra*, notamment concernant la création du statut de « société ».
3. Suehiro Akira, *Kyacchiappu-gata kôgyôka-ron* (Un essai sur l'industrialisation de rattrapage), *op. cit.*, p. 122-124. Voir aussi Alexander Gerschenkron, *Kôhatsu kôgyôka no keizaishi* (Une histoire économique de l'industrialisation de rattrapage), *op. cit.*

4. Au sujet du nationalisme du début de l'ère de Meiji, voir Marion William Steele, *Mô hitotsu no kindai, op. cit.*, chap. 11.
5. Furushima Toshio, « Shosangyô hatten no chiiki-sei » (Le caractère régional du développement des différents secteurs industriels), dans Chihôshi kenkyû kyôkai hen, *Nihon sangyôshi taikei 1 sôronhen* (Histoire générale de l'industrie au Japon 1. Généralités), Tôkyô, Tôkyô Daigaku Shuppankai, 1961, p. 280-286.
6. Ishii Kanji et Nakanishi Satoru, *Sangyôka to shôka keiei*, *op. cit.*
7. Ishii Kanji, *Taikei nihon no rekishi 12 kaikoku to ishin* (Histoire générale du Japon 12. L'ouverture du pays et la restauration), *op. cit.*
8. Voir Chôgin-shi kenkyûkai hen, *Henkaku-ki no shônin shihon*, *op. cit.*, p. 55-6, et Nakanishi Satoru, « Bakumatsu meiji-ki kinai hiryô shijô no tenkai » (Le développement du marché des engrais dans la région du Kinai à la fin du shogunat et pendant l'ère de Meiji), *Keizaigaku kenkyû*, Hokkaidô Daigaku, vol. 47, n° 2, 1997.
9. Représentatifs de ces acteurs agissant en réseaux régionaux pour mobiliser un capital par actions sont la maison Hiromi de Kaizuka (département d'Ôsaka) que nous présentons dans le chapitre 5, et les cas des marchands Watanabe Yozaburô (à Hakata [*N.d.T.* : ville actuelle de Fukuoka]), Takeo Jiuemon et Seo Kichibê (à Ôsaka) pour la Compagnie des chemins de fer de Kyûshû (voir Nakamura Naofumi, *Nihon tetsudôgyô no keisei* (La formation du secteur ferroviaire au Japon), *op. cit.*, p. 262-263).
10. Ishii Kanji, *Taikei nihon no rekishi 12 kaikoku to ishin* (L'histoire du Japon 12. L'ouverture et la restauration), *op. cit.*, p. 321.
11. Ainsi, toutes les grandes familles seigneuriales du nord de Kyûshû ont agi pour la création de la Compagnie des chemins de fer de Kyûshû : les Hosokawa (ex-seigneurs de Kumamoto), les Tachibana (ex-seigneurs de Yanagawa), les Nabeshima (ex-seigneurs de Saga), les Kuroda (ex-seigneurs de Fukuoka). Voir Nakamura Naofumi, *Nihon tetsudôgyô no keisei* (La formation du secteur ferroviaire au Japon), *op. cit.*, deuxième partie.
12. Umemura Mataji *et al.*, *Chôki keizai tôkei 13 chiiki keizai tôkei* (Statistiques économiques de longue durée 13. Les économies régionales), Tôkyô, Tôyô Keizai Shinpôsha, 1983, table 21.
13. La force de travail se détachant des activités agricoles se concentrait en ville plutôt que dans les campagnes, comme la main-d'œuvre résidant dans les faubourgs d'Ôsaka utilisée par les filatures au début de l'ère de Meiji. Voir Takamura Naosuke, *Nihon bôsekigyô-shi josetsu* (Une introduction à l'histoire des filatures japonaises), vol. 1, Tôkyô, Hanawa Shobô, 1971.

14. Voir Nakamura Naofumi, *Nihon tetsudôgyô no keisei* (La formation du secteur ferroviaire au Japon), *op. cit.*, chap. 1.
15. Nihon tetsudô kensetsugyô kyôkai hen, *Nihon tetsudô ukeoigyôshi meiji-hen* (L'histoire de la sous-traitance dans le secteur ferroviaire au Japon. Ère de Meiji), Tôkyô, 1967, p. 22.
16. Nakamura Naofumi, « Meiji shoki no tetsudô jigyô kôsô » (Le secteur ferroviaire au début de l'ère de Meiji), *Shakai kagaku kenkyû*, Tôkyô Daigaku, vol. 47, n° 1, 1995.
17. *N.d.T.* : les *seishô* (« marchands politiques ») étaient la continuation moderne de ce qu'avaient été les *goyôshônin* (« marchands attitrés » ou « marchands du prince ») de l'ère shogounale.
18. Noda Masaho, *Nihon shôken shijô seiritsushi* (L'histoire de la création des marchés de valeurs mobilières au Japon), Tôkyô, Yûhikaku, 1980, p. 55, table 2-2.
19. Takamura Naosuke, *Nihon bôsekigyô-shi josetsu* (Une introduction à l'histoire des filatures japonaises), *op. cit.*, p. 48-57.
20. *N.d.T.* : *kokuritsu ginkô*, banques privées et non publiques, leur appellation était inspirée des *national banks* américaines de l'époque. Elles étaient numérotées dans l'ordre de leur autorisation de création.
21. Toshitani Nobuyoshi et Mizubayashi Takeshi, « Kindai nihon niokeru kaisha-hô no keisei » (La formation du droit des sociétés dans le Japon moderne), dans Takayanagi Shin'ichi et Fujita Yû (dir.), *Shihonshugi-hô no keisei to tenkai* (La formation et le développement des lois du capitalisme), vol. 3, Tôkyô Daigaku Shuppankai, 1973, p. 19.
22. Ôtsuka Hisao a retenu comme particularités de la formation des sociétés par actions les quatre points suivants : la responsabilité limitée des employés, l'existence d'un organisme de société, un système actionnarial basé sur l'égalité de valeur des actions et la liberté de les céder, le système du capital fixe et sa permanence. Voir Ôstuka Hisao, *Kabushikigaisha hassei shiron* (Un essai historique sur la naissance des sociétés par actions), Tôkyô, Yûhikaku, 1938. Cette définition est encore largement utilisée de nos jours.
23. Fukushima Tadao, *Nihon shihonshugi no hattatsu to shihô* (Le droit privé et le développement du capitalisme japonais), Tôkyô, Tôkyô Daigaku Shuppankai, 1988, p. 29.
24. Miyamoto Matao et Abe Takeshi, « Meiji no shisanka to kaisha seido » (Les grandes fortunes et le régime des sociétés dans le Japon de Meiji), dans Miyamoto Matao et Abe Takeshi (dir.), *Nihon keieishi 2 keiei kakushin to kôgyôka* (Histoire des entreprises au

Japon 2, L'innovation managériale et les entrepreneurs), *op. cit.*, p. 264.

25. Toshitani Nobuyoshi et Mizubayashi Takeshi, « Kindai nihon niokeru kaisha-hô no keisei » (La formation du droit des sociétés dans le Japon moderne) », *art. cit.*, p. 55-57.
26. Au cours de la déflation de Matsukata, le nombre de sociétés au Japon passa de 3 336 en 1882 à 1 298 en 1884. Voir Takamura Naosuke, *Kaisha no tanjô* (La naissance de l'entreprise), Tôkyô, Yoshikawa Kôbunkan, 1996, p. 56-59.
27. Toshitani Nobuyoshi et Mizubayashi Takeshi, « Kindai nihon niokeru kaisha-hô no keisei » (La formation du droit des sociétés dans le Japon moderne) », *art. cit.*, p. 68-69.
28. Saigusa Kazuo, *Meiji shôhô no seiritsu to hensen* (La formation et les évolutions des méthodes commerciales à l'ère de Meiji), Tôkyô, Sanshôdô, 1992, p. 68-70.
29. Toshitani Nobuyoshi et Mizubayashi Takeshi, « Kindai nihon niokeru kaisha-hô no keisei » (La formation du droit des sociétés dans le Japon moderne) », *art. cit.*, p. 86-89.
30. *Ibid.*, p. 60.
31. Takamura Naosuke, *Kaisha no tanjô* (La naissance de l'entreprise), *op. cit.*, p. 163-165.
32. Rikkyô daigaku nihonshi kenkyûshitsu hen, *Ôkubo toshimichi kankei monjo* (Documents relatifs à Ôkubo Toshimichi), vol. 4, Tôkyô, Yoshikawa Kôbunkan, 1970, p. 468.
33. Banno Junji, « 'Fukoku' ron no seijishiteki kôsatsu » (Réflexions en matière d'histoire politique au sujet de l'idée du « pays riche »), dans Umemura Mataji et Nakamura Takafusa (dir.), *Matsukata zaisei to shokusan kôgyô seisaku* (Les finances publiques sous Matsukata et la politique d'implantation et d'encouragement aux nouvelles industries), Tôkyô, Kokusairengô Daigaku, 1983, p. 39-45.
34. Les statistiques de la production matérielle restèrent incomplètes jusqu'au début des années 1880. Une réalité regrettée par les acteurs du secteur privé : « Hélas, à partir de quoi pourrait-on mesurer la force de notre empire et prospecter ses ressources ? Sur quelles bases planifier l'implantation et d'encouragement aux nouvelles industries [*shokusan kôgyô*] ? Sur quelles bases décider des objectifs d'encouragement et de protection économiques ? Sur quelles bases vouloir rivaliser avec les autres pays ? Nous ne pouvons nous passer de tables statistiques. » *Tôkai Keizai shinpô* (Les nouvelles économiques de Tôkai), n° 14, 15 janvier 1881.

35. *N.d.T.* : sur ce personnage, en français, voir Pascal Hurth, « Taguchi Ukichi, un libéral opiniâtre de l'ère Meiji », *Cipango*, n° 15, 2008, p. 129-174.
36. Taguchi Ukichi, « Fuken kangyô-ka wo haisubeshi » (Il faut se défaire des bureaux départementaux d'aide à l'activité économique), avril 1880, reproduit dans Teiken taguchi ukichi zenshū kankōkai hen, *Teiken taguchi ukichi zenshû* (Œuvres complètes de Taguchi Ukichi), vol. 4, Tôkyô, Yoshikawa Kôbunkan, 1990, p. 14.
37. Soda Osamu, *Chihô sangyô no shisô to undô* (L'industrie régionale, mouvement et pensée), Kyôto, Mineruva Shobô, 1980, p. 102.
38. Maeda Masana, « Kôgyô iken kan no ni shogen » (Considérations sur l'encouragement à l'industrie 2. Introduction), reproduit dans Ôuchi Hyôe et Tsuchiya Takao (éd.), *Meiji zenki zaisei keizai shiryô shûsei* (Recueil documentaire sur l'économie et les finances publiques du début de l'ère de Meiji), vol. 18, Tôkyô, Hara Shobô, 1979, p. 36.
39. De la seconde moitié des années 1870 à la première moitié des années 1880, les pouvoirs discrétionnaires des administrateurs territoriaux (principalement du niveau des préfets) étaient importants et ils restaient assez longtemps en poste. Ainsi, tout en relevant du ministère de l'Intérieur, ils pouvaient à l'occasion se faire les champions de la défense des intérêts de la population locale. Voir Nakamura Naofumi, *Nihon tetsudôgyô no keisei* (La formation du secteur ferroviaire au Japon), *op. cit.*, p. 223-225.
40. « Meiji jûgonen dai-ichigatsu shorui todome », document conservé aux Archives de Yanagawa (*Yanagawa komonjo-kan*), fonds du domaine de Yanagawa, cote : *Yanagawa-han seishiryô*, 1337.
41. Chikuzen kyôaikai shûkai hen, « Dainiki kaigian no shoron », reproduit dans Nishi-nihon bunka kyôkai hen, *Fukuoka kenshi kindai shiryôhen jiyûminken undô* (Histoire du département de Fukuoka. Période contemporaine. Le mouvement pour la liberté et les droits du peuple), Fukuoka, Fukuoka-ken, 1995, p. 42-43.
42. Nakamura Naofumi, « 1880 nendai shoki niokeru kyûshû tetsudôron no keisei » (La formation du débat public au sujet du chemin de fer de Kyûshû au début des années 1880), dans Seinan chiikishi kenkyûkai hen, *Seinan chiikishi kenkyû* (Recherches sur l'histoire du Sud-Ouest), vol. 8, Tôkyô, Bunken Shuppan, 1994, p. 364-366.
43. Fujita Teiichirô, *Kokueki shisô no keifu to tenkai* (Origines et développement de la pensée de l'intérêt national), Ôsaka, Seibundô Shuppan, 1998, chap. 11 à 13.

44. Oku Takenori, « Oboegaki 'sata kaiseki ron' » (Notes. « Au sujet de Sata Kaiseki »), *Shakai kagaku tôkyû*, Waseda Daigaku, vol. 38, n° 2, 1992.
45. Nishi-nihon bunka kyôkai hen, *Fukuoka kenshi kindai shiryô-hen jiyûminken undô* (Histoire du département de Fukuoka. Période contemporaine. Le Mouvement pour la liberté et les droits du peuple), *op. cit.*, p. 42-43.
46. Voir Sugihara Shirô et Okada Kazuyoshi (dir.), *Taguchi ukichi to 'Tôkyô keizai zasshi'* (Taguchi Ukichi et *L'Économiste de Tôkyô*), Tôkyô, Nihon Keizai Hyôronsha, 1995.
47. « Nihon no tetsudô kigyô », *Tôkyô keizai zasshi*, n° 446, 24 novembre 1888.
48. Toutefois, dans son développement, Taguchi ne faisait pas cas de la question de la base sociale sur laquelle s'appuient les transferts technologiques, et en réalité, l'internalisation des avantages du retard économique souleva aussi de nombreux problèmes. Voir Nakaoka Tetsurô, « Gijutsushi no shiten kara mita nihon no keiken » (L'expérience japonaise considérée depuis le point de vue de l'histoire des techniques), dans *id.*, Ishii Tadashi et Uchida Hoshimi (dir.), *Kindai nihon no gijutsu to gijutsu seisaku* (Les techniques et la politique technologique du Japon moderne), Tôkyô, Kokuren Daigaku, 1986.

Chapitre 2 : La structure géographique du « boom des entreprises »

1. Imuta Toshimitsu, *Meijiki kabushikigaisha bunseki josetsu* (Introduction à l'étude des sociétés par actions de l'ère de Meiji), Tôkyô, Hôsei Daigaku Shuppankai, 1976.
2. Takamura Naosuke, *Kaisha no tanjô* (La naissance de l'entreprise), *op. cit.*
3. Takamura Naosuke, « Matsukata defure kara kigyô bokkô e » (De la déflation de Matsukata au boom des entreprises), dans *id.* (dir.), *Kigyô bokkô* (Le boom des entreprises), Kyôto, Mineruva Shobô, 1992, p. 11.
4. Tanimoto Masayuki et Abe Takeshi, « Kigyô bokkô to kindai keiei – zairai keiei » (Le boom des entreprises et les méthodes de gestion moderne et traditionnelle), *art. cit.*, p. 96-97.
5. Nakamura Naofumi, « Kôhatsukoku kôgyôka to chûô / chihô » (L'industrialisation des pays retardataires et les relations centre-province), dans Tôkyô daigaku shakai kagaku kenkyûjo hen, *Nijûseiki shisutemu – 4 – kaihatsu shugi* (Les systèmes du

xxe siècle 4. Le développementisme), Tôkyô, Tôkyô Daigaku Shuppankai, 1998, p. 225-258.

6. Takashima Masaaki, *Kigyô bokkô to chiiki keizai*, *op. cit.*, p. 10-13.
7. Ce taux de croissance moyen du PIB (3,4 %) s'avère supérieur à celui de l'Angleterre durant sa révolution industrielle, avec une moyenne de 1,9 % entre 1801 et 1831. À ce sujet, voir Saitô Osamu, *Hikaku keizai hatten-ron* (Un essai comparatiste en matière de développement économique), *op. cit.*, chap. 7.
8. Nishikawa Shunsaku et Abe Takeshi, « Gaikan – 1885-1914 » (Aperçu général, 1885-1914), dans Nishikawa Shunsaku et Abe Takeshi (dir.), *Nihon keizaishi 4 – sangyôka no jidai* (Histoire économique du Japon 4. L'époque de l'industrialisation), vol. 1, Tôkyô, Iwanami Shoten, 1990, p. 59-60.
9. En valeur nominale, le taux de croissance moyen se montra plus particulièrement élevé durant la deuxième vague d'essor des entreprises, avec 9,4 %. En raison de la brusque inflation et de la hausse démographique qui suivirent le conflit russo-japonais, ce pourcentage s'avère toutefois inférieur au taux de croissance du PIB *per capita* du boom de l'après-guerre (en valeur réelle).
10. Takamura Naosuke, *Nihon shihonshugi shiron* (Un essai sur l'histoire du capitalisme japonais), Kyôto, Mineruva Shobô, 1980, p. 44-45.
11. Ogino Yoshihiro, « Kokka kenryoku to rôdô sekai » (L'autorité étatique et le monde du travail), dans Ishii Kanji, Hara Akira, Takeda Haruhito (dir.), *Nihon keizaishi – 2 – sangyô kakumeiki* (L'histoire économique du Japon 2. La révolution industrielle), Tôkyô, Tôkyô Daigaku Shuppankai, 2000, p. 259, tableau 5-2.
12. À l'instar de Tôkyô, le département d'Aichi afficha également une remarquable croissance. Au sujet du développement économique d'Aichi, voir Suzuki Tsuneo, Kobayakawa Yôichi et Wada Kazuo, *Kigyôka nettowâku no keisei to tenkai…* (La formation et le développement des réseaux d'entrepreneurs du Japon moderne…), *op. cit.*
13. Teranishi Jûrô, *Nihon no keizai shisutemu* (Le système économique japonais), *op. cit.*, p. 104-106.
14. Noda Masaho, *Nihon shôken shijô seiritsushi* (L'histoire de la création des marchés de valeurs mobilières au Japon), *op. cit.*, p. 276-277.
15. *Ibid.*, p. 128-140.
16. *Ibid.*, p. 233-239.

17. Kataoka Yutaka, *Tetsudô kigyô to shôken shijô* (Les entreprises ferroviaires et les marchés de valeurs mobilières), Tôkyô, Nihon Keizai Hyôronsha, 2006, p. 34-60.
18. Takizawa Naoshichi, *Nihon kin'yû shiron* (Une histoire financière du Japon), Tôkyô, Yûhikaku, 1912, p. 232.
19. Nakamura Naofumi, *Nihon tetsudôgyô no keisei* (La formation du secteur ferroviaire au Japon), *op. cit.*, p. 7.
20. Takamura Naosuke, « Matsukata defure kara kigyô bokkô e » (De la déflation de Matsukata au boom des entreprises), *art. cit.*, p. 12, tableau 4.
21. *Ibid.*, p. 2-8 ; *id.*, *Kaisha no tanjô* (La naissance de l'entreprise), *op. cit.*
22. Tanimoto Masayuki et Abe Takeshi, « Kigyô bokkô to kindai keiei – zairai keiei » (Le boom des entreprises et les méthodes de gestion moderne et traditionnelle), *art. cit.*, p. 119-123.
23. Les problèmes soulevés par la définition faite d'une « entreprise » dans notre document de référence, l'*Annuaire statistique de l'Empire du Japon* (*Nihon teikoku tôkei nenkan*), sont évoqués par Imuta Toshimitsu dans son ouvrage *Meijiki kabushikigaisha bunseki josetsu* (Introduction à l'étude des sociétés par actions de l'ère de Meiji), *op. cit.*, p. 5. En l'absence d'autres documents exploitables, nous avons décidé de nous référer à ces statistiques en tenant scrupuleusement compte de ces points problématiques.
24. Ce pourcentage intègre le département de Nara.
25. La part du capital nominal d'Ôsaka fin 1890 (8,5 %) atteignait 9,5 % si l'on y inclut Nara, surpassant ainsi Hyôgo et Fukuoka.
26. Yamaguchi Kazuo, *Nihon sangyô kin'yûshi kenkyû bôseki kin'yû-hen* (Études en histoire financière de l'industrie japonaise. Le financement des filatures), Tôkyô, Tôkyô Daigaku Shuppankai, 1970.
27. *Dai nana-kai denki jigyô yôran* (Le secteur électrique), n° 7, janvier 1915.
28. Ainsi, la Compagnie des charbonnages et du chemin de fer de Hokkaidô (*Hokkaidô tankô tetsudô*) perdit sa ligne ferrée au moment de la nationalisation et fut renommée la Compagnie des charbonnages et de navigation à vapeur de Hokkaidô (*Hokkaidô tankô kisen*).
29. Takamura Naosuke, *Nihon shihonshugi shiron* (Un essai sur l'histoire du capitalisme japonais), *op. cit.*, p. 80-83.
30. En raison du démantèlement des banques nationales en 1897, ou plutôt de leur transformation en banques ordinaires, les chiffres indiqués pour l'année 1895 comprennent à la fois les banques

nationales et ordinaires, quand ceux de 1899 ne concernent que les banques ordinaires, à l'exclusion des caisses d'épargne et banques spéciales. Dans la mesure où nous considérons ici les banques comme des entreprises, les établissements autogérés et privés ne sont pas inclus dans le comptage des banques ordinaires.

31. Fin 1895, la moyenne nationale s'établissait à 109 000 yens de capital versé par banque. Loin derrière Tôkyô et ses 662 000 yens de capital moyen par établissement, nous retrouvons Shizuoka (54 000 yens), Hyôgo et Fukuoka (57 000 yens), soit des chiffres comparativement inférieurs à ceux de 1900.
32. Takamura Naosuke, *Nihon shihonshugi shiron* (Un essai sur l'histoire du capitalisme japonais), *op. cit.*, p. 83, tableau 4-1.
33. *Ibid.*, p. 189-190.
34. *Ibid.*, p. 199-201.
35. *Kôgyô tôkei-hyô* (Tables statistiques de l'activité industrielle), année 1909. Sont comptabilisées les unités de production mobilisant plus de quatre personnes.
36. Le nombre d'entreprises du département de Hyôgo augmenta notamment entre 1905 et 1910.
37. *Meiji yonjû nendo tetsudô-kyoku nenpô* (Annuaire du Bureau des chemins de fer, année 1907), annexe, p. 45.
38. Udagawa Masaru et Nakamura Seishi (dir.), *Materiaru nihon keieishi* (Matériaux pour l'histoire des entreprises japonaises), Tôkyô, Yûhikaku, 1999, p. 30.
39. Yamaguchi Kazuo, *Nihon sangyô kin'yûshi kenkyû bôseki kin'yûhen* (Études en histoire financière de l'industrie japonaise. Le financement des filatures), *op. cit.*, tableau 30.
40. Tanimoto Masayuki, « Sekiguchi hachibê naotarô – shôyu sanzôgyô to chihô kigyôka meibôka » (Sekiguchi Hachibê et Naotarô : la fabrication de sauce soja et les notables entrepreneurs de province), dans Takeuchi Tsuneyoshi, Abe Takeshi et Sawai Minoru (dir.), *Kindai nihon ni okeru kigyôka no shokeifu* (Prosopographie des entrepreneurs du Japon moderne), Ôsaka, Ôsaka Daigaku Shuppankai, 1996, p. 75-76.
41. Nous aborderons plus en détail la question de ces trajectoires de carrière dans des travaux ultérieurs.
42. Takamura Naosuke, *Nihon bôsekigyô-shi josetsu* (Une introduction à l'histoire des filatures japonaises), vol. 2, *op. cit.*, p. 251-253.

DEUXIÈME PARTIE
LES AGENTS DU BOOM DES ENTREPRISES
– L' « ÈRE DES RÉGIONS » ET SES PRINCIPAUX ACTEURS –

Chapitre 3 : Les débuts de l'industrialisation en région et l'action de l'administration locale

1. Nakamura Naofumi, *Nihon tetsudôgyô no keisei* (La formation du secteur ferroviaire au Japon), *op. cit.*, deuxième partie.
2. Je fais allusion à la remarque formulée par Watanabe Keiichi dans son compte rendu au sujet de mon ouvrage précédemment cité, suggérant que mon travail aurait surtout montré « la particularité des Chemins de fer de Kyûshû » : voir Watanabe Keiichi, *Tetsudô shigaku* (Études en histoire des chemins de fer), n° 17, p. 112 ; cette remarque a constitué le point de départ du travail présenté ici.
3. Nakamura Naofumi, *Nihon tetsudôgyô no keisei* (La formation du secteur ferroviaire au Japon), *op. cit.*, chap. 5 et 6.
4. Noda Masaho, *Nihon shôken shijô seiritsushi* (L'histoire de la formation des marchés de valeurs mobilières au Japon), *op. cit.*
5. *Ibid.*, p. 52. Au sujet des augmentations de capital de la Compagnie des chemins de fer du Japon, voir Hoshino Takao, « Nihon tetsudô kaisha to daijûgo kokuritsu ginkô (2) » (La Compagnie des chemins de fer du Japon et la Quinzième Banque), *Musashi daigaku ronshû*, n° 19-1, 1971, p. 16-22.
6. *Ibid.*, p. 16-17 ; *Nihon tetsudô kabushikigaisha enkakushi* (L'histoire de la Compagnie des chemins de fer du Japon), vol. 1, p. 204-207, rééd. en fac-similé par Noda Masaho (éd.), Tôkyô, Nihon Keizai Hyôronsha, 1980.
7. Uda Tadashi, *Kindai nihon to tetsudôshi no tenkai* (Le Japon moderne et l'histoire du chemin de fer), Tôkyô, Nihon Keizai Hyôronsha, 1995, chap. 6.
8. « Meiji jûkyûnen tetsudô kankei kaigi chôsa iin », document d'archives de la préfecture d'Iwate (cote : *Iwate kenchô monjo* 192).
9. Au sujet de la campagne pour la construction d'une ligne ferroviaire à Iwate, se reporter à Mori Kahei, *Iwate-ken kindai hyakunen-shi* (Un siècle de modernité dans le département d'Iwate), Morioka, Kumagai Insatsu Shuppanbu, 1974, p. 243-248.
10. *Nihon tetsudô kabushikigaisha enkakushi* (Une histoire de la Compagnie des chemins de fer du Japon), *op. cit.*, p. 42-52.

11. *Ibid.*, p. 52-55.
12. *Ibid.*, p. 110.
13. *Ibid.* p. 110-111.
14. *Nisshin shinbun*, éditions du 2, 5, 7, 23 et 28 avril 1881.
15. *Id.*, 30 avril 1881.
16. « Shokan wo ki shite fugôka shokun ni tsugu », *Iwate shinbun*, 1er août 1884.
17. Ishii fut d'ailleurs le responsable du projet de construction du port de Nobiru. Yamazaki Yûkô, « Nihon kindai shuhô wo meguru sôkoku », dans Suzuki Jun (dir.), *Kôbushô to sono jidai* (Le ministère des Travaux publics et son époque), Tôkyô, Yamakawa Shuppansha, 2002, p. 124-126.
18. « Nobiru chikkô », *Iwate shinbun*, 15 décembre 1884.
19. Mori Kahei, *Iwate-ken wo tsukuru hitobito, kindai-hen* (Ceux qui font le département d'Iwate. Époque moderne), vol. 2, Tôkyô, Hôsei Daigaku Shuppankyoku, 1974, p. 198-199.
20. Masuda Hiromi, « Meiji zenki ni okeru zenkokuteki unyu kikô no saihen » (La réorganisation des transports au niveau national au début de l'ère de Meiji), dans Yamamoto Hirofumi (dir.), *Kindai kôtsû seiritsushi no kenkyû* (Une histoire des premiers transports publics modernes), Tôkyô, Hôsei Daigaku Shuppankyoku, 1994, p. 166-167.
21. « Iwate-ken kyûtôzoku saitô saichi fukumeisho », reproduit dans Uda Tadashi, *Kindai nihon to tetsudôshi no tenkai* (Le Japon moderne et l'histoire du chemin de fer), *op. cit.*, p. 188-198.
22. Tetsudôshô hen, *Nihon tetsudô-shi* (L'histoire des chemins de fer japonais), vol. 2, 1921, p. 113-114.
23. À l'époque, la Compagnie des chemins de fer du Japon soumettait chacun de ses chantiers à l'approbation du Bureau des chemins de fer.
24. « Yamagata-kenka e no tetsudô shisen fusetsu no ken », octobre 1885, *Kôbun ruijû meiji jûkyû nen kan no sanjûyon un'yu yon kyôdô ni* [*N.d.T.* : fonds gouvernemental conservé aux Archives nationales].
25. « Yamagata-kenmin ni makurenakare », *Iwate shinbun*, 5 novembre 1885.
26. « Iwate-ken kyûtôzoku saitô saichi fukumeisho », *op. cit.*
27. « Saitô saichi hôkokusho », rapport du 30 octobre 1885, reproduit dans Uda Tadashi, *Kindai nihon to tetsudôshi no tenkai* (Le Japon moderne et l'histoire du chemin de fer), *op. cit.*, p. 194.
28. « Yamagata-kenmin ni makure nakare », *art. cit.*
29. *Ibid.*

30. « Kitakamigawa kaisaku no fûsetsu », *Iwate shinbun*, 26 novembre 1884.
31. Nakamura Naofumi, *Nihon tetsudôgyô no keisei* (La formation du secteur ferroviaire au Japon), *op. cit.*, chap. 6.
32. Iwate-ken gikai jimukyoku hen, *Iwate-ken gikaishi* (Histoire de l'assemblée départementale d'Iwate), vol. 1, 1961, p. 706-707.
33. « Tetsudô jiken », *Iwate shinbun*, 19 décembre 1885.
34. « Meiji jûkyûnen tetsudô kankei kaigi chôsa iin », *op. cit.*
35. Seul l'administrateur général détenait plus de 200 actions.
36. Selon les articles 18 et 19 du pacte.
37. Mori Kahei, *Iwate-ken wo tsukuru hitobito, kindai-hen* (Ceux qui font le département d'Iwate. Époque moderne), *op. cit.*, p. 204-206.
38. Demande du responsable des districts de Kunohe-Sud et Nord, Ogasawara Sadaichi, 26 janvier 1886, reproduite dans « Meiji jûkyûnen tetsudô kankei kaigi chôsa iin », *op. cit.*
39. Réponse de Tsuda Hisanori, 28 janvier 1886, reproduite dans *ibid.*
40. Lettre du responsable du district de Kesen, Itô Sukeyuki*, à la commission d'étude du chemin de fer, le 12 février 1886, reproduite dans *ibid.*
41. Dans la mesure où un responsable dirigeait alors deux à trois districts, la campagne de souscription se déroula dans plusieurs districts sous la direction de la même personne.
42. Lettre reproduite dans *ibid.*
43. D'après la lettre adressée au préfet portant le sceau de Tsuda et Hirano, le 12 janvier 1886, reproduite dans *ibid.* Dans les faits, l'administrateur effectua sa tournée le 15 janvier.
44. « Tetsudô kabuken kanketsu ni tsuki mikomi naibun », reproduit dans *ibid.*
45. Rapport de Tsuda Hisanori (secrétaire de deuxième classe) adressé au préfet, le 28 janvier 1886, reproduit dans *ibid.*
46. *Ibid.*
47. Rapport de Hirano Masami (secrétaire de sixième classe), le 13 février 1886, reproduit dans *ibid.*
48. Lettre au préfet, le 10 février 1886, reproduite dans *ibid.*
49. Rapport de Hirano Masami, le 13 février 1886, reproduit dans *ibid.*
50. Lettre au préfet du département, le 10 février 1886, reproduite dans *ibid.*
51. Réponse apportée par la Commission d'étude du chemin de fer au responsable du district de Kaminoseki, le 16 février 1886, reproduite dans *ibid.*

52. Lettre de la Commission d'étude du chemin de fer au préfet, le 15 février 1886, reproduite dans *ibid.*
53. Réponse du responsable des districts de Hei-Est et Ouest à Tsuda Hisanori (secrétaire de deuxième classe), le 19 février 1886, reproduite dans *ibid.*
54. Lettre de la Commission d'étude du chemin de fer au préfet, le 15 février 1886, reproduite dans *ibid.*
55. « Tetsudô kikô shinsei ni tsuki gushin », mars 1886, reproduit dans *ibid.*
56. Cette demande fut officiellement rejetée en janvier 1886.
57. Voir les articles publiés dans l'*Iwate shinbun* : « Tôhoku no tetsudô », 10 avril 1886 ; « Tôkyô denpô », 14 avril 1886 ; « Tetsudô senro no koto », 17 avril 1886 ; « Tôkyô denpô », 20 avril 1886.
58. *Nihon tetsudô kabushikigaisha enkakushi* (Une histoire de la Compagnie des chemins de fer du Japon), *op. cit.*, p. 297.
59. Chaque actionnaire à la date du 4 mai 1888 se vit proposer une action pour 3 titres détenus (soit le tiers de ce qu'ils possédaient), quand les deux tiers des 4 546 actions émises furent partagés entre les investisseurs de la compagnie. *Ibid.*, p. 296-297.
60. *Ibid.*, p. 297.
61. Hoshino Takao, « Nihon tetsudô kaisha to daijûgo kokuritsu ginkô (2) » (La Compagnie des chemins de fer du Japon et la Quinzième Banque), *op. cit.*, p. 19, tableau 10. Dans la mesure où le prix unitaire de ces nouvelles actions était de 10 yens, chaque action rapportait 8 yens de plus-value au moment de leur émission (prime d'émission).
62. « Tôkaidô tetsudô fusetsu wo kiite ô.u tetsudô senro no iyoiyo waga morioka wo keitsû subeki wo kan seri », *Iwate shinbun*, 26 juillet 1886.
63. « Tetsudô kabukin kan.yû môshikomi-sho », *Iwate shinbun*, 17 décembre 1885.
64. « Tetsudô fusetsu seigan no gi ni tsuki kengi », reproduit dans Iwate-ken gikai jimukyoku hen, *Iwate-ken gikaishi* (Histoire de l'assemblée départementale d'Iwate), *op. cit.*, p. 706.
65. « Tôkaidô tetsudô fusetsu wo kiite ô.u tetsudô senro no iyoiyo waga morioka wo keitsû subeki wo kan seri », *art. cit.*
66. « Meiji jûkyûnen tetsudô kankei kaigi chôsa iin », *op. cit.*
67. Rapport du responsable des districts de Waga-Est et Waga-Ouest, Takusari Yoshitaka, à la Commission d'étude du chemin de fer, le 3 mars 1886, reprod. dans *ibid.*
68. Nakamura Naofumi, *Nihon tetsudôgyô no keisei* (La formation du secteur ferroviaire au Japon), *op. cit.*, p. 262-263 et 288-291.

69. Au sujet de l'appréciation sur le marché des actions de la Compagnie des chemins de fer du Japon, voir *ibid.*, p. 123.
70. Rapport de Takusari Yoshitaka à la Commission d'étude du chemin de fer, le 3 mars 1886, « Meiji jûkyûnen tetsudô kankei kaigi chôsa iin », *op. cit.*
71. Nakamura Naofumi, *Nihon tetsudôgyô no keisei* (La formation du secteur ferroviaire au Japon), *op. cit.*, p. 242.
72. *Ibid.*, p. 243.
73. À propos de la campagne de souscription du département de Saga, voir *ibid.*, chap. 6.
74. Voir *infra*, première partie.

Chapitre 4 : Les entrepreneurs locaux et le boom des entreprises

1. Analyser le processus d'essor des entreprises dans les provinces revient, en changeant légèrement de perspective, à analyser l'acceptation du système des entreprises dans les communautés locales. À cet égard, il nous faudra donc nous intéresser à la question de la diffusion de ce système dans les régions du Japon.
2. Abe Takeshi, « Fujimoto Shôtarô – Sakai dantsû kaigyô no soshikisha » (Fujimoto Shôtarô : l'organisateur pionnier des Tapis de Sakai), dans Takeuchi Tsuneyoshi, Abe Takeshi et Sawai Minoru (dir.), *Kindai Nihon ni okeru kigyôka no shokeifu* (Prosopographie des entrepreneurs du Japon moderne), *op. cit.*
3. Au sujet des notables de province, voir Ishikawa Isao, *Kindai nihon no meibôka to jichi* (Les notables du Japon moderne et l'autonomie locale), Tôkyô, Bokutakusha, 1987, p. 25-28 (pour une approche relevant de l'histoire sociale du droit) et Takaku Reinosuke, *Kindai Nihon no chiiki shakai to meibôka* (Société régionale et notables dans le Japon moderne), Tôkyô, Kashiwa Shobô, 1997, p. 16-19 (pour un angle d'analyse plus proche de l'histoire politique).
4. Parmi les nombreuses études en histoire économique traitant de la question du Mouvement pour la liberté et les droits du peuple, citons la série de travaux menés par Ôishi Kaichirô : voir *id.*, « Fukushima jiken no shakai-keizaiteki kiso » (Les fondations socio-économiques de l'affaire de Fukushima), dans Horie Eiichi et Tôyama Shigeki (dir.), *Jiyû minkenki no kenkyû* (Le Mouvement pour la liberté et les droits du peuple. Études), vol. 2, Tôkyô, Yûhikaku, 1959 ; Ôishi Kaichirô, « Jiyû minken undô no shakai-keizaiteki kikan » (Les organes socio-économiques du Mouvement pour la liberté et les droits du peuple), dans *id.* (dir.),

Jiyû minken to ôkuma matsukata zaisei (La liberté et les droits du peuple et les politiques financières d'Ôkuma et Matsukata), Tôkyô, Tôkyô Daigaku Shuppankai, 1989.

5. Takeda Haruhito, *Dangô no keizaigaku* (L'économie des ententes), Tôkyô, Shûeisha, 1994, p. 139-141 ; Nihon tetsudô kensetsugyô kyôkai hen, *Nihon tetsudô ukeoigyô-shi meiji-hen* (L'histoire de la sous-traitance dans le secteur ferroviaire au Japon. Ère de Meiji), *op. cit.*, p. 135-136.
6. Okamoto Yukio, *Chihô bôseki kigyô no seiritsu to tenkai* (La création et le développement des filatures de coton en province), Fukuoka, Kyûshû Daigaku Shuppankai, 1993.
7. Kawazoe Shôji, *Fukuoka-ken no rekishi* (L'histoire du département de Fukuoka), Tôkyô, Kôbunkan, 1990, p. 313-319 et 327-329 ; voir aussi l'introduction d'Ioku Shigehiko dans « "Fukuoka-ken chiri zenshi" ni okeru bussan dêta ni tsuite » (Au sujet des données de production contenues dans *Une géographie intégrale du département de Fukuoka*), dans Fukuoka-ken hen, *Fukuoka-kenshi kindaishi-hen fukuoka-ken chiri zenshi* (L'histoire du département de Fukuoka. Époque moderne. *Une géographie intégrale du département de Fukuoka*), vol. 6, Fukuoka, 1995.
8. Furushima Toshio, « Shosangyô hatten no chiiki-sei » (Le caractère régional du développement des différents secteurs industriels), dans Chihôshi kyôgi kenkyûkai hen, *Nihon sangyôshi taikei 1 sôron-hen* (Histoire générale de l'industrie au Japon 1. Généralitésl), *op. cit.*, tableau 1 en annexe.
9. Mukai Yurio, « Kigyô bokkô to fukuhaku shôkôgyôsha » (Le boom des entreprises et les hommes d'affaires de Fukuoka et Hakata), dans *id.* et Nagae Masao (dir.), *Kindai fukuoka hakata no kigyôka katsudô* (Les activités des entrepreneurs dans le Fukuoka-Hakata moderne), Fukuoka, Kyûshû Daigaku Shuppankai, 2007, p. 7-8. Ces statistiques n'incluent pas les capitaux des charbonnages tenus par Mitsui, dont le siège se trouvait à Tôkyô.
10. À propos du secteur charbonnier et de son rôle majeur dans le boom des entreprises du département de Fukuoka, voir Takamura Naosuke, « Chikuhô tankôgyô no daitô » (La formation du secteur minier du Chikuhô), dans *id.* (dir.), *Kigyô bokkô* (Le boom des entreprises), *op. cit.*, chap. 4.
11. Nous n'incluons pas ici la Compagnie des chemins de fer de Hôshû, certes créée lors de la première vague d'essor des entreprises, mais qui n'entra pas en activité avant 1895 en raison de difficultés financières.

12. Au sujet de la campagne de lancement de la Compagnie des chemins de fer de Kyûshû, se reporter à Nakamura Naofumi, *Nihon tetsudôgyô no keisei* (La formation du secteur ferroviaire au Japon), *op. cit.*, deuxième partie. À propos de la Compagnie des chemins de fer et du développement industriel du Chikuhô, voir Yamada Shigeru, « Kigyô bokkô-ki ni okeru sangyô tetsudô no setsuritsu undô » (Le mouvement de création des chemins de fer d'industries au cours du boom des entreprises), *Sankei ronsô*, Kyûshû Sangyô Daigaku, n° 34-3, 1994, p. 133-164.
13. L'implication des pouvoirs publics et des fonctionnaires locaux dans la création de ces sociétés privées releva de leur propre initiative, et non d'une directive du gouvernement central.
14. Nakamura Naofumi, « Kôhatsukoku kôgyôka to chûô-chihô » (L'industrialisation des pays retardataires et les relations centre-province), *art. cit.*, p. 261.
15. *Id.*, *Nihon tetsudôgyô no keisei* (La formation du secteur ferroviaire au Japon), *op. cit.*, p. 352, tableau 8-4.
16. *Ibid*, p. 150-151, tableau 3-14. Le parcours du treizième ingénieur nous reste inconnu.
17. Hermann Rhumschöttel, le chef d'équipe, avait été responsable des machines au sein des chemins de fer d'État prussiens. Les deux autres étaient un contremaître et un conducteur de locomotive.
18. Nakamura Naofumi, *Nihon tetsudôgyô keisei* (La formation du secteur ferroviaire au Japon), *op. cit.*, p. 150-154.
19. La Compagnie des travaux publics du Japon devint ainsi un grand «passeur» d'ingénieurs et techniciens venant des chemins de fer publics en direction de compagnies ferroviaires privées, puisque bien souvent leurs missions auprès d'elles se concluaient par une embauche définitive en leur sein.
20. Nous ignorons cependant quel fut le circuit de recrutement des mécaniciens chargés de l'assemblage des wagons. Selon Nishinarita Yutaka, qui a analysé l'origine des ouvriers des ateliers ferroviaires d'État à Nagano après la guerre russo-japonaise, les cantonniers, apprentis et aides-mécaniciens étaient majoritairement originaires du département, quand le groupe des métallurgistes comptait de nombreux ouvriers venus des départements voisins. Voir Nishinarita Yutaka, « Kan'ei tetsudô kôjô no rômu seisaku to chinrôdô » (Gestion du travail et salariat dans les usines des chemins de fer publics), dans Rôdôshi kenkyûkai hen, *Reimeiki nihon rôdô undô no saikentô* (Un réexamen du mouvement ouvrier japonais à son aube), Tôkyô, Rôdô Junpôsha, 1979.

21. Selon le premier rapport d'activité de la Compagnie des chemins de fer de Kyûshû. Voir Kyûshû tetsudô kaisha, « Dai-ikkai hôkoku », document d'archives du fonds Kumatani conservé au Centre d'histoire régionale du département de Fukuoka (*Fukuokaken chiikishi kenkyûjo*), cote : *Kumatani monjo* 2062.
22. Voir Okamoto Yukio, *Chihô bôseki kigyô no seiritsu to tenkai* (La création et le développement des filatures de coton en province), *op. cit.* Remarquons la présence de figures politiques locales parmi les agents initiateurs de la Filature de Miike (Nagae Jun'ichi, Noda Utarô et Ômura Tsutomu, issus de l'ancien Parti progressiste de Kyûshû), comme ce fut le cas pour les compagnies ferroviaires vues plus haut.
23. Takamura Naosuke, *Kaisha no tanjô* (La naissance de l'entreprise), *op. cit.*, p. 163-167.
24. Okamoto Yukio, *Chihô bôseki kigyô no seiritsu to tenkai* (La création et le développement des filatures de coton en province), *op. cit.*, p. 190, tableau 3-2.
25. *Ibid.*, p. 179.
26. *Id.*, *Meijiki bôseki gijutsu kankeishi* (Une histoire des techniques dans les filatures de coton pendant l'ère de Meiji), Fukuoka, Kyûshû Daigaku Shuppankai, 1995, p. 122-135.
27. *Id.*, *Chihô bôseki kigyô no seiritsu to tenkai* (La création et le développement des filatures de coton en province), *op. cit.*, chap. 3 et 5.
28. Les quinze villages de la partie méridionale du district de Miike furent confiés au seigneur de Yanagawa en 1806 en tant que « terre céleste» (*tenryô*), c'est-à-dire shogounale, à la suite de la mutation du seigneur de Miike, Tachibana Taneyoshi. En 1850, son descendant, Tachibana Taneyuki, récupéra ses droits sur Miike-shinmachi et quatre villages environnants (montant de 5 000 *koku*), y installant ses représentants. En 1868, le domaine de Miike récupéra son ancien territoire et fit de Miike-shinmachi son siège administratif. Voir Ômuta-shi hen, *Ômuta sangyô keizai no enkaku to genkyô* (Passé et présent de l'économie et de l'industrie d'Ômuta), Ômuta, 1965, p. 3.
29. Voir Takamura Naosuke, « Meiji shonen no keizai seisaku – Kôzan "ôyûsei" o megutte » (La politique économique des premières années de l'ère de Meiji : au sujet de « la propriété monarchique »), *Kokushigaku*, n° 170, 2000, p. 17-19.
30. Voir Nakano Hitoshi, Shiraishi Naoki et Hibi Kayoko, « Kaidai » (Introduction), dans Yanagawa shishi henshûkai hen, *Yanagawa-*

han tachibana-ke bungenchô (Le registre du clan des Tachibana, seigneurs de Yanagawa), Yanagawa, 1998, p. 23.

31. Ebesu Hikaru, « Kaisetsu » (Introduction), dans Yanagawa komonjokan hen, *Yanagawa-han no kinsei kantaku* (Les défrichements de nouvelles terres dans le domaine de Yanagawa à l'époque prémoderne), Yanagawa, 1994, p. 2 et 141.
32. *Ibid.*, p. 117-121.
33. *Ibid.*, p. 131-134.
34. Au sujet du Parti progressiste de Kyûshû, voir Nakamura Naofumi, *Nihon tetsudôgyô no keisei* (La formation du secteur ferroviaire au Japon), *op. cit.*, p. 315-316.
35. Ejima Kaori, « Kaidai », dans Fukuoka-ken hen, *Fukuoka kenshi kindai shiryô-hen jiyû minken undô* (Histoire du département de Fukuoka. Époque moderne. Recueils d'archives : le Mouvement pour la liberté et les droits du peuple), Fukuoka, 1995, p. 315-316.
36. « Meiji jûkyûnen jûgatsu yori zatsushi gôgai » (Recueil de papiers divers à partir d'octobre 1886 hors-série), document conservé au Centre pour l'histoire régionale du département de Fukuoka, *fukuokaken chiikishi kenkyûjo* [*N.d.T.* : le centre a fermé ses portes en 2012], fonds Nagae : *Nagae monjo*, AB-59.
37. À propos de la campagne de lancement de la Compagnie des chemins de fer de Kyûshû (1886-1887) et des initiatives de Nagae Jun'ichi au sein du comité élu dans le district de Miike, voir Nakamura Naofumi, *Nihon tetsudôgyô no keisei* (La formation du secteur ferroviaire au Japon), *op. cit.*, deuxième partie.
38. « Meiji jûkûnen jûgatsu yori zatsushi gôgai » (Recueil de papiers divers à partir d'octobre 1886 hors-série), *op. cit.*
39. Seize des vingt-neuf membres du Club étaient par ailleurs membres de la Société de l'Ariake et quatre d'entre eux la quittèrent au moment de la création du Parti progressiste de Kyûshû (1882).
40. Selon la liste des notables aisés du département de Fukuoka établie par Hijikata Shintarô pour l'année 1900, les trois plus grosses fortunes locales étaient celles d'Ono Ryûki et Yumura Yagenta (25 000 yens), suivis de Kawano Shûzô (8 000 yens). Voir Hijikata Shintarô (éd.), *Fukuoka-ken ichien fugôka ichiranhyô* (Table des grandes fortunes de l'ensemble du département de Fukuoka), Mizuma, Fukuoka-ken Meiyo Hokkisho, 1900.
41. Naitô Takao, « Nihon sekiyu kaisha no seiritsu to tenkai » (Création et développement de la Compagnie des pétroles du Japon), *Tochi seido shigaku*, n° 158, 1996, p. 34-35.
42. Fondée en octobre 1886 à l'initiative de Nagae Jun'ichi et Noda Utarô dans le village d'Enoura, avec un capital de départ de

2 000 yens. Elle fut financée surtout par les propriétaires terriens et commerçants de la partie septentrionale du district de Miike. En 1860, ses deux plus grands actionnaires étaient Matsuo Sôsaku (propriétaire terrien du village d'Iwatsu, 50 titres) et Koga Hisatsugu (propriétaire terrien du village d'Enoura, 40 titres). Voir « Meiji jûkyûnen jûgatsu jûrokunichi yori meiji nijûichi nen jûgatsu nijûrokunichi made zatsushi ichi », *Nagae monjo*, AB-58.

43. « Miike doboku kaisha sôritsu shorui » (Documents relatifs à la création de la Compagnie de travaux publics de Miike), *Nagae monjo*, AA-2-1-1.
44. « Meiji jûkyûnen jûgatsu yori zatsushi gôgai » (Recueil de documents divers à partir d'octobre 1886 hors-série), *op. cit.*
45. En incluant ceux qui ne purent se rendre à cette réunion, le comité comptait trente-cinq membres fondateurs.
46. Sakaguchi Jirô, *Noda taikaiden* (Une biographie de Noda Utarô), Tôkyô, Noda Taikaiden Kankôkai, 1929, p. 129.
47. Okamoto Yukio, *Chihô bôseki kigyô no seiritsu to tenkai* (La création et le développement des filatures de coton en province), *op. cit.*, p. 14-15.
48. Nagai Minoru (éd.), *Jijo masuda takashi ôden* (La vie du vieux Masuda Takashi racontée par lui-même), Tôkyô, Chûô Bunko, 1989. Ce livre est une compilation publiée en 1939 des notes autobiographiques publiées en feuilleton par Masuda dans le mensuel *Eisei* (L'hygiène) entre janvier 1923 et décembre 1927.
49. « Meiji nijûni-nen shigatsu jûshichi-nichi miike bôseki kaisha sôritsu kankei shorui » (Documents relatifs à la création de la Filature de Miike. 17 avril 1889). *Nagae monjo*, AA-3-2.
50. « Meiji nijûichi-nen jûgatsu nijûshichi-nichi yori meiji nijûsannen sangatsu sanjûichi-nichi zatsushi ni » (Papiers divers, 1888 à 1890). *Nagae monjo*, AB-80.
51. Okamoto Yukio, *Chihô bôseki kigyô no seiritsu to tenkai* (La création et le développement des filatures de coton en province), *op. cit.*, p. 15-16.
52. *Ibid.*, p. 14-15.
53. « Miike bôseki kaisha sôritsu kankei shorui » (Documents relatifs à la création de la Filature de Miike), *op. cit.*
54. Le capital de la compagnie fut porté à 300 000 yens lors de l'assemblée extraordinaire des actionnaires en juin 1889. Voir Okamoto Yukio, *Chihô bôseki kigyô no seiritsu to tenkai* (La création et le développement des filatures de coton en province), *op. cit.*, p. 176.

55. Sur ce point, Noda envoya le 1er mai 1889 la missive suivante : « Les 50 000 yens d'actions seront payés par Mitsui Yônosuke et Masuda Takashi. Masuda sera bien sûr le fondateur. Mitsui deviendra simple actionnaire. La raison en serait que jusqu'à maintenant les entreprises fondées au nom de Mitsui Yônosuke n'ont jamais été des partenariats, il s'agirait d'une précaution du Conseil de Famille » (« Miike bôseki kaisha sôritsu kankei shorui », [Documents relatifs à la création de la Filature de Miike], *op. cit.*).
56. Lettre de Nagae Jun'ichi à Noda Utarô, 1er mai 1889, *Nagae monjo*, AA-3-1-11.
57. « Miike bôseki kaisha sôritsu kankei shorui » (Documents relatifs à la création de la Filature de Miike). *op. cit.* ; « Miike bôseki kaisha teikan » (Statuts de la Filature de Miike), *Nagae monjo*, AA-3-3.
58. Okamoto Yukio, *Chihô bôseki kigyô no seiritsu to tenkai* (La création et le développement des filatures de coton en province), *op. cit.*, p. 21.
59. Lettre de Sugimoto Noriyuki à Nagae Jun'ichi, le 8 mai 1889, *Nagae monjo*, AA-3-1-13.
60. Comme l'a déjà relevé Okamoto (Okamoto Yukio, *Chihô bôseki kigyô no seiritsu to tenkai* [La création et le développement des filatures de coton en province], *op. cit.*, p. 38.), cela diffère de ce qu'en dit Masuda dans ses mémoires (« Pour ce qui est des capitaux, Mitsui en apporta la plupart, les autres actionnaires se limitant, au mieux, au nominal », reproduit dans Nagai Minoru (éd.), *Jijo masuda takashi ôden* (La vie du vieux Masuda Takashi racontée par lui-même), *op. cit.*, p. 196), mais l'apport de la maison Mitsui contribua surtout à renforcer l'image sociale de la Filature de Miike.
61. Fukuoka-ken hen, *Fukuoka-kenshi kindai shiryô-hen menshi bôseki-hen* (Histoire du département de Fukuoka. Époque moderne. Recueil d'archives. Les filatures de coton), Fukuoka, 1985, p. 238-241.
62. En l'occurrence M. Yamane, l'administrateur général de la Compagnie des mines Mitsui (*Mitsui kôzan-sha*). Après son décès en janvier 1890, il fut remplacé au sein de ce conseil d'administration par Hayashi Eikichi, puis par Masuda Takashi à partir de septembre 1890.
63. Décision du conseil d'administration du 21 novembre 1889, « Miike bôseki kaisha sôritsu kankei shorui » (Documents relatifs à la création de la Filature de Miike), *op. cit.*

64. Cette commande de métiers à filer à anneaux (10 368 broches) fut gérée par les Produits Mitsui auprès du fabricant, la compagnie Pratt.
65. Miike doboku kaisha, « Dai ikkai jissai kôkasho » (Rapport d'évaluation n° 1), premier semestre 1888, p. 1-2.
66. *Ibid.* et Miike doboku kaisha, « Dai nikkai hanki jissai kôkasho » (Rapport d'évaluation à mi-parcours n° 2), second semestre 1888, p. 1.
67. *Ibid.*
68. Nihon tetsudô kensetsugyô kyôkai hen, *Nihon tetsudô ukeoigyô-shi meiji-hen* (L'histoire de la sous-traitance dans le secteur ferroviaire au Japon. Ère de Meiji), *op. cit.*, p. 136.
69. Nakamura Naofumi, *Nihon tetsudôgyô no keisei* (La formation du secteur ferroviaire au Japon), *op. cit.*, p. 152-153.
70. Nihon tetsudô kensetsugyô kyôkai hen, *Nihon tetsudô ukeoigyô-shi meiji-hen* (L'histoire de la sous-traitance dans le secteur ferroviaire au Japon. Ère de Meiji), *op. cit.*, p. 137.
71. *Ibid.*, p. 138-140.
72. *Ibid.*, p. 138.
73. « Tôyô nikki » (Journal de Noda Utarô), entrée du 26 août 1890, conservé au Centre d'histoire régionale du département de Fukuoka (*Fukuoka-ken chiikishi kenkyûjo*) à Fukuoka, fonds documentaire Noda : *Noda monjo*, A-2.
74. « Yûgen sekinin miike doboku kaisha gensoku » (Principes véritables de la Compagnie de travaux publics de Miike), 28 août 1890 (*Nagae monjo*, AA-2-1-7). Bien qu'il fût nommé président, nul document n'indique clairement que Kawano ait activement dirigé la gestion de la société. Nous en concluons que les affaires de la compagnie furent intégralement gérées par l'administrateur (*torishimari*) et secrétaire général (*kanji*) Noguchi Chûtarô.
75. *Noda taikaiden*, reproduit dans Nihon tetsudô kensetsugyô kyôkai hen, *Nihon tetsudô ukeoigyô-shi meiji-hen* (L'histoire de la sous-traitance dans le secteur ferroviaire au Japon. Ère de Meiji), *op. cit.*, p. 230.
76. *Ibid.*, p. 137-138.
77. *Ibid.*, p. 146.
78. « Tôyô nikki » (Journal de Noda Utarô), entrée du 19 avril 1891, *op. cit.*, *Noda monjo*, A-3.
79. « Yûgen sekinin miike doboku kaisha kisoku » (Règlement de la société à responsabilité limitée de travaux publics de Miike), mars 1891, *Nagae monjo*, A-2-1-7.

80. Miike doboku kabushikigaisha, « Daijûnikai jigyô hôkoku » (Rapport d'activité n° 12), 1908. Malgré la date de ce document, postérieure aux faits évoqués, nous pouvons supposer que la mine de Miike tenue par Mitsui fut alors son principal client.
81. La raison pour laquelle la société fut reformée en commandite simple et non en société par actions demeure à ce jour inconnue. Cependant, on peut penser qu'il s'agissait de garder confidentielle sa relation spéciale à la Banque de Miike.
82. Dans sa biographie de Noda, Sakaguchi précise qu'« il fut proposé 60 yens à chaque investisseur pour 100 yens versés, libre à chacun de suivre ou non cette indication ». Voir Sakaguchi Jirô, *Noda taikaiden* (Une biographie de Noda Utarô), *op. cit.*, p. 230. Par ailleurs, Sakaguchi pense que cela concerne le changement de régime de la commandite simple en société par actions, mais il s'agit bien du passage du régime de la SARL à celui de la commandite simple.
83. Ainsi, la « participation » de Noda Kaichirô fut « cédée à un membre de l'entreprise » lorsqu'il s'en retira en 1896. Voir Miike doboku gôshikaisha, « Rinji sôkai ketsugiroku » (Procès verbal de l'assemblée générale extraordinaire), février 1896, *Nagae monjo*, AA-2-1-7.
84. *Fukuoka-ken tôkeisho* (Annuaires statistiques du département de Fukuoka), années 1892 (tableau 79) et 1893 (tableau 87).
85. Dans la mesure où les statuts de la SCS n'ont jamais été retrouvés, nous n'avons pu vérifier l'étendue des responsabilités impliquées par ces fonctions, même si nous pensons qu'elles furent illimitées.
86. La Société pour la réussite des affaires de Saga, évoquée *supra*, fut ainsi dissoute en 1891 à la fin de ces travaux, qui lui avaient pourtant permis de générer de larges bénéfices. Nihon tetsudô kensetsugyô kyôkai hen, *Nihon tetsudô ukeoigyô-shi meiji-hen* (L'histoire de la sous-traitance dans le secteur ferroviaire au Japon. Ère de Meiji), *op. cit.*, p. 147.
87. Miike doboku gôshikaisha, « Rinji sôkai ketsugiroku » (Procès verbal de l'assemblée générale extraordinaire), 19 janvier 1895 », *op. cit.*, *Nagae monjo*, AA-2-1-7.
88. Soit jusqu'à fin janvier 1897. Voir *ibid.*, février 1896.
89. La plupart de ces emprunts furent vraisemblablement contractés auprès de la Banque de Miike. Voir Sakaguchi Jirô, *Noda taikaiden* (Une biographie de Noda Utarô), *op. cit.*, p. 229.
90. *Fukuoka-ken tôkei-sho* (Annuaire statistique du département de Fukuoka), année 1898, tableau 84.

91. Parmi les vingt et un détenteurs de titres (hors fondateurs et collaborateurs de l'entreprise) dont fait état la liste des actionnaires de la société fin 1908, au moins onze venaient du district de Miike, et deux de celui de Yamato (*Nagae monjo*, AA-2-2).
92. Selon les rapports d'activité de l'entreprise, les opérations de travaux publics générèrent la quasi-totalité des profits de la société en 1908 (92,2 %) et 1911 (96,7 %).
93. Okamoto Yukio, *Chihô bôseki kigyô no seiritsu to tenkai* (La création et le développement des filatures de coton en province), *op. cit.*, chap. 2.
94. « Ki » (Note écrite de Nagae Jun'ichi), *Nagae monjo*, AA-3-4.
95. *Ibid*. Iwase Enjirô reprit ensuite le poste de directeur technique laissé vacant.
96. « Sôgyôshi » (L'histoire de l'entreprise), rédigé par Nagae Jun'ichi, *Nagae monjo*, AA-3-4. Les Produits Mitsui commencèrent sans doute leurs importations directes de coton indien au second semestre 1892, quand les filatures se mirent à tourner à plein régime.
97. *Ibid*.
98. En ce qui concerne le coton de Bombay, un contrat d'achat fut conclu avec la compagnie commerciale Mitsui en 1892, dont nous ignorons cependant la durée de validité. Voir Takamura Naosuke, *Nihon bôsekigyô-shi josetsu* (Une introduction à l'histoire des filatures japonaises), *op. cit.*, p. 195-199.
99. Okamoto Yukio, *Chihô bôseki kigyô no seiritsu to tenkai* (La création et le développement des filatures de coton en province), *op. cit.*, p. 89-90.
100. « Sôgyôshi » (L'histoire de l'entreprise), *op. cit*.
101. Okamoto Yukio, *Chihô bôseki kigyô no seiritsu to tenkai* (La création et le développement des filatures de coton en province), *op. cit.*, p. 91-92.
102. *Ibid.*, p. 95, tableau 11.
103. *Ibid.*, p. 68.
104. *Ibid.*, p. 45-46.
105. « Sôgyôshi », *op. cit*. *Nagae monjo* AA-3-4.
106. *Ibid*.
107. *Ibid*.
108. Fukuoka-ken hen, *Fukuoka-kenshi kindai shiryô-hen menshi bôseki-hen* (Histoire du département de Fukuoka. Époque moderne. Recueil d'archives. Les filatures de coton), *op. cit.*, p. 223.
109. Okamoto Yukio, *Chihô bôseki kigyô no seiritsu to tenkai* (La création et le développement des filatures de coton en province), *op. cit.*, p. 98-99.

110. *Ibid.*, p. 73.
111. *Ibid.*, quatrième partie.
112. Réélu aux sixième, dixième, onzième et douzième scrutins, Nagae fut par ailleurs nommé secrétaire général du Seiyûkai en 1908 et 1913 (Fukuoka-ken hen, *Fukuoka-kenshi kindai shiryô-hen menshi bôseki-hen* (Histoire du département de Fukuoka. Époque moderne. Recueil d'archives. Les filatures de coton), *op. cit.*, p. 104). Quant à Noda, il siégea pratiquement sans interruption à la Chambre des députés jusqu'en 1927, et occupa les postes de secrétaire général du Seiyûkai en 1912, de vice-président de la Compagnie d'exploitation et mise en valeur de l'Orient (Tôyô takushoku) en 1913, de ministre des Communications en 1918, de vice-président du Seiyûkai en 1924, puis de ministre du Commerce en 1925. Voir Sakaguchi Jirô, *Noda taikaiden* (Une biographie de Noda Utarô), *op. cit.*, annexes chronologiques.
113. Dans le cas de Nagae Jun'ichi et Noda Utarô, l'expérience et le sens relationnel développés au sein de la Compagnie de travaux publics de Miike comme des Filatures éponymes leur permirent indubitablement de prendre leur élan en tant que figures politiques.

Chapitre 5 : Les comportements d'investissement d'une grande fortune régionale : Le cas de la maison Hiromi dans le département d'Ôsaka

1. Les pouvoirs publics régionaux et hommes politiques locaux évoqués dans les chapitres 3 et 4 ne feront cependant aucune apparition dans ce chapitre, dans la mesure où le peuple se positionna comme le principal agent économique de cette province particulièrement développée depuis la fin du Moyen Âge. Nulle intervention directe des fonctionnaires locaux ne fut donc nécessaire à l'essor des entreprises de Sen'nan, quand le rôle du gouvernement et des organismes officiels s'y limita à la régulation des marchés transactionnels.
2. Suenaga Kunitoshi, *Kindai ômi shônin keiei shiron* (De l'histoire des pratiques gestionnaires des marchands d'Ômi dans la modernité), Tôkyô, Yûhikaku, 1997.
3. Ishii Kanji, « Sangyô shihon kakuritsuki no kabunushi-sô » (L'actionnariat pendant la période de consolidation du capital industriel), dans *id.*, Sakasai Takahito, Hoshi Makoto et Sekiguchi Yoshiyuki (dir.), *Nihon shihonshugi – tenkai to ronri* (Le capitalisme japonais. Son développement et sa logique), Tôkyô, Tôkyô

Daigaku Shuppankai, 1978. *Id.*, « Ishin henkaku no kiso katei » (Les processus au cœur du bouleversement de la Restauration), *Rekishigaku kenkyû*, n° 560, 1986.

4. Si cet ouvrage sur la révolution industrielle tend à souligner l'importance des agents économiques dans ce processus, nous souhaiterions par ailleurs démontrer que les comportements d'investissement audacieux des capitaux marchands constituèrent en eux-mêmes le moteur de cette révolution.
5. Noda Masaho, *Nihon shôken shijô seiritsushi* (L'histoire de la création des marchés de valeurs mobilières L'histoire de la création des marchés de valeurs mobilières au Japon), *op. cit.*, chap. 5.
6. Kataoka Yutaka, « Meijiki no kabushiki shijô to kabuka keisei » (La formation des marchés de titres et des valeurs boursières pendant l'ère de Meiji), *Shakai keizai shigaku*, n° 53-2, 1978.
7. Ishii Kanji et Nakanishi Satoru (dir.), *Sangyôka to shôka keiei* (Industrialisation et gestion familiale), *op. cit.*
8. Nakanishi Satoru, « Kindai Nihon ni okeru chihô shûsanchi ton'ya no shôgyô keiei hatten » (Le développement des pratiques de gestion commerciale d'un grossiste régional traditionnel dans le Japon moderne), *Keizai kagaku*, n° 49-4, 2001.
9. Nakanishi Satoru, « Hiromi-ke no gaikan » (Une présentation de la famille Hiromi), dans *id.* et Ishii Kanji (dir.), *Sangyôka to shôka keiei* (Industrialisation et gestion familiale), *op. cit.*, p. 23.
10. Il nous manque cependant les registres de l'ère Keiô (1865-1868), ainsi que des années 1870 et 1893.
11. À propos des investissements en valeurs mobilières de la maison Hiromi avant la Première Guerre mondiale, voir Hanai Shunsuke, « Taishô-shôwa zensenki no yûka shôken tôshi » (Les investissements en titres de valeur entre les années 1910 et 1930), dans Nakanishi Satoru et Ishii Kanji (dir.), *Sangyôka to shôka keiei* (Industrialisation et gestion familiale), *op. cit.*, chap. 5.
12. Abe Takeshi, « Meijiki ni okeru chihô kigyôka – Ôsaka-fu sen'nan chihô no baai » (Les entrepreneurs provinciaux pendant l'ère de Meiji. Le cas de la région de Sen'nan dans le département d'Ôsaka), *Ôsaka daigaku keizaigaku*, n° 38-1 et 38-2, 1988, et *id.*, *Nihon niokeru sanchi men-orimonogyô no tenkai* (Le développement de la production textile cotonnière régionale au Japon), Tôkyô, Tôkyô Daigaku Shuppankai, 1989.
13. Abe Takeshi, « Meijiki ni okeru chihô kigyôka... » (Les entrepreneurs provinciaux pendant l'ère de Meiji...), *op. cit.*, p. 126, tableau 1.

14. *Ibid*. Les chiffres donnés par Abe pour le district de Sen'nan n'incluent pas la valeur de la production des filatures et usines de Kishiwada ; nous les avons corrigés à l'aide des données statistiques du département d'Ôsaka pour l'année 1909.
15. *Ibid*.
16. *Ibid*., p. 129-131.
17. *Ibid*., p. 130.
18. Nos calculs, à partir des données des références suivantes : *Ôsaka-fu tôkeisho* (Annuaire statistique du département d'Ôsaka), 1909 ; Shinohara Miyohei (dir.), *Chôki keizai tôkei 10 – kôkôgyô* (Statistiques économiques de longue durée 10. Industrie lourde et minière), Tôyô Keizai Shinpôsha, 1972.
19. Nakazawa Yonetarô, *Senshû sangyôshi* (Histoire de l'industrie de Senshû), s. l., 1963, p. 20-21.
20. 17 % pour le district de Sen'nan, 17,9 % pour la moyenne nationale. Abe Takeshi, « Meijiki ni okeru chihô kigyôka… » (Les entrepreneurs provinciaux pendant l'ère de Meiji…), *op. cit*., tableau 1. Chiffres recalculés à l'aide des données statistiques du département d'Ôsaka.
21. Selon Abe, ces vingt-sept fortunes représentaient 1,3 % des 251 530 habitants que comptait cette même année le district de Sen'nan. *Ibid*., p. 145-146.
22. Terada Jin'yomo mit toutefois un terme à ses activités de fabricant d'alcool en 1900 pour se consacrer à la gestion d'entreprises, notamment la Filature de Kishiwada. Takashima Masaaki, « Bôseki zaibatsu » (Les zaibatsus de filatures), dans Shibuya Ryûichi, Katô Takashi et Okada Kazuki (dir.), *Chihô zaibatsu no hatten to ginkô* (Le développement des zaibatsus régionaux et les banques), Tôkyô, Nihon Hyôronsha, 1989, p. 368.
23. Abe Takeshi, « Meijiki ni okeru chihô kigyôka… » (Les entrepreneurs provinciaux pendant l'ère de Meiji…), *op. cit*., p. 146 ; Takeuchi Norisaburô, *Ôsaka-fu kawachi-izumi shisanka ichiranhyô* (Table des grandes fortunes de la région de Kawachi-Izumi, département d'Ôsaka), s. l., 1912, p. 177-185.
24. Abe Takeshi, « Meijiki ni okeru chihô kigyôka… » (Les entrepreneurs provinciaux pendant l'ère de Meiji…), *op. cit.*, p. 129-140.
25. Selon les données statistiques du département d'Ôsaka.
26. Parmi les sociétés en commandite et entreprises collectives, nous n'avons ici comptabilisé que celles dotées d'un capital supérieur à 10 000 yens.
27. Nakanishi Satoru, « Sangyô keiei to fudôsan keiei » (Gestion industrielle et gestion foncière), dans *id.* et Ishii Kanji (dir.), *Sangyôka*

to shôka keiei… (Industrialisation et gestion familiale), *op. cit.*, chap. 3, p. 126-127 ; Nakanishi Satoru et Hanai Shunsuke, « Shûeki kiban no tenkan to tayôka » (Le tournant dans la génération des bénéfices et sa diversification), dans *ibid.*, chap. 1, p. 45-53.

28. Ces excédents se montèrent annuellement à 300 yens sur la période 1876-1879, puis à 500 yens en 1880-1881.
29. Si nous comprenons d'après les registres de comptabilité que la maison Hiromi reversait chaque mois une somme fixe à cet organisme, nous ignorons cependant quelles furent concrètement ses activités, faute de sources.
30. De janvier 1882 à 1909, ces registres de prêt précisent pour chaque débiteur les montants empruntés et remboursés, intérêts compris, avec la mention « société Daiso ».
31. Au 15 juin 1878, 6 500 000 yens avaient été souscrits à Tôkyô. Voir Kaida Ikuo, « Meiji zenki ni okeru kokusai shisô no hatten » (Le développement de la question de la dette publique au début de l'ère de Meiji), *Keizai ronshû*, Kansai Daigaku, n° 41-5, 1992, p. 12-26.
32. Ce que corrobore le fait que la maison Hiromi revendit ses obligations en mars 1880, à peine un an après avoir terminé de les payer, enregistrant à cette occasion 26 yens de perte. Utsumi Sakubei, négociant en engrais à Ôsaka, servit d'intermédiaire à cette vente.
33. Correspondance de Sakaguchi Naosaku, fonds d'archives de la famille Hiromi (*Hiromi-ke monjo*), cote : *Hiromi-ke monjo* D001-1-102.
34. Lettre de Sakaguchi Naosaku (banque) à Hiromi Sôtarô, 6 février 1880, *Hiromi-ke monjo*, D001-8-90.
35. Pourtant, le statut de « banque nationale » (*kokuritsu ginkô*) ne permettait pas de se livrer à des « activités non strictement bancaires » (article 45) telles les transactions de valeurs. La question de savoir comment ces activités de médiation ont été gérées au sein des banques constituera un de nos futurs thèmes de recherche.
36. Selon le registre de comptabilité de l'année 1880. *Hiromi-ke monjo*, A161.
37. Ishii Kanji, « Kindai no kin'yu shisutemu to hiromi-ke » (Le système financier moderne et la famille Hiromi), dans *id.* et Nakanishi Satoru (dir.), *Sangyôka to shôka keiei…* (Industrialisation et gestion familiale), *op. cit.*, chap. 13.
38. Nakanishi Satoru, « Sangyô keiei to fudôsan keiei » (Gestion industrielle et gestion foncière), *art. cit.*, p. 126.

39. *Ibid.*, p. 142.
40. Note, *Hiromi-ke monjo*, ZB038-6.
41. *Hiromi-ke monjo*, U004-2-1-21.
42. *N.d.T.* : cette somme comprend 5 *rin*, le *rin* était l'unité du millième de yen. Ici, 50 *sen* de frais occasionnés par cette transaction furent réglés par la maison de négoce auprès de la Cinquante et unième Banque nationale. Registre de comptabilité de l'année 1885, *Hiromi-ke monjo*, L144.
43. Suenaga Kunitoshi, *Kindai ômi shônin keiei shiron* (De l'histoire des pratiques gestionnaires des marchands d'Ômi dans la modernité), *op. cit.*, p. 402-403.
44. Avec 8,3 % du capital nominal total des industries, le secteur du filage se positionnait alors comme la deuxième industrie du Japon, juste derrière l'industrie ferroviaire (22,8 %). Nakamura Naofumi, *Nihon tetsudôgyô no keisei* (La formation du secteur ferroviaire au Japon), *op. cit.*, p. 7.
45. Cinq dans le district de Nishinari, une dans le district de Sumiyoshi, une dans la ville de Sakai, selon les données statistiques du département d'Ôsaka pour l'année 1890.
46. Yamaguchi Kazuo (dir.), *Nihon sangyô kin'yushi kenkyû – bôseki kin'yu-hen* (Travaux en histoire financière de l'industrie japonaise. Le financement des filatures), Tôkyô, Tôkyô Daigaku Shuppankai, 1970, p. 13-15.
47. Tanimoto Masayuki et Abe Takeshi, « Kigyô bokkô to kindai keiei – zairai keiei » (Le boom des entreprises et les méthodes de gestion moderne et traditionnelle), *art. cit.*, p. 96.
48. Selon Abe, ces corporations furent formées pour pallier la mauvaise santé du secteur du filage, qui souffrait dans le district de Sen'nan de la fabrication en série de produits de basse qualité. Voir Abe Takeshi, « Meijiki ni okeru chihô kigyôka... » (Les entrepreneurs provinciaux pendant l'ère de Meiji), *art. cit.*, p. 127-128.
49. *Ôsaka-fu tôkeisho* (Annuaire statistique du département d'Ôsaka), année 1891.
50. La maison de négoce détenait ainsi 88 titres de la Première Briqueterie de Kishiwada, 240 titres de la Compagnie du chemin de fer de Kisen, et un certain nombre (inconnu) d'actions des Cimenteries de Kaizuka.
51. La maison Hiromi détenait alors 17,6 % du capital de la briqueterie sous forme d'actions.
52. Elle fit en l'occurrence l'acquisition de deux nouvelles actions du Chemin de fer d'Ôsaka-Sakai, de 10 titres des Chemins de fer

d'Ôsaka, et finança la création de la Compagnie du chemin de fer de Maizuru.

53. Nous pouvons ainsi croire qu'elle fut encline à revendre ses titres de la Compagnie des transporteurs réunis à la suite de la lettre que lui adressa la maison de courtage Tatsuma quant à la valeur de ces actions. Correspondance du 23 septembre 1885, *Hiromi-ke monjo*, V008-5-12.
54. *Hiromi-ke monjo*, V008-6-23.
55. *Hiromi-ke monjo*, V008-5-51.
56. Lettre de Tomimura Saburôkichi du 7 novembre 1892. *Hiromi-ke monjo* V005-1-23. Elle permit ainsi à Fujino Kaichi, Fukuda Kichibei ou Miyake Seiemon, négociants en engrais à Ôsaka et Hakodate, d'acquérir des titres de la Compagnie des chemins de fer de Kisetsu.
57. La lettre adressée à la maison Hiromi le 9 novembre 1888 par Nakamura Katsuhei, de la maison de courtage Ôta, tend à indiquer que les deux parties furent mises en relation par un certain Ishii Sentarô, de Kishiwada. Voir *Hiromi-ke monjo*, V015-3-96.
58. La maison Hiromi parvint également à éponger ses pertes grâce aux 2 600 yens de dividendes que lui rapportèrent ses placements au second semestre 1895 et au premier semestre 1896.
59. Nakanishi Satoru, « Sangyô keiei to fudôsan keiei » (Gestion industrielle et gestion foncière), *art. cit.*, p. 127-129.
60. *Hiromi-ke monjo*, P055.
61. Sugiyama Kazuo, « Kishiwada bôseki-gaisha » (La Compagnie de la filature de Kishiwada), dans Yamaguchi Kazuo (dir.), *Nihon sangyô kin'yûshi kenkyû bôseki kin'yû-hen* (Études en histoire financière de l'industrie japonaise. Le financement des filatures), *op. cit.*, p. 673.
62. Takeuchi Kyôzô, *Toshi kinkô tetsudô no shiteki hatten* (Le développement historique des chemins de fer périurbains), Tôkyô, Nihon Keizai Hyôronsha, 1986, chap. 3.
63. Au sujet des sollicitations de Terada Jin'yomo lors du lancement de la Filature de Kishiwada, voir la lettre de Terada à Hiromi Sôtarô en date du 26 octobre 1892, *Hiromi-ke monjo*, V005-1-35.
64. Abe Takeshi, « Meijiki ni okeru chihô kigyôka » (Les entrepreneurs provinciaux pendant l'ère de Meiji), *art. cit.*, p. 144.
65. Voir les registres de comptabilité des années 1888 (*Hiromi-ke monjo*, L135) et 1889 (*Hiromi-ke monjo*, L137).
66. Voir le registre de comptabilité de 1891, *Hiromi-ke monjo*, L145.
67. Ancien vassal du domaine de Kishiwada, il reçut 10 actions de la part de la maison Hiromi lors de sa nomination à la tête de la briqueterie, en 1890.

68. Le montant de ces prêts oscillait entre 50 et 1 000 yens, remboursables sous dix à quatre-vingt-dix jours, avec 20 à 40 centimes (*sen*) d'intérêts journaliers. En dix-huit mois, Yamaoka recourut à douze reprises à ces emprunts. Voir les registres de comptabilité des années 1891 (*Hiromi-ke monjo*, L145) et 1892 (*Hiromi-ke monjo*, L139).
69. Voir le registre de comptabilité de 1894, *Hiromi-ke monjo*, K064.
70. Selon le registre de comptabilité de 1895 (*Hiromi-ke monjo*, L131), elle acquit à cette occasion 166 titres nouvellement émis.
71. Au sujet de son développement durant l'ère de Taishô, voir Fujita Teiichirô, « Taishôki ni okeru terada zaibatsu no seichô to genkai » (La croissance et les limites du zaibatsu Terada pendant l'ère de Taishô), *Keiei shigaku*, n° 15-2, 1980, p. 13-21.
72. Takamura Naosuke, *Nihon shihonshugi shiron* (Un essai sur l'histoire du capitalisme japonais), *op. cit.*, p. 85-67.
73. Nakanishi Satoru, « Sangyô keiei to fudôsan keiei » (Gestion industrielle et gestion foncière), *art. cit.*, p. 130-131.
74. *Ibid.*, p. 143. Voir le relevé des actifs de la maison Hiromi (*Hiromi-ke monjo*, ZB083-14-12). Derrière ce basculement de sa ligne de gestion après le conflit russo-japonais, Nakamura Masanori souligne que le problème de l'imposition fiscale des terrains put la pousser à se tourner davantage vers l'accumulation d'actions. Nakamura Masanori, *Kindai nihon jinushisei-shi kenkyû* (Une étude historique de la propriété terrienne dans le Japon moderne), Tôkyô, Tôkyô Daigaku Shuppankai, 1979, p. 46-67. Cette explication ne suffit cependant pas à justifier le développement de ses comportements d'investissement en titres plutôt qu'en terres, d'autant qu'elle continua à acquérir des parcelles forestières et non agricoles après 1896 (voir *Hiromi-ke monjo*, ZA90-6 et ZB44-16).
75. Voir le registre de comptabilité de 1905, *Hiromi-ke monjo*, L133.
76. Voir *Hiromi-ke monjo*, U004-1-1-14 et 15.
77. Lettre de Kiya Shichihei du 5 octobre 1895, *Hiromi-ke monjo*, V014-1-7.
78. Naturellement, ces décisions purent parfois s'avérer erronées, comme nous le verrons *infra* avec la perte essuyée lors de la revente de ses titres de la Compagnie du chemin de fer d'Ôsaka-Sakai.
79. L'année suivante, la maison de négoce devait toutefois enregistrer 1 896 yens de pertes en les revendant. Voir les registres de comptabilité de 1896 (*Hiromi-ke monjo*, L149) et 1897 (*Hiromi-ke monjo*, L153).

80. Dans la mesure où ces titres furent attribués par tirage au sort, elle ne put effectivement acheter que 7 actions avant d'être remboursée le 31 mai des 2 150 yens correspondant à la valeur des 93 titres restants.
81. De même, le montant total des augmentations de capital pour la période 1906-1907 s'établit à 138 390 000 yens, soit la moitié des 268 920 000 yens atteints en 1896-1897. Chiffres tirés de *Nihon teikoku tôkei nenkan* (Annuaire statistique de l'empire du Japon), chaque année.
82. Takamura Naosuke, *Nihon shihonshugi shiron* (Un essai sur l'histoire du capitalisme japonais), *op. cit.*, p. 191-192.
83. Nakamura Takafusa, « Makuro keizai to sengo keiei » (La macroéconomie et la gestion de l'après-guerre), *art. cit.*, p. 32-33.
84. Abe Takeshi, « Meijiki ni okeru chihô kigyôka… » (Les entrepreneurs provinciaux pendant l'ère de Meiji…), *art. cit.*, p. 135-140.
85. Abe souligne que ce système des compagnies de tissage sous le régime de l'entreprise fut propulsé non seulement par les professionnels du tissage, mais aussi par la catégorie des entrepreneurs des nouvelles industries, laquelle comportait de nombreux propriétaires terrains. *Ibid.*, p. 140.
86. Takamura Naosuke, *Nihon shihonshugi shiron* (Un essai sur l'histoire du capitalisme japonais), *op. cit.*, p. 100-101.
87. Nakanishi Satoru, « Kindai nihon ni okeru chihô shûsanchi ton'ya no shôgyô keiei hatten » (Le développement des pratiques de gestion commerciale d'un grossiste régional traditionnel dans le Japon moderne), *art. cit.*, p. 131-132.
88. *Ibid.*, p. 133-134.
89. Voir les registres de comptabilité de 1905 (*Hiromi-ke monjo*, L133) et 1907 (*Hiromi-ke monjo*, L138).
90. *Ibid.* Des marchandises furent également déposées en garantie de novembre à février, lorsque ses besoins financiers se firent les plus pressants.
91. Fondée en 1902 avec un capital de départ de 10 000 yens (200 titres). La maison Hiromi y détenait 25 actions, achetées 150 yens l'unité, qui lui rapportaient plus de 15 % de dividendes annuels. En 1907, lors du dépôt de bilan de l'entreprise, elle perçut un remboursement de 7 500 yens, soit le double de la somme totale investie. Voir ses registres de comptabilité de 1906 (*Hiromi-ke monjo*, L147) et 1907 (*Hiromi-ke monjo*, L138).
92. Considérer ou non les titres de la CCF de la mer du Sud comme des valeurs locales peut être sujet à discussion. Dans la mesure où la maison Hiromi accumulait ces actions tout en participant

aux augmentations de capital de l'entreprise, nous avons choisi d'intégrer ces titres à cette catégorie.

93. Des 1 000 yens qu'elle avait investis dans la société en commandite des Frères Kada (capital total : 20 000 yens), 150 yens furent immédiatement amortis. La maison Hiromi avait cependant conclu avec la famille Kada un accord les engageant à la rembourser des 850 yens restants par paiements annuels de 135 yens. Voir le registre de comptabilité de 1912 (*Hiromi-ke monjo*, L155).
94. Le groupe des investisseurs de Kaizuka gravitant autour de la maison Hiromi, mais aussi le groupe des investisseurs de Kishiwada dont Terada Jin'yomo et Uno Shiichirô constituaient les figures centrales. Plus qu'un investisseur de type entrepreneur, il convient de noter que Terada était à la tête d'un véritable zaibatsu régional. À ce sujet, voir Morikawa Hidemasa, *Chihô zaibatsu* (Les zaibatsus de province), *op. cit.*, p. 1985.
95. À propos des comportements d'investissement des fortunes régionales et du développement des économies locales, voir également l'étude de Nakanishi Satoru au sujet des propriétaires des « Navires du Nord » : *Umi no fugô no shihonshugi – kitamaebune to nihon no sangyôka* (Le capitalisme des grands marins-marchands. L'industrialisation japonaise et les Navires du Nord), Nagoya, Nagoya Daigaku Shuppankai, 2009.

Chapitre 6 : La naissance des « zaibatsus de province »

1. Morikawa définit un zaibatsu de province comme un zaibatsu « dont le développement prend racine en province et qui même après avoir étendu ses affaires à l'ensemble du pays conserve son siège en province » (Morikawa Hidemasa, *Chihô zaibatsu* [Les zaibatsus de province], *op. cit.*, p. 16). Il définit la « province » comme « les régions extérieures aux quatre grandes villes centrales du Japon : Tôkyô, Yokohama, Ôsaka et Kôbe » (*ibid.*). Sa définition d'un zaibatsu (« un corps entrepreneurial diversifié fondé sur la domination d'une riche famille ou d'un clan familial fortuné ») n'inclut pas la notion d'oligopole, ni de dimension. En réalité, il intègre ce critère de la taille puisque dans son étude il traite des seize zaibatsus de province dont les cœurs de métier dépassent les 3 millions de yens de capitalisation en 1930 (*ibid.*, p. 12-21). Pour nous, un « zaibatsu de province » est une entreprise familiale dont les activités ont connu une diversification et un développement importants en termes d'échelle, de structures et de cadres. Je voudrais aussi souligner que la dimension fermée

du pouvoir familial s'exerçant sur un zaibatsu implique une transmission familiale de la gestion des affaires (voir Suehiro Akira, *Familî bijinesu-ron* (Un essai sur les entreprises familiales), Nagoya, Nagoya Daigaku Shuppankai, 2006, p. 12-13).

2. Shibusawa Ryûichi, Ishikawa Shôjirô et Saitô Satoshi, « Taishô shoki no daishisanka meibo » (Les registres des grandes fortunes du début de l'ère de Taishô), *Chihô kin'yûshi kenkyû*, n° 14, 1983.
3. Morikawa Hidemasa, *Chihô zaibatsu* (Les zaibatsus de province), *op. cit.*, p. 34-35.
4. Sakamoto Yûichi, « Yasukawa zaibatsu kenkyû no genjô to bunken » (L'historiographie du zaibatsu Yasukawa. État des lieux et bibliographie), *Shakai bunka kenkyûjo kiyô*, Kyûshû Kokusai Daigaku, n° 38, 1996, p. 76-110.
5. Morikawa Hidemasa, *Chihô zaibatsu* (Les zaibatsus de province), *op. cit.*
6. Gôriki Rikao, « Yasukawa-matsumoto-ke niokeru keiei takakuka » (La diversification des pratiques de gestion au sein de la famille Yasukawa-Matsumoto), *Daiichi keidai ronshû*, Daiichi Keizai Daigaku, vol. 19, n° 3, 1989, p. 61-92 ; *id.*, « Chihô zaibatsu no keisei katei-ron » (De la formation des zaibatsus de province), dans Nishikawa Junko et Takaura Tadahiko (dir.), *Kindaika no kokusai hikaku* (Une comparaison internationale des processus de modernisation), Tôkyô, Sekai Shoin, 1991, p. 169-183.
7. Il faut néanmoins préciser que seule la critique sur l'analyse du nationalisme est légitime au regard de l'avancée de la découverte des sources primaires dans les années 1980.
8. Sur la philosophie des affaires de Yasukawa, voir Satô Masashi, « Yasukawa keiichirô no keiei rinen » (Le concept de gestion chez Yasukawa Keiichirô), *Kyûkyô keizai ronshû*, Kyûshû Kyôritsu Daigaku, vol. 17, n° 17, 1993 ; *id.*, « Yasukawa matsumoto zaibatsu niokeru rôshi kyôchô keiei » (La gestion coopérationnniste au sein du zaibatsu Yasukawa-Matsumoto), *Hiroshima daigaku keizai ronsô*, vol. 17, n° 1, 1993, p. 37-67.
9. Shimizu Ken'ichi, « Mitsubishi to kitakyûshû keizai » (Mitsubishi et l'économie de Kitakyûshû), *Hôkei kenkyû*, Kyûshû Kokusai Daigaku, vol. 2, n° 3, 1991, p. 1-43 ; *id.*, « 'Yasukawa keiichirô nikki' to chiiki keizai no kôgyôka nitsuite – ichi » (Au sujet du *Journal de Yasukawa Keiichirô* et de l'industrialisation de l'économie régionale. 1), *Shakai keizai bunka kenkyûjo kiyô*, Kyûshû Kokusai Daigaku, n° 38, 1996, p. 121-157.
10. Mukai Yurio, « Kitakyûshû niokeru 'toshi ginkô' to jimoto ginkô » (Les « banques métropolitaines » et les banques locales

à Kitakyûshû), *Kitakyûshû daigaku shôkei ronshû*, vol. 24, n° 4, 1989, p. 31-60.

11. Nakamura Naofumi, « Meijiki niokeru tetsudô no hattatsu to sekitan yusô » (Le développement des chemins de fer et le transport du charbon pendant l'ère de Meiji), *Rekishi to chiri*, n° 475, 1995, p. 3-6.
12. Pour les chiffres, voir les *Chikuhô gogun sekitan kôku ichiranhyô* (Tables sommaires des concessions houillères des cinq districts du Chikuhô) publiés régulièrement par le Syndicat des charbonnages du Chikuhô (*chikuhô sekitan kôgyô kumiai*).
13. Tôjô Masanobu considère la structure du secteur minier du Chikuhô comme « à trois niveaux », entre grandes, petites et moyennes exploitations, selon leur volume de production et leur degré de mécanisation. Voir Nishi-nihon bunka kyôkai hen, *Fukuoka kenshi tsûshihen kindai sangyô-keizai 1* (Histoire du département de Fukuoka. Époque moderne. Économie et industrie 1), Fukuoka, 2003, p. 239-247.
14. *Ibid.*, p. 244-245.
15. Mitsui bussan shomuka hen, *Mitsui bussan gômei kaisha shitenchô shimon kaigijiroku* (Minutes des réunions consultatives des directeurs de bureau de la Compagnie des produits Mitsui), avril 1903, p. 27-28.
16. *Ibid.*, p. 133.
17. *Ibid.*, p. 134.
18. *Ibid.*
19. *Ibid.*, p. 135.
20. *Ibid.*, p. 28. Opinion émise au sujet de la concurrence.
21. Cela montre bien l'avantage comparatif des entreprises locales sur les entreprises des centres lorsque les marchés sont encore insuffisamment développés.
22. Morikawa Hidemasa, *Chihô zaibatsu* (Les zaibatsus de province), *op. cit.*, p. 228-229. Au sujet de Matsumoto Heinai, voir Higaki Motokichi, *Kinsei hokubu kyûshû shohanshi no kenkyû* (Une étude des domaines seigneuriaux du nord de Kyûshû à l'époque prémoderne), Fukuoka, Kyûshû Daigaku Shuppankai, 1991, p. 34-45.
23. Au sujet du monopole domanial, voir Ondô Masao, *Kyûshû keizaishi kenkyû* (Recherches en histoire économique de Kyûshû), Tôkyô, Nihon Hyôronsha, 1942, p. 3-50, et Sumiya Mikio, *Nihon sekitan sangyô bunseki* (Une analyse du secteur charbonnier japonais), Tôkyô, Iwanami, 1968, p. 11-18.
24. La compagnie fut fondée avec un capital d'un million de yens. En 1890, elle tomba à court de fonds et sollicita Mitsubishi

et, en avril 1891, Yasukawa Keiichirô y fut nommé auditeur (*kansayaku*).

25. Morikawa Hidemasa, *Chihô zaibatsu* (Les zaibatsus de province), *op. cit.*, p. 232.
26. Nakamura Naofumi, « Meijiki niokeru tetsudô no hattatsu to sekitan yusô » (Le développement des chemins de fer et le transport du charbon pendant l'ère de Meiji), *art. cit.*, p. 3.
27. À Ôsaka, il y avait un bureau de la maison de commerce Yasukawa, mais Keiichirô y possédait aussi une résidence secondaire. Grâce à cela, il résida à Ôsaka soixante-cinq jours en 1899. Voir Hibino Toshinobu, « Nisshin nichiro senkanki no yasukawa keiichirô », dans Kitakyûshû shiritsu shizenshi rekishi hakubutsukan hen, *Yasukawa keiichirô nikki* (Le journal de Yasukawa Keiichirô), vol. 1, Kitakyûshû, 2007 (dorénavant *Yasukawa nikki*), p. 14.
28. Il s'agit de mon décompte des « anciennes actions » parmi celles enregistrées en propriété du siège (*honbu*) pour l'année 1897. Voir les registres de comptabilité, conservés au Musée d'histoire et d'histoire naturelle de la ville de Kitakyûshû (*Kitakyûshû shiritsu shizenshi rekishi hakubutsukan*), fonds d'archives de la famille Yasukawa, cote : *Yasukawa-ke monjo*, A-62.
29. Pour Keiichirô : 3 749 ; pour Seizaburô : 4 440 ; pour Matsumoto Hisomu : 786 ; pour Kenjirô : 524. Voir Chikuhô tetsudô kabushikigaisha, « Kabunushi jinmeihyô » (Table nominale des actionnaires), fin septembre 1897 ; Nishibunka kyôkai hen, *Fukuoka kenshi kindai shiryôhen chikuhô kôgyô tetsudô ichi* (Histoire du département de Fukuoka. Recueil documentaire. La Compagnie des chemins de fer et du développement industriel du Chikuhô 1), Fukuoka, Fukuoka-ken, 1990, p. 641.
30. Nakamura Naofumi, « Meiji-ki mitsubishi no yûka shôken tôshi » (Les investissements de Mitsubishi en valeurs mobilières pendant l'ère de Meiji), *Mitsubishi shiryô ronshû*, n° 2, 2001, p. 101-104.
31. Dont 100 000 yens empruntés à Mitsubishi, sur dix ans, à 2,9 centimes (*sen*) par jour. « Kanjô-gaki », document conservé au Musée d'histoire et d'histoire naturelle de la ville de Kitakyûshû (*Kitakyûshû shiritsu shizenshi rekishi hakubutsukan*), fonds d'archives de la famille Yasukawa, cote : *Yasukawa-ke monjo*, A-62.
32. Selon le contrat temporaire de gestion commune passé entre Nakano Tokujirô et Matsumoto Kenjirô en date du 11 février 1898, 20 % des bénéfices tirés de l'exploitation de la concession de Takao étaient accordés à Nakano au titre de « prime d'ancienneté » (*nenkô shôyokin*). Voir « Kari keiyakusho » (Contrat temporaire), conservé au Musée d'histoire et d'histoire naturelle de

la ville de Kitakyûshû (*Kitakyûshû shiritsu shizenshi rekishi hakubutsukan*), fonds d'archives de la famille Matsumoto, cote : *Matsumoto-ke monjo*, G-15-4.

33. Affaire regroupant Yasukawa Keiichirô, Imanishi Rinzaburô, Tani Mohei pour un capital de 1,2 million de yens. La part de Yasukawa et Imanishi (800 000 yens) était la propriété de la Compagnie par actions des charbonnages de Meiji. *Yasukawa nikki*, *op. cit.*, p. 49.
34. *Ibid.*, p. 134. La raison pour laquelle Yasukawa a vendu à Mitsui l'excellente mine de Tagawa réside dans la difficulté qu'il éprouvait à parvenir à se débarrasser de ses partenaires à Tagawa tout en devant gérer seul les Charbonnages de Meiji.
35. *Ibid.*, p. 186-208.
36. *Ibid.*, p. 229.
37. Morikawa Hidemasa, *Chihô zaibatsu* (Les zaibatsus de province), *op. cit.*, p. 232.
38. Gôriki Rikao, « Yasukawa-matsumoto-ke no tankô keiei nitsuite », *Daiichi keidai ronshû*, Daiichi Keizai Daigaku, vol. 26, n° 2, 1996, p. 31.
39. *Yasukawa nikki*, entrée du 6 février 1901, p. 219-20. Dans le secteur minier, si exposé aux aléas du marché et des circonstances de l'extraction souterraine, la capacité à décider fermement et rapidement était essentielle, rendant adéquate une gestion individuelle de l'entreprise. C'est pour cela que les mines liées aux zaibatsus mais aussi bien sûr, et surtout, les exploitants miniers du Chikuhô (comme Asô, Kaijima, etc.) adoptèrent une forme d'organisation individuelle de l'entreprise (*kojin kigyô keitai*).
40. *Ibid.*, entrée du 28 mars 1901, p. 233.
41. Les négociations de rachat des actions des Charbonnages de Meiji commencèrent le 8 avril, celles pour la cession de la mine d'Akaike le 28 avril. *Ibid.*, aux entrées des dates correspondantes.
42. *Ibid.*, p. 239.
43. *Ibid.*, p. 243.
44. *Ibid.*, p. 245.
45. En février 1901, le groupe possédait 3 799 actions, contre 9 734 à la fin du mois de décembre de cette même année. Sur la base de cette croissance de 5 935 titres, à 60 yens l'unité, cela donne un total de 356 100 yens, auxquels il faut ajouter les 37 500 yens de gratification versés aux fondateurs d'Ôsaka.
46. *Ibid.*, p. 247-257.
47. Meiji kôgyô kabushikigaisha shashi hensan iinkai hen, *Shashi* (Histoire de l'entreprise), Tôkyô, Meiji Kôgyô Kabushikigaisha, 1957, p. 33 ; *Yasukawa nikki*, p. 258.

48. *Ibid.*, p. 293.
49. « Shisan daichô meiji nijûhachinen ichigatsu aratame » (Registre patrimonial. Janvier de l'an 28 de Meiji), *Yasukawa-ke monjo*, F-1.
50. Yasukawa Keiichirô, « Nikki daishichigô » (Journal, volume 7), 20 septembre 1906, document conservé au Musée municipal d'histoire et d'histoire naturelle de la ville de Kitakyûshû.
51. Morikawa Hidemasa, *Chihô zaibatsu* (Les zaibatsus de province), *op. cit.*, p. 32. Selon la source utilisée par Morikawa, la fortune de Yasukawa Keiichirô s'élevait à 500 000 yens et celle de Matsumoto Hisomu à un million de yens, mais le montant donné pour le premier est largement sous-estimé. Il vaut mieux prendre en compte l'estimation de la célèbre « Table des grandes fortunes » (*Shisanka ichiranhyô*) accordant 4 270 000 yens à Yasukawa Keiichirô et un million à Matsumoto. Le tout dépasse les 5 millions de yens assurément, classant ces derniers en troisième catégorie (Top 20) du classement national.
52. À ce moment-là, Yasukawa Keiichirô est le vingt-huitième actionnaire par ordre d'importance. Voir Nishibunka kyôkai hen, *Fukuoka kenshi kindai shiryôhen chikuhô kôgyô tetsudô ichi ichi* (Histoire du département de Fukuoka. Recueil documentaire. La Compagnie des chemins de fer et du développement industriel du Chikuhô 1), *op. cit.*, p. 30.
53. Yasukawa Keiichirô, « Nikki dairokugô » (Journal, vol. 6), aux dates correspondantes pour mars 1906. Document conservé au Musée d'histoire et d'histoire naturelle de la ville de Kitakyûshû.
54. Yasukawa Keiichirô, « Nikki daishichigô » (Journal, vol. 7), 19 octobre 1906.
55. Au sujet du parcours de Hiraga Yoshimi, voir Morikawa Hidemasa, *Chihô zaibatsu* (Les zaibatsus de province), *op. cit.*, p. 239-240.
56. Yasukawa Keiichirô, « Nikki daishichigô » (Journal, vol. 7), aux dates correspondantes.
57. *Ibid.*, 22 septembre, 25 septembre et 15 octobre 1906.
58. Au sujet de l'importance de Matsumoto Kenjirô et Yasukawa Seizaburô dans les décisions du groupe Yasukawa-Matsumoto, voir Morikawa Hidemasa, *Chihô zaibatsu* (Les zaibatsus de province), *op. cit.*, p. 258-259.
59. Meiji kôgyô kabushikigaisha shashi hensan iinkai hen, *Shashi* (Histoire de l'entreprise), *op. cit.*, p. 38-39.
60. Yasukawa Keiichirô, *Bumatsu yoin* (L'écho de Yasukawa Keiichirô), Tobata, Matsumoto Kenjirô, 1935, p. 610-611.

61. En outre, le 4 septembre 1907, Mitsui concéda à éponger les dettes de la mine de Hôkoku à hauteur de 100 000 yens. *Ibid.*, p. 614.
62. À ce sujet en particulier, nous soutenons les travaux de Mukai Yurio et Shimizu Ken'ichi soulignant l'importance des liens financiers entre le groupe Yasukawa-Matsumoto et Mitsubishi. Toutefois, il faut souligner que le poids pris par les organes financiers liés à Mitsubishi dans le processus de création des Mines de Meiji s'est accru à partir de la prise en main par Yasukawa de la mine de Hôkoku, comme ce fut le cas pour la banque Mitsui. Avant la prise de la mine de Hôkoku, le groupe Yasukawa-Matsumoto ne dépendait pas d'une banque en particulier mais jouait habilement tantôt des acteurs régionaux, tantôt de ceux des grandes villes centrales.
63. *Yasukawa-ke monjo*, 6-93.
64. Yasukawa Keiichirô, *Bumatsu yoin* (L'écho de Yasukawa Keiichirô), *op. cit.*, entrée du 4 avril 1908. p. 615.
65. La valeur minière de la compagnie au moment de sa fondation était de 6,3 millions de yens, financée par 2,8 millions de yens d'obligations héritées de la mine de Hôkoku, 3,5 millions de yens apportés par Yasukawa Keiichirô et 500 000 yens apportés par chacun de ses fils. Meiji kôgyô kabushikigaisha shashi hensan iinkai hen, *Shashi* (Histoire de l'entreprise), *op. cit.*, p. 60.
66. Cette prévision sur les profits s'appuyait sur une prolongation des cours de l'année 1907, mais pendant la Première Guerre mondiale le boom des cours sur le marché a sans aucun doute apporté bien plus de bénéfices encore. D'autre part, le règlement des frais de reprise de la mine de Hôkoku a sans doute pris moins de temps que prévu.
67. Au sujet des relations de la Caisse d'épargne de Wakamatsu et des affaires de la famille Yasukawa, l'historiographie reconnaît leur importance, mais si Mukai Yurio les juge positives (« Kitakyûshû niokeru 'toshi ginkô' to jimoto ginkô » [Les « banques métropolitaines » et les banques locales à Kitakyûshû], *op. cit.*), pour Nagae Masao c'est là chose « impensable » au regard des problèmes suscités en matière de gestion (Nagae Masao, « Kôgyô (sekitan) zaibatsu » (Les zaibatsus miniers – secteur charbonnier), dans Shibusawa Ryûichi et Okada Kazuyoshi (dir.), *Chihô zaibatsu no tenkai to ginkô* (Le développement des zaibatsus de province et les banques), Tôkyô, Nihon Hyôronsha, 1989, p. 105-149). Dans la mesure où la famille Yasukawa détenait la moitié du capital de la banque (50 000 yens sur 100 000 yens) et que le directeur général de la maison de commerce Yasukawa-Matsumoto,

Takatori Tachibana, en était le président, nous la considérons comme faisant partie du zaibatsu Yasukawa-Matsumoto.

68. Morikawa Hidemasa, *Chihô zaibatsu* (Les zaibatsus de province), *op. cit.*, p. 242.

69. À leurs débuts, les Ateliers électriques Yasukawa fournissaient les Mines de Meiji en moteurs électriques de toutes sortes et en assuraient la maintenance (Yasukawa denki seisakusho hen, *Yasukawa denki yonjûnen-shi 1915 nen 1955 nen* (Les quarante ans des Appareils électriques Yasukawa. 1915-1955), Yahata, 1956, p. 20-21). Les Ateliers céramiques de Kurosaki commencèrent à fournir les Aciers de Kyûshû en tuiles de silice, s'approvisionnant en combustible auprès des Mines de Meiji, utilisant leurs terrains et sollicitant la maison de commerce Yasukawa-Matsumoto pour ses transactions marchandes. Chaque partie jouissait des services proposés par les autres. Voir Gôriki Rikao, « Yasukawa-matsumoto-ke niokeru keiei takakuka » (La diversification des pratiques de gestion au sein de la famille Yasukawa-Matsumoto), *art. cit.*, p. 70.

Troisième partie
Les débuts de l'industrialisation urbaine, vers l'« ère des villes »

Chapitre 7 : L'essor du secteur de l'énergie électrique et l'industrialisation des villes

1. Voir les ouvrages de Kikkawa Takeo, *Nihon denryokugyô no hatten to matsunaga yasuzaemon* (Matsunaga Yasuzaemon et le développement du secteur électrique japonais), *op. cit.*, et *id.*, *Nihon denryokugyô hatten no dainamizumu* (Le dynamisme du développement du secteur électrique japonais), Nagoya, Nagoya Daigaku Shuppankai, 2004.

2. Kikkawa Takeo, *Nihon denryokugyô no hatten to matsunaga yasuzaemon* (Matsunaga Yasuzaemon et le développement du secteur électrique japonais), *op. cit*. Pour une seconde étude au sujet du monopole de l'énergie électrique, voir Watari Tetsurô, *Zensenki no wagakuni denryoku dokusentai* (Le régime monopolistique de l'énergie électrique japonais pendant la guerre), Kyôto, Kôyô Shobô, 1996.

3. Umemoto Tetsuyo, *Zensen nihon shihonshugi to denryoku* (Le capitalisme japonais d'avant-guerre et l'énergie électrique), *op. cit.*, p. 54-57.

4. *Ibid.*, p. 57-58.
5. Thomas P. Hughes, *Networks of Power: Electrification in Western Society (1880-1930)*, Baltimore, Johns Hopkins University Press, 1983.
6. Tôkyô denryoku hen, *Kantô no denki jigyô to tôkyô denryoku* (Le secteur électrique dans le Kantô et la Compagnie d'énergie électrique de Tôkyô), Tôkyô, 2002, tableaux 2-8 et 2-9.
7. Pour de plus amples informations sur la méthodologie d'analyse de la formation et du développement des systèmes de distribution électrique, voir Thomas P. Hughes, *Networks of Power*..., *op. cit.*
8. Le générateur électrique d'Edison émettait un courant de 115 volts. Voir Tôkyô dentô kabushikigaisha hen, *Tôkyô dentô kabushikigaisha kaigyô gojûnenshi* (Les cinquante ans de la Compagnie de l'éclairage électrique de Tôkyô), Tôkyô, 1936, p. 24-27.
9. Thomas P. Hughes, *Networks of Power*..., *op. cit.*, p. 178-182.
10. *Ibid.*, p. 197-298.
11. Shinagawa en août 1902, Fukagawa en septembre 1905.
12. Cette turbine à vapeur, fabriquée par Westinghouse, déployait une puissance de 1 500 chevaux-vapeur.
13. Yamazaki Toshio et Kimoto Tadaaki (dir.), *Denki no gijutsushi* (L'histoire des techniques de l'électricité), Tôkyô, Ômusha, 1976, p. 164-166.
14. Tôkyô denryoku hen, *Kantô no denki jigyô to tôkyô denryoku* (Le secteur électrique dans le Kantô et la Compagnie d'énergie électrique de Tôkyô), *op. cit.*, schéma 2-1.
15. Tôkyô dentô kabushikigaisha hen, *Tôkyô dentô kabushikigaisha kaigyô gojûnenshi* (Les cinquante ans de la Compagnie de l'éclairage électrique de Tôkyô), *op. cit.*, p. 92.
16. « Meiji sanjûku-nen bunsho ruisan – chiri », Archives de la préfecture de Tôkyô (*Tôkyô-to kômonjo-kan*) : cote 627-B5-4.
17. Ce département sera rebaptisé « Bureau de l'énergie hydraulique » le 21 juillet 1905.
18. Mochizuki Unai avait accédé à la présidence de l'association des compagnons des chemins de fer (*Tetsudô dôshikai*) en 1893, avant d'être élu à la Chambre des députés l'année suivante. Il devait par ailleurs siéger au conseil d'administration de la Compagnie de l'éclairage électrique de Tôkyô de 1911 à 1913.
19. Né en 1868 dans le département de Yamaguchi, diplômé du département de génie électrique de l'École d'ingénierie de l'Université impériale en 1892, Nakahara intégra cette même année la Compagnie de l'éclairage électrique de Tôkyô en tant

qu'ingénieur. Il fut envoyé à Berlin de 1897 à 1898, et nommé ingénieur en chef en 1904.

20. Tôkyô dentô kabushikigaisha hen, *Shahô* (La gazette de l'entreprise), n° 21, juin 1905, p. 6. Nakahara reçut par ailleurs la consigne d'étudier les conditions de fabrication des pièces utilisées dans le transport à longue distance de courant à haute tension auprès des compagnies General Electric et Westinghouse, s'il disposait du temps nécessaire pour ce faire.
21. Nakahara Iwasaburô, « Beikoku ni okeru suiryoku denki chôkyo yusô gaikyô » (Une présentation du transport à longue distance de l'hydroélectricité aux États-Unis), *Kôgakkaishi* (Revue des études techniques), n° 287, 1906. Il visita dans ce cadre plusieurs sites présentant les dernières avancées en la matière, soit les centrales Niagara (Ontario Power Company), Colgate et Electra (California Gas and Electric Company).
22. *Ibid.*, p. 295-304. Nakahara souligna également l'importance de la présence de bassins de rétention d'eau près des centrales hydroélectriques, ce qui devait conduire à la construction du bassin d'Ôno sur le site de la centrale de Yatsuzawa.
23. À la suite de la complétion par la Bay Counties Power Company d'une ligne de 225 kilomètres (140 miles) reliant la centrale de Colgate à Oakland (1901), de nombreuses lignes à haute tension parcourant une distance de plus de 100 miles allaient être construites aux États-Unis, principalement en Californie. Voir Thomas P. Hughes, *Networks of Power...*, *op. cit.*, p. 340-401.
24. Nakahara Iwasaburô, « Beikoku ni okeru suiryoku denki chôkyo yusô gaikyô » (Une présentation du transport à longue distance de l'hydroélectricité aux États-Unis), *op. cit.*, p. 302-304.
25. « Tôkyô dentô gaishi danzetsu tenmatsu », *Tôkyô keizai zasshi*, n° 1347, 28 juillet 1906.
26. Tôkyô dentô kabushikigaisha hen, *Tôkyô dentô kabushikigaisha kaigyô gojûnenshi* (Les cinquante ans de la Compagnie de l'éclairage électrique de Tôkyô), op. cit. ; Kikkawa T., *Nihon denryokugyô no hatten to matsunaga yasuzaemon*, op. cit., p.40-42.
27. Le principal objectif de cette augmentation de capital consistait à absorber la Compagnie de l'énergie électrique de Tôkyô (*Tôkyô denryoku* [*N.d.T.* : elle-même fondée en 1906 par la fusion de deux sociétés hydroélectriques]), qui détenait les droits d'eau du site de la centrale de Yatsuzawa (achevée en juillet 1912).
28. D'après la liste des actionnaires de la compagnie en date de novembre 1906. Notons à cet égard que dix grandes fortunes de la

région de Kôshû figuraient parmi ses vingt premiers actionnaires, se partageant un total de 26,7 % de ses actions.

29. En 1905, ce pourcentage s'établissait à 6,6 % dans les cinq plus grandes compagnies ferroviaires du Japon, et à 34,3 % dans les cinq plus grandes filatures. Voir Nakamura Naofumi, « Shoyû to keiei – Zensenki no nihon kigyô » (Propriété et gestion. Les entreprises japonaises d'avant-guerre), dans Kikkawa Takeo et Glenn Hook (dir.), *Gendai Nihon kigyô I, kigyô taisei* (Les entreprises du Japon contemporain 1. L'organisation des entreprises), Tôkyô, Yûhikaku, 2005, p. 30.
30. Le plus grand actionnaire de la compagnie issu de cette famille, Wakao Ippei (1821-1913), siégea d'ailleurs à son conseil d'administration entre 1905 et 1910.
31. Il séjourna en France de 1875 à 1880. Après avoir travaillé comme ingénieur au service du Génie civil du ministère de l'Intérieur, il fut nommé professeur et directeur de l'École en ingénierie de l'Université impériale en 1886 [*N.d.T.* : école fondée cette même année en lieu et place de l'École des travaux publics au sein de l'Université impériale. Cette dernière institution deviendra l'université impériale de Tôkyô en 1897, lors de la fondation d'une seconde université impériale, à Kyôto].
32. Il fut diplômé de l'École en ingénierie de l'Université impériale en 1888, où il enseigna à son tour après une expérience d'ingénieur au sein de la Compagnie des chemins de fer du Kansei [*N. d. T.* : « Kansai » ou bien « Kansei » dans une lecture depuis désuète]. Il séjourna ensuite aux États-Unis de 1896 à 1898, et obtint l'année suivante son doctorat en études techniques.
33. En juin 1899, celles-ci étaient parvenues à transporter un courant d'une tension de 10 000 volts entre la centrale de Numagami et Kôriyama, soit une distance de 22 kilomètres.
34. Si Tôden détenait depuis 1894 l'exclusivité des droits d'achat pour le Japon des produits de la compagnie allemande Allgemeine, elle importa en l'occurrence six générateurs de courant triphasé de la société Siemens-Schuckert, d'une puissance de 3 900 kilowatts (6 600 volts, 50 hertz).
35. Son système de transport n'employait en tout que 22 pylônes électriques, notamment pour le franchissement des rivières et vallées.
36. *Denki no tomo* (L'ami de l'électricité), n° 175, février 1906, p. 143.
37. Un ingénieur suisse pour les moulins à eau, américain pour les transformateurs, et allemand pour les travaux des lignes souterraines. *Denki no tomo* (L'ami de l'électricité), n° 19, juillet 1907.

38. Diplômé de l'École d'ingénierie (département de génie électrique) de l'université impériale de Tôkyô en 1901, puis recruté par la compagnie en 1907 comme directeur de la construction au sein de son bureau hydroélectrique.
39. Diplômé de l'École d'ingénierie (département de génie électrique) de l'université impériale de Tôkyô en 1907 ; recruté par la compagnie cette même année dans le département dirigé par Kikkawa.
40. École fondée en novembre 1887. Le cursus proposé se composait alors de six mois d'enseignement préparatoire suivis d'une année de formation principale. En 1892, la durée de l'enseignement préparatoire fut rallongée de six mois. Celle de la formation principale devait également être prolongée d'une demi-année en 1904, pour une formation d'une durée totale de trente mois. Kôgakuin daigaku hen, *Kôgakuin daigaku gakuen hyakunenshi* (Les cent ans de *Kôgakuin daigaku gakuen*), Tôkyô, 1993, p. 62.
41. *Kôshu gakkô dôsôkaishi* (La revue des anciens élèves de l'École polytechnique), n° 15, 23 octobre 1904, p. 24 ; Tôkyô dentô kabushikigaisha hen, *Shahô* (La gazette de l'entreprise), n° 10, 30 juillet 1904, p. 7.
42. *Ibid.*, n° 35, 31 août 1906, p. 11 ; n° 44, 31 mai 1907, p. 3. Le salaire de Shimoda fut porté à 21 yens mensuels le 14 juillet 1907 (voir *ibid.*, n° 46, 31 juillet 1907, p. 24).
43. Komahashi hatsudensho, « Sôden nisshi », n° 3, janvier-juin 1909. Voir également les rapports de l'année 1908. En avril 1914, le système de roulement fut réorganisé en deux équipes de trois personnes aux tableaux de distribution, quand deux équipes de six personnes se relayaient en salle des générateurs.
44. Tôkyô dentô kabushikigaisha hen, *Shahô* (La gazette de l'entreprise), n° 59, 31 août 1908, p. 25-26. Le montant mensuel de ces primes spéciales s'établissait à 25 yens pour le directeur de la centrale, 20 yens pour un ingénieur, 15 yens pour le sous-ingénieur principal, 10 yens pour un sous-ingénieur, 7,50 yens pour un apprenti ingénieur.
45. *Ibid.*, années concernées.
46. L'ingénieur Nagata Kaoru fut ainsi recruté par la Compagnie d'hydroélectricité de la Kinu en 1907. Le chef du bureau des lignes électriques, Odaira Namihei, avait quant à lui rejoint dès 1906 la Compagnie des mines Kuhara.
47. Diplômé de l'École d'ingénierie (département de génie électrique) de l'université impériale de Tôkyô en 1900, puis embauché par la compagnie à titre d'ingénieur et chef du bureau des lignes électriques en 1906.

48. Diplômé l'École d'ingénierie (département de génie électrique) de l'université impériale de Tôkyô en 1904, puis recruté comme ingénieur et sous-chef du département électricité en 1907.
49. Après l'obtention de son diplôme en génie électrique à l'École polytechnique, Katsuya fut engagé par la compagnie comme sous-ingénieur aux alentours de 1903. Il fut promu ingénieur et chef des machines de la centrale électrique de Shiba en 1905, puis responsable des travaux au sein du bureau hydroélectrique en 1907, et enfin chef de service au poste de transformation de Waseda-Ouest en 1908. Il aura cumulé dès 1912 ce dernier poste avec celui de responsable de la distribution électrique au sein de la centrale de Yodobashi.
50. Komahashi hatsudensho, « Sôden nisshi », n° 3, *op. cit.*
51. Voir *ibid.* et « Unten nisshi », 1909.
52. Komahashi hatsudensho, « Sôden nisshi », *op. cit.*, 1909 et *id.*, « Tsûden nisshi », 1909.
53. Elle lancera par ailleurs des travaux de rénovation dans la centrale d'Asakusa en juillet 1911. Achevés en mars 1912, ceux-ci portèrent sa puissance totale à 6 000 kilowatts.
54. Voir Komahashi hatsudensho, « Sôden nisshi », *op. cit.*, 6 novembre 1909. Jusqu'au mois de mars de l'année suivante, la centrale de Senju dut produire un supplément d'énergie de l'ordre de 1 000 à 1 500 kilowatts quotidiens.
55. Hashimoto Tokushige, « 27-28nen izen no kaiko » (Mes souvenirs d'il y a vingt-sept, vingt-huit ans), dans Tôkyô dentô hen, *Shahô – kaigyô gojûnen kinengô* (La gazette de l'entreprise. Numéro de commémoration de nos cinquante ans d'existence), Tôkyô, 1938, p. 58.
56. Tôkyô dentô, « Eigyô hôkokusho » (Rapport d'activité), n° 40, premier semestre 1906.
57. Tôkyô denryoku hen, *Kantô no denki jigyô to tôkyô denryoku* (Le secteur électrique dans le Kantô et la Compagnie de l'énergie électrique de Tôkyô), *op. cit.*, schéma 2-6.
58. Voir *Denki jigyô yôran* (Le secteur électrique), publication annuelle.
59. Tôkyô dentô, « Eigyô hôkokusho » (Rapport d'activité), *op. cit.*, chaque exercice.
60. *Ibid.*, n° 45, second semestre 1909.
61. *Ibid.*, chaque exercice.
62. Ces petits moteurs de la compagnie Meidensha, d'une puissance de 1 à 5 chevaux-vapeur, connurent une diffusion extrêmement rapide dans les industries du polissage du riz, du sciage, de la

reliure et de l'imprimerie. Meidensha, *Meidensha hyakunenshi, enkaku shiryô-hen* (Les cent ans de la compagnie Meidensha. Recueil documentaire), Tôkyô, 1998, p. 41-43.

63. *Ibid.*, p. 42-46.
64. Yokohama kaikô shiryôkan hen, *Sakuma gonzô nikki* (Le journal de Sakuma Gonzô), vol. 2, Yokohama, 2000, p. 74.
65. Ce taux se monte même à 70,9 % pour l'ensemble des usines, indépendamment de leur nombre d'employés : voir *Keishichô tôkeisho* (Registre statistique de la préfecture de police), 1913. La diffusion des moteurs électriques se montra cependant plus marquée dans les petites structures.
66. Données tirées de Tôkyô dentô kabushikigaisha hen, *Shahô* (La gazette de l'entreprise), chaque numéro.
67. *Keishichô tôkeisho* (Registre statistique de la préfecture de police), chaque année.
68. *Ibid.*
69. Tôkyô dentô kabushikigaisha hen, *Shahô* (La gazette de l'entreprise), numéros des années en question.
70. Noyori Shûichi (dir.), *Tôden hicchûroku* (Le livre noir de Tôden), Tôkyô, Jitsugyô No Sekaisha, 1915, p. 1-114.
71. À l'époque, les besoins en énergie atteignaient souvent leur pic annuel au milieu du mois de décembre, principalement pour le fonctionnement de l'éclairage électrique. Au sujet des quantités maximales d'énergie produites par Tôden, voir Tôkyô denryoku hen, *Kantô no denki jigyô to tôkyô denryoku* (Le secteur électrique dans le Kantô et la Compagnie d'énergie électrique de Tôkyô), *op. cit.*, schéma 2-5.
72. Komahashi hatsudensho, « Sôden nisshi ».
73. Seuls cinq générateurs fonctionnèrent cette année au sein de la centrale de Komahashi en raison d'une baisse du volume d'eau disponible.
74. À noter que la distribution d'énergie aux Cimenteries d'Asakusa (600 kilowatts) fut interrompue pour raisons contractuelles lors des périodes de pointe.
75. Tôkyô dentô kabushikigaisha hen, *Tôkyô dentô kabushikigaisha kaigyô gojûnenshi* (Les cinquante ans de la Compagnie de l'éclairage électrique de Tôkyô), *op. cit.*, p. 104-105.

Chapitre 8 : La formation du système de distribution électrique et les espaces périurbains

1. *N.d.T.* : Yokohama-shi hen, *Yokohama-shishi* (Histoire de la ville de Yokohama), Yokohama, 30 vol., 1958-1982. La série compte 9 volumes d'analyse historique auxquels s'ajoutent 21 volumes de recueils d'archives et documents historiques, le tout ayant été publié entre 1958 et 1982. Une deuxième série a été publiée entre 1989 et 2004 (7 volumes).
2. Hattori Kazuma, « Kôgyô denka no shinkô to denryoku kigyô » (L'électrification des usines et les compagnies d'électricité), *in* Yokohama-shi hen, *Yokohama-shishi* (Histoire de la ville de Yokohama), VIII (*go kan chû*), Yokohama, 1976, chap. 1.
3. *Ibid.*, p. 1-47.
4. À propos de la transformation de ces systèmes, voir Thomas P. Hughes, *Networks of Power…*, *op. cit.*
5. Keihin denki kidô hen, *Keihin kyûkô hachijûnenshi* (Les quatre-vingts ans des Express de Keihin), Tôkyô, 1980, p. 396-398.
6. *Ibid.*, p. 487 ; *Denki no tomo* (L'ami de l'électricité), n° 186, janvier 1907, p. 59.
7. Yokohama kaikô shiryôkan-hen, *Sakuma gonzô nikki* (Le journal de Sakuma Gonzô), vol. 1, Yokohama, 1999, p. 108-111.
8. *Ibid.*, p. 118.
9. Négociant en riz, alcools et tabac du bourg de Kanagawa, selon l'édition 1915 du *Yokohama shôkô annai* (Guide du commerce et de l'industrie de Yokohama). Yamaguchi Ichigorô, mentionné dans l'édition 1921, serait probablement son fils.
10. Yokohama kaikô shiryôkan hen, *Sakuma gonzô nikki* (Le journal de Sakuma Gonzô), vol. 2, Yokohama, 2000, p. 72-73. Le prix de ce moteur électrique était originellement de 100 yens.
11. *Ibid.*, p. 79. Cette décortiqueuse à riz a sans doute été fabriquée par les Ateliers Shimizu de Tôkyô (tenus par un certain Shimizu Fujitarô) qui commercialisaient leurs appareils par le biais de leur compagnie commerciale éponyme (*Shimizu shôkai*, tenue par un certain Shimizu Tôemon). Voir Wada Sukeichi, *Nihon kôgyô yôkan* (Registre précis de l'industrie japonaise), Tôkyô, Kôgyô No Nihonsha, 1913 (6e éd.).
12. Yokohama kaikô shiryôkan hen, *Sakuma gonzô nikki* (Le journal de Sakuma Gonzô), vol. 2, *op. cit.*, p. 74-79.
13. Mise en activité en 1898, cette centrale émettrice de courant alternatif put délivrer dès 1906 une puissance de 1 000 kilowatts grâce à deux générateurs équipés des fameuses turbines à

vapeur Curtis, pour une puissance totale de 1 756 kilowatts. Voir Yokohama denki kabushikigaisha hen, *Yokohama denki kabushikigaisha enkakushi* (L'histoire de la Compagnie d'électricité de Yokohama), Yokohama, 1922, p. 137-139.

14. Thomas P. Hughes, *Networks of Power…*, *op. cit.*, p. 296-297.
15. *Denki no tomo* (L'ami de l'électricité), n° 186, janvier 1907, p. 103.
16. L'un des acteurs de la création de la Compagnie des chemins de fer du Japon, dont il dirigea plusieurs départements avant de siéger à son conseil d'administration. Il prit ensuite la présidence de la Compagnie des chemins de fer de Bôsô, puis fonda la Compagnie d'hydroélectricité de la Sagami à la suite de la nationalisation du rail. Shirasugi était par ailleurs détenteur des droits d'eau du bassin hydraulique de la rivière Kinu.
17. *Ibid.*, n° 187, février 1907, p. 203 ; n° 194, septembre 1907, p. 82.
18. Nihon gaishi kabushikigaisha hen, *Nihon gaishi kabushikigaisha nanajûgonenshi* (Les soixante-dix ans de la Compagnie des isolateurs), Nagoya, 1995, p. 15.
19. Technicien diplômé en génie électrique de l'École polytechnique (*Kôshu gakkô*), promotion 1889, il fut d'ailleurs l'un des premiers administrateurs d'une compagnie issu de cette formation.
20. Au sujet des lignes de transport de la Compagnie d'hydroélectricité de Hakone, voir Tôkyô denryoku hen, *Kantô no denki jigyô to tôkyô denryoku* (Le secteur électrique dans le Kantô et la Compagnie d'énergie électrique de Tôkyô), *op. cit.*, p. 126-127.
21. *Denki no tomo* (L'ami de l'électricité), n° 225, février 1909, p. 246 ; n° 234, juillet 1909, p. 15-19.
22. Yokohama denki kabushikigaisha hen, *Yokohama denki kabushikigaisha enkakushi* (L'histoire de la Compagnie d'électricité de Yokohama), *op. cit.*, p. 31-32.
23. *Denki no tomo* (L'ami de l'électricité), n° 236, août 1909.
24. Yokohama denki kabushikigaisha hen, *Yokohama denki kabushikigaisha enkakushi* (L'histoire de la Compagnie d'électricité de Yokohama), *op. cit.*, p. 33-34 et 38-40.
25. *Denki no tomo* (L'ami de l'électricité), n° 236, août 1909, p. 169.
26. *Ibid.*, p. 170.
27. Yokohama denki kabushikigaisha hen, *Yokohama denki kabushikigaisha enkakushi* (L'histoire de la Compagnie d'électricité de Yokohama), *op. cit.*, table chronologique, p. 7.
28. Voir *Yokohama-shi tôkeisho* (Annuaire statistique de la ville de Yokohama), n° 7, 9 et 12.

29. Yokohama denki kabushikigaisha, « Taishô gonen kami-hanki denki jigyô hôkokusho » (Rapport d'activités – électricité – 1er semestre, an cinq de Taishô), année 1916.
30. Yokohama denki kabushikigaisha hen, *Yokohama denki kabushikigaisha enkakushi* (L'histoire de la Compagnie d'électricité de Yokohama), *op. cit.*, table chronologique, p. 41-42.
31. « Shindentô to shoryokusha », *Yokohama bôeki shinbun*, 19 avril 1911.
32. « Shindentô to shoryokusha (zoku) » et « Dôryoku chôsakai », *Yokohama bôeki shinbun*, 20 avril 1911.
33. Yokohama denki kabushikigaisha hen, *Yokohama denki kabushikigaisha enkakushi* (L'histoire de la Compagnie d'électricité de Yokohama), *op. cit.*, p. 191-199.
34. Au sujet de l'accord compensatoire conclu entre la compagnie et la ville de Yokohama, voir Takamura Naosuke, « Nichiro sengo ni okeru kôeki jigyô to Yokohama-shi zaisei » (Les activités d'intérêt public et les finances de la ville de Yokohama dans l'après-guerre russo-japonaise), dans Yokohama-shi kenkyûkai yokohama kaikô shiryôkan hen, *Yokohama no kindai* (L'âge moderne de Yokohama), Tôkyô, Nihon Keizai Hyôronsha, 1997, p. 191-199.
35. Ce pourcentage de redistribution compensatoire des recettes fut toutefois abaissé en novembre 1911 à 5 %, après que la Compagnie d'hydroélectricité de la Sagami se vit accorder son autorisation d'activité.
36. Takamura Naosuke, *Nihon bôsekigyô-shi josetsu* (Introduction à l'histoire des filatures japonaises), vol. 2, *op. cit.*, p. 120.
37. Sawada Ken et Ogimoto Seizô, *Fuji bôseki kabushikigaisha gojûnenshi* (Les cinquante ans de la Compagnie des filatures Fuji), Tôkyô, Fuji Bôseki Kabushikigaisha, 1957, p. 84-96.
38. *Ibid.*, p. 101-104.
39. « Ayuzawa-gawa suiryoku shiyôgan », *Meiji sanjûhachi-nen fuji bôseki kabushikigaisha kankei shorui – kunimura yakuba* (Documents relatifs à la Compagnie des filatures Fuji, année 1905. Poste de Kunimura). Dans sa demande initiale, la compagnie réclamait une capacité de 6 500 chevaux de puissance pour alimenter les filatures d'Oyama.
40. Sawada Ken et Ogimoto Seizô, *Fuji bôseki kabushikigaisha gojûnenshi* (Les cinquante ans de la Compagnie des filatures Fuji), *op. cit.*, p. 124.
41. Fuji gasu bôseki kabushikigaisha, « Hôkokusho » (Rapport), n° 21, second semestre 1906.

42. « (Oyama kôjô chûô jimusho hikitsugi shorui) Mine suiryoku kôjô ni tsuki » (Au sujet de l'usine hydroélectrique de Mine – documents provenant du bureau central de l'usine d'Oyama), dans Fuji gasu bôseki oyama kôjô, *Meiji yonjûyonen nen ringi kakitsuzuri* (Mémoranda, 1911).
43. « Fujibô sôkai », *Yokohama bôeki shinbun*, 16 juillet 1909.
44. Fuji gasu bôseki kabushikigaisha, « Eigyô hôkoku » (Rapport d'activité), n° 22, second semestre 1906, et *ibid.*, n° 30, second semestre 1910.
45. Seulement 3 millions de yens d'obligations, dont la banque Mitsubishi recevait 5,5 %, furent finalement émis en mars 1910. Voir Sawada Ken et Ogimoto Seizô, *Fuji bôseki kabushikigaisha gojûnenshi* (Les cinquante ans de la Compagnie des filatures Fuji), *op. cit.*, p. 133.
46. Des emprunts d'une durée d'un an, à 7 % d'intérêts, soit des conditions relativement favorables. *Ibid.*, p. 130-134.
47. Diplômé en 1901 du département de génie électrique de l'université impériale de Kyôto.
48. « Mine suiro kôji ni kan suru go-hikitsugi jikô no go-sankô » (Document de référence concernant les travaux sur les voies d'eau de Mine), dans Fuji gasu bôseki oyama kôjô, *Meiji 42nen ringi kakitsuzuri*, 1er août 1908.
49. Sawada Ken et Ogimoto Seizô, *Fuji bôseki kabushikigaisha gojûnenshi* (Les cinquante ans de la Compagnie des filatures Fuji), *op. cit.*, p. 128.
50. Tôkyô kyûkô dentetsu kabushikigaisha hen, *Tôkyô yokohama dentetsu enkakushi* (L'histoire des Chemins de fer électriques de Tôkyô-Yokohama), Tôkyô, 1943, p. 137-138.
51. *Denki jigyô yôran* (Le secteur électrique), années 1907 à 1913.
52. Selon le discours prononcé par Wada Toyoji lors de l'inauguration de l'usine de Kawasaki. *Fuji no homare* (La gloire de Fuji), n° 71, 31 mai 1915. Document conservé au Musée de l'ouverture du port de Yokohama, ville de Yokohama, déaprtement de Kanagawa.
53. *Ibid.*
54. Nihon sen'i kyôgikai hen, *Nihon sen'i sangyôshi - sôron-hen* (L'histoire du secteur textile japonais. Généralités), Tôkyô, 1958, p. 788.
55. *Ibid.*, p. 33.
56. Kanagawa-ken naimubu hen, « Kawasaki hômen no kôjo » (Les usines des environs de Kawasaki), mars 1916, p. 53, commenté et revu par Hattori Kazuma dans *Keizai to bôeki*, n° 88, 1966.

Conclusion : La dynamisation des économies régionales et leurs évolutions structurelles

1. À la fin de l'ère de Meiji, lorsque l'industrialisation des provinces ralentit et que leur croissance économique connut un coup d'arrêt, la juxtaposition de ces idéologies conduisit à la formation d'une « conscience territoriale » de type nationaliste. Quant à la naissance des « identités locales » dans le Japon moderne et l'influence qu'elles exercèrent sur la revitalisation économique des régions, nous aborderons ce sujet dans nos travaux ultérieurs.
2. À Morioka, où existait déjà le groupe d'investisseurs du Kitakami, les réseaux intra-régionaux avaient alors commencé à multiplier les actions afin de collecter des fonds nécessaires à l'industrialisation.
3. Le nombre de sociétés créées à Iwate durant le deuxième boom des entreprises, de même que le poids économique de ces structures, furent largement inférieurs à la moyenne du reste du Japon : avec vingt-cinq nouvelles sociétés en 1900, le département pointa en avant-dernière position du classement national, juste devant Okinawa (quatre sociétés). Avec 1 337 000 yens de capital versé dans ces entreprises, Iwate ne devançait guère que les départements de Tottori (913 000 yens) et Okinawa (253 000 yens). En revanche, le nombre d'entreprises devait être multiplié par 2,5 à Iwate pendant le boom qui suivit la guerre russo-japonaise, ce qui lui permit, avec cent vingt-deux sociétés, de se hisser à la treizième place nationale en 1910.
4. Dans les faits, c'est vers 1906 – lorsqu'il commença à se soucier de sa succession – que Yasukawa Keiichirô entreprit de se concerter de manière systématique avec ses fils Kenjirô et Seizaburô quant à l'orientation des affaires du groupe Yasukawa-Matsumoto, mais aussi de laisser une abondante production écrite sous forme d'essais et mémoires. Au sujet de son idéologie de l'industrialisation, voir Morikawa Hidemasa, *Chihô zaibatsu* (Les zaibatsus de province), *op. cit.*, p. 136.
5. Ces liens entrepreneurs/investisseurs furent notamment observés dans la province de Miike entre Nagae Jun'ichi, Noda Utarô, Kawano Shûzô et Matsuo Sôsaku (voir Chap. 4), mais encore dans le district de Sen'nan, entre Terada Jin'yomo et Hiromi Sôtarô (voir Chap. 5).
6. À propos du recours aux réseaux dans les entreprises familiales, voir Nakamura Naofumi, « Zensenki nihon no famirî bijinesu »

(Les entreprises familiales du Japon d'avant-guerre), *art. cit.*, p. 397-407.

7. Contrairement aux grands zaibatsus des centres tels que Mitsui, Mitsubishi ou Sumitomo, nombre de zaibatsus de province souffrant de ressources humaines et financières limitées continuèrent à faire appel aux réseaux locaux d'investisseurs et d'entrepreneurs pour réunir les capitaux nécessaires à leur développement dans de nouveaux secteurs d'activité.
8. Imaizumi Asuka, « Sangyô shûseki no kôteiteki kôka to shûsekinai kôjô no tokuchô » (Les effets positifs de la concentration spatiale d'une industrie et la particularité des sites de production concernés), *Rekishi to keizai*, vol. 51, n° 1, 2008, p. 19-33.
9. En raison des réquisitions d'usines et destructions urbaines occasionnées au cours du conflit, une fragmentation territoriale de la structure économique japonaise allait de nouveau se produire dans les années 1940.

Postface

1. « Yonhan seiki no nihon keizai to makuro keizai seisaku nikansuru kenkyû ni kakaru ôraru hisutorî gyômu hôkokusho » (Rapport d'activités en matière d'histoire orale au sujet d'« Une étude sur quatre siècles et demi d'économie japonaise et leurs politiques macro-économiques »), étude réalisée par le cabinet d'études Nikkei (*Nikkei risâchi*, société par actions) pour le Centre d'études économiques et sociales auprès du cabinet (*Naikakufu keizaishakai sôgôkenkyûjo*), mars 2010.

A

B

C

D

E

F

G

H

M

N

T

U

V

W

Y

Z

A

B

C

D

E

F

G

H

I

L

M

N

P

Q

R

S

T

U

V

W

Y

Remerciements

Nous remercions ici chaleureusement César Castellvi, chercheur associé au Centre de Recherches sur le Japon – EHESS, Brice Fauconnier, docteur en langue et civilisation japonaise, Arnaud Grivaud, maître de conférences à l'Université de Paris, Aline Henninger, maîtresse de conférences à l'Université d'Orléans, Kanae Sarugasawa, chercheuse postdoctorante à l'IFRAE – INALCO, pour leur suivi et aide à la publication de cet ouvrage.

Table des matières

Deuxième partie
Les agents du boom des entreprises
– L' « ère des régions » et ses principaux acteurs –

DANS LA MÊME COLLECTION

ÉTUDES

Michael Lucken, *Grenades et amertume. Les peintres japonais à l'épreuve de la guerre. 1935-1952,* 2005.

Emmanuel Lozerand, *Littérature et génie national. Naissance d'une histoire littéraire dans le Japon du* XIX*e siècle,* 2005.

Jean-Jacques Origas, *La Lampe d'Akutagawa. Essais sur la littérature japonaise moderne*, 2008.

Éric Seizelet et Régine Serra, *Le Pacifisme à l'épreuve. Le Japon et son armée*, 2009.

Bernard Faure, *L'Imaginaire du Zen. L'univers mental d'un moine japonais*, 2011.

Érick Laurent, *Les Chrysanthèmes roses. Homosexualités masculines dans le Japon contemporain*, préface par Éric Fassin, 2011.

Basile Doganis, *Pensées du corps. La philosophie à l'épreuve des arts gestuels japonais (danse, théâtre, arts martiaux)*, préface d'Alain Badiou, 2012.

François Bizet, *Tôzai!... Corps et cris des marionnettes d'Ôsaka*, 2013.

Mieko Macé, *Médecins et médecine dans l'histoire du Japon*, préface de Marcel Detienne, 2013.

Olivier Ansart, *Une modernité indigène, Ruptures et innovations dans les théories politiques japonaises du* XVIII*e siècle*, 2014.

Morvan Perroncel, *Le Moment nipponiste (1888-1897). Nation et démocratie à l'ère Meiji*, 2016.

Agnès Giard, *Un Désir d'humain. Les love doll au Japon*, 2016.

Zaven Paré, *L'Âge d'or de la robotique japonaise*, 2016.

Jacqueline Pigeot, *L'âge d'or de la prose féminine au Japon* (*x*e-*xi*e siècle), 2017

Olivier Ansart, *Paraître et prétendre, L'imposture du bushido dans le Japon pré-moderne*, 2020.

NON FICTION

Kishida Ryūsei, *La Peinture crue. Réflexions sur l'art et l'ukiyoe*, textes traduits, présentés et annotés par Michael Lucken, 2011 (Prix Konishi 2012).

Nakae Chōmin, *Un an et demi. Un an et demi, suite*, textes

traduits, présentés et annotés par Eddy Dufourmont, Romain Jourdan et Christine Lévy, 2011.

Takahashi Tetsuya, *Morts pour l'empereur. La question du Yasukuni*, préface de Stéphane Audoin-Rouzeau, texte traduit du japonais par Arnaud Nanta, 2012.

Sous la direction de Pierre-François Souyri, *Japon colonial, 1880-1930. Les voix de la dissension*. Présentation, notes et traductions par Le Groupe de Genève, 2014.

Masaoka Shiki, *Un lit de malade six pieds de long*, traduit et présenté par Emmanuel Lozerand, avec une préface de Philippe Forest, 2016 (Prix Konishi 2017).

Fukuzawa Yukichi, *L'Appel à l'étude*. Traduit, annoté et présenté par Christian Galan, 2018.

Maruyama Masao, *Essais sur l'histoire de la pensée politique au Japon*. Traduit et annoté par Jacques Joly, 2018. Préface de Géraldine Mulhmann.

Sous la direction de Nicolas Mollard, *La Trajectoire du Japon moderne – Regards critiques des années 1950*. Présentations, notes et traductions par Le Groupe de Genève, 2018.

FICTION

Mori Ōgai, *Vengeance sur la plaine du temple Goji-in et autres récits historiques*, traduits et présentés par Emmanuel Lozerand, 2008.

Higuchi Ichiyō, *La Treizième Nuit et autres récits*, traduits et présentés par Claire Dodane, 2008.

Kōda Rohan, *La Pagode à cinq étages et autres récits*, traduits et présentés par Nicolas Mollard, 2009.

Si on les échangeait. Le Genji travesti, traduit et présenté par Renée Garde, 2009 (Prix Konishi 2011).

Ishikawa Jun, *Fugen ! Tōkyō années 1930*, récits traduits et présentés par Vincent Portier, 2010.

Yosano Akiko, *Cheveux emmêlés*, traduit et présenté par Claire Dodane, 2010.

Ishikawa Jun, *Errances sur les Six Voies*, traduit et présenté par Jean-Jacques Tschudin avec la collaboration de Sumi Fukui-Tschudin, postface de Vincent Portier, 2012 (Prix Konishi spécial 2014).

Akutagawa Ryûnosuke, *Jambes de cheval*, traduit par Catherine Ancelot, postface de Ninomiya Masayuki, 2013 (Prix Konishi 2015).

Santô Kyôden, *Fricassée de galantin à la mode d'Edo*, traduit et présenté par Renée Garde, 2014.

Santô Haruo, *Mornes saisons*, récits présentés et traduits par Vincent Portier, 2014.

Masamune Hakuchô, *Où t'en vas-tu ?* suivi d'*Enfer*, traduits et présentés par Philippe Cominetti, 2015.

Recueil des joyaux d'or et autres poèmes, traduits et présentés par Michel Vieillard-Baron, 2015.

Sakaguchi Ango, *Meurtres sans série*, traduit et présenté par Estelle Figon, 2016.

Uchida Hyakken, *Au-delà. Entrée triomphale dans Port-Arthur*, traduit par Patrick Honnoré, 2017.

Contes d'Ise. Contes de Risée. Une parodie japonaise. Traduits, annotés et présentés par Renée Garde, 2018.

Ishikawa Jun, *Ève sous la neige*, traduit et présenté par Vincent Portier, 2018.

Jôji Tani, *Chroniques d'un trimardeur japonais en Amérique*, traduit par Gérald Peloux, 2019.

Takehiko Fukunaga, *La Fleur de l'herbe*, traduit par Yves-Marie Allioux et Iwatsu Kô, 2021

Cet ouvrage,
le quarante deuxième
de la « Collection Japon »
publié aux Éditions Les Belles Lettres
a été achevé d'imprimer
en janvier 2021
sur les presses de la Nouvelle Imprimerie Laballery
58500 Clamecy, France

Composition et mise en pages : Flexedo (prepresse@flexedo.com)

N° d'éditeur : 9771
N° d'imprimeur : 101167
Dépôt légal : février 2021